权威·前沿·原创

皮书系列为
"十二五"国家重点图书出版规划项目

河北蓝皮书

BLUE BOOK OF HEBEI

河北经济社会发展报告
（2016）

ECONOMIC AND SOCIAL DEVELOPMENT REPORT OF HEBEI
(2016)

主　编／郭金平
副主编／杨思远　彭建强　孟庆凯

社会科学文献出版社
SOCIAL SCIENCES ACADEMIC PRESS（CHINA）

图书在版编目（CIP）数据

河北经济社会发展报告.2016/郭金平主编.—北京：社会科学文献
出版社，2016.1
　（河北蓝皮书）
　ISBN 978 - 7 - 5097 - 8483 - 9

Ⅰ.①河…　Ⅱ.①郭…　Ⅲ.①区域经济发展 - 研究报告 - 河北省 -
2016 ②社会发展 - 研究报告 - 河北省 - 2016　Ⅳ.①F127.22

中国版本图书馆 CIP 数据核字（2015）第 284707 号

河北蓝皮书
河北经济社会发展报告（2016）

主　　编／郭金平

出 版 人／谢寿光
项目统筹／邓泳红　高振华
责任编辑／高振华　张丽丽

出　　版／社会科学文献出版社·皮书出版分社（010）59367127
　　　　　地址：北京市北三环中路甲29号院华龙大厦　邮编：100029
　　　　　网址：www.ssap.com.cn
发　　行／市场营销中心（010）59367081　59367090
　　　　　读者服务中心（010）59367028
印　　装／北京季蜂印刷有限公司

规　　格／开 本：787mm×1092mm　1/16
　　　　　印 张：21　字 数：315千字
版　　次／2016年1月第1版　2016年1月第1次印刷
书　　号／ISBN 978 - 7 - 5097 - 8483 - 9
定　　价／79.00元

皮书序列号／B - 2014 - 332

主编简介

郭金平 男，1956 年 10 月出生，中共党员，河北平乡县人。1974 年 6 月参加工作，1982 年 7 月毕业于西南交通大学哲学专业，二级研究员，享受国务院特殊津贴专家。现任河北省社会科学院党组书记、院长，中共河北省委讲师团主任，河北省邓小平理论、"三个代表"重要思想和科学发展观研究中心主任，河北省社会科学届联合会第一副主席。第八届中共河北省委委员，省十二届人大常委会委员，省人大科教文卫委员会副主任委员。

30 多年来，郭金平同志一直工作在社会科学理论战线。1982 年 7 月后，曾任西南交通大学社会科学系教师；河北省社会科学院副院长、党组副书记；河北省社会科学界联合会副主席、党组副书记（主持全面工作）；中共河北省委讲师团、河北省邓小平理论和"三个代表"重要思想研究中心主任；河北日报报业集团党委书记、管委会主任、河北日报社社长；河北省哲学学会会长、政协河北省委文史资料委员会副主任等职。

在社科院工作期间，公开发表或出版了《科学主义方法论刍议》、《人文精神的历史定位、理性定位和实践定位》和《邓小平理论培养研究》等论著，产生了广泛的学术理论影响。

在省社科联工作期间，重点开展了改进和完善"河北省社会科学成果评奖指标体系"、加强改进学会管理工作、在全国率先启动城市公众社会科学素养调查并撰写出版了《河北省城市公众社会科学素养研究》、启动《河北省社会科学普及办法》立法等工作（该办法已于 2014 年以省政府令的形式予以公布）。

在省委讲师团工作期间，主持全国党建研究会课题《关于党的基层组织做好新时期群众工作的调研报告》（河北部分）调研与撰写，总报告送中央领导参阅。并且作为河北省委宣讲团主要成员，他积极参加了党的十六大精神宣讲、"三个代表"重要思想宣讲、党的十六届三中、四中、五中、六中全会精神和河北省党的代表大会精神的宣讲。并先后两次以"先进性建设是党的建设的永恒课题"、"加强党的纪律建设，为建设沿海经济社会发展强省提供思想保证"为题为省委中心组成员进行专题授课，得到省委领导的充分肯定。同时，他还为全省各级党委中心组和有关单位全面贯彻落实科学发展观、构建社会主义和谐社会、树立社会主义荣辱观、以及中央领导重要讲话精神等作辅导报告100多场，受到广泛好评。2007年，在中宣部组织的首批"全国先进宣讲集体及先进个人"评选活动中，以郭金平为主任的河北省委讲师团榜上有名，郭金平同志荣获全国五名"先进个人"之一。

2008年3月到河北日报报业集团工作，团结带领集团领导班子，创新发展理念、明确发展思路，全力提升集团总体实力、核心竞争力和品牌影响力，媒体融合发展取得重大成效，使河北日报报业集团传媒规模达到11报3刊2网站1手机报，报刊平均期发总量达到200多万份，《河北日报》发行量稳居全国省级党报上游，《燕赵都市报》跻身世界日报发行量前60位，新媒体矩阵基本成形。

2014年底，到省社科院（2009年初省委讲师团、省社科联并入省社科院）工作。恰逢中央发布了《关于加强中国特色新型智库建设的意见》，他积极落实中央和省有关精神，在广泛征求意见的基础上，制定了《河北省社会科学院中国特色新型智库建设先行试点方案》，得到省领导和有关部门的大力支持，该方案已经全面推进实施。2015年10月，河北省出台了《关于加强河北新型智库建设的意见》（冀办发〔2015〕37号），明确提出"充分发挥省社会科学界联合会和省社会科学院学科门类齐全、综合性专业研究、科研人才密集的优势，从整体上发挥智库核心载体和主体平台功能，成为在省内外有影响力的河北中心智库"、"鼓励支持省社科院积极开展'高端智库建设试点'"，这些都为社科院智库建设和长远发展提供了充分的政策支撑。为适应智库建设需要，2015年8月，创办了《智库成果专报》，积极服务、精准服务、有效服务，充分发挥了咨政建言作用，在呈报的 21 期中，省委主要领导直接批示肯定的达 8 篇之多，河北省社会科学院新型智库建设走上了快车道，以新型智库建设为引领的各项工作正在全面推进和提升。

近年来，郭金平在《人民日报》、《光明日报》、《经济日报》、《求是》杂志、《新华文摘》、《新闻战线》、《中国记者》、红旗出版社等重要报刊和出版社发表、出版论著多篇（部）。主要代表作有：（1）著作：《跟毛泽东学方法》；《建设社会主义先进文化的重大问题研究》等。（2）论文：《国有企业改革必须全心全意依靠工人阶级》；《自觉的实践智慧：世纪之交的哲学革命》；《理论与实践的统一：中国特色社会主义发展的时代命题》；《开拓人的全面发展理论的新境界》；《深刻把握全面深化改革的关键地位和作用》；《深化对社会主义市场经济的认识》；《做人要实，做对党忠诚的老实人》等。

摘　要

《河北经济社会发展报告（2016）》是河北省社会科学院深入贯彻落实党的十八大，十八届三中、四中、五中全会精神，紧紧围绕河北省委八届五次、六次、十二次全会要求，从宏观形势分析入手，就河北经济社会发展的热点和难点问题进行研究的年度报告。全书主要包括总报告、经济篇、社会篇、案例篇四个部分，针对河北省经济社会发展过程中出现的、社会各界高度关注的协同发展、转型升级、新型城镇化建设、法治和人才建设、生态环境治理等问题展开了深入研究。在深层分析 2015 年河北经济社会运行态势的基础上，就 2016 年的发展形势进行了预测，为打造"经济强省，美丽河北"战略目标提出了对策建议。全书注重研究的前瞻性、原创性、实用性和可操作性，力求提出的发展思路、对策建议能够为各级党委、政府决策提供参考，为社会各界提供有价值的信息咨询。

当前，世界经济正处于深度调整之中，复苏动力仍然不足，地缘政治影响加深，不确定因素增多，我国改革发展面临诸多挑战。党的十八届三中、四中、五中全会对我国继续释放改革红利、坚持依法治国、保持经济平稳健康发展做出了一系列重大战略部署。河北处于一个新旧产业交接、发展动能转换且充满"阵痛"与风险的艰难时刻与特殊时期。面对诸多困难和巨大的经济下行压力，河北省委、省政府坚决执行党中央的战略部署，迎难而上，坚持底线思维，做到了经济增长"调速不减势"，各项"硬指标"较为合理，一些"软指标"显著改善，各项社会事业平稳发展，人民群众生活逐步改善。

本书两篇总报告，分别对河北省经济和社会形势进行了整体性分析和预测。总体上看，尽管河北省经济大势稳中向好，但受经济形势惯性走低

"余波未歇"的影响,事实上河北省经济已经被"拖"到了一个寒冷的"冬天"。然而,值得欣慰的是,河北省也迎来了历史机遇的"春天",如京津冀协同发展规划正式开启、冬奥会申办成功以及"一带一路"国家发展战略的实施,已成为助力河北省经济发展的重大引擎。报告预测2016年河北省经济增长将有可能维持2015年的发展速度或略有提高,指出了河北今后发展的新方向、新坐标和新思路。河北经济发展的放缓,虽然影响到了社会建设,但从生态环境和空气质量改善方面所做的努力明显提高了人民群众社会生活的质量。环京津贫困带、公共服务差距、生态环境建设、功能城市培育等社会发展问题都随着京津冀协同发展战略全面实施逐步得到解决。预测从2016年开始,以落实"十三五"规划为契机,省委、省政府将推动社会发展多个领域实现战略突破、政策突破和路径突破,激发全省人民奋发有为的决心和信心,为建设经济强省、美丽河北奠定深厚的社会基础。

"经济篇",主要针对京津冀协同发展背景下河北省加快融入京津冀市场、河北产业转型升级以及京津冀区域文化资源整合等重点问题展开了系统性研究,指出未来河北产业转型升级的思路和方向。在河北的经济建设中,应紧抓京津冀协同发展、"一带一路"和联合申办"冬奥"重大战略机遇,牢牢把握"协同发展、转型升级、又好又快"的工作主基调,以"稳增长、调结构、促改革、治污染、惠民生"为动力,解放思想,坚定信心,抢抓机遇,奋发作为,推进全省未来经济持续、健康、稳定发展。同时,本书对海洋经济运行状况及态势、战略性新兴产业培育等问题给予了重点关注。

"社会篇",围绕河北省委八届六次全会提出的"坚持以改革创新实现绿色崛起",深入分析了河北法制建设、行政审批制度改革、城镇化背景下农村治理、反贫困、河北省科技型中小企业人才困境以及科技人才流动等社会热点问题,相关理论和建议为营造和谐稳定的良好氛围提供了有力支撑。同时,本书还对京津冀协同发展背景下京津冀人才特区建设和如何缩小京津冀公共服务差距等进行了分析并提出了相应的对策建议。此外,还特别关注了河北的食品安全形势,并从政府、社会组织、企业、公众等四个主体层面提出改善对策。

　　"案例篇"，重点对石家庄永昌足球俱乐部足球产业创意发展思路和"青县现象"进行了案例剖析，以期从剖析中获得经验借鉴。在《做大体育产业"新亮点"、打造体育产业"新引擎"》中通过分析足球产业化经营的国际经验及国内足球产业发展现状，确立了石家庄永昌足球俱乐部自立发展、跨界营销、产城互动的足球产业创意发展思路。"青县现象"对于推进社会主义核心价值观落地生根具有重要的借鉴和启示意义。"理论"和"实践"有机结合的"案例"提供了思考样板，在促进发展和提供具体咨询方面发挥了独特作用。

　　2016年将是河北省经济转型升级关键期、区域协同发展共赢期、全面深化改革攻坚期和环境治理紧迫期，河北省社会科学院作为省委、省政府的"思想库"、"智囊团"，将紧紧围绕省委八届十二次全会提出的"十三五"时期河北省经济社会发展主要目标，切实把思想统一到工作主基调上来，加强对全省经济社会发展战略性、全局性、前瞻性问题的研究，为建设经济强省、美丽河北新局面，为谱写中华民族伟大复兴中国梦的河北篇章提供思想保障、理论支持和精神动力。

Abstract

Economic and Social Development Report of Hebei (*2016*) is a yearly report completed by Hebei Academy of Social Sciences by carrying out the spirits of the CPC 18th National Congress, the Third Plenary Session, the Fourth Plenary Session and the Fifth Plenary Session of the CPC 18th Central Committee, closely following requirements of the Fifth Plenary Session, the Sixth Plenary Session and the Twelfth Plenary Session of the CPC Eighth Hebei Provincial Committee, starting from the macro-situation analysis, and proceeding to make studies of hot and difficult issues in Hebei's economic and social development. This book falls into the four parts of General Reports, Economic Reports, Social Reports, and Reports of Case Studies, and makes deep studies of the collaborative development, the transformation and upgrading, the new urbanization, the rule-of-law development, the talents development, the environmental improvement and the like-all of them are hot issues in the process of Hebei's economic and social development, and receive much public attention. Based on an in-depth analysis of Hebei's economic and social operation situations in 2015, it forecasts the development situations in 2016, and puts forward proposals for building "An Economically Strong Province, and a Beautiful Hebei" as the strategic goal. This book lays stress on these studies being forward-looking, original, practicable, and workable, in order for its development ideas, and proposals to be able to serve as references for decision-making at all levels of CPC committees and governments, and valuable information consultations for other organizations concerned.

At present, the global economy is in an in-depth adjustment, the economic recovery is weak, impacts of geopolitics is in aggravation, uncertainties are growing, and China's reform and development is facing quite a few of challenges. At the Third Plenary Session, the Fourth Plenary Session and the Fifth Plenary Session of the CPC 18th Central Committee, a series of significant strategic arrangements were made for continuing to release bonus of reform, following the rule of law, and keeping steady and sound economic development in China. Hebei is now in a hard time and a special period characterized by the changeover from old industries to new industries, conversion of development drive and being full of "throes" and risks. Facing many difficulties and the great pressure of economic going-down situation, the CPC Hebei Provincial Committee, and Hebei Provincial Government, firmly following strategic arrangements of the CPC Central Committee, forging ahead against hardships, and sticking to the bottom-line thinking, have achieved "keeping momentum amid the slowdown" in economic growth, comparatively rational "hard indicators", some markedly improved "soft indicators", steady development in all of social fields, and gradual improvement of people's livelihood.

The two General Reports of this book is respectively an overall analysis and forecast of Hebei's economic and social situations. On the whole, Hebei's economy operation is steady and for the better, but in fact impacts of the continued going-low economic situation has "dragged" Hebei's economy into a cold "winter". However, a good relief is that Hebei also meets a "spring" of historical opportunities such as official initiation of Beijing-Tianjin-Hebei collaborative development plan, a success in applying for the right to host the Winter Olympic Games and implementation of state development strategy of "the Belt and Road" - all of them have become the great engine to promote Hebei's economic development. The Reports forecast that Hebei's economic growth in 2016 may keep its speed in 2015 or be slightly higher, and put forward new orientations, co-ordinates and approaches of Hebei's future development. Though the slowdown in Hebei's economic development have had some impacts on the social development, efforts made in the improvement of ecological environment and air quality has resulted in a marked improvement of social life quality. Such social development issues as Around-Beijing-Tianjin Poverty Belt, the public service gap, improvement of ecological environment, and fostering functional cities will be settled gradually with overall implementation of Beijing-Tianjin-Hebei collaborative development strategy. It is forecasted that the CPC Hebei Provincial Committee and Hebei Provincial Government, taking implementation of "Thirteenth Five-

Year Plan" as a good opportunity starting from 2016, will advance several fields of social development to realize breakthroughs in strategy, policies, and approaches, and inspire the people across the province to work hard, thus laying a solid social foundation for building "An Economically Strong Province, and a Beautiful Hebei".

Economic Reports focus on systematic studies of such key issues as Hebei's accelerated incorporation into Beijing-Tianjin-Hebei market integration, the transformation and upgrading of Hebei's industries, and integration of cultural resources in Beijing-Tianjin-Hebei region in the background of Beijing-Tianjin-Hebei collaborative development, and put forward future approaches and orientations of the transformation and upgrading of Hebei's industries. Hebei's economic development should tightly grasp the great strategic opportunities of Beijing-Tianjin-Hebei collaborative development, "the Belt and Road" and Beijing-Zhangjiakou jointly applying for the right to host the Winter Olympic Games, firmly follow the main work guideline of "collaborative development, transformation and upgrading, and sound & rapid development", take "making growth steady, adjusting structures, promoting reforms, controlling pollution, and benefiting people's livelihood" as the driving force, emancipate minds, keep unwavering confidence, seize opportunities, and make vigorous efforts so as to achieve sustained, sound and steady development of Hebei's economy in future. Meanwhile, this book gives special attention to such issues as marine economy operation situation, and fostering strategic emerging industries.

Social Reports, centering around "achieving green rising through reforms and innovations" established at the Sixth Plenary Session of the CPC Eighth Hebei Provincial Committee, make an in-depth analysis of such hot social issues as the rule-of-law development, the administrative examination/approval system reform, rural governance in the background of urbanization, anti-poverty, talents predicament of Hebei's small & medium-sized technology-based enterprises and sci-tech talents flows, and put forward relevant theories and proposals that provide strong support for building a harmonious and steady atmosphere. Moreover, this book conducts an analysis of building the special talents zone of Beijing-Tianjin-Hebei and narrowing the public service gap among Beijing-Tianjin-Hebei in the background of Beijing-Tianjin-Hebei collaborative development, etc. , and puts forward corresponding solution proposals. In addition, it also pays special attention to Hebei's food safety situation, and puts forward improving approaches from the four perspectives of governments, non-governmental organizations, enterprises, and the public as joint participants.

Reports of Case Studies focus on creative approaches to developing the football industry of Shijiazhuang Ever Bright Football Club and "Qingxian County Phenomenon" so as to acquire experience reference from the case studies. In enlarging the "new bright point" of sport industry to build its "new engine", creative approaches to developing the football industry of Shijiazhuang Ever Bright Football Club-self-reliant development, crossover marketing, and industry-city interaction-have been established by analyzing international experience of football industrialization operation and present situation of development of the Chinese football industry; "Qingxian County Phenomenon" has great significance of reference and enlightenment for realizing the core values of socialism. "Cases" well integrating "theories" and "practices" provide typical examples of thinking to play a distinctive role in promoting development and providing specific consultative services.

The year 2016 will be a crucial phase of the transformation and upgrading of Hebei's economy, a win-win phase of regional collaborative development, a phase of overcoming major difficulties in comprehensively deepening reform, and a pressing phase of environmental improvement. Hebei Academy of Social Sciences, as a "Think Tank" and "brain trust" of the CPC Hebei Provincial Committee and Hebei Provincial Government, will closely center around main goals of Hebei's economic and social development during the period of "Thirteenth Five-Year Plan" established at the Twelfth Plenary Session of the CPC Eighth Hebei Provincial Committee, follow main work guidelines, and strengthen studies of strategic, overall, and forward-looking issues of Hebei's economic and social development, in an effort to provide ideological guarantees, theoretical support and spiritual driving forces for building "An Economically Strong Province, and a Beautiful Hebei", and making a "Hebei's chapter" of the Chinese Dream of the great rejuvenation of the Chinese nation.

权威·前沿·原创

SSAF

社会科学文献出版社

皮书系列

2016年

盘点年度资讯 预测时代前程

社会科学文献出版社 学术传播中心 编制

社长致辞

我们是图书出版者，更是人文社会科学内容资源供应商；

我们背靠中国社会科学院，面向中国与世界人文社会科学界，坚持为人文社会科学的繁荣与发展服务；

我们精心打造权威信息资源整合平台，坚持为中国经济与社会的繁荣与发展提供决策咨询服务；

我们以读者定位自身，立志让爱书人读到好书，让求知者获得知识；

我们精心编辑、设计每一本好书以形成品牌张力，以优秀的品牌形象服务读者，开拓市场；

我们始终坚持"创社科经典，出传世文献"的经营理念，坚持"权威、前沿、原创"的产品特色；

我们"以人为本"，提倡阳光下创业，员工与企业共享发展之成果；

我们立足于现实，认真对待我们的优势、劣势，我们更着眼于未来，以不断的学习与创新适应不断变化的世界，以不断的努力提升自己的实力；

我们愿与社会各界友好合作，共享人文社会科学发展之成果，共同推动中国学术出版乃至内容产业的繁荣与发展。

社会科学文献出版社社长
中国社会学会秘书长

2016 年 1 月

社会科学文献出版社
SOCIAL SCIENCES ACADEMIC PRESS (CHINA)

社会科学文献出版社成立于1985年，是直属于中国社会科学院的人文社会科学专业学术出版机构。

成立以来，特别是1998年实施第二次创业以来，依托于中国社会科学院丰厚的学术出版和专家学者两大资源，坚持"创社科经典，出传世文献"的出版理念和"权威、前沿、原创"的产品定位，社科文献立足内涵式发展道路，从战略层面推动学术出版五大能力建设，逐步走上了智库产品与专业学术成果系列化、规模化、数字化、国际化、市场化发展的经营道路。

先后策划出版了著名的图书品牌和学术品牌"皮书"系列、"列国志"、"社科文献精品译库"、"全球化译丛"、"全面深化改革研究书系"、"近世中国"、"甲骨文"、"中国史话"等一大批既有学术影响又有市场价值的系列图书，形成了较强的学术出版能力和资源整合能力。2015年社科文献出版社发稿5.5亿字，出版图书约2000种，承印发行中国社科院院属期刊74种，在多项指标上都实现了较大幅度的增长。

凭借着雄厚的出版资源整合能力，社科文献出版社长期以来一直致力于从内容资源和数字平台两个方面实现传统出版的再造，并先后推出了皮书数据库、列国志数据库、"一带一路"数据库、中国田野调查数据库、台湾大陆同乡会数据库等一系列数字产品。数字出版已经初步形成了产品设计、内容开发、编辑标引、产品运营、技术支持、营销推广等全流程体系。

在国内原创著作、国外名家经典著作大量出版，数字出版突飞猛进的同时，社科文献出版社从构建国际话语体系的角度推动学术出版国际化。先后与斯普林格、博睿、牛津、剑桥等十余家国际出版机构合作面向海外推出了"皮书系列""改革开放30年研究书系""中国梦与中国发展道路研究丛书""全面深化改革研究书系"等一系列在世界范围内引起强烈反响的作品；并持续致力于中国学术出版走出去，组织学者和编辑参加国际书展，筹办国际性学术研讨会，向世界展示中国学者的学术水平和研究成果。

此外，社科文献出版社充分利用网络媒体平台，积极与中央和地方各类媒体合作，并联合大型书店、学术书店、机场书店、网络书店、图书馆，逐步构建起了强大的学术图书内容传播平台。学术图书的媒体曝光率居全国之首，图书馆藏率居于全国出版机构前十位。

上述诸多成绩的取得，有赖于一支以年轻的博士、硕士为主体，一批从中国社科院刚退出科研一线的各学科专家为支撑的300多位高素质的编辑、出版和营销队伍，为我们实现学术立社，以学术品位、学术价值来实现经济效益和社会效益这样一个目标的共同努力。

作为已经开启第三次创业梦想的人文社会科学学术出版机构，我们将以改革发展为动力，以学术资源建设为中心，以构建智慧型出版社为主线，以"整合、专业、分类、协同、持续"为各项工作指导原则，全力推进出版社数字化转型，坚定不移地走专业化、数字化、国际化发展道路，全面提升出版社核心竞争力，为实现"社科文献梦"奠定坚实基础。

经 济 类

经济类皮书涵盖宏观经济、城市经济、大区域经济，提供权威、前沿的分析与预测

经济蓝皮书

2016 年中国经济形势分析与预测

李 扬 / 主编　　2015 年 12 月出版　　定价 : 79.00 元

◆　本书为总理基金项目，由著名经济学家李扬领衔，联合中国社会科学院等数十家科研机构、国家部委和高等院校的专家共同撰写，系统分析了 2015 年的中国经济形势并预测 2016 年我国经济运行情况。

世界经济黄皮书

2016 年世界经济形势分析与预测

王洛林　张宇燕 / 主编　　2015 年 12 月出版　　定价 : 79.00 元

◆　本书由中国社会科学院世界经济与政治研究所的研究团队撰写，2015 年世界经济增长继续放缓，增长格局也继续分化，发达经济体与新兴经济体之间的增长差距进一步收窄。2016 年世界经济增长形势不容乐观。

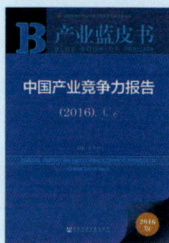

产业蓝皮书

中国产业竞争力报告（2016）NO.6

张其仔 / 主编　　2016 年 12 月出版　　估价 : 98.00 元

◆　本书由中国社会科学院工业经济研究所研究团队在深入实际、调查研究的基础上完成。通过运用丰富的数据资料和最新的测评指标，从学术性、系统性、预测性上分析了 2015 年中国产业竞争力，并对未来发展趋势进行了预测。

G20 国家创新竞争力黄皮书

二十国集团（G20）国家创新竞争力发展报告（2016）

李建平　李闽榕　赵新力/主编　　2016 年 11 月出版　估价 :138.00 元

◆　本报告在充分借鉴国内外研究者的相关研究成果的基础上，紧密跟踪技术经济学、竞争力经济学、计量经济学等学科的最新研究动态，深入分析 G20 国家创新竞争力的发展水平、变化特征、内在动因及未来趋势，同时构建了 G20 国家创新竞争力指标体系及数学模型。

国际城市蓝皮书

国际城市发展报告（2016）

屠启宇/主编　　2016 年 1 月出版　　估价 :79.00 元

◆　本书作者以上海社会科学院从事国际城市研究的学者团队为核心，汇集同济大学、华东师范大学、复旦大学、上海交通大学、南京大学、浙江大学相关城市研究专业学者。立足动态跟踪介绍国际城市发展实践中，最新出现的重大战略、重大理念、重大项目、重大报告和最佳案例。

金融蓝皮书

中国金融发展报告（2016）

李　扬　王国刚/主编　2015 年 12 月出版　定价 :79.00 元

◆　本书由中国社会科学院金融研究所组织编写，概括和分析了 2015 年中国金融发展和运行中的各方面情况，研讨和评论了 2015 年发生的主要金融事件。本书由业内专家和青年精英联合编著，有利于读者了解掌握 2015 年中国的金融状况，把握 2016 年中国金融的走势。

农村绿皮书

中国农村经济形势分析与预测（2015 ~ 2016）

中国社会科学院农村发展研究所　国家统计局农村社会经济调查司 / 著
2016 年 4 月出版　　估价 :69.00 元

◆　本书描述了 2015 年中国农业农村经济发展的一些主要指标和变化，以及对 2016 年中国农业农村经济形势的一些展望和预测。

西部蓝皮书

中国西部发展报告（2016）

姚慧琴　徐璋勇 / 主编　　2016 年 7 月出版　　估价 :89.00 元

◆　本书由西北大学中国西部经济发展研究中心主编，汇集了源自西部本土以及国内研究西部问题的权威专家的第一手资料，对国家实施西部大开发战略进行年度动态跟踪，并对 2016 年西部经济、社会发展态势进行预测和展望。

民营经济蓝皮书

中国民营经济发展报告 No.12（2015 ~ 2016）

王钦敏 / 主编　　2016 年 1 月出版　　估价 :75.00 元

◆　改革开放以来，民营经济从无到有、从小到大，是最具活力的增长极。本书是中国工商联课题组的研究成果，对 2015 年度中国民营经济的发展现状、趋势进行了详细的论述，并提出了合理的建议。是广大民营企业进行政策咨询、科学决策和理论创新的重要参考资料，也是理论工作者进行理论研究的重要参考资料。

经济蓝皮书夏季号

中国经济增长报告（2015 ~ 2016）

李 扬 / 主编　　2016 年 8 月出版　　估价 :69.00 元

◆　中国经济增长报告主要探讨 2015~2016 年中国经济增长问题，以专业视角解读中国经济增长，力求将其打造成一个研究中国经济增长、服务宏微观各级决策的周期性、权威性读物。

中三角蓝皮书

长江中游城市群发展报告（2016）

秦尊文 / 主编　　2016 年 10 月出版　　估价 :69.00 元

◆　本书是湘鄂赣皖四省专家学者共同研究的成果，从不同角度、不同方位记录和研究长江中游城市群一体化，提出对策措施，以期为将"中三角"打造成为继珠三角、长三角、京津冀之后中国经济增长第四极奉献学术界的聪明才智。

社会政法类

社会政法类皮书聚焦社会发展领域的热点、难点问题，提供权威、原创的资讯与视点

社会蓝皮书

2016年中国社会形势分析与预测

李培林　陈光金　张　翼/主编　2015年12月出版　定价:79.00元

◆　本书由中国社会科学院社会学研究所组织研究机构专家、高校学者和政府研究人员撰写，聚焦当下社会热点，对2015年中国社会发展的各个方面内容进行了权威解读，同时对2016年社会形势发展趋势进行了预测。

法治蓝皮书

中国法治发展报告 No.14（2016）

李　林　田　禾/主编　2016年3月出版　估价:105.00元

◆　本年度法治蓝皮书回顾总结了2015年度中国法治发展取得的成就和存在的不足，并对2016年中国法治发展形势进行了预测和展望。

反腐倡廉蓝皮书

中国反腐倡廉建设报告 No.6

李秋芳　张英伟/主编　2017年1月出版　估价:79.00元

◆　本书抓住了若干社会热点和焦点问题，全面反映了新时期新阶段中国反腐倡廉面对的严峻局面，以及中国共产党反腐倡廉建设的新实践新成果。根据实地调研、问卷调查和舆情分析，梳理了当下社会普遍关注的与反腐败密切相关的热点问题。

生态城市绿皮书

中国生态城市建设发展报告（2016）

刘举科　孙伟平　胡文臻／主编　2016年6月出版　估价：98.00元

◆　报告以绿色发展、循环经济、低碳生活、民生宜居为理念，以更新民众观念、提供决策咨询、指导工程实践、引领绿色发展为宗旨，试图探索一条具有中国特色的城市生态文明建设新路。

公共服务蓝皮书

中国城市基本公共服务力评价（2016）

钟　君　吴正杲／主编　2016年12月出版　估价：79.00元

◆　中国社会科学院经济与社会建设研究室与华图政信调查组成联合课题组，从2010年开始对基本公共服务力进行研究，研创了基本公共服务力评价指标体系，为政府考核公共服务与社会管理工作提供了理论工具。

教育蓝皮书

中国教育发展报告（2016）

杨东平／主编　2016年5月出版　估价：79.00元

◆　本书由国内的中青年教育专家合作研究撰写。深度剖析2015年中国教育的热点话题，并对当下中国教育中出现的问题提出对策建议。

生态文明绿皮书

中国省域生态文明建设评价报告（ECI 2016）

严耕／主编　2016年12月出版　估价：85.00元

◆　本书基于国家最新发布的权威数据，对我国的生态文明建设状况进行科学评价，并开展相应的深度分析，结合中央的政策方针和各省的具体情况，为生态文明建设推进，提出针对性的政策建议。

行 业 报 告 类

行业报告类皮书立足重点行业、新兴行业领域，
提供及时、前瞻的数据与信息

房地产蓝皮书

中国房地产发展报告 No.13（2016）

魏后凯　李景国 / 主编　　2016 年 5 月出版　　估价：79.00 元

◆　蓝皮书秉承客观公正、科学中立的宗旨和原则，追踪 2015 年我国房地产市场最新资讯，深度分析，剖析因果，谋划对策，并对 2016 年房地产发展趋势进行了展望。

旅游绿皮书

2015 ～ 2016 年中国旅游发展分析与预测

宋　瑞 / 主编　　2016 年 1 出版　　估价：98.00 元

◆　本书中国社会科学院旅游研究中心组织相关专家编写的年度研究报告，对 2015 年旅游行业的热点问题进行了全面的综述并提出专业性建议，并对 2016 年中国旅游的发展趋势进行展望。

互联网金融蓝皮书

中国互联网金融发展报告（2016）

李东荣 / 主编　　2016 年 8 月出版　　估价：79.00 元

◆　近年来，许多基于互联网的金融服务模式应运而生并对传统金融业产生了深刻的影响和巨大的冲击，"互联网金融"成为社会各界关注的焦点。本书探析了 2015 年互联网金融的特点和 2016 年互联网金融的发展方向和亮点。

资产管理蓝皮书

中国资产管理行业发展报告（2016）

智信资产管理研究院 / 编著　　2016 年 6 月出版　　估价：89.00 元

◆　中国资产管理行业刚刚兴起，未来将中国金融市场最有看点的行业，也会成为快速发展壮大的行业。本书主要分析了 2015 年度资产管理行业的发展情况，同时对资产管理行业的未来发展做出科学的预测。

老龄蓝皮书

中国老龄产业发展报告（2016）

吴玉韶　党俊武 / 编著
2016 年 9 月出版　估价：79.00 元

◆　本书着眼于对中国老龄产业的发展给予系统介绍，深入解析，并对未来发展趋势进行预测和展望，力求从不同视角、不同层面全面剖析中国老龄产业发展的现状、取得的成绩、存在的问题以及重点、难点等。

金融蓝皮书

中国金融中心发展报告（2016）

王　力　黄育华 / 编著　　2017 年 11 月出版　　估价：75.00 元

◆　本报告将提升中国金融中心城市的金融竞争力作为研究主线，全面、系统、连续地反映和研究中国金融中心城市发展和改革的最新进展，展示金融中心理论研究的最新成果。

流通蓝皮书

中国商业发展报告（2016）

荆林波 / 编著　2016 年 5 月出版　　估价：89.00 元

◆　本书是中国社会科学院财经院与利丰研究中心合作的成果，从关注中国宏观经济出发，突出了中国流通业的宏观背景，详细分析了批发业、零售业、物流业、餐饮产业与电子商务等产业发展状况。

国别与地区类

国别与地区类皮书关注全球重点国家与地区，提供全面、独特的解读与研究

美国蓝皮书

美国研究报告（2016）

黄 平　郑秉文／主编　2016年7月出版　估价：89.00元

◆　本书是由中国社会科学院美国所主持完成的研究成果，它回顾了美国2015年的经济、政治形势与外交战略，对2016年以来美国内政外交发生的重大事件以及重要政策进行了较为全面的回顾和梳理。

拉美黄皮书

拉丁美洲和加勒比发展报告（2015~2016）

吴白乙／主编　2016年5月出版　估价：89.00元

◆　本书对2015年拉丁美洲和加勒比地区诸国的政治、经济、社会、外交等方面的发展情况做了系统介绍，对该地区相关国家的热点及焦点问题进行了总结和分析，并在此基础上对该地区各国2016年的发展前景做出预测。

日本经济蓝皮书

日本经济与中日经贸关系研究报告（2016）

王洛林　张季风／编著　2016年5月出版　估价：79.00元

◆　本书系统、详细地介绍了2015年日本经济以及中日经贸关系发展情况，在进行了大量数据分析的基础上，对2016年日本经济以及中日经贸关系的大致发展趋势进行了分析与预测。

俄罗斯黄皮书

俄罗斯发展报告（2016）

李永全 / 编著　2016 年 7 月出版　估价 : 79.00 元

◆　本书系统介绍了 2015 年俄罗斯经济政治情况，并对 2015 年该地区发生的焦点、热点问题进行了分析与回顾；在此基础上，对该地区 2016 年的发展前景进行了预测。

国际形势黄皮书

全球政治与安全报告（2016）

李慎明　张宇燕 / 主编　2015 年 12 月出版　定价 : 69.00 元

◆　本书旨在对本年度全球政治及安全形势的总体情况、热点问题及变化趋势进行回顾与分析，并提出一定的预测及对策建议。作者通过事实梳理、数据分析、政策分析等途径，阐释了本年度国际关系及全球安全形势的基本特点，并在此基础上提出了具有启示意义的前瞻性结论。

德国蓝皮书

德国发展报告（2016）

郑春荣　伍慧萍 / 主编　2016 年 6 月出版　估价 : 69.00 元

◆　本报告由同济大学德国研究所组织编撰，由该领域的专家学者对德国的政治、经济、社会文化、外交等方面的形势发展情况，进行全面的阐述与分析。

中欧关系蓝皮书

中欧关系研究报告（2016）

周弘 / 编著　2016 年 12 月出版　估价 : 98.00 元

◆　本书由欧洲所暨欧洲学会推出，旨在分析、评估和预测年度中欧关系发展态势。本报告的作者均为欧洲方面的专家，他们对欧洲与中国在各个领域的发展情况进行了深入地分析和研究，对读者了解和把握中欧关系是非常有益的参考。

地方发展类

地方发展类皮书关注中国各省份、经济区域，
提供科学、多元的预判与资政信息

北京蓝皮书

北京公共服务发展报告（2015~2016）

施昌奎 / 主编　2016 年 1 月出版　估价：69.00 元

◆　本书是由北京市政府职能部门的领导、首都著名高校的教授、知名研究机构的专家共同完成的关于北京市公共服务发展与创新的研究成果。

河南蓝皮书

河南经济发展报告（2016）

河南省社会科学院 / 编著　2016 年 12 月出版　估价：79.00 元

◆　本书以国内外经济发展环境和走向为背景，主要分析当前河南经济形势，预测未来发展趋势，全面反映河南经济发展的最新动态、热点和问题，为地方经济发展和领导决策提供参考。

京津冀蓝皮书

京津冀发展报告（2016）

文　魁　祝尔娟 / 编著　2016 年 4 月出版　估价：89.00 元

◆　京津冀协同发展作为重大的国家战略，已进入顶层设计、制度创新和全面推进的新阶段。本书以问题为导向，围绕京津冀发展中的重要领域和重大问题，研究如何推进京津冀协同发展。

文 化 传 媒 类

文化传媒类皮书透视文化领域、文化产业，
探索文化大繁荣、大发展的路径

新媒体蓝皮书

中国新媒体发展报告 No.7（2016）

唐绪军 / 主编　　2016 年 6 月出版　　估价 :79.00 元

◆ 本书是由中国社会科学院新闻与传播研究所组织编写的关于新媒体发展的最新年度报告，旨在全面分析中国新媒体的发展现状，解读新媒体的发展趋势，探析新媒体的深刻影响。

移动互联网蓝皮书

中国移动互联网发展报告（2016）

官建文 / 编著　　2016 年 6 月出版　　估价 :79.00 元

◆ 本书着眼于对中国移动互联网 2015 年度的发展情况做深入解析，对未来发展趋势进行预测，力求从不同视角、不同层面全面剖析中国移动互联网发展的现状、年度突破以及热点趋势等。

文化蓝皮书

中国文化产业发展报告（2016）

张晓明　王家新　章建刚 / 主编　　2016 年 4 月出版　　估价 :79.00 元

◆ 本书由中国社会科学院文化研究中心编写。 从 2012 年开始，中国社会科学院文化研究中心设立了国内首个文化产业的研究类专项资金——“文化产业重大课题研究计划”，开始在全国范围内组织多学科专家学者对我国文化产业发展重大战略问题进行联合攻关研究。本书集中反映了该计划的研究成果。

经济类

G20国家创新竞争力黄皮书
二十国集团（G20）国家创新竞争力发展报告（2016）
著(编)者:李建平 李闽榕 赵新力
2016年11月出版 / 估价:138.00元

产业蓝皮书
中国产业竞争力报告（2016）NO.6
著(编)者:张其仔 2016年12月出版 / 估价:98.00元

城市创新蓝皮书
中国城市创新报告（2016）
著(编)者:周天勇 旷建伟 2016年8月出版 / 估价:69.00元

城市蓝皮书
中国城市发展报告 NO.9
著(编)者:潘家华 魏后凯 2016年9月出版 / 估价:69.00元

城市群蓝皮书
中国城市群发展指数报告（2016）
著(编)者:刘士林 刘新静 2016年10月出版 / 估价:69.00元

城乡一体化蓝皮书
中国城乡一体化发展报告（2015～2016）
著(编)者:汝信 付崇兰 2016年7月出版 / 估价:85.00元

城镇化蓝皮书
中国新型城镇化健康发展报告（2016）
著(编)者:张占斌 2016年5月出版 / 估价:79.00元

创新蓝皮书
创新型国家建设报告（2015～2016）
著(编)者:詹正茂 2016年11月出版 / 估价:69.00元

低碳发展蓝皮书
中国低碳发展报告（2016）
著(编)者:齐晔 2016年3月出版 / 估价:89.00元

低碳经济蓝皮书
中国低碳经济发展报告（2016）
著(编)者:薛进军 赵忠秀 2016年6月出版 / 估价:85.00元

东北蓝皮书
中国东北地区发展报告（2016）
著(编)者:马克 黄文艺 2016年8月出版 / 估价:79.00元

工业化蓝皮书
中国工业化进程报告（2016）
著(编)者:黄群慧 吕铁 李晓华 等
2016年11月出版 / 估价:89.00元

管理蓝皮书
中国管理发展报告（2016）
著(编)者:张晓东 2016年9月出版 / 估价:98.00元

国际城市蓝皮书
国际城市发展报告（2016）
著(编)者:屠启宇 2016年1月出版 / 估价:79.00元

国家创新蓝皮书
中国创新发展报告（2016）
著(编)者:陈劲 2016年9月出版 / 估价:69.00元

金融蓝皮书
中国金融发展报告（2016）
著(编)者:李扬 王国刚 2015年12月出版 / 定价:79.00元

京津冀产业蓝皮书
京津冀产业协同发展报告（2016）
著(编)者:中智科博（北京）产业经济发展研究院
2016年6月出版 / 估价:69.00元

京津冀蓝皮书
京津冀发展报告（2016）
著(编)者:文魁 祝尔娟 2016年4月出版 / 估价:89.00元

经济蓝皮书
2016年中国经济形势分析与预测
著(编)者:李扬 2015年12月出版 / 定价:79.00元

经济蓝皮书·春季号
2016年中国经济前景分析
著(编)者:李扬 2016年5月出版 / 估价:79.00元

经济蓝皮书·夏季号
中国经济增长报告（2015～2016）
著(编)者:李扬 2016年8月出版 / 估价:99.00元

经济信息绿皮书
中国与世界经济发展报告（2016）
著(编)者:杜平 2015年12月出版 / 定价:89.00元

就业蓝皮书
2016年中国本科生就业报告
著(编)者:麦可思研究院 2016年6月出版 / 估价:98.00元

就业蓝皮书
2016年中国高职高专生就业报告
著(编)者:麦可思研究院 2016年6月出版 / 估价:98.00元

临空经济蓝皮书
中国临空经济发展报告（2016）
著(编)者:连玉明 2016年11月出版 / 估价:79.00元

民营经济蓝皮书
中国民营经济发展报告 NO.12（2015～2016）
著(编)者:王钦敏 2016年1月出版 / 估价:75.00元

农村绿皮书
中国农村经济形势分析与预测（2015～2016）
著(编)者:中国社会科学院农村发展研究所
　　　　国家统计局农村社会经济调查司
2016年4月出版 / 估价:69.00元

农业应对气候变化蓝皮书
气候变化对中国农业影响评估报告 No.2
著(编)者:矫梅燕 2016年8月出版 / 估价:98.00元

企业公民蓝皮书
中国企业公民报告 NO.4
著(编)者:邹东涛　2016年1月出版 / 估价:79.00元

气候变化绿皮书
应对气候变化报告（2016）
著(编)者:王伟光　郑国光　2016年11月出版 / 估价:98.00元

区域蓝皮书
中国区域经济发展报告（2015～2016）
著(编)者:梁昊光　2016年5月出版 / 估价:79.00元

全球环境竞争力绿皮书
全球环境竞争力报告（2016）
著(编)者:李建平　李闽榕　王金南
2016年12月出版 / 估价:198.00元

人口与劳动绿皮书
中国人口与劳动问题报告 NO.17
著(编)者:蔡昉　张车伟　2016年11月出版 / 估价:69.00元

商务中心区蓝皮书
中国商务中心区发展报告 NO.2（2016）
著(编)者:魏后凯　李国红　2016年1月出版 / 估价:89.00元

世界经济黄皮书
2016年世界经济形势分析与预测
著(编)者:王洛林　张宇燕　2015年12月出版 / 定价:79.00元

世界旅游城市绿皮书
世界旅游城市发展报告（2016）
著(编)者:鲁勇　周正宇　宋宇　2016年6月出版 / 估价:88.00元

西北蓝皮书
中国西北发展报告（2016）
著(编)者:孙发平　苏海红　鲁顺元
2015年12月出版 / 估价:79.00元

西部蓝皮书
中国西部发展报告（2016）
著(编)者:姚慧琴　徐璋勇　2016年7月出版 / 估价:89.00元

县域发展蓝皮书
中国县域经济增长能力评估报告（2016）
著(编)者:王力　2016年10月出版 / 估价:69.00元

新型城镇化蓝皮书
新型城镇化发展报告（2016）
著(编)者:李伟　宋敏　沈体雁　2016年11月出版 / 估价:98.00元

新兴经济体蓝皮书
金砖国家发展报告（2016）
著(编)者:林跃勤　周文　2016年7月出版 / 估价:79.00元

长三角蓝皮书
2016年全面深化改革中的长三角
著(编)者:张伟斌　2016年10月出版 / 估价:69.00元

中部竞争力蓝皮书
中国中部经济社会竞争力报告（2016）
著(编)者:教育部人文社会科学重点研究基地
　　　　南昌大学中国中部经济社会发展研究中心
2016年10月出版 / 估价:79.00元

中部蓝皮书
中国中部地区发展报告（2016）
著(编)者:宋亚平　2016年12月出版 / 估价:78.00元

中国省域竞争力蓝皮书
中国省域经济综合竞争力发展报告（2015～2016）
著(编)者:李建平　李闽榕　高燕京
2016年2月出版 / 估价:198.00元

中三角蓝皮书
长江中游城市群发展报告（2016）
著(编)者:秦尊文　2016年10月出版 / 估价:69.00元

中小城市绿皮书
中国中小城市发展报告（2016）
著(编)者:中国城市经济学会中小城市经济发展委员会
　　　　中国城镇化促进会中小城市发展委员会
　　　　《中国中小城市发展报告》编纂委员会
　　　　中小城市发展战略研究院
2016年10月出版 / 估价:98.00元

中原蓝皮书
中原经济区发展报告（2016）
著(编)者:李英杰　2016年6月出版 / 估价:88.00元

自贸区蓝皮书
中国自贸区发展报告（2016）
著(编)者:王力　王吉培　2016年10月出版 / 估价:69.00元

社会政法类

北京蓝皮书
中国社区发展报告（2016）
著(编)者:于燕燕　2017年2月出版 / 估价:79.00元

殡葬绿皮书
中国殡葬事业发展报告（2016）
著(编)者:李伯森　2016年4月出版 / 估价:158.00元

城市管理蓝皮书
中国城市管理报告（2016）
著(编)者:谭维克　刘林　2017年2月出版 / 估价:118.00元

城市生活质量蓝皮书
中国城市生活质量报告（2016）
著(编)者:张连城　张平　杨春学　郎丽华
2016年7月出版 / 估价:89.00元

城市政府能力蓝皮书
中国城市政府公共服务能力评估报告（2016）
著(编)者:何艳玲　2016年7月出版 / 估价:69.00元

创新蓝皮书
中国创业环境发展报告（2016）
著(编)者:姚凯　曹祎遐　2016年1月出版 / 估价:69.00元

慈善蓝皮书
中国慈善发展报告（2016）
著(编)者:杨团　2016年6月出版 / 估价:79.00元

地方法治蓝皮书
中国地方法治发展报告 NO.2（2016）
著(编)者:李林　田禾　2016年1月出版 / 估价:98.00元

法治蓝皮书
中国法治发展报告 NO.14（2016）
著(编)者:李林　田禾　2016年3月出版 / 估价:105.00元

反腐倡廉蓝皮书
中国反腐倡廉建设报告 NO.6
著(编)者:李秋芳　张英伟　2017年1月出版 / 估价:79.00元

非传统安全蓝皮书
中国非传统安全研究报告（2015～2016）
著(编)者:余潇枫　魏志江　2016年5月出版 / 估价:79.00元

妇女发展蓝皮书
中国妇女发展报告 NO.6
著(编)者:王金玲　2016年9月出版 / 估价:148.00元

妇女教育蓝皮书
中国妇女教育发展报告 NO.3
著(编)者:张李玺　2016年10月出版 / 估价:78.00元

妇女绿皮书
中国性别平等与妇女发展报告（2016）
著(编)者:谭琳　2016年12月出版 / 估价:99.00元

公共服务蓝皮书
中国城市基本公共服务力评价（2016）
著(编)者:钟君　吴正杲　2016年12月出版 / 估价:79.00元

公共管理蓝皮书
中国公共管理发展报告（2016）
著(编)者:贡森　李国强　杨维富
2016年4月出版 / 估价:69.00元

公共外交蓝皮书
中国公共外交发展报告（2016）
著(编)者:赵启正　雷蔚真　2016年4月出版 / 估价:89.00元

公民科学素质蓝皮书
中国公民科学素质报告（2016）
著(编)者:李群　许佳军　2016年3月出版 / 估价:79.00元

公益蓝皮书
中国公益发展报告（2016）
著(编)者:朱健刚　2016年5月出版 / 估价:78.00元

国际人才蓝皮书
海外华侨华人专业人士报告（2016）
著(编)者:王辉耀　苗绿　2016年8月出版 / 估价:69.00元

国际人才蓝皮书
中国国际移民报告（2016）
著(编)者:王辉耀　2016年2月出版 / 估价:79.00元

国际人才蓝皮书
中国海归发展报告（2016）NO.3
著(编)者:王辉耀　苗绿　2016年10月出版 / 估价:69.00元

国际人才蓝皮书
中国留学发展报告（2016）NO.5
著(编)者:王辉耀　苗绿　2016年10月出版 / 估价:79.00元

国家公园蓝皮书
中国国家公园体制建设报告（2016）
著(编)者:苏杨　张玉钧　石金莲　刘锋　等
2016年10月出版 / 估价:69.00元

海洋社会蓝皮书
中国海洋社会发展报告（2016）
著(编)者:崔凤　宋宁而　2016年7月出版 / 估价:89.00元

行政改革蓝皮书
中国行政体制改革报告（2016）NO.5
著(编)者:魏礼群　2016年4月出版 / 估价:98.00元

华侨华人蓝皮书
华侨华人研究报告（2016）
著(编)者:贾益民　2016年12月出版 / 估价:98.00元

环境竞争力绿皮书
中国省域环境竞争力发展报告（2016）
著(编)者:李建平　李闽榕　王金南
2016年11月出版 / 估价:198.00元

环境绿皮书
中国环境发展报告（2016）
著(编)者:刘鉴强　2016年5月出版 / 估价:79.00元

基金会蓝皮书
中国基金会发展报告（2016）
著(编)者:刘忠祥　2016年4月出版 / 估价:69.00元

基金会绿皮书
中国基金会发展独立研究报告（2016）
著(编)者:基金会中心网 中央民族大学基金会研究中心
2016年6月出版 / 估价:88.00元

基金会透明度蓝皮书
中国基金会透明度发展研究报告（2016）
著(编)者:基金会中心网 清华大学廉政与治理研究中心
2016年9月出版 / 估价:85.00元

教师蓝皮书
中国中小学教师发展报告（2016）
著(编)者:曾晓东　鱼霞　2016年6月出版 / 估价:69.00元

教育蓝皮书
中国教育发展报告（2016）
著(编)者:杨东平　2016年5月出版 / 估价:79.00元

科普蓝皮书
中国科普基础设施发展报告（2016）
著(编)者:任福君　2016年6月出版 / 估价:69.00元

科学教育蓝皮书
中国科学教育发展报告（2016）
著(编)者:罗晖 王康友　2016年10月出版 / 估价:79.00元

劳动保障蓝皮书
中国劳动保障发展报告（2016）
著(编)者:刘燕斌　2016年8月出版 / 估价:158.00元

连片特困区蓝皮书
中国连片特困区发展报告（2016）
著(编)者:游俊 冷志明 丁建军
2016年3月出版 / 估价:98.00元

民间组织蓝皮书
中国民间组织报告（2016）
著(编)者:黄晓勇　2016年12月出版 / 估价:79.00元

民调蓝皮书
中国民生调查报告（2016）
著(编)者:谢耘耕　2016年5月出版 / 估价:128.00元

民族发展蓝皮书
中国民族发展报告（2016）
著(编)者:郝时远 王延中 王希恩
2016年4月出版 / 估价:98.00元

女性生活蓝皮书
中国女性生活状况报告 NO.10（2016）
著(编)者:韩湘景　2016年4月出版 / 估价:79.00元

汽车社会蓝皮书
中国汽车社会发展报告（2016）
著(编)者:王俊秀　2016年1月出版 / 估价:69.00元

青年蓝皮书
中国青年发展报告（2016）NO.4
著(编)者:廉思 等　2016年4月出版 / 估价:69.00元

青少年蓝皮书
中国未成年人互联网运用报告（2016）
著(编)者:李文革 沈杰 季为民
2016年11月出版 / 估价:89.00元

青少年体育蓝皮书
中国青少年体育发展报告（2016）
著(编)者:郭建军 杨桦　2016年9月出版 / 估价:69.00元

区域人才蓝皮书
中国区域人才竞争力报告 NO.2
著(编)者:桂昭明 王辉耀
2016年6月出版 / 估价:69.00元

群众体育蓝皮书
中国群众体育发展报告（2016）
著(编)者:刘国永 杨桦　2016年10月出版 / 估价:69.00元

人才蓝皮书
中国人才发展报告（2016）
著(编)者:潘晨光　2016年9月出版 / 估价:85.00元

人权蓝皮书
中国人权事业发展报告 NO.6（2016）
著(编)者:李君如　2016年9月出版 / 估价:128.00元

社会保障绿皮书
中国社会保障发展报告（2016）NO.8
著(编)者:王延中　2016年4月出版 / 估价:99.00元

社会工作蓝皮书
中国社会工作发展报告（2016）
著(编)者:民政部社会工作研究中心
2016年8月出版 / 估价:79.00元

社会管理蓝皮书
中国社会管理创新报告 NO.4
著(编)者:连玉明　2016年11月出版 / 估价:89.00元

社会蓝皮书
2016年中国社会形势分析与预测
著(编)者:李培林 陈光金 张翼
2015年12月出版 / 定价:79.00元

社会体制蓝皮书
中国社会体制改革报告（2016）NO.4
著(编)者:龚维斌　2016年4月出版 / 估价:79.00元

社会心态蓝皮书
中国社会心态研究报告（2016）
著(编)者:王俊秀 杨宜音　2016年10月出版 / 估价:69.00元

社会组织蓝皮书
中国社会组织评估发展报告（2016）
著(编)者:徐家良 廖鸿　2016年12月出版 / 估价:69.00元

生态城市绿皮书
中国生态城市建设发展报告（2016）
著(编)者:刘举科 孙伟平 胡文臻
2016年9月出版 / 估价:148.00元

生态文明绿皮书
中国省域生态文明建设评价报告（ECI 2016）
著(编)者:严耕　2016年12月出版 / 估价:85.00元

世界社会主义黄皮书
世界社会主义跟踪研究报告（2015～2016）
著(编)者:李慎明　2016年4月出版 / 估价:258.00元

水与发展蓝皮书
中国水风险评估报告（2016）
著(编)者:王浩　2016年9月出版 / 估价:69.00元

体育蓝皮书
长三角地区体育产业发展报告（2016）
著(编)者:张林 2016年4月出版 / 估价:79.00元

体育蓝皮书
中国公共体育服务发展报告（2016）
著(编)者:戴健 2016年12月出版 / 估价:79.00元

土地整治蓝皮书
中国土地整治发展研究报告 NO.3
著(编)者:国土资源部土地整治中心
2016年5月出版 / 估价:89.00元

土地政策蓝皮书
中国土地政策发展报告（2016）
著(编)者:高延利 李宪文 唐健
2016年12月出版 / 估价:69.00元

危机管理蓝皮书
中国危机管理报告（2016）
著(编)者:文学国 范正青 2016年8月出版 / 估价:89.00元

形象危机应对蓝皮书
形象危机应对研究报告（2016）
著(编)者:唐钧 2016年6月出版 / 估价:149.00元

医改蓝皮书
中国医药卫生体制改革报告（2016）
著(编)者:文学国 房志武 2016年11月出版 / 估价:98.00元

医疗卫生绿皮书
中国医疗卫生发展报告 NO.7（2016）
著(编)者:申宝忠 韩玉珍 2016年4月出版 / 估价:75.00元

政治参与蓝皮书
中国政治参与报告（2016）
著(编)者:房宁 2016年7月出版 / 估价:108.00元

政治发展蓝皮书
中国政治发展报告（2016）
著(编)者:房宁 杨海蛟 2016年5月出版 / 估价:88.00元

智慧社区蓝皮书
中国智慧社区发展报告（2016）
著(编)者:罗昌智 张辉德 2016年7月出版 / 估价:69.00元

中国农村妇女发展蓝皮书
农村流动女性城市生活发展报告（2016）
著(编)者:谢丽华 2016年12月出版 / 估价:79.00元

宗教蓝皮书
中国宗教报告（2016）
著(编)者:邱永辉 2016年5月出版 / 估价:79.00元

行业报告类

保健蓝皮书
中国保健服务产业发展报告 NO.2
著(编)者:中国保健协会 中共中央党校
2016年7月出版 / 估价:198.00元

保健蓝皮书
中国保健食品产业发展报告 NO.2
著(编)者:中国保健协会
        中国社会科学院食品药品产业发展与监管研究中心
2016年7月出版 / 估价:198.00元

保健蓝皮书
中国保健用品产业发展报告 NO.2
著(编)者:中国保健协会
        国务院国有资产监督管理委员会研究中心
2016年2月出版 / 估价:198.00元

保险蓝皮书
中国保险业创新发展报告（2016）
著(编)者:项俊波 2016年12月出版 / 估价:69.00元

保险蓝皮书
中国保险业竞争力报告（2016）
著(编)者:项俊波 2015年12月出版 / 估价:99.00元

采供血蓝皮书
中国采供血管理报告（2016）
著(编)者:朱永明 耿鸿武 2016年8月出版 / 估价:69.00元

彩票蓝皮书
中国彩票发展报告（2016）
著(编)者:益彩基金 2016年4月出版 / 估价:98.00元

餐饮产业蓝皮书
中国餐饮产业发展报告（2016）
著(编)者:邢颖 2016年4月出版 / 估价:69.00元

测绘地理信息蓝皮书
测绘地理信息转型升级研究报告（2016）
著(编)者:库热西·买合苏提 2016年12月出版 / 估价:98.00元

茶业蓝皮书
中国茶产业发展报告（2016）
著(编)者:杨江帆 李闽榕 2016年10月出版 / 估价:78.00元

产权市场蓝皮书
中国产权市场发展报告（2015~2016）
著(编)者:曹和平 2016年5月出版 / 估价:89.00元

产业安全蓝皮书
中国出版传媒产业安全报告（2016）
著(编)者:北京印刷学院文化产业安全研究院
2016年4月出版 / 估价:69.00元

产业安全蓝皮书
中国文化产业安全报告（2016）
著(编)者:北京印刷学院文化产业安全研究院
2016年4月出版 / 估价:89.00元

产业安全蓝皮书
中国新媒体产业安全报告（2016）
著(编)者:北京印刷学院文化产业安全研究院
2016年5月出版 / 估价:69.00元

大数据蓝皮书
网络空间和大数据发展报告（2016）
著(编)者:杜平　2016年2月出版 / 估价:69.00元

电子商务蓝皮书
中国电子商务服务业发展报告 NO.3
著(编)者:荆林波 梁春晓　2016年5月出版 / 估价:69.00元

电子政务蓝皮书
中国电子政务发展报告（2016）
著(编)者:洪毅 杜平　2016年11月出版 / 估价:79.00元

杜仲产业绿皮书
中国杜仲橡胶资源与产业发展报告（2016）
著(编)者:杜红岩 胡文臻 俞锐
2016年1月出版 / 估价:85.00元

房地产蓝皮书
中国房地产发展报告 NO.13（2016）
著(编)者:魏后凯 李景国　2016年5月出版 / 估价:79.00元

服务外包蓝皮书
中国服务外包产业发展报告（2016）
著(编)者:王晓红 刘德军
2016年6月出版 / 估价:89.00元

服务外包蓝皮书
中国服务外包竞争力报告（2016）
著(编)者:王力 刘春生 黄育华
2016年11月出版 / 估价:85.00元

工业和信息化蓝皮书
世界网络安全发展报告（2016）
著(编)者:洪京一　2016年4月出版 / 估价:69.00元

工业和信息化蓝皮书
世界信息化发展报告（2016）
著(编)者:洪京一　2016年4月出版 / 估价:69.00元

工业和信息化蓝皮书
世界信息技术产业发展报告（2016）
著(编)者:洪京一　2016年4月出版 / 估价:79.00元

工业和信息化蓝皮书
世界制造业发展报告（2016）
著(编)者:洪京一　2016年4月出版 / 估价:69.00元

工业和信息化蓝皮书
移动互联网产业发展报告（2016）
著(编)者:洪京一　2016年4月出版 / 估价:79.00元

工业设计蓝皮书
中国工业设计发展报告（2016）
著(编)者:王晓红 于炜 张立群
2016年9月出版 / 估价:138.00元

互联网金融蓝皮书
中国互联网金融发展报告（2016）
著(编)者:李东荣　2016年8月出版 / 估价:79.00元

会展蓝皮书
中外会展业动态评估年度报告（2016）
著(编)者:张敏　2016年1月出版 / 估价:78.00元

节能汽车蓝皮书
中国节能汽车产业发展报告（2016）
著(编)者:中国汽车工程研究院股份有限公司
2016年12月出版 / 估价:69.00元

金融监管蓝皮书
中国金融监管报告（2016）
著(编)者:胡滨　2016年4月出版 / 估价:89.00元

金融蓝皮书
中国金融中心发展报告（2016）
著(编)者:王力 黄育华　2017年11月出版 / 估价:75.00元

金融蓝皮书
中国商业银行竞争力报告（2016）
著(编)者:王松奇　2016年5月出版 / 估价:69.00元

经济林产业绿皮书
中国经济林产业发展报告（2016）
著(编)者:李芳东 胡文臻 乌云塔娜 杜红岩
2016年12月出版 / 估价:69.00元

客车蓝皮书
中国客车产业发展报告（2016）
著(编)者:姚蔚　2016年2月出版 / 估价:85.00元

老龄蓝皮书
中国老龄产业发展报告（2016）
著(编)者:吴玉韶 党俊武　2016年9月出版 / 估价:79.00元

流通蓝皮书
中国商业发展报告（2016）
著(编)者:荆林波　2016年5月出版 / 估价:89.00元

旅游安全蓝皮书
中国旅游安全报告（2016）
著(编)者:郑向敏 谢朝武　2016年5月出版 / 估价:128.00元

旅游绿皮书
2015～2016年中国旅游发展分析与预测
著(编)者:宋瑞　2016年1月出版 / 估价:98.00元

煤炭蓝皮书
中国煤炭工业发展报告（2016）
著(编)者:岳福斌　2016年12月出版 / 估价:79.00元

民营企业社会责任蓝皮书
中国民营企业社会责任年度报告（2016）
著(编)者:中华全国工商业联合会
2016年7月出版 / 估价:69.00元

民营医院蓝皮书
中国民营医院发展报告（2016）
著(编)者:庄一强　　2016年10月出版　估价:75.00元

能源蓝皮书
中国能源发展报告（2016）
著(编)者:崔民选 王军生 陈义和
2016年8月出版 / 估价:79.00元

农产品流通蓝皮书
中国农产品流通产业发展报告（2016）
著(编)者:贾敬敦 张东科 张玉玺 张鹏毅 周伟
2016年1月出版 / 估价:89.00元

期货蓝皮书
中国期货市场发展报告(2016)
著(编)者:李群 王在荣　　2016年11月出版 / 估价:69.00元

企业公益蓝皮书
中国企业公益研究报告（2016）
著(编)者:钟宏武 汪杰 顾一 黄晓娟 等
2016年12月出版 / 估价:69.00元

企业公众透明度蓝皮书
中国企业公众透明度报告(2016)NO.2
著(编)者:黄速建 王晓光 肖红军
2016年1月出版 / 估价:98.00元

企业国际化蓝皮书
中国企业国际化报告（2016）
著(编)者:王辉耀　　2016年11月出版 / 估价:98.00元

企业蓝皮书
中国企业绿色发展报告NO.2（2016）
著(编)者:李红玉 朱光辉　　2016年8月出版 / 估价:79.00元

企业社会责任蓝皮书
中国企业社会责任研究报告（2016）
著(编)者:黄群慧 钟宏武 张蒽 等
2016年11月出版 / 估价:79.00元

企业社会责任能力蓝皮书
中国上市公司社会责任能力成熟度报告（2016）
著(编)者:肖红军 王晓光 李伟阳
2016年11月出版 / 估价:69.00元

汽车安全蓝皮书
中国汽车安全发展报告（2016）
著(编)者:中国汽车技术研究中心
2016年7月出版 / 估价:89.00元

汽车电子商务蓝皮书
中国汽车电子商务发展报告（2016）
著(编)者:中华全国工商业联合会汽车经销商商会
　　　　北京易观智库网络科技有限公司
2016年5月出版 / 估价:128.00元

汽车工业蓝皮书
中国汽车工业发展年度报告（2016）
著(编)者:中国汽车工业协会 中国汽车技术研究中心
　　　　丰田汽车（中国）投资有限公司
2016年4月出版 / 估价:128.00元

汽车蓝皮书
中国汽车产业发展报告（2016）
著(编)者:国务院发展研究中心产业经济研究部
　　　　中国汽车工程学会 大众汽车集团（中国）
2016年8月出版 / 估价:158.00元

清洁能源蓝皮书
国际清洁能源发展报告（2016）
著(编)者:苏树辉 袁国林 李玉斋
2016年11月出版 / 估价:99.00元

人力资源蓝皮书
中国人力资源发展报告（2016）
著(编)者:余兴安　　2016年12月出版 / 估价:79.00元

融资租赁蓝皮书
中国融资租赁业发展报告（2015～2016）
著(编)者:李光荣 王力　　2016年1月出版 / 估价:89.00元

软件和信息服务业蓝皮书
中国软件和信息服务业发展报告（2016）
著(编)者:洪京一　　2016年12月出版 / 估价:198.00元

商会蓝皮书
中国商会发展报告NO.5（2016）
著(编)者:王钦敏　　2016年7月出版 / 估价:89.00元

上市公司蓝皮书
中国上市公司社会责任信息披露报告（2016）
著(编)者:张旺 张杨　　2016年11月出版 / 估价:69.00元

上市公司蓝皮书
中国上市公司质量评价报告（2015～2016）
著(编)者:张跃文 王力　　2016年11月出版 / 估价:118.00元

设计产业蓝皮书
中国设计产业发展报告（2016）
著(编)者:陈冬亮 梁昊光　　2016年3月出版 / 估价:89.00元

食品药品蓝皮书
食品药品安全与监管政策研究报告（2016）
著(编)者:唐民皓　　2016年7月出版 / 估价:69.00元

世界能源蓝皮书
世界能源发展报告（2016）
著(编)者:黄晓勇　　2016年6月出版 / 估价:99.00元

水利风景区蓝皮书
中国水利风景区发展报告（2016）
著(编)者:兰思仁　　2016年8月出版 / 估价:69.00元

私募市场蓝皮书
中国私募股权市场发展报告（2016）
著(编)者:曹和平　　2016年12月出版 / 估价:79.00元

碳市场蓝皮书
中国碳市场报告（2016）
著(编)者:宁金彪　　2016年11月出版 / 估价:69.00元

体育蓝皮书
中国体育产业发展报告（2016）
著(编)者:阮伟 钟秉枢　2016年7月出版 / 估价:69.00元

投资蓝皮书
中国投资发展报告（2016）
著(编)者:谢平　2016年4月出版 / 估价:128.00元

土地市场蓝皮书
中国农村土地市场发展报告（2016）
著(编)者:李光荣 高传捷　2016年1月出版 / 估价:69.00元

网络空间安全蓝皮书
中国网络空间安全发展报告（2016）
著(编)者:惠志斌 唐涛　2016年4月出版 / 估价:79.00元

物联网蓝皮书
中国物联网发展报告（2016）
著(编)者:黄桂田 龚六堂 张全升
2016年1月出版 / 估价:69.00元

西部工业蓝皮书
中国西部工业发展报告（2016）
著(编)者:方行明 甘犁 刘方健 姜凌 等
2016年9月出版 / 估价:79.00元

西部金融蓝皮书
中国西部金融发展报告（2016）
著(编)者:李忠民　2016年8月出版 / 估价:75.00元

协会商会蓝皮书
中国行业协会商会发展报告（2016）
著(编)者:景朝阳 李勇　2016年4月出版 / 估价:99.00元

新能源汽车蓝皮书
中国新能源汽车产业发展报告（2016）
著(编)者:中国汽车技术研究中心
　　　　日产（中国）投资有限公司 东风汽车有限公司
2016年8月出版 / 估价:89.00元

新三板蓝皮书
中国新三板市场发展报告（2016）
著(编)者:王力　2016年6月出版 / 估价:69.00元

信托市场蓝皮书
中国信托业市场报告（2015～2016）
著(编)者:用益信托工作室
2016年2月出版 / 估价:198.00元

信息安全蓝皮书
中国信息安全发展报告（2016）
著(编)者:张晓东　2016年2月出版 / 估价:69.00元

信息化蓝皮书
中国信息化形势分析与预测（2016）
著(编)者:周宏仁　2016年8月出版 / 估价:98.00元

信用蓝皮书
中国信用发展报告（2016）
著(编)者:章政 田侃　2016年4月出版 / 估价:99.00元

休闲绿皮书
2016年中国休闲发展报告
著(编)者:宋瑞
2016年10月出版 / 估价:79.00元

药品流通蓝皮书
中国药品流通行业发展报告（2016）
著(编)者:佘鲁林 温再兴
2016年8月出版 / 估价:158.00元

医药蓝皮书
中国中医药产业园战略发展报告（2016）
著(编)者:裴长洪 房书亭 吴滁心
2016年3月出版 / 估价:89.00元

邮轮绿皮书
中国邮轮产业发展报告（2016）
著(编)者:汪泓　2016年10月出版 / 估价:79.00元

智能养老蓝皮书
中国智能养老产业发展报告（2016）
著(编)者:朱勇　2016年10月出版 / 估价:89.00元

中国SUV蓝皮书
中国SUV产业发展报告 （2016）
著(编)者:靳军　2016年12月出版 / 估价:69.00元

中国金融行业蓝皮书
中国债券市场发展报告（2016）
著(编)者:谢多　2016年7月出版 / 估价:69.00元

中国上市公司蓝皮书
中国上市公司发展报告（2016）
著(编)者:中国社会科学院上市公司研究中心
2016年9月出版 / 估价:98.00元

中国游戏蓝皮书
中国游戏产业发展报告（2016）
著(编)者:孙立军 刘跃军 牛兴侦
2016年4月出版 / 估价:69.00元

中国总部经济蓝皮书
中国总部经济发展报告（2015～2016）
著(编)者:赵弘　2016年9月出版 / 估价:79.00元

资本市场蓝皮书
中国场外交易市场发展报告（2016）
著(编)者:高峦　2016年8月出版 / 估价:79.00元

资产管理蓝皮书
中国资产管理行业发展报告（2016）
著(编)者:智信资产管理研究院
2016年6月出版 / 估价:89.00元

文化传媒类

传媒竞争力蓝皮书
中国传媒国际竞争力研究报告（2016）
著(编)者：李本乾 刘强
2016年11月出版 / 估价：148.00元

传媒蓝皮书
中国传媒产业发展报告（2016）
著(编)者：崔保国　2016年5月出版 / 估价：98.00元

传媒投资蓝皮书
中国传媒投资发展报告（2016）
著(编)者：张向东 谭云明
2016年6月出版 / 估价：128.00元

动漫蓝皮书
中国动漫产业发展报告（2016）
著(编)者：卢斌 郑玉明 牛兴侦
2016年7月出版 / 估价：79.00元

非物质文化遗产蓝皮书
中国非物质文化遗产发展报告（2016）
著(编)者：陈平　2016年5月出版 / 估价：98.00元

广电蓝皮书
中国广播电影电视发展报告（2016）
著(编)者：国家新闻出版广电总局发展研究中心
2016年7月出版 / 估价：98.00元

广告主蓝皮书
中国广告主营销传播趋势报告 NO.9
著(编)者：黄升民 杜国清 邵华冬 等
2016年10月出版 / 估价：148.00元

国际传播蓝皮书
中国国际传播发展报告（2016）
著(编)者：胡正荣 李继东 姬德强
2016年11月出版 / 估价：89.00元

纪录片蓝皮书
中国纪录片发展报告（2016）
著(编)者：何苏六　2016年10月出版 / 估价：79.00元

科学传播蓝皮书
中国科学传播报告（2016）
著(编)者：詹正茂　2016年7月出版 / 估价：69.00元

两岸创意经济蓝皮书
两岸创意经济研究报告（2016）
著(编)者：罗昌智 董泽平　2016年12月出版 / 估价：98.00元

两岸文化蓝皮书
两岸文化产业合作发展报告（2016）
著(编)者：胡惠林 李保宗　2016年7月出版 / 估价：79.00元

媒介与女性蓝皮书
中国媒介与女性发展报告(2015~2016)
著(编)者：刘利群　2016年8月出版 / 估价：118.00元

媒体融合蓝皮书
中国媒体融合发展报告（2016）
著(编)者：梅宁华 宋建武　2016年7月出版 / 估价：79.00元

全球传媒蓝皮书
全球传媒发展报告（2016）
著(编)者：胡正荣 李继东 唐晓芬
2016年12月出版 / 估价：79.00元

少数民族非遗蓝皮书
中国少数民族非物质文化遗产发展报告（2016）
著(编)者：肖远平（彝） 柴立（满）
2016年6月出版 / 估价：128.00元

视听新媒体蓝皮书
中国视听新媒体发展报告（2016）
著(编)者：国家新闻出版广电总局发展研究中心
2016年7月出版 / 估价：98.00元

文化创新蓝皮书
中国文化创新报告（2016）NO.7
著(编)者：于平 傅才武　2016年7月出版 / 估价：98.00元

文化建设蓝皮书
中国文化发展报告（2016）
著(编)者：江畅 孙伟平 戴茂堂
2016年4月出版 / 估价：108.00元

文化科技蓝皮书
文化科技创新发展报告（2016）
著(编)者：于平 李凤亮　2016年10月出版 / 估价：89.00元

文化蓝皮书
中国公共文化服务发展报告（2016）
著(编)者：刘新成 张永新 张旭　2016年10月出版 / 估价：98.00元

文化蓝皮书
中国公共文化投入增长测评报告（2016）
著(编)者：王亚南　2016年12月出版 / 估价：79.00元

文化蓝皮书
中国少数民族文化发展报告（2016）
著(编)者：武翠英 张晓明 任乌晶
2016年9月出版 / 估价：69.00元

文化蓝皮书
中国文化产业发展报告（2016）
著(编)者：张晓明 王家新 章建刚
2016年4月出版 / 估价：79.00元

文化蓝皮书
中国文化产业供需协调检测报告（2016）
著(编)者：王亚南　2016年2月出版 / 估价：79.00元

文化蓝皮书
中国文化消费需求景气评价报告（2016）
著(编)者：王亚南　2016年2月出版 / 估价：79.00元

文化品牌蓝皮书
中国文化品牌发展报告（2016）
著（编）者：欧阳友权　2016年4月出版 / 估价:89.00元

文化遗产蓝皮书
中国文化遗产事业发展报告（2016）
著（编）者：刘世锦　2016年3月出版 / 估价:89.00元

文学蓝皮书
中国文情报告（2015～2016）
著（编）者：白烨　2016年5月出版 / 估价:69.00元

新媒体蓝皮书
中国新媒体发展报告NO.7（2016）
著（编）者：唐绪军　2016年7月出版 / 估价:79.00元

新媒体社会责任蓝皮书
中国新媒体社会责任研究报告（2016）
著（编）者：钟瑛　2016年10月出版 / 估价:79.00元

移动互联网蓝皮书
中国移动互联网发展报告（2016）
著（编）者：官建文　2016年6月出版 / 估价:79.00元

舆情蓝皮书
中国社会舆情与危机管理报告（2016）
著（编）者：谢耘耕　2016年8月出版 / 估价:98.00元

地方发展类

安徽经济蓝皮书
芜湖创新型城市发展报告（2016）
著（编）者：张志宏　2016年4月出版 / 估价:69.00元

安徽蓝皮书
安徽社会发展报告（2016）
著（编）者：程桦　2016年4月出版 / 估价:89.00元

安徽社会建设蓝皮书
安徽社会建设分析报告（2015～2016）
著（编）者：黄家海　王开玉　蔡宪
2016年4月出版 / 估价:89.00元

澳门蓝皮书
澳门经济社会发展报告（2015～2016）
著（编）者：吴志良　郝雨凡　2016年5月出版 / 估价:79.00元

北京蓝皮书
北京公共服务发展报告（2015～2016）
著（编）者：施昌奎　2016年1月出版 / 估价:69.00元

北京蓝皮书
北京经济发展报告（2015～2016）
著（编）者：杨松　2016年6月出版 / 估价:79.00元

北京蓝皮书
北京社会发展报告（2015～2016）
著（编）者：李伟东　2016年7月出版 / 估价:79.00元

北京蓝皮书
北京社会治理发展报告（2015～2016）
著（编）者：殷星辰　2016年6月出版 / 估价:79.00元

北京蓝皮书
北京文化发展报告（2015～2016）
著（编）者：李建盛　2016年5月出版 / 估价:79.00元

北京旅游绿皮书
北京旅游发展报告（2016）
著（编）者：北京旅游学会　2016年7月出版 / 估价:88.00元

北京人才蓝皮书
北京人才发展报告（2016）
著（编）者：于淼　2016年12月出版 / 估价:128.00元

北京社会心态蓝皮书
北京社会心态分析报告（2015～2016）
著（编）者：北京社会心理研究所
2016年8月出版 / 估价:79.00元

北京社会组织管理蓝皮书
北京社会组织发展与管理（2015～2016）
著（编）者：黄江松　2016年4月出版 / 估价:78.00元

北京体育蓝皮书
北京体育产业发展报告（2016）
著（编）者：钟秉枢　陈杰　杨铁黎
2016年10月出版 / 估价:79.00元

北京养老产业蓝皮书
北京养老产业发展报告（2016）
著（编）者：周明明　冯喜良　2016年4月出版 / 估价:69.00元

滨海金融蓝皮书
滨海新区金融发展报告（2016）
著（编）者：王爱俭　张锐钢　2016年9月出版 / 估价:79.00元

城乡一体化蓝皮书
中国城乡一体化发展报告·北京卷（2015～2016)
著（编）者：张宝秀　黄序　2016年5月出版 / 估价:79.00元

创意城市蓝皮书
北京文化创意产业发展报告（2016）
著（编）者：张京成　王国华　2016年12月出版 / 估价:69.00元

创意城市蓝皮书
青岛文化创意产业发展报告（2016）
著（编）者：马达　张丹妮　2016年6月出版 / 估价:79.00元

创意城市蓝皮书
台北文化创意产业发展报告（2016）
著(编)者:陈耀竹 邱琪瑄　2016年11月出版 / 估价:89.00元

创意城市蓝皮书
无锡文化创意产业发展报告（2016）
著(编)者:谭军 张鸣年　2016年10月出版 / 估价:79.00元

创意城市蓝皮书
武汉文化创意产业发展报告（2016）
著(编)者:黄永林 陈汉桥　2016年12月出版 / 估价:89.00元

创意城市蓝皮书
重庆创意产业发展报告（2016）
著(编)者:程宇宁　2016年4月出版 / 估价:89.00元

地方法治蓝皮书
南宁法治发展报告（2016）
著(编)者:杨维超　2016年12月出版 / 估价:69.00元

福建妇女发展蓝皮书
福建省妇女发展报告（2016）
著(编)者:刘群英　2016年11月出版 / 估价:88.00元

甘肃蓝皮书
甘肃经济发展分析与预测（2016）
著(编)者:朱智文 罗哲　2016年1月出版 / 估价:79.00元

甘肃蓝皮书
甘肃社会发展分析与预测（2016）
著(编)者:安文华 包晓霞　2016年1月出版 / 估价:79.00元

甘肃蓝皮书
甘肃文化发展分析与预测（2016）
著(编)者:安文华 周小华　2016年1月出版 / 估价:79.00元

甘肃蓝皮书
甘肃县域社会发展评价报告（2016）
著(编)者:刘进军 柳民 王建兵
2016年1月出版 / 估价:79.00元

甘肃蓝皮书
甘肃舆情分析与预测（2016）
著(编)者:陈双梅 郝树声　2016年1月出版 / 估价:79.00元

甘肃蓝皮书
甘肃商务发展报告（2016）
著(编)者:杨志武 王福生 王晓芳
2016年1月出版 / 估价:69.00元

广东蓝皮书
广东全面深化改革发展报告（2016）
著(编)者:周林生 涂成林　2016年11月出版 / 估价:69.00元

广东蓝皮书
广东社会工作发展报告（2016）
著(编)者:罗观翠　2016年6月出版 / 估价:89.00元

广东蓝皮书
广东省电子商务发展报告（2016）
著(编)者:程晓 邓顺国　2016年7月出版 / 估价:79.00元

广东社会建设蓝皮书
广东省社会建设发展报告（2016）
著(编)者:广东省社会工作委员会
2016年12月出版 / 估价:99.00元

广东外经贸蓝皮书
广东对外经济贸易发展研究报告（2015~2016）
著(编)者:陈万灵　2016年5月出版 / 估价:89.00元

广西北部湾经济区蓝皮书
广西北部湾经济区开放开发报告（2016）
著(编)者:广西北部湾经济区规划建设管理委员会办公室
　　　　广西社会科学院广西北部湾发展研究院
2016年10月出版 / 估价:79.00元

广州蓝皮书
2016年中国广州经济形势分析与预测
著(编)者:庾建设 沈奎 谢博能　2016年6月出版 / 估价:79.00元

广州蓝皮书
2016年中国广州社会形势分析与预测
著(编)者:张强 陈怡霓 杨秦　2016年6月出版 / 估价:79.00元

广州蓝皮书
广州城市国际化发展报告（2016）
著(编)者:朱名宏　2016年11月出版 / 估价:69.00元

广州蓝皮书
广州创新型城市发展报告（2016）
著(编)者:尹涛　2016年10月出版 / 估价:69.00元

广州蓝皮书
广州经济发展报告（2016）
著(编)者:朱名宏　2016年7月出版 / 估价:69.00元

广州蓝皮书
广州农村发展报告（2016）
著(编)者:朱名宏　2016年8月出版 / 估价:69.00元

广州蓝皮书
广州汽车产业发展报告（2016）
著(编)者:杨再高 冯兴亚　2016年9月出版 / 估价:69.00元

广州蓝皮书
广州青年发展报告（2015～2016）
著(编)者:魏国华 张强　2016年7月出版 / 估价:69.00元

广州蓝皮书
广州商贸业发展报告（2016）
著(编)者:李江涛 肖振宇 荀振英
2016年7月出版 / 估价:69.00元

广州蓝皮书
广州社会保障发展报告（2016）
著(编)者:蔡国萱　2016年10月出版 / 估价:65.00元

广州蓝皮书
广州文化创意产业发展报告（2016）
著(编)者:甘新　2016年8月出版 / 估价:79.00元

广州蓝皮书
·中国广州城市建设与管理发展报告（2016）
著(编)者:董皞 陈小钢 李江涛　2016年7月出版 / 估价:69.00元

广州蓝皮书
中国广州科技和信息化发展报告（2016）
著(编)者:邹采荣 马正勇 冯元 2016年8月出版 / 估价:79.00元

广州蓝皮书
中国广州文化发展报告（2016）
著(编)者:徐俊忠 陆志强 顾涧清 2016年7月出版 / 估价:69.00元

贵阳蓝皮书
贵阳城市创新发展报告·白云篇（2016）
著(编)者:连玉明 2016年10月出版 / 估价:89.00元

贵阳蓝皮书
贵阳城市创新发展报告·观山湖篇（2016）
著(编)者:连玉明 2016年10月出版 / 估价:89.00元

贵阳蓝皮书
贵阳城市创新发展报告·花溪篇（2016）
著(编)者:连玉明 2016年10月出版 / 估价:89.00元

贵阳蓝皮书
贵阳城市创新发展报告·开阳篇（2016）
著(编)者:连玉明 2016年10月出版 / 估价:89.00元

贵阳蓝皮书
贵阳城市创新发展报告·南明篇（2016）
著(编)者:连玉明 2016年10月出版 / 估价:89.00元

贵阳蓝皮书
贵阳城市创新发展报告·清镇篇（2016）
著(编)者:连玉明 2016年10月出版 / 估价:89.00元

贵阳蓝皮书
贵阳城市创新发展报告·乌当篇（2016）
著(编)者:连玉明 2016年10月出版 / 估价:89.00元

贵阳蓝皮书
贵阳城市创新发展报告·息烽篇（2016）
著(编)者:连玉明 2016年10月出版 / 估价:89.00元

贵阳蓝皮书
贵阳城市创新发展报告·修文篇（2016）
著(编)者:连玉明 2016年10月出版 / 估价:89.00元

贵阳蓝皮书
贵阳城市创新发展报告·云岩篇（2016）
著(编)者:连玉明 2016年10月出版 / 估价:89.00元

贵州房地产蓝皮书
贵州房地产发展报告NO.3（2016）
著(编)者:武廷方 2016年6月出版 / 估价:89.00元

贵州蓝皮书
册亨经济社会发展报告 (2016)
著(编)者:黄德林 2016年1月出版 / 估价:69.00元

贵州蓝皮书
贵安新区发展报告（2016）
著(编)者:马长青 吴大华 2016年4月出版 / 估价:69.00元

贵州蓝皮书
贵州法治发展报告（2016）
著(编)者:吴大华 2016年5月出版 / 估价:79.00元

贵州蓝皮书
贵州民航业发展报告（2016）
著(编)者:申振东 吴大华 2016年10月出版 / 估价:69.00元

贵州蓝皮书
贵州人才发展报告（2016）
著(编)者:于杰 吴大华 2016年9月出版 / 估价:69.00元

贵州蓝皮书
贵州社会发展报告（2016）
著(编)者:王兴骥 2016年5月出版 / 估价:79.00元

海淀蓝皮书
海淀区文化和科技融合发展报告（2016）
著(编)者:陈名杰 孟景伟 2016年5月出版 / 估价:75.00元

海峡西岸蓝皮书
海峡西岸经济区发展报告（2016）
著(编)者:福建省人民政府发展研究中心
　　　　　福建省人民政府发展研究中心咨询服务中心
2016年9月出版 / 估价:65.00元

杭州都市圈蓝皮书
杭州都市圈发展报告（2016）
著(编)者:董祖德 沈翔 2016年5月出版 / 估价:89.00元

杭州蓝皮书
杭州妇女发展报告（2016）
著(编)者:魏颖 2016年4月出版 / 估价:79.00元

河北经济蓝皮书
河北省经济发展报告（2016）
著(编)者:马树强 金浩 刘兵 张贵
2016年3月出版 / 估价:89.00元

河北蓝皮书
河北经济社会发展报告（2016）
著(编)者:周文夫 2016年1月出版 / 估价:79.00元

河北食品药品安全蓝皮书
河北食品药品安全研究报告（2016）
著(编)者:丁锦霞 2016年6月出版 / 估价:79.00元

河南经济蓝皮书
2016年河南经济形势分析与预测
著(编)者:胡五岳 2016年2月出版 / 估价:69.00元

河南蓝皮书
2016年河南社会形势分析与预测
著(编)者:刘道兴 牛苏林 2016年4月出版 / 估价:69.00元

河南蓝皮书
河南城市发展报告（2016）
著(编)者:谷建全 王建国 2016年3月出版 / 估价:79.00元

河南蓝皮书
河南法治发展报告（2016）
著(编)者:丁同民 闫德民 2016年6月出版 / 估价:79.00元

河南蓝皮书
河南工业发展报告（2016）
著(编)者:龚绍东 赵西三 2016年1月出版 / 估价:79.00元

河南蓝皮书
河南金融发展报告（2016）
著(编)者:河南省社会科学院
2016年6月出版 / 估价:69.00元

河南蓝皮书
河南经济发展报告（2016）
著(编)者:河南省社会科学院
2016年12月出版 / 估价:79.00元

河南蓝皮书
河南农业农村发展报告（2016）
著(编)者:吴海峰　　2016年4月出版 / 估价:69.00元

河南蓝皮书
河南文化发展报告（2016）
著(编)者:卫绍生　　2016年3月出版 / 估价:79.00元

河南商务蓝皮书
河南商务发展报告（2016）
著(编)者:焦锦淼 穆荣国　　2016年4月出版 / 估价:88.00元

黑龙江产业蓝皮书
黑龙江产业发展报告（2016）
著(编)者:于渤　　2016年10月出版 / 估价:79.00元

黑龙江蓝皮书
黑龙江经济发展报告（2016）
著(编)者:曲伟　　2016年1月出版 / 估价:79.00元

黑龙江蓝皮书
黑龙江社会发展报告（2016）
著(编)者:张新颖　　2016年1月出版 / 估价:79.00元

湖南城市蓝皮书
区域城市群整合（主题待定）
著(编)者:童中贤 韩未名　　2016年12月出版 / 估价:79.00元

湖南蓝皮书
2016年湖南产业发展报告
著(编)者:梁志峰　　2016年5月出版 / 估价:98.00元

湖南蓝皮书
2016年湖南电子政务发展报告
著(编)者:梁志峰　　2016年5月出版 / 估价:98.00元

湖南蓝皮书
2016年湖南经济展望
著(编)者:梁志峰　　2016年5月出版 / 估价:128.00元

湖南蓝皮书
2016年湖南两型社会与生态文明发展报告
著(编)者:梁志峰　　2016年5月出版 / 估价:98.00元

湖南蓝皮书
2016年湖南社会发展报告
著(编)者:梁志峰　　2016年5月出版 / 估价:88.00元

湖南蓝皮书
2016年湖南县域经济社会发展报告
著(编)者:梁志峰　　2016年5月出版 / 估价:98.00元

湖南蓝皮书
湖南城乡一体化发展报告（2016）
著(编)者:陈文胜 刘祚祥 邝奕轩 等
2016年7月出版 / 估价:89.00元

湖南县域绿皮书
湖南县域发展报告 NO.3
著(编)者:袁准 周小毛　　2016年9月出版 / 估价:69.00元

沪港蓝皮书
沪港发展报告（2015～2016）
著(编)者:尤安山　　2016年4月出版 / 估价:89.00元

吉林蓝皮书
2016年吉林经济社会形势分析与预测
著(编)者:马克　　2016年2月出版 / 估价:89.00元

济源蓝皮书
济源经济社会发展报告（2016）
著(编)者:喻新安　　2016年4月出版 / 估价:69.00元

健康城市蓝皮书
北京健康城市建设研究报告（2016）
著(编)者:王鸿春　　2016年4月出版 / 估价:79.00元

江苏法治蓝皮书
江苏法治发展报告 NO.5（2016）
著(编)者:李力 龚廷泰　　2016年9月出版 / 估价:98.00元

江西蓝皮书
江西经济社会发展报告（2016）
著(编)者:张勇 姜玮 梁勇　　2016年10月出版 / 估价:79.00元

江西文化产业蓝皮书
江西文化产业发展报告（2016）
著(编)者:张圣才 汪春翔　　2016年10月出版 / 估价:128.00元

经济特区蓝皮书
中国经济特区发展报告（2016）
著(编)者:陶一桃　　2016年12月出版 / 估价:89.00元

辽宁蓝皮书
2016年辽宁经济社会形势分析与预测
著(编)者:曹晓峰 张晶 梁启东
2016年12月出版 / 估价:79.00元

拉萨蓝皮书
拉萨法治发展报告（2016）
著(编)者:车明怀　　2016年7月出版 / 估价:79.00元

洛阳蓝皮书
洛阳文化发展报告（2016）
著(编)者:刘福兴 陈启明　　2016年7月出版 / 估价:79.00元

南京蓝皮书
南京文化发展报告（2016）
著(编)者:徐宁　　2016年12月出版 / 估价:79.00元

内蒙古蓝皮书
内蒙古反腐倡廉建设报告 NO.2
著(编)者:张志华 无极　　2016年12月出版 / 估价:69.00元

浦东新区蓝皮书
上海浦东经济发展报告（2016）
著(编)者:沈开艳 陆沪根　2016年1月出版 / 估价:69.00元

青海蓝皮书
2016年青海经济社会形势分析与预测
著(编)者:赵宗福　2015年12月出版 / 估价:69.00元

人口与健康蓝皮书
深圳人口与健康发展报告（2016）
著(编)者:陆杰华 罗乐宣 苏杨
2016年11月出版 / 估价:89.00元

山东蓝皮书
山东经济形势分析与预测（2016）
著(编)者:李广杰　2016年11月出版 / 估价:89.00元

山东蓝皮书
山东社会形势分析与预测（2016）
著(编)者:涂可国　2016年6月出版 / 估价:89.00元

山东蓝皮书
山东文化发展报告（2016）
著(编)者:张华 唐洲雁　2016年6月出版 / 估价:98.00元

山西蓝皮书
山西资源型经济转型发展报告（2016）
著(编)者:李志强　2016年5月出版 / 估价:89.00元

陕西蓝皮书
陕西经济发展报告（2016）
著(编)者:任宗哲 白宽犁 裴成荣
2016年1月出版 / 估价:69.00元

陕西蓝皮书
陕西社会发展报告（2016）
著(编)者:任宗哲 白宽犁 牛昉
2016年1月出版 / 估价:69.00元

陕西蓝皮书
陕西文化发展报告（2016）
著(编)者:任宗哲 白宽犁 王长寿
2016年1月出版 / 估价:65.00元

陕西蓝皮书
丝绸之路经济带发展报告（2016）
著(编)者:任宗哲 石英 白宽犁
2016年8月出版 / 估价:79.00元

上海蓝皮书
上海传媒发展报告（2016）
著(编)者:强荧 焦雨虹　2016年1月出版 / 估价:69.00元

上海蓝皮书
上海法治发展报告（2016）
著(编)者:叶青　2016年5月出版 / 估价:69.00元

上海蓝皮书
上海经济发展报告（2016）
著(编)者:沈开艳　2016年1月出版 / 估价:69.00元

上海蓝皮书
上海社会发展报告（2016）
著(编)者:杨雄 周海旺　2016年1月出版 / 估价:69.00元

上海蓝皮书
上海文化发展报告（2016）
著(编)者:荣跃明　2016年1月出版 / 估价:74.00元

上海蓝皮书
上海文学发展报告（2016）
著(编)者:陈圣来　2016年1月出版 / 估价:69.00元

上海蓝皮书
上海资源环境发展报告（2016）
著(编)者:周冯琦 汤庆合 任文伟
2016年1月出版 / 估价:69.00元

上饶蓝皮书
上饶发展报告（2015～2016）
著(编)者:朱寅健　2016年3月出版 / 估价:128.00元

社会建设蓝皮书
2016年北京社会建设分析报告
著(编)者:宋贵伦 冯虹　2016年7月出版 / 估价:79.00元

深圳蓝皮书
深圳法治发展报告（2016）
著(编)者:张骁儒　2016年5月出版 / 估价:69.00元

深圳蓝皮书
深圳经济发展报告（2016）
著(编)者:张骁儒　2016年6月出版 / 估价:89.00元

深圳蓝皮书
深圳劳动关系发展报告（2016）
著(编)者:汤庭芬　2016年6月出版 / 估价:79.00元

深圳蓝皮书
深圳社会建设与发展报告（2016）
著(编)者:张骁儒 陈东平　2016年6月出版 / 估价:79.00元

深圳蓝皮书
深圳文化发展报告(2016)
著(编)者:张骁儒　2016年1月出版 / 估价:69.00元

四川法治蓝皮书
四川依法治省年度报告 NO.2（2016）
著(编)者:李林 杨天宗 田禾
2016年3月出版 / 估价:108.00元

四川蓝皮书
2016年四川经济形势分析与预测
著(编)者:杨钢　2016年1月出版 / 估价:89.00元

四川蓝皮书
四川城镇化发展报告（2016）
著(编)者:侯水平 范秋美　2016年4月出版 / 估价:79.00元

四川蓝皮书
四川法治发展报告（2016）
著(编)者:郑泰安　2016年1月出版 / 估价:69.00元

四川蓝皮书
四川企业社会责任研究报告（2015～2016）
著(编)者:侯水平 盛毅　2016年4月出版 / 估价:79.00元

四川蓝皮书
四川社会发展报告（2016）
著(编)者:郭晓鸣　2016年4月出版 / 估价:79.00元

四川蓝皮书
四川生态建设报告（2016）
著(编)者:李晟之　2016年4月出版 / 估价:79.00元

四川蓝皮书
四川文化产业发展报告（2016）
著(编)者:侯水平　2016年4月出版 / 估价:79.00元

体育蓝皮书
上海体育产业发展报告（2015～2016）
著(编)者:张林 黄海燕　2016年10月出版 / 估价:79.00元

体育蓝皮书
长三角地区体育产业发展报告（2015～2016）
著(编)者:张林　2016年4月出版 / 估价:79.00元

天津金融蓝皮书
天津金融发展报告（2016）
著(编)者:王爱俭 孔德昌　2016年9月出版 / 估价:89.00元

图们江区域合作蓝皮书
图们江区域合作发展报告（2016）
著(编)者:李铁　2016年4月出版 / 估价:98.00元

温州蓝皮书
2016年温州经济社会形势分析与预测
著(编)者:潘忠强 王春光 金浩　2016年4月出版 / 估价:69.00元

扬州蓝皮书
扬州经济社会发展报告（2016）
著(编)者:丁纯　2016年12月出版 / 估价:89.00元

长株潭城市群蓝皮书
长株潭城市群发展报告（2016）
著(编)者:张萍　2016年10月出版 / 估价:69.00元

郑州蓝皮书
2016年郑州文化发展报告
著(编)者:王哲　2016年9月出版 / 估价:65.00元

中医文化蓝皮书
北京中医药文化传播发展报告（2016）
著(编)者:毛嘉陵　2016年5月出版 / 估价:79.00元

珠三角流通蓝皮书
珠三角商圈发展研究报告（2016）
著(编)者:王先庆 林至颖　2016年7月出版 / 估价:98.00元

遵义蓝皮书
遵义发展报告（2016）
著(编)者:曾征 龚永育　2016年12月出版 / 估价:69.00元

国别与地区类

阿拉伯黄皮书
阿拉伯发展报告（2015～2016）
著(编)者:罗林　2016年11月出版 / 估价:79.00元

北部湾蓝皮书
泛北部湾合作发展报告（2016）
著(编)者:吕余生　2016年10月出版 / 估价:69.00元

大湄公河次区域蓝皮书
大湄公河次区域合作发展报告（2016）
著(编)者:刘稚　2016年9月出版 / 估价:79.00元

大洋洲蓝皮书
大洋洲发展报告（2015～2016）
著(编)者:喻常森　2016年10月出版 / 估价:89.00元

德国蓝皮书
德国发展报告（2016）
著(编)者:郑春荣 伍慧萍
2016年5月出版 / 估价:69.00元

东北亚黄皮书
东北亚地区政治与安全（2016）
著(编)者:黄凤志 刘清才 张慧智 等
2016年5月出版 / 估价:69.00元

东盟黄皮书
东盟发展报告（2016）
著(编)者:杨晓强 庄国土　2016年12月出版 / 估价:75.00元

东南亚蓝皮书
东南亚地区发展报告（2015～2016）
著(编)者:厦门大学东南亚研究中心 王勤
2016年4月出版 / 估价:79.00元

俄罗斯黄皮书
俄罗斯发展报告（2016）
著(编)者:李永全　2016年7月出版 / 估价:79.00元

非洲黄皮书
非洲发展报告 NO.18（2015～2016）
著(编)者:张宏明　2016年9月出版 / 估价:79.00元

国际形势黄皮书
全球政治与安全报告（2016）
著(编)者:李慎明 张宇燕
2015年12月出版 / 定价:69.00元

韩国蓝皮书
韩国发展报告（2016）
著(编)者:牛林杰 刘宝全
2016年12月出版 / 估价:89.00元

加拿大蓝皮书
加拿大发展报告（2016）
著(编)者:仲伟合 2016年4月出版 / 估价:89.00元

拉美黄皮书
拉丁美洲和加勒比发展报告（2015～2016）
著(编)者:吴白乙 2016年5月出版 / 估价:89.00元

美国蓝皮书
美国研究报告（2016）
著(编)者:郑秉文 黄平
2016年6月出版 / 估价:89.00元

缅甸蓝皮书
缅甸国情报告（2016）
著(编)者:李晨阳 2016年8月出版 / 估价:79.00元

欧洲蓝皮书
欧洲发展报告（2015～2016）
著(编)者:周弘 黄平 江时学
2016年7月出版 / 估价:89.00元

日本经济蓝皮书
日本经济与中日经贸关系研究报告（2016）
著(编)者:王洛林 张季风
2016年5月出版 / 估价:79.00元

日本蓝皮书
日本研究报告（2016）
著(编)者:李薇 2016年4月出版 / 估价:69.00元

上海合作组织黄皮书
上海合作组织发展报告（2016）
著(编)者:李进峰 吴宏伟 李伟
2016年7月出版 / 估价:98.00元

世界创新竞争力黄皮书
世界创新竞争力发展报告（2016）
著(编)者:李闽榕 李建平 赵新力
2016年1月出版 / 估价:148.00元

土耳其蓝皮书
土耳其发展报告（2016）
著(编)者:郭长刚 刘义 2016年7月出版 / 估价:69.00元

亚太蓝皮书
亚太地区发展报告（2016）
著(编)者:李向阳 2016年1月出版 / 估价:69.00元

印度蓝皮书
印度国情报告（2016）
著(编)者:吕昭义 2016年5月出版 / 估价:89.00元

印度洋地区蓝皮书
印度洋地区发展报告（2016）
著(编)者:汪戎 2016年5月出版 / 估价:89.00元

英国蓝皮书
英国发展报告（2015～2016）
著(编)者:王展鹏 2016年10月出版 / 估价:89.00元

越南蓝皮书
越南国情报告（2016）
著(编)者:广西社会科学院 罗梅 李碧华
2016年8月出版 / 估价:69.00元

越南蓝皮书
越南经济发展报告（2016）
著(编)者:黄志勇 2016年10月出版 / 估价:69.00元

以色列蓝皮书
以色列发展报告（2016）
著(编)者:张倩红 2016年9月出版 / 估价:89.00元

中东黄皮书
中东发展报告 No.18（2015～2016）
著(编)者:杨光 2016年10月出版 / 估价:89.00元

中欧关系蓝皮书
中欧关系研究报告（2016）
著(编)者:周弘 2016年12月出版 / 估价:98.00元

中亚黄皮书
中亚国家发展报告（2016）
著(编)者:孙力 吴宏伟 2016年8月出版 / 估价:89.00元

❖ 皮书起源 ❖

"皮书"起源于十七、十八世纪的英国，主要指官方或社会组织正式发表的重要文件或报告，多以"白皮书"命名。在中国，"皮书"这一概念被社会广泛接受，并被成功运作、发展成为一种全新的出版形态，则源于中国社会科学院社会科学文献出版社。

❖ 皮书定义 ❖

皮书是对中国与世界发展状况和热点问题进行年度监测，以专业的角度、专家的视野和实证研究方法，针对某一领域或区域现状与发展态势展开分析和预测，具备原创性、实证性、专业性、连续性、前沿性、时效性等特点的公开出版物，由一系列权威研究报告组成。

❖ 皮书作者 ❖

皮书系列的作者以中国社会科学院、著名高校、地方社会科学院的研究人员为主，多为国内一流研究机构的权威专家学者，他们的看法和观点代表了学界对中国与世界的现实和未来最高水平的解读与分析。

❖ 皮书荣誉 ❖

皮书系列已成为社会科学文献出版社的著名图书品牌和中国社会科学院的知名学术品牌。2011年，皮书系列正式列入"十二五"国家重点出版规划项目；2012~2015年，重点皮书列入中国社会科学院承担的国家哲学社会科学创新工程项目；2016年，46种院外皮书使用"中国社会科学院创新工程学术出版项目"标识。

中国皮书网

www.pishu.cn

发布皮书研创资讯，传播皮书精彩内容
引领皮书出版潮流，打造皮书服务平台

栏目设置：

☐ **资讯**：皮书动态、皮书观点、皮书数据、
　　皮书报道、皮书发布、电子期刊
☐ **标准**：皮书评价、皮书研究、皮书规范
☐ **服务**：最新皮书、皮书书目、重点推荐、在线购书
☐ **链接**：皮书数据库、皮书博客、皮书微博、在线书城
☐ **搜索**：资讯、图书、研究动态、皮书专家、研创团队

中国皮书网依托皮书系列"权威、前沿、原创"的优质内容资源，通过文字、图片、音频、视频等多种元素，在皮书研创者、使用者之间搭建了一个成果展示、资源共享的互动平台。

自 2005 年 12 月正式上线以来，中国皮书网的 IP 访问量、PV 浏览量与日俱增，受到海内外研究者、公务人员、商务人士以及专业读者的广泛关注。

2008 年、2011 年，中国皮书网均在全国新闻出版业网站荣誉评选中获得"最具商业价值网站"称号；2012 年，获得"出版业网站百强"称号。

2014 年，中国皮书网与皮书数据库实现资源共享，端口合一，将提供更丰富的内容，更全面的服务。

皮书大事记
（2015）

☆ 2015年11月9日，社会科学文献出版社2015年皮书编辑出版工作会议召开，会议就皮书装帧设计、生产营销、皮书评价以及质检工作中的常见问题等进行交流和讨论，为2016年出版社的融合发展指明了方向。

☆ 2015年11月，中国社会科学院2015年度纳入创新工程后期资助名单正式公布，《社会蓝皮书：2015年中国社会形势分析与预测》等41种皮书纳入2015年度"中国社会科学院创新工程学术出版资助项目"。

☆ 2015年8月7~8日，由中国社会科学院主办，社会科学文献出版社和湖北大学共同承办的"第十六次全国皮书年会（2015）：皮书研创与中国话语体系建设"在湖北省恩施市召开。中国社会科学院副院长李培林，国家新闻出版广电总局原副总局长、中国出版协会常务副理事长邬书林，湖北省委宣传部副部长喻立平，中国社会科学院科研局局长马援，国家新闻出版广电总局出版管理司副司长许正明，中共恩施州委书记王海涛，社会科学文献出版社社长谢寿光，湖北大学党委书记刘建凡等相关领导出席开幕式。来自中国社会科学院、地方社会科学院及高校、政府研究机构的领导及近200个皮书课题组的380多人出席了会议，会议规模又创新高。会议宣布了2016年授权使用"中国社会科学院创新工程学术出版项目"标识的院外皮书名单，并颁发了第六届优秀皮书奖。

☆ 2015年4月28日，"第三届皮书学术评审委员会第二次会议暨第六届优秀皮书奖评审会"在京召开。中国社会科学院副院长李培林、蔡昉出席会议并讲话，国家新闻出版广电总局原副局长、中国出版协会常务副理事长邬书林也出席本次会议。会议分别由中国社会科学院科研局局长马援和社会科学文献出版社社长谢寿光主持。经分学科评审和大会汇评，最终匿名投票评选出第六届"优秀皮书奖"和"优秀皮书报告奖"书目。此外，该委员会还根据《中国社会科学院皮书管理办法》，审议并投票评选出2015年纳入中国社会科学院创新工程项目的皮书和2016年使用"中国社会科学院创新工程学术出版项目"标识的院外皮书。

☆ 2015年1月30~31日，由社会科学文献出版社皮书研究院组织的2014年版皮书评价复评会议在京召开。皮书学术评审委员会部分委员、相关学科专家、学术期刊编辑、资深媒体人等近50位评委参加本次会议。中国社会科学院科研局局长马援、社会科学文献出版社社长谢寿光出席开幕式并发表讲话，中国社会科学院科研成果处处长薛增朝出席闭幕式并做发言。

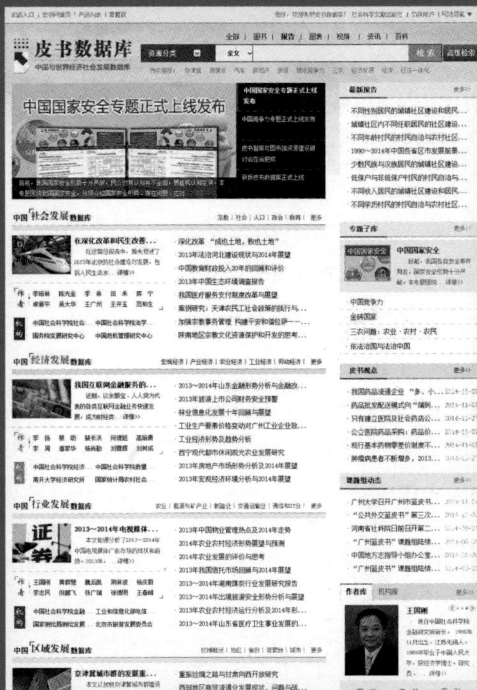

目　录

Ⅰ　总报告

Ⅱ　经济篇

皮书数据库阅读 使用指南

CONTENTS

I General Reports

II Economic Reports

Ⅲ Social Reports

IV   Reports of Case Studies

总 报 告

General Reports

B.1

稳中有进不自满，稳中突破见追求

——2015～2016 年河北省经济形势分析与预测*

王亭亭　薛维君**

摘　要：　2016 年是河北省自遭遇 2012 年低谷以来最为"难挨"的一年。尽管河北省经济大势稳中向好，但受经济形势惯性走低"余波未歇"的影响，事实上全省经济被拖到了一个正值寒冷的"冬天"。然而，值得欣慰的是，河北省也迎来了历史机遇的"春天"，如京津冀协同发展规划正式开启、冬奥会申办成功以及"一带一路"国家建设战略的实施，已成为助力河北省经济发展的重大引擎。本报告在客观分析河北省当

---

* 文中数据大部分源于河北省统计局统计月报 2015 年 1～9 月。

** 王亭亭，河北省社会科学院经济研究所研究员，主要研究方向为区域经济实践与政策研究；薛维君，河北省社会科学院经济研究所所长、研究员，主要研究方向为宏观区域经济理论与实践研究。

前经济形势既适逢"喜"又面临"忧"的基础上，提出了有利于全省经济稳步健康发展的新思路与政策主张。

关键词： 河北　经济增速　经济形势分析　低位运行

2015 年，河北省正处于一个新旧产业交接、发展动能转换且充满"阵痛"与风险的艰难时刻与特殊时期。面对严峻复杂的国内经济形势，全省各地、各部门主动适应新常态，精准把握增长发力点，踏实苦干，努力进取，保持了经济运行的稳步态势。2014 年全年增长 6.5%，2015 年前三季度，河北省 GDP 为 21280.2 亿元，同比增长 6.5%。其中，第一产业增加值 2282.2 亿元，增长 2.6%；第二产业增加值 10520.9 亿元，增长 4.4%；服务业增加值 8477.1 亿元，增长 10.8%，其后发优势开始显现。从 2015 年经济运行表面上看，河北省 GDP 虽与上年持平，但从其内部结构看，连续 5 个季度稳定在 6.2%～6.6%，略好于上年同期，其上升态势虽低位徘徊，但可谓稳中有进，进中出"新"。以上数据表明，河北省国民经济运行总体平稳，转型升级初显成效。

一　"稳"字当头，勾勒出河北省经济发展形势的总趋势、总特征

2015 年以来，面对诸多困难和巨大的经济下行压力，河北省政府坚持底线思维，做到了经济增长"调速不减势"，各项"硬指标"较为合理，一些"软指标"也显著改善，调结构、促转型取得明显进展。2015 年，河北省经济运行的总体态势与显著特征如果用一个字来概括，那就是"稳"。集中体现在以下三个方面。一是稳定地小幅度增长。2014 年一季度，河北省虽在 31 个省份的经济增速中排名倒数第二，增速为 4.2%，但 2014 年下半年以来，全省经济增速出现了稳定态势。2015 年一季度，经济增速同比

提高了 2 个百分点，预示了良好的开端与发展前景。二是稳定地发生了一系列"小"变化。2015 年以来，河北省服务业发展较快，对经济增长的贡献率几个季度以来一直保持在 50% 以上，这是河北省多年来产业结构高级化转型的可喜变化。三是稳定地收获了一系列"意外之喜"。京津冀协同发展战略正式开启，北京－张家口联办的"冬奥会"也申报成功，也搭上了国家"一带一路"发展战略的"顺风车"，这三大之"喜"，决定了河北省未来的经济发展将会在国家重大战略机遇叠加效应的助推下，获得历史上前所未有的发展动力与保障，这对于河北省站位京津冀协同发展大局，科学认识、积极适应并主动引领全省经济新常态的成功实践，有着重要的战略意义。在"稳"字当头的大环境下，河北省 2015 年的经济形势已彰显五大亮点。

亮点一：新旧产业动能转换，几匹"黑马"横空出世。①装备制造业作为河北省最抢眼的"黑马"，成功"置换"产业"巨头"钢铁业。前三季度，全省装备制造业规模以上工业企业实现利润总额 455.1 亿元，比上年同期增长 11.8%，利润总量已超钢铁产业，成为稳居全省工业七大主导行业之首的领军产业。②河北省高新技术产业增加值 1245.4 亿元，增长 11.0%，其增速快于规模以上工业增加值 6.9 个百分点；占规模以上工业增加值的 15.2%，比上半年提高 0.1 个百分点，再创历史新高。其中，新能源、电子信息、高端技术装备制造三大领域增加值快于高新技术产业平均水平，河北省实施的创新驱动战略效力显著增强。③河北省服务业开始出现上升"拐点"，其增加值增长 10.8%，比上半年提高 1.1 个百分点，已高于生产总值增长率 4.3 个百分点。其中，仓储、邮政业和交通运输业增加值 1636.1 亿元，增长 6.4%，其增速比上半年又加快了 3.4 个百分点。服务业在 GDP 比重中的逐年提高，说明河北省经济运行稳中有进，经济结构开始向纵深调整，发展动力转换初显端倪。

值得一提的是，2014 年河北 GDP 年度报告中显示，第三产业增加值达到 10953.5 亿元，增长 9.7%，已成为河北省三大产业中增速最快的产业门类，其中，金融业增加值增幅也超过 10%，成为第三产业中贡献度最大、最"亮眼"的"黑马"。受股票市场交易火爆影响，2015 年前三季度，河北省金融业增加值 1365.5 亿元，增长 20.7%，比上年同期快 1.2 个百分点，在服务业各行业中位居首位。这一趋势表明，金融服务能力的稳步提升，已成为优化河北省服务业结构的积极因素与经济增长的重要推动力量。

亮点二：居民消费、收入、就业"齐头并进"，成为"引爆"服务业重要的幕后推手。①2015 年前三季度，从消费上看，居民消费价格同比上涨 0.8%，涨幅比上半年扩大 0.3 个百分点；居民收入保持了较快增长，而全省居民人均可支配收入 13306 元，增长了 8.8%，其中，城镇居民人均可支配收入 19118 元，增长 8.7%。②从收入上看，居民收入保持了较快增长，全省居民人均可支配收入 13306 元，增长 8.8%，其中，城镇居民人均可支配收入 19118 元，增长 8.7%。③从就业形势看，前三季度，全省城镇新增就业人员 61.8 万人，完成全年目标任务的 88.3%。三季度末城镇登记失业率为 3.55%，同比回落 0.09 个百分点，继续保持较低水平，而高校毕业生、农村劳动力和城镇就业等困难人员三大重点群体就业态势良好。不难看出，消费、收入、就业同步增长，引爆了河北省近两年不断上升的服务业，其宏观信息的真实性、可靠性令人振奋。同时，特别值得关注的是，这三组数字也隐性传递出另外一个"信息"，那就是若"消费"作为潜在的拉动因素持续增长，有可能在不久的将来会替代"投资"，成为引领河北省经济增长的重大引擎。

亮点三：区域经济"杠上开花"，喜事连连，好运多多。京津冀协同发展、"一带一路"两个国家重大发展战略同时发酵带来的叠加放大效应开始释放，区域经济不同层面的"红利"初显成效。①京津冀三省（市）的交通、生态环保、产业三个领域重大工程、重点项目正在扎实推进。2015 年上半年全省从京津引进项目 2697 个、资金 1474.4 亿元，分别占全省引进项目和资金的 49% 和 46.3%。"5.18"廊坊经洽会省级签约外资项目 90 个。②张家口新的区域经济增长极正在崛起。2014 年底开工建设八达岭段，京张高铁已在 2015 年实现全线开工，2019 年完成建设。北京至张家口高铁建成后，将直接连通北京、延庆、张家口三地，结束三地间之前无铁路连通的历史。北京到张家口的时间缩短至 50 分钟，张家口也将借此融入首都"一小时经济圈"。此外，作为北京和张家口联合申办 2022 年冬奥会举办权的重要保障工程，兴延高速将于 10 月开工建设，未来还将新建延崇高速，对接兴延高速，从北京直接抵达崇礼。可以预见，交通条件的改善，将会为张家口及周边地区服务业繁荣以及国际化发展带来许多意外之喜。③"一带一路"国家战略锦上添花。2015 年上半年，"一带一路"实际利用外资预计增长 5.3%，外商投资增长 1.5 倍，沿线市场出口前 5 个月增长 6.2%，高于全省出口增速 5.1 个百分点，"一带一路"的经济带动，成为河北省继京津冀协同发展国家战略支撑的又一推动力量。

亮点四：新兴产业"同台"争辉，"惊艳"亮相。新的产业能量正在积聚，发展后劲明显增强。2014 年，河北省深入实施创新驱动战略，培育壮大战略性新兴产业，重点发展新能源、电子信息和生物医药等 12 个优势产业。2015 年河北省重点项目公示战略新兴产业占据一半。2015 年，全省重点项目包括计划开工项目 120 项、续建保投产项目 100 项、前期项目 120 项，项目涉及战略新兴产业、现代服务业、传统产业升级、农业产业化、基础设施。战略新兴产业作为引导未来经济社会发展的重要力量，在生物医药、电子信息、新能源、新材料等产业领域，已经具备了相当的产业基础和国内竞争实力。在全省新能源产业中，光伏产业和风电产业链目前比较完整，初步形成了以张家口、廊坊、保定、邢台为主的产业聚集区；在新材料的若干领域也实现重大突破，某些新材料的生产技术已达到国际领先水平；电子信息产业已具备相对完整的从研发生产到系统集成与信息服务的卫星导航产业链。2015 年，加快推进战略性新兴产业发展壮大，将成为破解河北省产业发展"青黄不接"的核心与关键问题。

亮点五：节能降耗，舍本攻坚，收效显著。2014 年河北省委、省政府强力推进"6643"工程，全年淘汰了 1500 万吨炼铁、3918 万吨水泥、1500 万吨炼钢、2533 万重量箱平板玻璃，已超额完成淘汰任务。继 2014 年大力压缩高耗能行业过剩产能之后，2015 年河北省继续压减煤炭消费 500 万吨，并通过全部淘汰黄标车、实施新的排污费征收标准、开展碳排放交易试点等多种举措治理大气污染。前三季度，规模以上工业能耗同比下降 3.23%，降幅比上半年扩大 0.8 个百分点，连续 21 个月下降。单位工业增加值能耗同比下降 7.04%，超过年度调控目标。河北省化解过剩产能与节能降耗成效显著，节能降耗高于预期。

二 经济大势虽"稳"中向好，但仍
"低位"波动，稳中见难

从前三季度看，虽然河北省维持经济稳定向好的基本面未有趋势性改变，但能源资源等传统比较优势逐步丧失，各种困难与长期结构性矛盾相互交织，稳增长、调结构面临诸多压力和挑战，使河北省发展形势显得更加严峻。"大改革"、"大调整"、"大洗牌"将会在未来经济变革中全面展开，2015 年既是河北省历史上面临挑战和变化最多的一年，也是河北省遇到的困难比以往更无奈、更纠结的一年。

难点一：消费、投资、出口持续回落，内生动力仍显不足。与 2014 年前三季度同期相比，河北省的投资、出口产出效益持续放缓，增长动力不足的惯性仍在延续。①在消费方面，社会消费品零售总额实现 8927.0 亿元，同比增长 9.0%。较上年同期增速下降 3.4 个百分点。②在投资方面，河北省固定资产投资完成 21499.3 亿元，同比增长 11.7%，较 2014 年同期回落了 4.4 个百分点，产出率较低的现状仍然没有太大改观。③在出口方面，2015 年前三季度河北省外贸累计进出口 2408.9 亿元，比上年同期下降 12.8%。不难看出，传统意义上的"投资、出口、消费"三驾马车，近两年日渐衰微，有可能伴随国内经济步入新常态而逐渐淡出原有的动力轨迹，未来唯有依靠改革与创新"双轮"驱动才可获得市场红利，而能够刺激高质量有效需求的"供给侧"，将有可能作为改革先锋受到政府的高度关注。

难点二：压能治污困难大，"化肉见骨"元气伤。2015 年 4 月，河北省已出台《河北省大气污染深入治理三年（2015～2017）行动方案》40 条措施，以期有效推进科学治霾、精准治污。然而，当前河北省产能治污染的边

际压力，主要源自于增长动能的青黄不接，这是河北省突出的结构性矛盾之一。过剩产能的化解已由 2014 年的"壮士断腕"演进到为 2015 年的"化肉见骨"的深层阶段，大气污染防治进入全面攻坚。2015 年前三季度最新资料统计结果显示，空气质量相对较差的后 10 位城市中，河北省依然占了 7 席。全省 11 个设区市空气质量不达标，不达标天数尚占 56%，PM2.5 平均浓度超标 1.7 倍。可见，在不彻底改变能源生产和消费方式的条件下，有效治污仍然面临严峻挑战。

难点三：企业经营仍困难重重，苦不堪言。由结构调整引发的产业"阵痛"远未得到恢复与"喘歇"，到目前为止，其波及面广而深的负面影响仍在持续。主要表现在：①规模以上工业企业利润累计增速连续 8 个月负增长，亏损面达到 17.3%，效益下滑仍在持续。②信贷资金向实体经济传导不畅通，企业特别是中小微企业融资难、融资贵问题仍居首。③停产减产企业增多。5 月份停产企业 928 家、减产企业 4937 家，比 4 月份增加 22 家和 172 家。企业经营困难表面上看是市场问题或结构问题，但实际上是行政强制指令下的综合性问题。④2015 年前三季度，河北省房地产投资端持续萎缩，房地产回暖仍无太大希望。

难点四：财政收支不力，政府"囊中"显"羞涩"。2015 年上半年全部财政收入增长 4.9%，地方一般公共预算收入增长 3.7%，同比分别回落 0.5 个和 6.6 个百分点。2015 年国家出台的新增支出政策较多，仅落实工资制改革及相关政策，全省就需增支 316.6 亿元，基本财力保障缺口县（市、区）达 89 个。另外，从 2015 年前三季度看，尽管全省财政增幅有所回升，如全省一般公共预算收入增幅分别比 2015 年上半年、一季度提高 2.6 个和 0.7 个百分点，其增长水平呈稳中有升态势，但仍无法改变财政收入是多年来同期最低水平的命运。钱不够花是河北省的老问题，收入少、支出多在 2015 年表现得尤为明显。

难点五：工业生产仍低位徘徊，实现利润增幅收窄。前三季度，河北省规模以上工业增加值 8183.1 亿元，同比增长 4.1%，比 2015 年上半年回落 0.5 个百分点。而规模以上工业企业产销率为 97.9%，同比提高仅 0.3 个百分点。以上数字不难看出，河北省工业生产仍在一个低位平稳的基点上运行，利润降幅收窄态势短时间内无法改变，要激发大中企业的活力与增长势能，仍需政府得力超前的政策"干预"。

三 河北省经济发展面临的宏观环境及 2016年预测分析

未来河北经济以什么样的速度前行，以什么样的发展环境支撑，以什么样的要素驱动，需要以国内外发展形势的动态背景及重要的经济参数做依据。

（一）宏观环境分析

（1）从国际发展环境看，当前，国际金融危机虽已过去6年多的时间，但全球经济依然不平静，全球经济仍难以摆脱深度调整压力，经济复苏步伐低于预期，产出缺口依然保持高位，各类潜在风险相互交织，并折射出全球经济不稳定、差异化的显著特点。集中表现在：①美国经济继续保持小幅度回暖态势。其复苏基础也在不断加强，尽管政府的支出和私人投资略显不足，但城市就业、个人消费支出都有明显好转。这些情况表明，美国经济增长的内在动力正在逐步渐渐复苏。②欧日等国的经济持续低迷。尽管欧洲已经度过了最困难的债务危机，但内部复苏仍不均匀，欧洲的高失业率和结构问题，还存在严重缺失。③新兴经济体处于增长式的上升期，以美国为首的发达国家正在积极推进TPP以"零关税"为核心的亚太协作联盟，这对我国深度融入全球经济和产业分工带来难度与新挑战。而新的科技革命和商业模式有可能带来的变革，将会对我国传统产业造成颠覆性打击，特别是对我国普遍面临的结构调整和下行压力仍在持续的国内经济形势来说，更是雪上加霜。

（2）从国内发展形势看，2015～2016年既是我国经济转型承上启下的关键年，也是新常态下最为复杂、最为艰难的一年。增长大势属中高速阶段，虽稳中向好，但下行压力依然存在，各类矛盾与挑战交替上升，改革攻坚已步入"深水区"。未来的形势还很严峻，2015 年经济增速有望保持在7% 左右。然而，7% 并不是底数，如果稍有闪失，很可能会跌破这个数字。现在国家提出"保7"的目标，正是基于这个考虑。然而，若是"宽货币"的政策效果明显，7% 以上的增速也有可能，但近两年内，大的增长与回升空间很难重现。主要表现在：①房地产经历了十几年的空前发展，现已跌入低谷。2015 年初，一季度房地产投资增速下滑至 8.5%，与上年同期相比，增速几近减半，目前房地产微露企稳回升态势，但其拖累经济之势依然显著。经济调整的最主要领域仍然是房地产业，然而，经济调整到底需要多长时间，某种意义上取决于房地产业调整的深度与广度。②国内不少国有企业、产能过剩的企业和一些小微企业，已无法承受其盈利能力持续下滑幅度的极限，而传统意义上的"银行呆账坏账"、"国有企业困境"、"失业问题"将会在新常态的新阶段出现。2015 ~ 2016 年，应该是宏观经济运行的艰难期或下阶段经济增长的拐点与培育期，改革与创新也是目前国内宏观经济转型升级的核心与主题。③资金"脱实入虚"，面临金融风险可能增大局面。我国房地产市场出现阶段性变化，地方债务重组，资金从实体经济转向资本市场。2015 年上半年银行信贷虽比 2014 年多增 8742 亿元，但社会融资规模总量却下降了 1.46 万亿元，进入股市资金多达几万亿元，真正流入实体经济的资金量不大。这种情况目前并无多大改变。实体经济资金价格高企、资本市场大幅波动，使得微观的合规性监管与宏观性审慎的冲突与危险性进一步加大。

（二）6.5% ~ 7% 的增速水平，是河北省2016年新常态背景下经济运行的合理区间

2016 年，应该是河北省自遭遇 2012 年低谷以来最为"难挨"的一年。尽管 2015 年的增速比 2014 年一季度提高了两个多百分点，但以重化工业为主导的一大批大型企业的市场"退出"以及新旧产业动能转换给经济社会带来的各种风险和压力，特别是受经济形势惯性走低"余波未歇"的影响，事实上全省经济被拖到了一个正值寒冷的"冬天"。在国内新常态背景下，

河北省经济增速明显换挡，2015 年前三季度经济增长 6.5%，这是河北省自 2012 年以来经济增速跌破两位数后持续回落并再次跌至 7% 以下。这种态势，低于河北省"十二五"时期增速确立的 8.5% 以上的预期目标，也低于目前全国 7% 的增速水平，还低于东南沿海地区 8%～9% 的经济走势，更低于贵州、重庆两位数的超常增长。这就意味着，短时期内，河北省要完成经济转型的战略目标，困难极大。无论宏观、微观，全省上下都要充分做好打一场"持久战"、"攻坚战"的心理准备。

综合考察国内外经济环境与省内经济走势，可初步预见，2016 年，河北省 GDP 增速不再会大起大落，而是在 2014 年下半年基础上继续以"低姿态"平稳运行。如果全省经济形势不出现大的意外或变数，6.5%～7% 作为全年经济增速的合理区间或成可能。然而，要想超越 7% 的增速水平至少满足如下条件。一是 2015 年末河北省经济的基本面"居高"向好，如京津冀协同与一体化成果显著、经济社会转型升级加快以及宏观层面的体制与制度性改革实现突破性进展，主导实体经济走出"阴霾"，摆脱"低谷"困境。二是河北省的固定资产投资增速必须超越现实的 11.7%，达到 20% 或更高水平。然而，从当前规上工业增加值增长仅为 4.1%，比上年同期还低了近 1 个百分点的情况看，压力重重。前三季度，全省装备制造业规模以上工业企业虽实现利润总额 455.1 亿元，比上年同期增长 11.8%；高新技术产业增加值增速也快于规模以上工业增加值增速 6.9 个百分点，但从以钢铁和煤炭等重化工业为主导的传统产业效益的大幅度下滑以及轻工业发展仍受制于融资困难，加之全省工业企业利润降幅持续收窄，主要经济指标多数"缩水"的情况来衡量，河北省未来经济发展将会举步维艰，超越 7% 的增速目标，已不切合实际。据 2015 年上半年最新统计结果显示，全国有 21 个省份增速跑赢全国，仅河北省略低且处于全国倒数第五位。这组数字基本支持课题组对河北省 2016 年增速水平保持在 6.5%～7% 的分析预测与初步判断。之所以有如此保守的考量，客观上受限于三大主因。

（1）新旧产业接续不力，动能转换尚未完成。2016 年，经济增长的速度、动力和结构都将发生改变，阶段过渡和阶段跨越特征将愈益明显。河北省以钢铁、煤、石化、建材等重化工业为主导的增长模式陡然"失效"，新的发展动力及接续产业如装备制造、高新技术与服务业发展虽有上升趋势，但整体上处于"羽翼未丰"的培育期、成长期，产业根基并不牢固，还未形成国内外极强的竞争优势，所以，短期内难当重任。2015 年上半年，河北省各主要经济指标与工业生产能力总体水平偏低的实际已经很说明问题。另外，国内外经济仍受不断分化以及不景气、不稳定的大环境影响，2016 年，河北省宏观经济形势总体上会处在一个阶段性增长的放缓状态，分化下行的趋势总体上仍高于重塑上升导向，预计全年实现 7% 左右的增长预期目标还算勉强，然若超越 7% 的增速"高限"，仍需政策加力增效。

（2）亏空大，花"大钱"的地方多。在全国"三期叠加"即增长速度换挡期、结构调整阵痛期、前期政策消化期的总基调下，河北省较全国大部分地区还多出一个"环境治理攻坚期"，这是河北省经济新常态下"四期叠加"的总体特征。"四期叠加"规定了河北省除了要应对过去因超高增速带来的产能过剩这一"后遗症"，还要下"血本"化解落后过剩产能带来的风险与压力，更要为环境修复支出高昂的经济成本、技术成本和资金成本，河北省未来面临的环境治理、节能减耗的边际压力将会越来越大。另外，经济下行带来最严重、最直接的后果，就是财政收入减少和税源减少。下行压力导致的主导企业减产，税收减少或没有税收的状况已无法避免。要想在短时间内，推动全省发展调速不减势、有效把握稳增长、调结构的动态转换，我们面临的困难和压力将会日益增大。在各种矛盾和多种因素相互交织的挑战面前，河北省未来的投资增效如何保证？创新驱动如何开启？民生福祉的承诺如何兑现？特别是在新的历史时期确立的"稳增长、调结构、促改革、治污染、惠民生"的战略目标如何实现？省委、省政府需要应对的财政压力与深层变革重任，比改革开放以来任何一个时期都要来得艰巨。

（3）外部环境不给力，经济复苏难逆转。全球几大"经济体"，除美国的经济呈微弱上升态势，日本、欧洲等国，经济"回暖"态势缓慢，一蹶不振的经济仍持续低迷。其产出水平、结构问题、高失业与高负债率仍在产生后续不利影响。特别是以美国为主导制定的全球经济领域规则"TPP"背景下的"零关税",与几年前相比,将会使河北省的外资外贸进出口水平,受到较大程度地影响与抑制。另外,全国性的房地产"泡沫经济"还在持续发酵,尽管政府连续推出系列救市政策,但仍无法阻挡房地产投资持续下滑的"脚步"。2015年4月,房地产"行市"稍有好转,但没过几月,国内二线以下城市,其走势又开始持续下跌,即便是北、上、深、广一线城市,也基本上是有价无市,甚至有的城市已开始出现"闪崩"。尤其是受"房地产"持续下滑的牵连与影响,明年国内金融风险也是"暗流涌动",不得不防。这些都是河北省无法低估、测知与高度警惕的危险信号。外部环境的不利影响,令河北省经济快步前行的预期,不敢盲目乐观。

四　走出困境的思路及对策建议

当前和未来一段时间将是河北省经济转型升级关键期、区域协同发展共赢期、全面深化改革攻坚期和环境治理紧迫期。在国内新常态背景下,河北省要想把握好发展速度变化、结构优化、动力转化的调整,推动全省发展调速不减势、量增质更优,则要从根本上正确把握当前河北省面临多重的国家重大历史性机遇。京津冀协同发展,是一项河北首次以主体身份参与的重大国家战略,是党中央着眼于经济发展新常态下参与国际竞争、推动经济社会可持续发展所做出的重大战略部署,是河北省面临的前所未有的战略机遇。而北京—张家口联合申报2022年冬奥会的成功,对河北省来说,其机遇更是百年难求。然而,在国内经济已步入中高速发展阶段后,河北省阶段性过渡和阶段性跨越特征越发明显,而全省面临的发展形势也更加复杂多变,这就促使省委、省政府要本着极强的责任心与崇高的使命感,在认真贯彻落实党的十八届三中、四中、五中全会做出战略部署的基础上,以河北省第八届委员会第十二次全体会议精神为指导,以"稳增长、调结构、促改革、治污染、惠民生"为动力,以"八破八立"为原则,不断解放思想,认清形势，上下齐心，不退缩、不气馁，在积极推进"经济强省，美丽河北"战略目标进程中，以胼手胝足、砥砺奋进的精神感召，团结带领全省广大干部群众，以饱满的工作热情建设河北、造福河北、回报河北。为走出困境，推进全省未来经济持续、健康、稳定发展，建议省委、省政府近期抓紧做好以下工作。

（一）强化、细化顶层设计，构建权威性区域组织保障体系，为京津冀协同与一体化向纵深发展提供质量前提与制度保障

要推动京津冀协同向高质量纵深发展，其前提必须要有一个规范的、统一的、战略性和权威性组织机构加以领导，否则，三省市协同发展将会停留在短期或肤浅的层面，只有上升到约束性且互惠互利的战略高度，一体化进程方能持久。其政策重点：①加快推进与京津联合步伐，积极谋划成立三省市最高层次的经济协调委员会（简称：京津冀经协委）。建议这一机构的主要成员由国务院有关领导参加或由三省市的最高领导人担任，以强化对京津冀区域经济组织的直接领导与宏观调控，从而对整个区域经济活动的重大事宜和布局建设实施全面规划与整体统筹。另外，可根据不同区域的分工特点和目标任务，制定三省市不同区域的中、长期发展战略与规划目标，以此作为区域协同发展与实现经济一体化目标的行动指南。②建议河北省会同京津两市抓紧推进三省市年度区域经济首脑会议制度。核心内容是确定由"京津冀经协委"挂帅牵头，由各区域、各行业的专家和政府"首脑"参加的京津冀三省市的经济联席会议或协调会议，共商区域发展大计，以解决各区域有可能出现的新情况与新问题。其内容大致包含区域的总体规划、区域政策、生态环境、金融市场的建设等相关事宜。③加快谋划组建地区性区域专家委员会，直属"京津冀经协委"的直接领导，"委员会"可根据国家对区域整体有计划地指导，起草有关区际经济活动的目标纲要、协作规划，制定区域投资政策以及有关地区产业发展规划，从根本上推动三省市追求地区利益的同时，保证各地与整体区域经济总目标的政策协同、组织协同和管理协同。

（二）充分发挥固定资产投资对"稳增长"的助推作用，以"交通、产业、生态"建设为"主战场"，加速释放京津冀协同与一体化发展"红利"

鉴于河北省传统主导制造业投资发展空间不大、房地产引擎动力趋于下降的现状，全社会固定资产投资应成为拉动全省经济增长的主要力量与"稳增长"的关键所在，而未来河北省在京津冀协同与一体化发展过程中，要平顺完成经济助推、共赢与稳增长的关键作用，"交通、生态、产业"理应成为河北省重点投资的重点领域与"主战场"。所以，河北省的政策重点应着力体现在以下几方面。

一是在交通建设领域。加强基础设施的互联互通，快速实现规划、建设、运营"三同步"。其建设内容包括铁路、公路、港口、机场等多个方面的一体化。如在铁路一体化建设方面，要加强三省市协调规划和投资重点，抓紧落实当前重大项目建设，尽快实现京津冀主要城市间高铁、高速公路和地铁的联通，并且要以同城化为指导思想，推动重点项目率先试点。建议可尝试实施、细化交通定价与合理收费，逐步实现各城市间高铁、地铁、高速客运公交化。在公路一体化建设方面，要以北京大外环高速公路为建设重点，打通京秦、承平、京昆、京台、唐廊等省际"断头路"，建成北京大外环，逐步延展区域对外"扩张"能力。在机场一体化建设方面：要以北京新机场建设为契机，尽快构建具有多功能性质的网络化航空体系，推进三省市机场加快实现一体化发展。在港口一体化建设方面：要加强规划，明确分工，加快推进环渤海港口群和知名大港建设，为环渤海地区的迅速崛起提供战略支撑。如积极谋划津冀港口群集装箱码头建设，为形成环渤海北方国际航运中心创造必要条件。

二是在产业建设领域。①抓紧研发平台建设。建议省财政加大产业专项研发投资力度，抓紧推进一批研发平台创新建设。如围绕河北省汽车提质扩能、交通运输装备拓展、能源装备升级、工程与专用装备品牌培育、强化基础装备五项工程等相关领域，借鉴浙江先进经验，支持、发展和创建一批省级装备制造企业研究院、博士工作站、国家工程中心、企业技术中心以及海外科技企业和研发机构，为壮大河北省装备制造业提供长远的智力支撑。②快速推进工业转型升级。积极推进传统产业向中高端迈进，切实落实2015年《河北省出台促进装备制造业加快发展实施方案政策》，顺应"中国制造2025"、"互联网＋"行动计划发展趋势，以信息化和工业化深度融合为切入点，按照智能化、高起点、高标准要求，在广泛开展重点企业对标活动，抓好千项技改、千项新产品开发等12个专项基础上，加大项目的资金支持力度，不断强化工业基础能力，提高工艺水平和产品质量，有力推进智能制造、绿色制造，着力实施钢铁产业结构调整和化解过剩产能三年攻坚行动。③要借外力，大力引进多元投资主体，以项目带投资，以投资带发展。积极寻求，强力推进与国内装备制造业百强企业、国际知名装备制造业集团以及央企的通力合作，不断拓展领域，延伸链条，谋划建设一批重大龙头智能高端项目，统筹规划重大项目所需配套产业项目，抓紧组织协调相关企业围绕配套项目实施转产或提升，并给予配套政策扶持，助力河北制造业迈向高端，促使京津冀三地相关产业实现合理转移及有效对接，逐步形成以项目带产业，以产业带城乡的区域增长新格局。④加快制定装备制造业集群发展战略，推进河北省跨国、跨区域大型装备企业集团快速形成。要积极借鉴外省成功经验，建议政府加快推进以重大项目为依托且具有支撑、引领和带动作用的跨区域、跨国际经营的大企业、大集团，加快其产业集群与基地建设，促使其做大做强。

三是在生态保护与环境建设领域。京津冀三地生态系统的保护与修复，在新常态背景下，已成当务之急。而三地的"联防联治"，实施污染物排放总量控制则是生态环境治理中的重中之重。政策重点：①积极推进京津冀生态文明联盟机构建设，有效促进三地生态系统的环境治理、资源保护和修整维护区域一体化。目前，河北省已启动191亿余元绿色攻坚工程联防联治建设项目，三地间大气联防联治，大气环境将得到一定程度的恢复与治理。然而，生态文明除了大气这个"因子"外，还是一个与水、土、林密切相关的生态环境系统，为提高环境治理的整体效率，建议河北省学习和借鉴国内外跨区域管理模式的成功经验，本着"源头严管、过程严防、后果严惩"的基本原则，加快推进"京津冀生态文明办公室"这一平台的组织机构建设。其职责主要是统筹与生态文明建设密切相关的各类专项规划，各行政区域规划、土地利用规划，城市规划中的环境保护、资源利用的协调与监管，以及需要不断修改与完善的资源、环境法律、法规等。②建议国家遵循"利益兼顾，适应补偿"的基本原则，尽快建立三省市生态环境整治补偿机制。如国家就要抓紧建立专项补偿基金，适当补偿河北省在计划经济体制下形成的三地区水资源分配不合理的问题。另外，也可以从"谁污染、谁付费；谁受益、谁补偿"的角度出发，制定并逐步完善三省市区域生态补偿制度，如环境行政公益诉讼制度、环境损耗赔偿制度，均应成为京津冀三省市生态环境补偿机制的核心内容。

（三）围绕增强微观主体活力，全面落实深化体制机制改革

为激发实体经济的内生动力与发展后劲，建议河北省从行政管理、财政税收、土地制度等多个层面，实施有利于微观实体快速发展的体制改革与政策措施。主要内容：①不断深化行政审批制度改革。针对以开发区为标志的降低门槛、简政放权、负面清单等积极措施，进一步规范其审批事项，真正做到简政放权，努力打造高标准、法制化营商环境，切实有效落实微观主体地位，推动企业经营创业活动真正可以获得"海阔凭鱼跃，天高任鸟飞"的发展条件和良好环境。②以党的十八届三中全会决定指出的"按照统一税制、公平税负、促进公平竞争原则，加强对税收优惠特别是区域税收优惠政策的规范管理。税收优惠政策统一由专门税收法律法规规定，清理规范税收优惠政策"的文件精神来衡量，京津冀目前在税收优惠政策方面还存在较大差异，如北京的中关村和天津滨海新区都有相应的税收优惠政策，唯有河北没有特定税收优惠。为推动京津冀有效协同与一体化发展，激励河北省产业转型升级，建议国家在清理地方违规出台税收优惠政策、减少税收政策执行差异的同时，将已有的税收优惠政策按照现有的实际情况在三地范围内有重点有选择地推开，如对于一些有利于推动科技创新和文化创意产业发展的

税收优惠政策，应按照产业优化布局的要求，给予其先行先试，促使其成为产业结构优化与转型升级带动力量。③积极推进土地制度改革，不断完善土地出让、使用及利益分配机制。要积极谨慎地推动土地制度改革，逐步建立起城乡规范统一的土地流转制度，对于流转双方以书面形式签订的土地合同，特别是对于涉及大量意见分歧的有争议和有益于改进的合理化建议，政府应予以高度关注，并采取相应措施，加快农村集体土地流转改革措施顺利进行。

（四）大力提升金融实体服务效能，为战略性新兴产业协同发展、转型发展、创新发展增添动力和活力

2015 年以来，在一系列扶持激励政策引导下，河北省科技型中小企业进入加速发展的快车道。这些企业绝大多数分布在新材料、电子信息、生物医药、新能源、节能环保等战略性新兴产业领域，是培育和发展河北省战略性新兴产业的重要载体。鉴于河北省未来这些产业投资项目多，近期需启动的项目储备充分，但受制于政府财政压力以及融资成本风险高等困难因素，在融资方面，可供选择的政府建议是：①要趁热打铁，顺势而为，通过高效资本市场与科技对接机制，着力推动本土金融资本中介机构与广大科技型中小企业对接，有效解决创新型企业资本金和流动资金不足的问题，从而进一步强化金融对实体经济的支撑作用。②要加快推进资本中介机构在资本市场的甄别—筛选—培育机制，为潜在优质企业的投融资、规范培育、并购重组等一系列活动，提供及时有效的服务，以此撬动更多省内外资金，为壮大科技型中小企业服务，推动河北省科技型中小企业快速成长，力促科技型中小企业提速增效。③待时机成熟，抓紧推广落实 PPP，为基建投资提供资金保障。PPP（Public-Private Partnership，是一种以政府为主导的社会资本合作模式。政策重点：一是抓紧厘清鼓励 PPP 项目清单，借鉴财政部 30 个 PPP 示范项目经验，合理选择 BT、BOT 和 TOT 等多种合作模式，尽快将潜在投资转化为现实经济增长动力。二是对于鼓励社会资本参与的项目，建议政府以投资补助、担保补贴、基金注资、贷款贴息等方式给予充分支持。三是建议政府坚持以平等理念，促使政府及社会资本风险承担均等化、合理化，如

项目建设以及财务、运营等商业风险由社会资本承担，而法规与需求最低等风险则由政府承担，不可抗力等风险则由政府和社会资本共同承担。

（五）加大支持力度，创新人才引进、培养机制，满足河北省转型升级的内在需要

为鼓励科技型中小企业创新发展，河北省先后于2015年8月15日公布了《关于财政支持科技型中小企业创新发展的十项措施》、《（2015～2017年）关于印发河北省工业领域推进创新驱动发展实施方案的通知》。两项政策措施说明河北省将下大力气推动传统产业由中低端向中高端迈进，打造产业升级版，扶持战略性新兴产业壮大规模的决心。然而，在支持创新产业人才的重视、开发、培育与引进方面，规划得不够细致，特别是统一管理方面也缺少过硬措施，与经济发展"脱钩"的问题较为突出。人才资源是经济社会发展的"第一要素"，是产业转型升级的根本保证，是推动河北省协同发展、转型发展、创新发展的核心力量。有鉴于此，建议省政府尽快打造一支过硬的人才队伍，应成为河北省人才开发的政策重点。具体措施：①借鉴江苏、广东人才大省的先进做法，大力度实施海内外柔性引智工程，鼓励企业采取兼职聘用、联合攻关、项目合作等方式柔性引进高层次人才和团队，补足河北省产业转型升级的短板。对取得重大科技创新成果，为企业带来显著经济效益、做出突出贡献的人才，切实采用"一事一议"的方式给予引进和奖励。②大力培养高技能人才，奠定产业转型升级基础。要加强政策引导，切实落实河北省《关于财政支持科技型中小企业创新发展的十项措施》，加大财政投入力度，加强对高技能人才培养的支持和补助。③调动社会各方面对高技能人才培养工作的积极性。广泛开展各种形式的职业技能竞赛、岗位大练兵和技能大比武等活动，评选表彰"首席技工"、"技术能手"等，在全社会营造尊重劳动、重视技能人才的良好氛围。④加强企业家队伍建设，增强产业转型升级的推动力。要引导企业家转变发展理念，主动寻求与人才和项目的对接，强化"资本＋人才＋项目"的合作模式，促进企业快速转型升级。

（六）主动融入"一带一路"建设，加快形成全方位对外开放新格局

为拉动出口对经济增长的带动作用，我国对外贸易正在主动自发地转型升级，即由商品输出转为资本输出，而合作区是资本输出的新模式。合作区的发展壮大，同样会加快人民币的国际化步伐。为快速搭乘国家"一带一路""顺风车"，提高河北省对外开放与国际合作水平，建议政府可根据我国对外贸易以资本输出为政策重点，大胆做出新尝试、新设计，推进河北省对外贸易出现"新气象"、"新格局"。具体做法：①加快落实河北省2014年底出台的《关于主动融入国家"一带一路"战略，促进我省开放发展的意见》以及《河北省钢铁水泥玻璃等优势产业过剩产能境外转移工作推进方案》，力推河北省钢铁、水泥、玻璃等优势产业过剩产能向境外转移的部署意见，继续沿着"走出去"外延扩张经验的老路，加大鼓励力度，支持河北省企业借势"一带一路"去海外投资建厂或增加外销，变对外贸易为海外投资，拓展国外市场。如将工厂迁移到非洲和中亚等国家，在供给端这一环节消化产能，从中获取海外利益。②借"一带一路"，加大对TPP"零关税"经济封锁与排斥的战略穿透力。采取得力措施，鼓励外贸企业以自由贸易协定为突破口，加快签约沿线国家，积极推进海外签约项目，发挥省级境外上市股权投资基金作用，鼓励河北省优势企业到海外上市融资，努力提高利用外资的规模和水平，破解TPP给河北省外贸带来的不利影响。

B.2

2015～2016年河北省社会
形势分析与预测

王文录　王玫　郑萍　车同侠*

摘　要：　2015年，河北省社会发展多项事业支出保持增长态势，确保
了社会事业的平稳发展和人民群众生活的逐步改善，尤其可
喜的是困扰人们已久的雾霾天气治理成效显著，11个设区市
空气质量明显得到改善；环京津贫困带、公共服务差距、生
态环境建设、功能城市培育等社会发展问题都随着京津冀协
同发展战略全面实施逐步得到解决。2016年，将以落实"十
三五"规划为契机，出台一系列新政策、新举措，进一步为
京津冀协同发展注入新活力。

关键词：　河北　社会发展特征　突出社会问题

2015年，河北省财政预算支出遇到了前所未有的困难，可喜的是社会
发展多项事业支出仍保持了增长态势，其中，节能环保和社会保障就业支出
增长幅度最大，确保了社会事业的平稳发展和人民群众生活的逐步改善。让
河北人民最欣喜的一件大事就是京津冀协同发展战略的全面实施，环京津贫

---

* 王文录，河北省社会科学院社会发展研究所所长、研究员，研究方向为人口城镇化；王玫，
河北省社会科学院社会发展研究所副所长、研究员，研究方向为环境与可持续发展；郑萍，
河北省社会科学院社会发展研究所副研究员，研究方向为社会文化；车同侠，河北省社会科
学院社会发展研究所副研究员，研究方向为人口与劳动就业。

困带、公共服务差距、生态环境改善、功能城市培育等社会发展问题正随着京津冀一体化得到逐步解决。相信从 2016 年开始，以落实"十三五"规划为契机，省委省政府将推动社会发展多个领域实现战略突破、政策突破和路径突破，激发全省人民奋发有为的决心和信心，为建设经济强省、美丽河北奠定深厚的社会基础。

一 2015年度社会发展基本特征

（一）社会类财政支出结构稳中有长

2015 年 1～9 月份，全省民生支出 3443.3 亿元，同比增长 15.8%，占一般公共预算支出的 88.6%，与上年同期 89.1% 基本持平。其中重要的民生类项目占比与上年同期相比都有所增加，教育支出占民生类支出比例最大，为 20.6%，比上年同期高出 1.97 个百分点。其次为社会保障和就业、农林水，分别占比 17.1% 和 12.6%，且分别比上年同期高出 3.9 个和 1.3 个百分点。从增长率来看，增长幅度最大的是节能环保、社会保障和就业、医疗卫生和计划生育，增长率分别为 37%、33.1% 和 21.7%[1]。从全省一般公共预算支出构成中可以看到（见表 1），河北省各级各部门紧紧围绕稳增长、调结构、促改革、治污染、惠民生，各项工作取得积极成效。

表 1 社会类民生支出在一般公共预算支出中的情况

单位：%，亿元

社会类民生支出在一般公共预算支出中的情况	2015 年 1～9 月	占民生类比例	增长比例
一般公共预算支出	3884.7	—	—
一般公共服务	349.5	10.2	3.5
公共安全	179.6	5.2	12.8
教育	710.3	20.6	13.2
科学技术	31.3	0.9	-0.1
文化体育与传媒	56.8	1.6	22.1
社会保障和就业	590	17.1	33.1

---

[1] 河北省统计局、国家统计局河北调查总队编《河北统计月报》上册，2015 年 9 月。

续表

社会类民生支出在一般公共预算支出中的情况	2015 年 1～9 月	占民生类比例	增长比例
医疗卫生与计划生育	390.8	11.3	21.7
节能环保	136.8	4.0	37
城乡社区	343	10.0	5.7
农林水	434	12.6	14.2
交通运输	221.2	6.4	-5.1
民生总计	3443.3	1	—

资料来源：河北省统计局、国家统计局河北调查总队编《河北统计月报》上册，2015 年 9 月。

（二）城乡居民生活水平稳步提升

河北省统计局统计公报数据显示，截至 2014 年底，"全省居民人均可支配收入 16647 元，比上年增长 9.6%；城镇居民人均可支配收入 24141 元，比上年增长 8.6%；农村居民人均可支配收入 10186 元，比上年增长 10.9%"[①]。2015 年 1～2 季度，全省居民人均可支配收入为 8847 元，比上年增长了 8.8%，城镇居民人均可支配收入为 12562 元，比上年增长了 8.5%，农村居民人均可支配收入为 5682 元，比上年增长了 9%。

2015 年 1～9 月，社会消费品零售总额为 8927 亿元，增长率为 9%。比 2014 年的社会消费品零售总额增长速度降低了 3.4 个百分点左右。城镇和乡村的社会消费品零售总额增长率相差不大，但是城镇居民的社会消费品零售总额是乡村居民的 3.5 倍。

2015 年上半年，全省城镇新增就业 41.2 万人，完成年度目标的 58.9%。城镇登记失业率为 3.59%，和上年同期水平基本持平。高校毕业生、农村劳动力、城镇就业困难人员三大重点群体就业态势良好，其中农村劳动力转移就业新增 35 万多人，不存在零就业家庭。

（三）消费者信心指数不容乐观

2015 年 1～8 月，河北省进出口总值累计降低了 13.2%，其中 8 月份降

---

① 2014 年河北省统计局统计公报。

低了17.4%。对外经济也出现了大幅下降,2015年1~8月,对外承包工程新签合同额下降了26.1%,完成营业额下降8.9%。从对外劳务合作的劳务人员工资和实际收入来看,下降幅度分别达到87%和43%[①]。河北统计月报数据显示,2015年二季度消费者信心指数仅为95.8%,比上季度降低了0.6个百分点,其中城镇为101%,呈现稍微乐观的态势,农村消费者信心指数仅为82.9%,比上季度降低了9个百分点。消费者对当前的经济形势满意度不高,数据表明,消费者对当期满意指数为92.8%,比上季度增长了1.5个百分点,但是对未来相对满意,消费者未来预期指数为97.8%[②]。

(四)大众创业局面初步形成

创业政策的出台促进了创业的蓬勃增长。2015年,随着京津冀协同发展步伐的加快,特别是国家作出"大众创业、万众创新"重大部署,河北省加快了创新创业的步伐,省政府2015年出台的《关于进一步做好新形势下就业创业工作的实施意见》列出了24项鼓励创业的优惠政策,涉及电子商务创业类、众创空间、科技型小微企业、高校毕业生创业就业基金,高校毕业生享受创业政策的年限由毕业两年延长到五年。各部门也相继出台了一系列鼓励创业的优惠政策。

创业形式多样,大众创业繁荣局面形成。2015年10月,河北省第一家互联网创新创业综合孵化平台——创筹网成立,它是河北领创投资有限公司旗下一家立足于华北地区、面向全国扩展的全新O2O社群协作、复合模式众筹平台,为创业者集聚资源起到了桥梁作用,促进了创业项目、创业资金以及创业人才的联合[③]。河北省创业创新积极融入京津冀协同发展,保定市与北京合作打造市级众创空间17家,正在申报的众创空间23家,为创业者提供创业空间4.2万平方米,带动400多个创业团队和3000多人创业[④]。

---

① 河北省统计局、国家统计局河北调查总队编《河北统计月报》下册,2015年8月。
② 河北省统计局、国家统计局河北调查总队编《河北统计月报》下册,2015年8月。
③ 《河北省首家众筹平台上线运营》,河北省人民政府网站,2015年10月23日。
④ 《京冀众创空间携手助推创新成果转化》,河北省人民政府网站,2015年9月24日。

截至 2015 年 7 月底，全省中小微企业达到 308 万户，中小微企业出现不断增长的趋势，比上年增长了 40 万户左右。

（五）城乡公共服务均等化继续推进

在《河北省基本公共服务行动计划（2013－2015 年）》的指导下，基本公共服务在城乡和区域间的均等化得到加强。公共教育资源开始重点向农村、贫困地区倾斜，承德、张家口、保定的 22 个集中连片特困县实行了农村义务教育学生营养改善计划。为家庭经济困难的学生读普通高中提供国家助学金，平均每生每年 1500 元。为农村学生、城镇家庭经济困难学生和涉农专业学生提供免费中等职业教育，逐步实行中等职业教育免费制度。

城乡劳动者免费就业信息服务活动在全省广泛开展，统筹城乡的居民社会保障制度不断健全。资料显示，2015 年 7 月全面实施临时救助制度，补齐社会救助体系的"缺项"和制度"短板"，有效保障了全省 300 多万困难群众的基本生活。县级公立医院加快改革步伐，2015 年 9 月河北省通过建立县级公立医院改革方案，县域内的医疗卫生服务体系得到进一步完善，大病、常见病和疑难病症不出县就可以得到医治。

（六）社会保障事业迈上新台阶

2015 年上半年，河北省城镇职工基本养老保险参保人数达到 3384 万人，参保率 97.5%。农民工参加失业保险人数达到 26 万人，占参保总人数的 5.1%。职工基本医疗保险参保人数为 949.14 万人，比年初增加了 4.4 万人，城镇居民基本医疗保险参保人数达 742.27 万人，比年初减少了 10.5 万人[1]。全省城镇低保平均保障标准 432 元/月，较上年同比增长 8%；农村低保平均保障标准 2544 元/年，较上年同比增长 11%[2]。

---

[1] 《河北省今年上半年社保情况——五项社保总收入 807 亿元，增长 19%》，《燕赵都市报》2015 年 9 月 21 日。

[2] 陈诚：《河北社会救助体系覆盖城乡，建立最低生活保障等 8 项制度》，河北新闻网，2015 年 7 月 7 日。

2015 年河北省新出台城镇居民大病保险制度，起付线为 2.5 万元，最高报销额度为 18 万元。从 2015 年起，河北省城镇居民个人缴费标准将在 2014 年基础上提高 30 元，达到人均不低于 120 元。

（七）新型城镇化综合试点全面展开

2015 年初，河北省城镇化工作领导小组办公室根据《国家新型城镇化综合试点方案》精神，出台了《河北省新型城镇化工作方案》，在全省范围内展开了新型城镇化综合试点工作。

2015 年划定了 20 个新型城镇化综合试点地区，其中石家庄、威县、张北、定州、白沟为五个国家级试点地区。

2015 年 8 月，河北省城镇化工作领导小组办公室印发了《河北省新型城镇化综合试点工作方案编制导则（试行）》的通知，用于指导全省新型城镇化综合试点编制工作。截至 10 月份，各试点地区相继成立了新型城镇化领导机构，开始陆续编写综合试点实施方案，全省新型城镇化综合试点工作全面展开。

（八）大气环境质量逐步提高

数据显示，2015 年上半年，11 个设区市空气质量得到明显改善，主要大气环境指标 PM2.5 平均浓度为 79 微克/立方米，同比下降 23.3%。PM2.5 日均值优良面积增加，按照空气质量新标准评价，11 个设区市上半年达标天数比例在 24.9%~78.4%，平均为 45.9%，平均超标天数比例为 54.1%。11 个设区市轻度污染比例为 32.6%，中度污染占 12.1%，重度污染占 7.0%，严重污染占 2.2%。首要污染物为 PM2.5 和 PM10，与上年同期相比，11 个设区市 PM2.5、PM10 平均浓度分别下降 23.3%、20.1%[1]。

根据 2014 年国家发改委对各省市地区生产总值二氧化碳排放责任目标考核的评估结果，河北省获得优秀等级，获得国家通报表扬。环保部发布的

---

[1] 《河北省上半年 PM2.5 浓度同比下降 23.3%》，河北省政府网站，2015 年 9 月 21 日。

2015年第三季度重点区域和74个城市空气质量状况显示，该季度京津冀区域空气质量达标天数同比明显增加，PM2.5、PM10等主要污染物浓度同比明显下降，京津冀区域13个城市空气质量达标天数比例在43.5%~89.0%[①]。

（九）扶贫攻坚力度进一步加大

2015年河北省进一步增加扶贫资金投入。财政资金投入10.8亿元，比2014年增加了8%，占省级公共预算支出的1.94%，比2014年提高0.1个百分点。除增加专项扶贫资金外，省级一般性转移支付和农业发展、农村建设、教育文化、医疗卫生、社会保障等专项转移支付资金也向贫困地区进一步倾斜。

河北省正在积极探索精准扶贫新模式。面对京津冀协同发展的新机遇，河北省完善政府投资和金融扶贫，围绕扶贫项目，大力发展股份合作制企业，推行政府+龙头企业+金融机构+合作社+农户"五位一体"股份合作模式，推动全省扶贫工作。确保到2020年全省贫困人口全部实现脱贫。

二 协同发展中的突出社会问题

2015年，河北省积极推进京津冀协同发展，对公共服务均等化、人口疏解、反贫困、食品安全、生态涵养区建设及新型城镇化综合试点六大突出社会问题，进行大胆、有益探索与实践，并出台一系列新政策、新举措，为京津冀协同发展注入新活力，更为河北省进一步推动协同发展提出新问题、新要求和新目标。

（一）京津冀公共服务差距较大，协同程度较低

1. 京津冀公共服务资源配置不均衡

京津冀三地公共服务呈现严重非均等化，且差距较大。教育领域，河北

---

① 《第三季度京津冀空气质量达标天数同比增加》，《燕赵都市报》2015年10月22日。

义务教育阶段生均预算内经费不到京津的1/4，2014年河北省高考本科录取率为48.58%，远低于北京的66.6%、天津的68%；文化领域，河北人均拥有公共图书馆藏书量0.24册，低于北京的0.94册、天津的0.99册。河北人均接受文化馆（站）服务次数为0.14人次，低于北京的0.47人次、天津的0.24人次；医疗卫生领域，每百万人口拥有三级医院数和每千人口拥有医疗机构床位数，北京分别是河北的3.6倍和3.7倍；每千人口执业（助理）医师数和注册护士数，北京分别是河北的1.8倍和2.7倍。社会保险领域，北京的城市和农村低保标准已经达到每月每人650元和560元，分别是河北的2.4倍和3.4倍。北京的平均养老金水平已经达到3050元，是河北的1.3倍。河北与京津断崖式的差距短期内难以有效消除，需要持续加大对河北的支持力度，不断缩小差距。

2. 京津冀公共服务政策缺乏有效衔接

京津冀公共服务政策存在较大差异，难以协调衔接。医疗保险方面，三地定点医疗机构无法互认，相互无法实现院端实时结算，统筹水平不一，使用的药品目录和报销比例存在差异。养老保险方面，三地信息系统和标准不一，难以顺畅转移对接。人才制度方面，三地人力资源市场不统一，职业技能培训供需不匹配，人才政策相互分割。

3. 京津冀公共服务协同发展路径障碍

京津冀公共服务协同发展缺乏高层次统筹管理机制。在行政分割体制下，三地财政分灶吃饭，存在地方保护主义倾向。在现行财政体制下，省级之间财政转移体制不健全，河北在缺乏外部力量支持的情况下，公共服务水平与京津差距将不断扩大。

京津冀公共服务协同发展缺乏推进均等化的统一规划和标准。公共服务共建共享机制多是一些原则性框架，缺少具体实际操作措施，行动方案多为意向性，深入程度不够。

京津冀公共服务协同发展缺乏完善的区域公共服务均等化绩效评估体系。三地均没有将推进区域基本公共服务均等化纳入政府绩效考核体系，缺乏相应的激励机制、约束机制和行政问责机制。三地绩效考核政策都是基于各自的发展状况进行评价，而不是从区域整体角度出发制定政策。

（二）承接京津人口疏解面临挑战，多种因素阻碍人口疏解

1. 能源与环境承载力是承接人口疏解的最大挑战

承接北京市人口疏解，给河北省生态环境承载体系带来巨大挑战。河北省水资源极度短缺，地下水严重超采，地表水利用率过高，人均水资源长期低于全国人均水平，大气及水环境污染问题突出，生态环境质量依然非常脆弱。河北省在这种资源环境背景下，要承接大量京津人口疏解，对人口承载、能源承载、土地承载、水资源承载等生态环境承载力来说，必然是一个艰巨的挑战和重大的威胁。

2. 河北户籍含金量低是承接人口疏解的重要障碍

河北承接人口疏解转移中，首先面临的是人口户籍问题。尤其是附加了几十种福利的北京户籍如何在河北继续享受，即以户籍为主要载体的各种附加福利如何转移到河北？这个问题直接关系着人口疏解的可行性。

从河北来看，河北户籍含金量比北京户籍含金量低得多。一是落户河北要比落户北京容易得多。河北人才落户限制条件比北京少得多，河北投靠亲戚落户条件也比北京宽松很多。二是河北户口没有北京户口那么有吸引力。一个北京户口要值好几十万，甚至上百万，河北户口则没有这么高的含金量。三是河北户籍承载的公共服务与北京户籍相比，相差悬殊：教育方面，北京户籍考生高考一本录取率是24.33%，河北户籍考生只有9.03%；医疗资源方面，河北总人口是北京的3倍多，但是河北的三级医院比北京还少7家，特别是优质资源相对较少。据统计，北京三级医院的外地患者中河北患者最多，占1/4。此外，河北与北京两地的社会保障标准也不一样，河北的保障水平要比北京低不少。

河北户籍与北京户籍含金量相差甚远，在这种户籍资源极度不均衡的条件下，北京人口疏解必然面临严峻的户籍阻碍，河北户籍含金量低成为北京人口疏解的重要障碍。

3. 交通换乘不便捷直接阻碍人口疏解

河北省城市、城镇甚至城乡间的分界越来越模糊，城市间、城镇间的要素流动速度加快，关系日益密切，迫切需要方便快捷的交通换乘方式成为其连接的纽带。目前，河北省综合交通基础设施建设中交通换乘不便捷，已成为亟待解决的一项工作难题，直接阻碍人口疏解工作。

河北省交通换乘不便捷状况明显，河北本地人已深感不便，要疏解北京人口到河北来，交通换乘不便捷的问题成为一大障碍。交通换乘不便捷说明河北自身承载能力不足，人口疏解能力低下，不但直接阻碍北京人口疏解，也使北京城市功能转移和产业疏解变得困难。只有拥有换乘方便快捷、出行成本低廉环保的交通方式，才能保证京津辐射外溢人才的有效流动，同时吸引京津人口，增强人口疏解功能。

河北省交通换乘不便捷的症结在于城际轨道交通发展严重滞后。目前，京津冀三地轨道交通发展速度与规模落差大，北京与天津轨道网络已经形成，特别是北京轨道交通发达程度已经很高，河北省唯一有轨道交通规划的省会石家庄也只是在建设之中，城际轨道交通建设成为河北省交通基础设施建设的一块短板，直接阻碍北京人口的疏解。

4. 社会文明、文化差异直接影响人口疏解

河北省居民具有以血缘、地缘、友谊和业缘等为纽带构建的初级群体特征，而北京居民属于以后工业社会、信息社会为特征的次级群体。从世界范围看，由初级群体向次级群体过渡、演化，是社会进步的必然趋势。

河北人与北京人两大群体之间的社会文明、文化差异明显，这种差距直接影响和阻碍着人口疏解，导致有些北京居民因此不愿意迁入河北，并且从思想上抵制人口疏解；一部分北京居民疏解到河北后由于与当地居民难以融合，认同感不强，思想和心理上容易出现落差，进而影响正常工作和生活；一部分北京居民疏解到河北工作后，与河北籍同事、朋友在思维方式、价值取向、交往方式、工作方式等方面会有所差异，继而影响工作与正常交往。同时河北当地的生活习俗、制度、法律等也与北京有所不同，北京人口疏解到河北后，可能会因各种的不习惯而难与当地实现融合。

（三）反贫困任务依然艰巨，阻碍京津冀协同发展

1. 贫困状况依然严峻

按照新的扶贫标准（2010年人均纯收入2300元以下），2014年河北省贫困人口485.5万，占全省人口总数的6.6%，全省有62个贫困县、7366个贫困村，其中国家级扶贫开发重点县39个，大部分属于革命老区，贫困程度深，脱贫难度大。贫困地区大多产业规模小，龙头带动弱，发展层次低，农民人均可支配收入低于全省平均水平的70%。贫困地区多处于自然环境较为恶劣的地区，自然灾害频发，因灾致贫、因灾返贫现象严重，很多地区也存在因病返贫的现象。

河北存在大面积集中连片贫困区，主要集中在燕山—太行山片区、黑龙港流域和环首都地区，这些地区资源禀赋差、发展约束重，增加了河北扶贫开发难度。环京津贫困带问题突出，有9个国家级扶贫开发重点县处于这一区域，扶贫任务仍然非常艰巨，不利于京津冀协同发展。

2. 扶贫资金使用效率低

从扶贫资金投入渠道来看，资金投入难以整合。扶贫资金投入涉及财政、扶贫办、发改、林业等多个部门，各部门资金管理方式不同，缺乏统筹管理，难以将资金整合投入到最迫切需要的扶贫项目上，"撒芝麻盐"式的扶贫资金投入模式严重影响资金使用效率。

从扶贫资金使用方向来看，河北扶贫项目资金70%投向了产业，基础设施项目仅占25%。贫困农户的生产性、创收性和积极性没有提高，制约了农民生活水平提高，贫困农户从扶贫项目获得的直接收益较低。

从扶贫项目运营来看，扶贫项目参与门槛较高，真正贫困的农户被排挤在外。扶贫资金的拨付采取"报账制"，农户先自行建设，再由扶贫部门进行验收，合格后再向财政部门报销。这要求农户前期垫付资金，并具有一定的经营能力，较高的配套资金门槛使得真正贫困的农户无法参与申请项目。扶贫项目真正受益的是具有相对经济实力的农户，而不能最大限度覆盖贫困人口。

3. 政府扶贫形式单一

随着河北经济进入转型发展阵痛期，贫困问题出现致贫因素复杂化、扶贫对象分散化、扶贫需求多样化，传统单一的政府扶贫模式很难做到精准到户、因户施策，已经无法满足贫困农户的多样化需求，并容易导致挤占挪用、贪污浪费等扶贫异化现象。

河北目前的扶贫主要是以政府自上而下的单向扶贫为主，党政机关、事业单位和国有企业是主要的扶贫主体，社会力量参与不足。社会力量参与扶贫的平台尚未建立，缺乏相关的引导、支持、监管机制。

4. 扶贫政策协调机制不健全

产业政策对扶贫龙头企业支持不足。龙头企业获批建设用地指标困难，按现行政策，建设用地指标只向省重点项目倾斜，而扶贫龙头企业多为农业企业，很难成为省重点项目，也难以获得建设用地指标，从而制约扶贫龙头企业发展。

税收优惠政策难以落实。虽然我国出台了对贫困地区企业的税收减免和返还优惠政策，但由于贫困县大多是财政穷县，优惠政策常常得不到有效落实，企业负担偏重。

金融激励不足。贫困农户贷款规模小、还款风险高、缺乏抵押担保能力，商业银行不愿向其放贷。虽然国家出台了财政贴息、增量奖补等激励政策，但力度偏小，难以补偿银行提供扶贫贷款的成本和损失，贫困农户贷款难度依然很大。小额信贷的贷款额度较小，还款周期偏短，贷款用途限制过多，难以满足贫困农户发展的需求。

（四）河北食品安全问题依然存在，影响在京津冀市场的竞争力

1. 食品安全生产问题突出

食品安全生产中食品生产经营者与消费者法律意识相对淡薄，食品生产经营违法违规现象不断，一些长期性、顽固性问题屡禁不止、屡打不绝。农村食品行业整体水平偏低，一些新业态的出现给农村食品安全生产带来新的、潜在隐患。

农药、化肥使用超标使食品安全生产遭受严重威胁。河北是农药、化肥消费大省，近年来全省平均每年的农用化肥施用量为307.47万吨左右，每亩耕地平均施肥折纯33.32公斤，虽低于全国平均数，但却是发达国家每亩施肥的2.22倍。据相关部门调查，河北化肥利用率仅为35%，农药利用率不足30%，远远低于发达国家农药、化肥利用率60%以上的水平。农药、化肥的使用量大及不合理施用，加剧了土壤面源污染，最终危及农产品质量安全和百姓健康，食品安全由此受到威胁。

河北农产品和部分食品在京津市场上占有相当份额，河北食品安全与否直接决定着京津食品的安全状况，因此加强河北食品安全生产具有重要战略意义。

2. 粗放型食品安全监管机制造成食品安全问题极易反弹

虽然政府在食品安全监管方面做了大量工作，食品安全形势平稳，但各种专项整治行动均是政府通过强烈动员及监督检查的方式完成的。目前，这种运动式、突击式检查的工作方式还处于较为粗放的监管模式，既不能彰显监管工作的持久性，也难以保证食品安全监管的质量。通常情况下检查过后，被监管的市场主体为了自己的利润依然按照自己的方式生产。这种粗放型监管方式，主要依靠大量人力、物力完成，外出执法仍然沿袭传统的人海战术，成本很大，食品安全监管处于被动应付的局面，不能满足现代化食品安全管理的需要。因此，出现年年有专项整治、年年都有新问题出现，食品安全问题反弹现象明显，需要引起相关部门的关注与反思。

3. 食品安全风险交流依然存在薄弱环节

食品安全风险交流是各利益相关方就食品安全的风险所涉及的因素和风险认知相互交换信息的过程。

目前河北食品安全风险交流方面比较注重应急风险交流，忽视平时风险交流。如前些年红心鸭蛋问题、三鹿奶粉问题、地沟油问题在河北出现时，政府部门、企业及主流媒体密集披露信息，开展了各种应急风险交流，而应急期过后，就会出现风险交流不充分的现象。

食品生产经营者参与风险交流不充分。当发生某种食品安全风险时，食品生产经营者很少在第一时间主动表态、召回产品，而往往是被政府强制退市或责令召回。

新媒体对食品安全负面信息极力推导，用骇人听闻的标题吓唬老百姓，影响政府公信力，这不利于食品安全问题的解决。

（五）生态涵养区建设困难重重，影响京津冀生态目标的实现

1. 一体化的生态治理机制亟须建立

现行的生态环境问题多是由地方保护主义和行政壁垒造成的。长期以来，我国乃至河北省环境治理模式滞后，一直延续着属地管理的模式，按照现行的管理体系和法规，地方政府对当地环境质量负责，采取的措施以改善当地环境质量为目标。受属地管理权限的约束，京津冀区域合作治理污染的生态补偿机制不足，缺乏区域整体一盘棋的超前管理模式和政策手段，地方政府应对跨界污染束手无策，京津冀三地"各自为政"的环境治理模式已难以根本解决区域性环境问题。京津冀协同发展的大背景要求实施区域一体化生态治理制度，迫切需要建立京津冀一体化的生态产权制度、生态补偿制度、生态红线制度和生态治理制度，以一体化的生态治理机制保障生态涵养区建设。

生态一体化是区域一体化的基础。京津冀三地山水相连，其生态建设具有广域性、整体性、系统性，从京津冀整个区域来看，近年来国家虽然先后启动了京津风沙源治理、三北防护林、退耕还林、太行山绿化等重点林业生态工程，生态建设也取得了一些成绩，但因为缺乏一体化的生态治理机制，没有进行整体建设规划，其效果很不理想。

2. 市场化资源配置机制尚未形成

生态产品未能市场化。生态涵养区生态资源非常丰富，但生态资源大部分都在沉睡，生态产品还未转换为商品，像工业品、农产品一样进入市场，进行商品等价交换，实现生态产品的应用价值。生态资源还未转化为发展优势。

生态资源配置未能市场化。由于区域间生态补偿机制尚未完全建立，生态涵养区效益输出地与京津生态效益受益地之间的经济发展差距日益加大，

出现"落后地区保护生态、发达地区享受生态"的生态不公平现象，输出地与受益地之间的矛盾加剧。生态涵养区效益输出地缺乏动力搞生态建设和环境保护，而京津生态效益受益地可持续发展遭受资源环境等多重约束。

3. 环境治理难度与压力巨大

近年来，河北生态环境建设虽然卓有成效，但是仍面临许多问题。由于河北省多年来一直延续粗放型的增长方式，环境与经济之间的矛盾十分突出。河北省处于工业化和城市化高速发展阶段，具有经济增长高能耗、高排放的特征，使全省生态系统遭到严重破坏，大气污染、水污染严重、土壤沙化、土地退化、能源消耗偏大等环境污染问题十分严峻。节能减排、环境治理压力依然很大，大气及水污染治理十分艰巨，环境恶化趋势尚未得到根本遏制，生态环境质量仍然非常脆弱。面对这样的生态环境背景，河北自身环境治理任务异常艰巨，自身治理能力有限，已经难以为继，但作为京津生态环境支撑区，还必须维护京津的生态安全，实现对京津的生态保障功能，这种双重使命无疑增加了河北生态环境建设的难度与压力，使河北省在京津冀协同发展中面临严峻的挑战与考验。

（六）新型城镇化试点问题显现，不利于京津冀规划纲要的落实

1. 地方政府对试点工作重视不够

新型城镇化综合试点是落实京津冀规划纲要新型城镇化和城乡统筹示范区的重要抓手，试点地方政府对这一工作的重要性认识不够。试点工作准备不充分、宣传不到位，没有进行广泛的动员部署。对实施方案的学习理解不够，对相关政策理解存在偏差。推进工作不扎实，部门分工职责不清，存在等待观望、互相推诿的现象，故推进速度缓慢。

2. 新型城镇化综合试点组织实施体系不完善

新型城镇化综合试点工作涉及经济社会发展的各个方面，涉及社保、医疗、公安、教育、环保、财政、民政、农业、发改等多个部门，试点实施机构需要有高度的协调统筹能力。目前，一些试点没有成立专门推动新型城镇化的机构，仅由某一部门承担此项工作。有的试点成立了专门机构，但挂靠

在住建部门，机构层次不高，协调统筹能力不够，增加了试点工作的难度，影响试点效果。新型城镇化综合试点组织实施机构还不健全。

3. 试点方案编制不规范

试点工作的推进需要实施方案的指导。目前，一些试点仍然没有启动试点方案的编制工作，拖延了试点工作进度。一些试点方案编制不规范，没有严格按照国家规定的要点进行编制，存在缺项现象。在方案编制过程中，存在以文件落实文件的现象，与地方实际结合不紧密，没有体现地方特色，方案的创新程度不够。一些试点方案编制过于泛化，试点任务缺乏针对性和可操作性，对试点工作的指导意义不大。

4. 先行先试的试点政策没有出台

国家《新型城镇化综合试点方案》只指出了推进试点工作的主要任务，并没有制定支持试点工作的先行先试政策，这既打击了基层试点工作的积极性，又增加了试点工作的难度。由于没有出台支持试点项目的倾斜政策，在建设用地指标严重紧缺的情况下，新型城镇化综合试点重点项目建设用地指标难以落实。试点工作中农业转移人口市民化的财政资金支持也由于试点政策缺失而难以落实。

三　2016年社会发展形势预测与建议

2016年，在经济发展继续下行的大背景下，社会事业势必将相应地受到一定影响。面对这种不利形势，省委省政府已经明确了抢抓京津冀协同发展大机遇，努力建设经济强省、美丽河北的奋斗目标，各级政府和全省人民应抢抓机遇、奋发有为、积极对接，从落实京津冀协同发展纲要出发，以贯彻实施"十三五"规划为基点，积极推动社会发展迈出新步伐。

（一）"十三五"规划启动，积极落实社会发展任务是当务之急

2015年是执行"十二五"规划的最后一年，2016年将启动"十三五"规划。据悉，河北省"十三五"规划将积极贯彻京津冀协同发展规划纲要，

在全力建设全国现代商贸物流重要基地、推动产业转型升级的同时，将把社会发展的多个领域作为规划发展的重点，协同治理环京津贫困区、推动公共服务均等化、提高人民生活质量、加快建设生态环境支撑区，特别是将在城乡统筹发展和新型城镇化建设方面迈出十分重要的步伐，推出一系列统筹发展示范区和"微中心"建设计划。预计，在执行"十三五"规划开始的2016年，反贫困、公共服务均等化、环境建设、城市建设、大众创业等方面，将会有一系列新政策、新举措，工作进程也将出现新的发展局面。

"十三五"规划应明确提出把"解放思想、激发干劲"作为解决当前发展问题的主动力。省委省政府已经确定把激发人民群众创业热情作为实现经济强省、美丽河北建设的主要动力。协同发展问题、产业转型升级问题、环境治理问题、民生改善问题等都需要各级领导干部在不断解放思想的基础上，勇于担当，奋发有为，团结广大人民群众，参与到各种建设当中，用实践激发能量，以此去克服一个又一个困难。

"十三五"规划应更加突出人的全面发展。我国经过改革开放几十年的发展，拥有了雄厚的物质基础，注重人的全面发展已经成为国民经济和社会发展规划关注的主旋律。在经济发展新常态的背景下，更加需要依靠人的全面发展，以提升人民群众参与建设的激情和能力，解决困扰河北省经济发展的众多问题。因此，"十三五"规划在突出产业转型升级和经济持续发展的同时，把人的发展作为重要主线，着重解决人民生活水平提高问题、保障创业就业问题、提升教育水平问题、改善环境问题、提升城市发展质量问题等社会发展内容，依靠广大人民群众的积极参与，实现京津冀协同发展和产业转型升级等重大历史任务。

"十三五"规划应更加注重社会发展内容的指标化。河北省"十三五"规划及各市县"十三五"规划的编制，不仅要突出社会发展的内容，而且应该尽量能够提出社会目标实现的具体指标和实施时间表。改变以往"经济指标是硬任务，社会指标是软任务"的做法。特别是人民生活水平提高指标、贫困人口减少指标、政府工作满意度指标、生态环境改善指标等应当十分明确地提出来。

（二）扶贫攻坚吹响冲锋号，应尽快制定组织实施具体措施

当前，反贫困问题已经成为社会各界广泛关注的重大社会问题。有关专家判断，国家今后将会以更大的决心和信心解决贫困问题。习近平总书记在"10·16"演讲中，已经向世界承诺，未来五年，中国将使7000万贫困人口全部脱贫。可以预计，2016年必将是一个反贫困的重要年份。形势表明，河北省在反贫困方面将迎来一个新的春天，长期以来困扰京津冀一体化发展，特别是河北省发展的环首都贫困带等问题将有可能从根本上得到解决。在这种背景下，河北省必将积极落实京津冀协同发展规划纲要，响应习总书记承诺倡议，按照国家确定的扶贫攻坚目标制订本省的反贫困计划。2016年可以实现30%的贫困人口脱贫，脱贫人口达到150万人。

走精准扶贫之路。建立贫困人口动态监测体系，彻底摸清贫困地区、贫困县、贫困村的贫困人口数量和具体名单，实施"一对一"扶贫计划。鼓励城市、发达地区、机关单位、企业和富裕家庭，对贫困人口实行"一对一"手拉手帮扶。规范引导正在成长的各种社会救助组织的发展，推动社会力量实施扶贫救助行动。

加快协同扶贫步伐。京津冀协同发展为河北省反贫困提供一个良好的机遇，应该积极对接京津，依托财政转移支付、生态补偿、项目支持、联合开发、京津消费、慈善救助等手段，在协同发展中对河北省燕山—太行山集中连片特困地区进行扶贫帮扶。

积极实施生态移民扶贫。河北省社科院与省住建厅联合调查显示，河北省燕山和太行山贫困地区有两个特点：村庄过于分散、空心村现象十分普遍。在这种情况下，这类村庄已经具备了迁并的条件，因此，应该加快村庄迁并，积极推动生态移民，以易地生活就业的方式解决贫困人口问题。

（三）缩小差距进入实施阶段，河北应积极开展实验区建设

京津冀走上一体化协同发展之路，必须把缩小公共服务差距作为一项重要任务。协同发展战略提出以来，在交通建设、环境治理、产业对接、通信

一体等方面取得了一定进展，但公共服务协同仍是一个难题，缩小公共服务差距已经成为第四个应该率先突破的领域。预计 2016 年，针对缩小公共服务差距问题，河北省及京津将会出台相关政策，在提高河北，特别是环京津核心区公共服务水平，缩小三地公共服务差距上迈出一定步伐。

积极推动建设公共服务试验区。如何缩小京津冀公共服务差距是一个困难的问题，需要经过不断实践探索，寻找可行办法。建议选择三河、固安、涿州、怀来等紧邻北京的市县进行缩小公共服务实验区建设，给予实验区一定的先行先试权力，探索缩小公共服务差距的具体途径。每个实验区的选择要有一定的试验载体基础，联合开发区、合作物流农贸市场、北京第二机场商贸配套区、生态共同体等都可以成为实验区的载体基础。依托这些具有共同利益的载体，进行公共服务一体化试验，为其他地区缩小公共服务差距提供经验。

提升河北省公共服务配置能力。建议中央政府在资金和政策上给予河北公共服务配置以大力支持，鼓励京津采用定向援助、对口支援和对口帮扶等多种形式，支持河北落后地区发展基本公共服务，推动缩小河北与京津地区在公共服务领域的资源配置差距。建议适当吸纳国有资产收益，集中投向薄弱地区、薄弱环节以及在京功能疏解重点领域和重点扶持人群。

完善公共服务资源配置统筹管理。统筹规划京津冀区域内社会事业、文化体育场馆的建设规模，以服务半径为基本依据，打破城乡界限，统筹空间布局，鼓励引导京津城区优质资源向河北境内扩展。新增公共服务资源统筹纳入区域一体化规划，重点向三地基础薄弱地区倾斜。积极推行跨区域政府购买、特许经营、合同委托、服务外包，逐步提高社会资本提供公共服务的比重。

（四）城乡统筹发展示范加快，应着重推动城市支点建设

河北省出台的京津冀协同发展实施意见明确了统筹发展示范区的具体路径和实施办法。随着河北省"十三五"规划的出台，新型城镇化与城乡统筹示范区建设的步伐将大大加快，设区市建设将会得到扩容升级，一批以县

城（县级市）为核心的"微中心"卫星城将得到快速发展，一些有条件、有特色的区域将形成非首都功能集中承接地，美丽乡村建设也将迈出较大步伐。京津周边发展迅速的县市将成长为有突出特点、承担一定非首都功能、服务于京津的中等城市。

优化城市空间布局结构。从整个京津冀地区看，城市空间布局结构相对合理，但就河北省内部看，城市空间布局结构不甚合理。在腹地广大的南部地区，没有形成拉动周边地区发展的特大城市，省会石家庄主城区人口不足300万，未能承担起带动发展的重任。因此，应积极发挥省会概念，做大做强省会，把石家庄市打造成为能够带动冀中南地区发展的特大城市，同时，在一些远离大都市的偏远地区，积极选择一些县市，培育壮大，形成拉动区域经济社会发展的区域中心城市。

积极打造卫星城市。按照省委省政府的要求，科学选择有条件的市县作为卫星城积极打造。根据各个县市的具体条件，可以走独立扩容之路，也可以实行双城联合"哑铃式"模式，还可以选择产城融合方式。积极拉开城市框架，建设服务京津、依托京津发展的新型都市，形成一批有影响力、可以支撑京津冀世界级城市群发展的"微中心"。

加快推进美丽乡村建设。选择当前已经建设成功的村落作为典型示范，在其他地区进行宣传推广。以建设农村基础设施为引领，着重开展面貌改造行动，提倡植树造林，积极建设优美的乡村人居环境。重点支持有文化底蕴、有产业基础、有自然生态环境的村落先行建设美丽乡村，并鼓励这些村庄带动周边村庄建设美丽乡村。

（五）环境治理进入新常态，应加快建设以生态环境支撑区为重点的生态体系

环境建设将成为河北省未来长期的重要任务，可以认为，河北省生态环境修复治理已经进入了一种新常态：持续治理、制度化修复。京津冀打造生态修复和环境改善示范区的关键，是看河北省的生态环境支撑区能否真正支撑起一片蓝天。2015年，环境问题虽有缓和，但尚未得到根本解决，因此，

可以预计，2016 年河北省生态修复和环境保护形势依然严峻。治理工业污染、生活污染的力度将会继续加大，同时，环境工作的中心将逐步向建设生态环境支撑区、循环经济低碳排放区、湿地保护涵养区、草原保护生态功能区转变。

继续治理大气污染。工业排放、建设粉尘和汽车尾气是形成大气雾霾的三大主要来源，治理大气污染应以这三项为重点，实施责任攻坚工程，把住出口关，力争从源头上减少污染物的排放。增大环境监管渠道，鼓励民间力量参与环境监督，提高空气质量的监测精度，防治夜间隐蔽处偷排，及时掌握和控制排放源。

加快完善生态补偿机制。尽快完成全省生态功能红线划定计划，明确生态功能区生态边界，以此为根据，依据国家生态补偿的有关政策，对生态功能区实施切实的生态补偿。省市生态补偿应纳入政府当年财政预算，通过财政转移支付的方式使生态补偿制度化、常规化。制定生态补偿资金分配使用管理办法，科学划定生态修复和生活补贴支出比例。依托京津冀协同治理环境的有利时机，与北京、天津签订生态补偿框架意见，分区域、分专项实施生态补偿，京津冀共同承担京津冀区域生态修复与环境治理的战略任务。

探索生态环境支撑区建设新模式。数量众多、幅度广大的生态环境支撑区是保障京津冀生态环境质量的重要条件。建设好生态环境支撑区需要大量的资金投入，因此，京津冀三地政府需要把支撑区建设纳入"十三五"规划，并列入每年的财政预算，确定比例，保障每年均有所增长，力争"十三五"期间完成生态环境支撑区建设的目标。政府可以采取购买服务的方式，依靠实力强、技术精的公司承担生态环境支撑区的建设任务。

（六）幸福指数受到更多关注，应加快推进"大众创业、万众创新"带动的民生建设

在温饱问题成为历史之后，人民群众开始关心生活质量问题。近年一个显著的信号——幸福指数——引起了很多人广泛的关注。每年中国社科院发布幸福指标报告，都会引起一片评论之声。这说明，在社会发展领域，不仅发展问题备受重视，而且发展质量、发展方式以及发展成果能否惠及广大人民群众已经成为社会生活的重要组成部分。"十三五"时期，各级政府必将在搞好顶层设计的同时，更加关注民生，更加关注影响百姓生活的社会事业，增强城乡人民群众的幸福指数。

积极推动大众创业。2015年6月，省政府出台了《关于发展众创空间推进大众创新创业的实施意见》，旨在激活社会创业主体，参与各种创业活动。建议尽快完善各级政府创业基金，重点支持大学生创业和农村青年创业。制定特殊的支持政策吸引北京天津科技人才、商业人才、管理人才到河北创业。在城市和农村选定若干个"民生主义"创业特区，建立专业知识、投资、生产、管理、销售系列培训体系，实行普惠性、示范性创业政策，鼓励具有技术专长、又有创业热情的普通群众进行试验性创业。

深化推进公共服务均等化。教育、卫生两大领域是未来推进均等化的重点。转变教育理念，以素质教育为根本，逐步消除"军事化管理"的中等教育管理体制，减轻学生书包重量，实行一定区域内中学教师年度学校轮换制度。结合村庄迁并和中心村建设，整合农村教育资源，鼓励优秀小学教师到乡村任教，高级中学逐步向县城集中，鼓励中学生到县城等城镇中学学习。省级医疗卫生建设资金向贫困地区医疗卫生事业倾斜，适度提高设区市以上医院报销比例。

活跃城乡文化娱乐生活。改革开放30多年，城乡人民群众的文化娱乐生活相对于物质生活的提高大大落后，特别是农村，文化体育等设施未能取得重大改善。建议各级政府建设免费使用的各类文化体育场馆设施，确定设区市和县城免费场馆数量。支持乡村文化体育娱乐设施建设，确保每个行政村建设一所大型文化体育场所。

经 济 篇

Economic Reports

B.3
2015～2016年河北省农业农村
经济形势分析与预测[*]

唐丙元　段小平[**]

摘　要：　2015年是"十二五"时期的最后一年。面对国际经济金融市
　　　　　场的剧烈波动和国内经济增速逐级放缓的严峻形势，河北省
　　　　　农业农村经济保持稳健的发展态势，确保全省经济转型有一
　　　　　个稳定的农村环境和农业保障。本文在总结"十二五"时期
　　　　　河北省农村经济发展的基础上，针对"十三五"时期宏观经
　　　　　济走势和京津冀协同发展等国家战略，提出夯实农业发展基

---

[*]　本文数据来源为河北省统计局《统计月报》2015年1～9月以及河北省人民政府主办的《河北经济年鉴》2011～2014年各期，中国统计出版社。

[**]　唐丙元，河北省社会科学院农村经济研究所副所长，研究方向为农村经济。段小平，河北省社会科学院农村经济研究所助理研究员，研究方向为农村经济、产业经济。

础、深化农村体制改革、加快县域经济发展、推动生态文明建设的具体建议。以2016年为引领的"十三五"期间，河北省农村农业将迎来巨大的发展机遇，农业结构调整步伐加快，农民收入增速放缓，但随着农村改革的深化，领取薪金、租金、股金的"三金"农民比重将有所提高，农村生态建设继续加强。

关键词： 河北　农村生态建设　农业结构调整

"十三五"时期，是全面建成小康社会的决胜决战时期，也是全面深化改革、推进京津冀协同发展的关键时期。2015年是河北省经济发展中很不平凡的一年，这一年河北省经济运行缓中趋稳、环境治理成效初现、统筹城乡深入推进，但也面临着经济下行压力较大、投资消费动力不足、企业运营困难增多等诸多挑战。在这样的背景下，河北省农业农村经济保持了平稳增长的态势，为熨平经济波动、保障经济社会稳定发展打下坚实基础。面对国内外复杂的经济形势，总结回顾"十二五"时期发展成绩与经验，准确把握河北省农村经济社会发展的阶段性特征，科学提出符合河北省特点的农村经济发展思路、建议，具有十分重要的意义。

一　新常态背景下河北农村农业经济发展特征回顾与总结

（一）农业经济平稳增长，基本农产品供给充足

农业是国民经济发展的基础，没有农业的稳定就谈不上国民经济的稳定。"十二五"期间，河北省以保障粮食安全和促进农民增收为重点，立足实际，因地制宜推进农业农村发展，农村农业经济保持了平稳较快增

长，为全省经济的健康发展做出重要贡献。2010～2014年，全省通过加强粮食生产核心区建设，实施"渤海粮仓"科技示范工程，发展节水旱作农业，粮食产量从2975.9万吨增长到3360.2万吨，增长12.9%，第一产业增加值从2562.8亿元增长到3447.5亿元，第一产业增加值占GDP的比重从12.6%下降到11.7%，下降了0.9个百分点，显示河北省经济发展的质量日趋提高，高出全国平均水平2.5个百分点，表明农业在河北省经济中的地位仍十分重要。2010～2014年，全省蔬菜播种面积从1140千公顷增长到1237千公顷，增长8.5%；蔬菜产量从7100万吨增长到8125.7万吨，仅次于山东省，居全国第二位，有112个县（市、区）建立了蔬菜生产基地，43个县建成了年收入500万元以上的蔬菜批发市场。肉类总产量从416.8万吨增长到468.0万吨，增长12.28%；牛奶产量从439.8万吨增长到487.8万吨，增长10.91%；禽蛋产量从339.1万吨增长到362.7万吨，增长6.96%。随着河北省生态环境保护力度加大，全省林业生产发展较快，2011～2014年，每年分别完成造林面积达到28.6万、31.2万、31.9万、34万公顷，造林面积逐年递增，森林覆盖率从26%提高到28%。渔业生产保持稳定，2010～2014年，河北省水产品产量从106.3万吨提高到126.4万吨左右，增长18.9%。2015年上半年，全省农村经济保持稳定增长，农林牧渔业总产值2438.9亿元，同比增长2.4%；农林牧渔业增加值1454.0亿元，增长2.8%。全省夏粮播种面积3526.1万亩，比上年减少0.6%；夏粮总产量1450.2万吨，增长0.4%。上半年，河北省猪牛羊禽肉产量205.9万吨，下降2.5%，其中猪肉产量127.0万吨，下降4.6%。禽蛋产量162.8万吨，增长4.5%。牛奶产量232.7万吨，下降1.0%。到了第三季度，全省第一产业增加值2282.2亿元，同比增长2.6%。秋粮生产保持稳定，全年粮食生产丰收已成定局。蔬菜生产继续保持平稳，总产量达到5621.4万吨，同比增长1%。畜牧生产有所回落，猪肉产量下降2.0%，禽蛋产量增长4.0%，牛奶产量下降2.0%，畜牧、蔬菜、果品三大产业产值占比达到79.9%，较2014年同期提高1.4个百分点。

（二）种植业结构逐步优化，畜牧业占比持续下降

从农业内部结构看，2014 年，河北省农林牧渔及服务业产值占比分别为 57.6%、1.8%、32.6%、3.2% 和 4.8%，农、林、服务业分别比 2010 年提高 0.3 个、0.6 个和 0.1 个百分点，牧业、渔业产值比重比 2010 年下降了 0.9 个和 0.1 个百分点，全省农林牧渔业生产结构基本均衡。从农产品生产情况看，全省畜牧、蔬菜、果品三大支柱产业在农林牧渔产值的比重稳步提高，成为拉动农业增长的主要力量。2014 年，全省三大产业产值达到 4188.3 亿元，占农林牧渔业的比重达到 69.9%，比 2010 年提高 1.8 个百分点，对农林牧渔业增长的贡献率达到 79.0%，比 2010 年提高 10 个百分点。从种植业内部结构变动看，种植效益高、节省成本的玉米、蔬菜、瓜果、药材等播种面积增加，效益低的小麦、棉花、花生播种面积下降。2010~2014 年，全省玉米播种面积从 300.8 万公顷增加到 310.8 万公顷，蔬菜播种面积从 113.9 万公顷增加到 123.7 万公顷，药材播种面积从 2.8 万公顷增加到 4.6 万公顷，小麦播种面积从 242 万公顷减少到 237.7 万公顷，棉花播种面积从 58.1 万公顷缩减到 41.1 万公顷，花生播种面积从 36.7 万公顷减少到 35.5 万公顷。从畜牧业内部结构看，2014 年全省肉、蛋、牛奶产量分别达到 468 万吨、362.7 万吨、487.8 万吨，肉蛋奶比例达到 35.5：27.5：37.0，与 2010 年相比，主要畜产品中生猪、禽蛋、奶类比重有所下降，牛肉、羊肉、肉禽比重分别提高了 0.3 个、2.6 个和 0.4 个百分点，显示出人民生活水平提高后膳食结构改变对畜禽生产的影响，但也反映出河北省奶业生产恢复不很顺利。从林业生产占比看，2010~2014 年，全省林业产值比重从 1.2% 提高到 1.8%，提高了 0.6 个百分点，林业生产逐步向生态效益、经济效益双赢转变。2010~2014 年，全省渔业生产相对稳定，2014 年全省渔业产值比重为 3.2%，比 2010 年略有下降。从渔业内部产值看，淡水产品比重提高 0.8 个百分点，海水产品比重则下降 0.8 个百分点。

（三）产业化经营稳步增长，龙头企业实力不断壮大

十八大以来，河北省围绕发展现代农业经营体系，积极培育新型现代农业经营主体，大力发展农业规模化、产业化经营。到 2014 年末，全省土地流转面积达到 1879.7 万亩，占家庭承包耕地面积的 22.6%，全省依法登记的农民专业合作社 82926 家，覆盖全省 94% 的行政村，在工商部门注册登记的家庭农场达 7809 个，同比增长 394%，全省农业产业化经营率达到 64.2%，比 2010 年提高 5.6 个百分点，产业化经营总量达到 6666.1 亿元。其中，石家庄、唐山、邯郸、沧州的产业化经营总量超过 700 亿元，分别达到 779.8 亿元、755.8 亿元、750 亿元和 707 亿元。全省 11 个地市中除廊坊、张家口外，其余 9 个地市农业产业化率均超过 60%。2014 年，全省农业龙头经营组织达到 1974 个，比 2010 年增加 509 个，其中，农业龙头企业（集团）1703 个，比 2010 年增加 309 个，中介服务组织 160 个，比 2010 年增加 42 个。2014 年，全省龙头经营组织实现销售总额 3448.0 亿元，比 2010 年增长 62.4%，龙头企业带动农户数达到 1101.9 万户，其中，销售收入 1 亿元以上的龙头企业达到 578 个，获得省级以上名牌产品或著名商标的龙头企业达到 526 个。全省农产品生产基地继续拓展，到 2014 年，全省农产品生产（加工）基地发展到 688 个，比 2010 年增加 132 个，全省农产品生产基地实现销售产值 3218.1 亿元，比 2010 年增长 67.4%，农产品加工基地实现销售产值 560 亿元，农副产品转化率达到 41.7%，带动农户数量达到 860.7 万户。2015 年上半年，全省农业产业化发展保持平稳，产业化经营总量达到 2702.2 亿元，比上年同期增加 146.0 亿元，增长 5.7%。全省龙头企业总数达到 2057 个，龙头经营组织带动农户数 1118.6 万户，其中龙头企业带动农户 933.0 万户，同比增长 18.2%。

（四）城乡收入差距连年缩小，农民收入增长明显放缓

近年来，国家和河北省惠农政策持续发力，出台一系列深化农村改革，促进农业发展，促进农民转移就业，改善农民工务工环境，完善农民医疗、

养老、子女入学等方面的政策，全省农村居民收入呈现持续较快增长的良好态势。2010年以来，河北省农民增长连续快于城镇，到2014年全省农民人均可支配收入首次超过万元水平，达到10186元，比2010年净增4428元，增幅达到70.96%。2014年，农村居民可支配收入增长15.8%，同期农村居民收入仅增长8.9%，城乡居民收入差距从2010年的2.72∶1缩小到2.21∶1。2015年上半年，河北省农村居民人均可支配收入5682元，同比增加471元，增长9.0%，继续快于城镇居民收入增速。其中，工资性收入增长11.0%，对可支配收入增长的贡献率达到62.4%，成为农民收入增长的第一动力，经营净收入增长9.2%，财产净收入增长15.6%，转移净收入增长1.0%。但到了第三季度，河北省农民收入增长放缓，前三季度全省农村居民可支配收入8345元，增长8.8%，较2014年降低近7个百分点，农民收入增速已经从两位数增长降低到一位数。分地区看，2014年全省11个地市中，唐山、廊坊、石家庄、邯郸4个地市农村居民人均可支配收入高于全省平均水平，分别达到12867元、12115元、10542元和10340元，秦皇岛、沧州等7个地市农村居民人均可支配收入低于全省平均水平，其中承德、张家口农村居民人均收入仅6849元和7462元，仅为全省平均水平的67.2%和73.3%，收入最高的唐山是收入最低的承德、张家口的1.87倍和1.72倍。从全国看，2014年全国农民人均可支配收入10489元，河北省比全国平均水平低303元，这是河北省农民人均可支配收入首次低于全国平均水平。与发达省份相比，河北省农民人均纯收入比浙江低9187元，比山东低1696元，比江苏低4772元，与浙江、江苏的绝对收入差距再次拉大。

（五）农产品价格下行压力加大，农民收入增长的负面影响显现

2015年以来，受国内经济低迷、国际农产品价格下跌影响，河北省农产品销售不旺，价格持续低迷，下行压力逐步显现。2015年前两季度，全省农产品生产价格基本保持平稳，一、二季度农产品生产价格同比涨幅分别为-0.2%和0.2%。其中，种植业生产价格与农产品生产价格涨幅基本相同，一、二季度价格涨幅分别为-1.4%和2.6%，小麦在二季度还出现

4.4%的上涨，玉米出现1.4%的小幅上扬。棉花价格在上半年下跌明显，第一、二季度同比跌幅分别达到12.3%和6.2%。前半年，河北省蔬菜价格普涨，第一、二季度同比分别上涨4.5%和8.6%。一、二季度，河北省畜牧业产品生产价格先扬后抑。一季度畜牧产品价格同比上涨1%，二季度受禽蛋、羊肉、毛绒类价格大幅下跌的影响，畜牧产品价格出现同比5.9%的下跌。其中，羊肉生产价格出现深度下跌，一、二季度跌幅分别达到16.5%和27.1%，禽蛋价格一季度同比上涨12.2%，但到二季度大幅下跌11.4%。跌幅最大的毛绒类产品，第二季度生产价格同比跌幅达到41.6%，显示轻工业行业不景气对畜牧业生产的影响已经十分显著。猪肉价格则先抑后扬，一季度小幅下跌0.8%，二季度同比上涨4.8%。渔业产品生产价格持续坚挺，一、二季度涨幅分别达到3.6%和10.6%。到三季度，特别是9月以后，全省玉米、小麦价格出现明显下跌。2015年9月26日，全省玉米价格比2014年同期下跌15.1%，小麦价格下跌8.6%。国庆节以后，国内小麦、玉米价格再次出现下跌。到2015年10月15日，河北省粮食主产区新玉米收购价格只有0.87元/斤左右，陈玉米收购价格在0.99元/斤，同比下跌超过20%，小麦收购价格只有1.05元/斤，同比跌幅超过15%。粮食等农产品价格的大幅下跌，不仅对2015年农民收入造成很大负面影响，还可能对2016年农民生产粮食的积极性产生不利影响。

（六）民营经济发展稳中有进，发展质量逐步提升

"十二五"以来，在全省经济下行压力加大，化解过剩产能、治理污染任务加码，投资增长乏力等不利影响下，河北省民营企业围绕经济转型升级，充分用好国内国外两种资源、两个市场，积极向生物制药、电子信息、装备制造等领域拓展，向绿色发展，向新兴产业拓展，经济保持较快增长的良好势头。到2014年末，全省民营经济单位达到316万个，同比增长3.2%，民营经济实现增加值达到19894.4亿元，同比增长7.5%，营业收入达到96657.3亿元，同比增长6.9%，实现利润总额达到7113.8亿元，从业人员达到2131.9万人，同比增长3%，占全社会吸纳就业人数的2/3以

上，实缴税金 2731.4 亿元，同比增长 6.2%，实现出口总额 303.9 亿美元，同比增长 17.9%，占全省出口总额的比重达到 85%。2014 年，河北省民营经济在节能减排、压减过剩产能方面做出重要贡献。据不完全统计，2014 年，全省民营企业减压炼铁产能 1546 万吨，减压炼钢产能 1260 万吨，减压水泥产能 3918 万吨，减压平板玻璃产能 2533 万重量箱。2015 年以来，尽管面临着巨大的生产经营压力，全省民营企业民营经济发展仍基本保持平稳。到 2015 年 6 月末，全省民营经济单位增加到 332.1 万个，民营企业创造的增加值 9351.5 亿元，同比增长 7.4%，高出全省 GDP 增速 0.8 个百分点，实现营业收入 47686.1 亿元，同比增长 5.4%，民营经济出口总值达到 137.2 亿美元，同比增长 2%。

二 河北省农业农村经济发展面临的形势分析与预测

全面分析"十三五"时期河北省农村农业发展的外部环境与条件的深刻变化，准确把握阶段性、时代性特征，是确保"十三五"期间农村农业健康发展的重要基础和前提。

（一）河北农村农业发展面临的形势

1. 国际经济环境复杂多变，结构深度调整与竞争相互交织，农业农村发展的机遇与挑战并存

从世界范围看，"十三五"期间，世界经济仍然处于金融危机后的调整复苏期，世界经济持续调整的时间在加长，低增长、高负债、高失业率仍然拖累着主要经济体的复苏步伐，全球经济增长复苏的动力仍然偏弱。虽然以美国、欧洲为主的发达国家经济逐步趋稳，但欧元区经济面临的债务、就业等结构性矛盾拖累经济恢复增长的步伐，新兴经济体受外部发展环境和内部结构性问题的双重影响，经济增长放缓，但在全球经济中的比重仍将继续提升。美国结束宽松货币政策后，意图通过加息引导国际资本回流，维护强势美元地位，引发国际资本流向改变，汇率波动加大，国际原油期货市场、农

产品期货市场波动加大，全球贸易总量持续下滑，给新兴经济体国家带来巨大的挑战。

同时，世界贸易体系正在重构，美国主导的跨太平洋战略经济伙伴关系协定（TPP）、跨大西洋贸易与投资伙伴关系协定（TTIP）等新的贸易投资规则，对世界经济秩序、国际经济话语权的改变不容忽视，新兴经济体特别是中国面临的竞争压力加大。受到国际贸易增长总体走弱的影响，国内产能过剩矛盾日益突出，产品价格普遍下滑，利润明显降低，有的甚至出现亏损，造成企业投资意愿明显不足，经济增速持续回落，社会吸纳就业能力明显不足。

国际农产品价格波动对国内农业农村经济产生的影响也不容忽视，如果没有足够、合适的应对措施，过去两年中国大陆奶业发展受到国际进口低价乳粉巨大冲击的事情，完全可能在小麦、玉米等大宗粮食生产上重演。在开放中用好国外资源、市场，趋利避害，保障国内农产品安全，保护国内农民生产积极性，是"十三五"期间河北乃至全国农业农村发展必须关注和解决的问题。就2016年而言，河北省农业发展首先必须关注的是国际农产品、低价农产品大量进口带来的冲击，特别是奶制品、肉制品对奶业畜牧业的冲击，以及国际玉米等大宗粮食价格低迷给省内粮食生产和农民收入带来的影响。

2. 中央"四个全面"战略布局协调推进，京津冀协同发展战略、京张冬奥会举办为河北省农村农业发展带来最直接、最长远的利好

"十三五"时期，国内发展的环境、条件、任务、要求也都将发生新的变化。当前，我国已经成为世界第二大经济体，正处在由大国向强国跃升的关键阶段，中华民族正处在迈向复兴的关键时期，虽然经济增长面临着"速度变化、结构优化、动力转换"等一系列深刻变化，面临着诸多矛盾相互叠加的严峻挑战，但我国仍处于大有可为的重要战略机遇期，经济长期向好的基本面没有变。为此，十八大以来，中央先后提出实现中国梦、"四个全面"等一系列重要论述，进一步明确新形势下党和国家各项工作的战略方向、重点领域和主动目标，为实现中华民族伟大复兴的中国梦画出清晰的路线图，为科学判断形势、准确把握战略机遇期的深刻变化，坚定改革发展

信心，更好适应和引领经济发展新常态，稳步推进我国改革开放，推进"十三五"期间经济建设、政治建设、文化建设、社会建设、生态文明建设协调发展提供重要保障。

与此同时，中央关于京津冀协同发展战略部署，第一次把河北全域纳入国家战略进行谋划，第一次把解决河北与京津发展落差问题上升到国家层面进行部署，明确界定河北作为产业转型升级试验区、新型城镇化与城乡统筹示范区等四大功能定位，系统制定支持河北发展的政策举措，对河北农业农村发展具有的积极影响和巨大的推动作用。国务院关于《环渤海地区合作发展纲要》的批复，再次将河北作为环渤海区域的重要一环予以支持，让河北获得协同发展、合作发展的双重利好，必将为"十三五"期间全省农村农业的加速发展、跨越发展带来难得机遇。北京携手张家口举办 2022 年奥运会，对加深河北与北京的协作，提高河北农村地区特别是贫困地区基础设施水平，发展现代绿色农业，推动河北经济转型发展，具有重要的战略意义。

3. 新常态下河北经济发展面临的形势严峻，农业农村发展的任务艰巨

21 世纪以来，国家对农业农村发展的重视程度前所未有，连续 12 年出台以"三农"为主题的中央"一号文件"，对我国农业农村发展的促进作用十分巨大，但"十三五"这样大密度的政策助力能否持续，连年粮食丰收后巨大的库存压力，经济下行、农产品价跌滞销对未来政府农业农村基础设施的投入和农民生产积极性的影响，都是值得关注的问题。尤其是 2015 年后，全国经济形势下行压力增大，环保生态压力下的产业被淘汰，产能被压减，对河北省经济的影响已经逐渐显现。"十三五"时期，国家经济发展速度主动调减的新常态下，河北面临着发展动力转换中保持合理增速的挑战，面临着赶超发展中坚守生态底线的挑战。尤其是在河北经济发展尚未进入后工业化时代的背景下，主动去钢铁、水泥、玻璃、煤炭等产能（能耗）造成的产业结构转换提前到来，以及由此带来的经济、财政收入减少，大量产业工人转岗、被动再就业等一系列连锁反应，将在一定程度上影响政府财政可支配收入，进而削弱未来河北工业支持农业、统筹城乡发展的能力。同时，大量产业工人的转岗、再就业，可能造成城镇化动力削弱、居民收入降

低，陷入结构性的"中等收入陷阱"。补足产业发展的短板，打造区域经济发展的增长极，吸纳足够的农业剩余劳动力，让已经落后的河北农民富起来，让张家口、承德、衡水等地的贫困县、贫困人口早日摆脱贫困，走向富裕，将是"十三五"期间河北农业农村发展必须面对和解决的问题。

（二）"十三五"期间及2016年河北农村经济发展形势的展望

"十三五"是我国向全面建成小康社会冲刺、完成第一个百年目标任务的关键时期，也是奠定第二个百年目标基础的重要时期，是建设繁荣、和谐、优美、幸福新河北的重要时期。展望"十三五"时期，发达国家经济持续改善，世界贸易格局规则悄然改变，新兴经济体发展挑战巨大，但摆脱世界金融危机影响、实现全球经济稳定增长仍然可期。共建丝绸之路经济带和21世纪海上丝绸之路的倡议，绘就中国融入世界经济的新蓝图，京津冀协同发展战略与全面深化改革政策的实施，为新常态背景下激活河北经济发展内生动力、推动全省农村经济较快发展奠定重要基础。预计，"十三五"期间，河北农业农村经济发展将呈现以下特征。

1. 农业结构调整将逐步加快，高效农业发展有望提速

"十三五"时期，随着京津冀协同发展战略的实施，高效农业、生态农业、循环农业、休闲农业、绿色农业将成为引领河北现代农业发展的主要方向，全省农业内部产业结构将随之发生显著变化。一是种植业结构将日趋优化。以京津一小时鲜活农产品物流圈建设为契机，河北省紧邻京津两大消费市场的区位交通优势将逐步凸显，设施蔬菜、设施瓜果、中药材等高效农业将有望逐步加速，传统的玉米、小麦等粮食作物种植面积会有所减少，棉花等比较优势不明显的农产品种植面积会进一步萎缩，种植业优化、升级的步伐将进一步加快。以京津客源地市场为目标的休闲观光农业建设速度将加快。二是畜牧业向绿色、生态发展的速度加快。畜牧业属于高投入、高产出的农业，对农民增收致富有着十分重要的作用。受京津生态严格要求、奶业波动等因素的影响，河北畜牧业发展并不顺利，占比持续下降。"十三五"期间，适应京津生态环境的发展要求，河北省畜牧业将加快向绿色、生态化

养殖，向发展循环农业的方向迈进。三是林业发展逐步加速。随着京津冀对生态环境建设的日益重视，围绕打造太行、燕山生态屏障，国家和京津在太行山绿化、京津风沙源治理等方面的投入明显增多，未来河北省生态林、经济林、农田防护林、林下经济将进入提速发展阶段，林业增加值占比有望继续提高。四是渔业生产基本稳定。"十三五"期间，海洋渔业、淡水养殖产量将基本保持稳定，大幅增产的可能性不大。就近期而言，预计2016年河北省粮食播种面积将继续保持在9200万～9300万亩，但受到近期小麦、玉米价格持续走低的影响，不排除粮食种植面积进一步缩减的可能，稳定粮食生产的任务较重。受2015年蔬菜价格较高的影响，全省蔬菜种植面积可能有所扩大，畜牧业生产增长仍不乐观，林果产业将继续稳步增长，水产品增长幅度有限。

2. 农村改革将持续深化，农业适度规模经营发展加快

改革是农业发展活力的源泉。"十二五"期间，国家做出全面深化改革的重大决定，提出深化农村产权制度改革，构建新型农业经营体系等系列重要决策，在农村土地制度改革、推进农业规模经营方面出台大量支持政策，为农业农村发展奠定基础。"十三五"期间，以提升粮食生产能力为核心的农业基础设施建设将继续发力，对全省86个产粮大县和620个万亩示范片区的支持力度将进一步加大，农村土地制度改革将继续深化，到2017年末，全省农村土地承包经营权确权登记将全面完成。省现代农业园区建设将取得明显进展，预计"十三五"期间，全省认定、提升、打造的现代农业园区数量将达到300个左右，现代农业园区将成为引领河北现代农业发展的重要载体。农业产业化、农村社区化、农民职业化将呈现不断加速趋势，家庭农场、合作社发展将受到更大程度的鼓励，多层次的农业适度规模经营将逐步成为农业发展主流。

3. 农民增收形势不容乐观，"三金"农民占比将逐年提高

"十三五"期间，我国经济增速总体放缓。虽没有改变发展的大势，但经济放缓对河北经济走势影响的严峻性和复杂性是不可低估的。尤其要正视环境治理、化解过剩产能的压力仍然很大，"十三五"期间，全省经济还处

在产业转型升级、爬坡过坎的重要时期，农村经济发展、农民增收的形势不容乐观。借鉴历史经验可以发现，全球或区域性金融危机后，农民收入增长往往会经历一个较长时间的缓慢增长阶段，例如1998年东南亚金融危机后，我国农民收入在1999~2003年就经历了一次缓慢增长的过程。2008年以来的全球金融危机爆发，尽管已有一个较长的时期，但其对全球经济的影响并没有根本消除，只能说财政货币刺激政策仅仅是减小经济的大幅波动，而不是消除经济和产业的结构性、区域性的矛盾。特别是传统产业产能过剩、企业投资动力不足、新兴产业接续能力不强等对经济增长、地方财政、社会就业的影响还在继续，国内玉米、小麦等粮食价格回落，农民工就业岗位供给不旺，外出务工收入减少等对农民收入的影响不可忽视。

2015年以来，经济发展速度的降低，已经显著影响农民收入的增长，前三季度河北农民收入仅增长8.8%，增速降幅明显，显示未来农民收入增长也极不乐观。但从有利于农民增收的因素看，国家"一带一路"、京津冀协同发展战略的实施，京张冬奥会的举办，将极大拓展河北经济的发展空间，为河北发展高端高效农业、休闲观光农业、有机绿色农业提供机遇，为农民就业增收提供机遇。预计"十三五"期间，河北省农民收入增长将经历一个放缓、平稳到有所加快的过程。从"十三五"期间农民收入增长的贡献看，受农民家庭经营土地规模限制，河北省农民来自家庭经营性收入的增长空间相对有限，而来自务工、财产性收入的增长空间巨大，农民工资性收入将继续成为"十三五"农民增收的主要来源。

同时，随着农村改革的深化，农村土地流转规模扩大，预计将有越来越多的小规模经营农民从土地上解放出来，进入现代农业产业园、农业产业化龙头企业、农民专业合作组织，成为领取租金、股金、薪金的"三金"农民。就2016年而言，国际经济持续动荡和国内增长动力转换、国内农产品价格下跌、农民工工资增长缓慢，都将对2016年农民增收产生不利影响，但京津冀协同发展战略、扶贫力度的持续加大，也将会对农民工就业产生很大的积极影响。综合而言，2016年农民收入将呈小幅增长的态势，增速较2015年可能出现小幅回落。

三 "十三五"河北省农业农村发展面临的主要问题

（一）农业农村发展的基础条件相对较差

耕地是农业发展的物质基础，道路是农村发展的重要保障。21世纪以来，随着国家统筹城乡发展战略的实施，河北省用于农业农村基础设施的投入明显增长，但相对于农业农村发展需要而言，目前财政对农业基础设施建设和农业公共服务建设的投入仍然不足，农田抗旱防灾标准偏低，保障能力偏弱，华北平原灌区面积萎缩，地下水位下降，山区人畜饮水困难、出行难问题还没有根本解决。财政支农资金对农村基础设施、公共服务投资的支持上，存在项目前期论证不足、面子工程、重复投资等情况，有限的财政资金没有完全用到最需要支持的地区和最需要支持的基础设施建设上。以新农村建设为例，个别路边村、示范村的生态文明村、新民居、村庄面貌改造、美丽乡村建设等不同主题的新农村建设搞了好几轮，村庄面貌变了好几次，而有的村庄连村内道路还没有硬化，村内雨天一街水、垃圾堆满村的情况仍存在。农业基础设施上，山区尤其是贫困山区农业耕作条件落后的问题还很突出，坡改梯、田间道路建设、小流域治理等需要的投资仍然很多。进一步改善、提升农业农村发展的基础设施条件，是"十三五"期间激发河北省农业农村发展潜力之所在，也是提高农民增收致富能力、建设美丽富裕河北的关键举措。

（二）农业发展方式较为粗放

当前，河北省农业生产取得粮食连续增产等一系列成绩，但也面临着农业发展方式粗放、资源生态约束加大等问题。一是粮食生产方式粗放。河北省粮食生产还处在主要依靠化肥、农药和大水漫灌等来提高产量的粗放生产阶段，这种"大水、大肥、大药"的粗放发展方式，直接导致土地板结、地力衰减、耕地退化、地下水位降低、华北平原地下漏斗群、农业生态链破坏等问题的出现，农业可持续发展受到严峻挑战。二是畜禽养殖生产方式粗放。作为重要的富民产业，畜牧业在河北省农业收入中比重较大，但随着畜禽养殖规模扩大，畜禽养殖存在的过度集约化、养殖管理粗放、疫病防控难度加大、畜禽粪便处理不当、环保设施不健全造成的农村面源污染、水污染问题凸显。数据显示，2013 年，河北省畜禽养殖化学需氧量、氨氮排放量分别占全省总排放量的 68.3% 和 40.2%，已成为农业农村环境污染的主要来源。三是资源环境约束日紧。当前紧缺的耕地、脆弱的生态环境，已经很难允许继续以平面式拓展和粗放经营来发展农业、畜牧业。治理雾霾、优化京津生态环境、转变农业发展方式，势在必行。

（三）新型农业经营体系尚未建立

当前，我国正处在由传统农业向现代农业过渡的重要阶段。在城镇化、工业化加速的背景下，农村劳动力大量外出进入工厂、城镇就业，原有小规模、分散式的家庭经营面临"谁来种田"的窘境。党的十八届三中全会明确提出，要加快建立新型农业经营体系，鼓励土地承包经营权在公开市场上向专业大户、家庭农场、农民合作社、农业企业流转，发展多种形式的规模经营。从河北省的发展看，当前河北省农民户均经营土地规模小，户均不足 2 亩，而调研表明，家庭经营玉米粮食等大田作物的适度规模应在 100 亩左右，方可实现农业经营的规模效益。由于家庭经营规模小，农民来自农业的收入比重已呈逐年下降趋势，部分农民出现粗放管理的苗头，部分地区甚至出现土地撂荒等现象。近年来，随着农村改革深化，河北省农村土地流转总量逐年扩大，新兴经营主体数量稳步增长，但与现代农业发展的要求还有较大差距。同时，流转土地租金偏高，农业专业合作社运作不规范，工商资本到农村承包土地操作不规范、流转土地非粮化等问题，也在一定程度上制约新兴农业经营主体的发展。

（四）农产品质量安全生产监管偏弱

随着城乡居民收入水平的提高，人们对健康、安全、优质农产品的需求不断增大，对农产品质量安全的要求越来越高。但目前来看，农产品生产安全还有待进一步完善。一是农产品生产安全。受大气环境污染、土壤污染、水污染等因素影响，河北省农产品生产的"第一车间"不容乐观，农药残留、化肥残留、重金属超标等问题尚未完全解决，非法添加剂滥用的情况尚未杜绝。二是农产品质量追溯体系仅在少数地方、少数领域建立，农产品冷链物流发展不快，农产品流通、销售环节安全保障程度不高，产品浪费现象严重。三是农产品安全监管执法有待加强，食品安全监管部门责任重大，但监管力量薄弱，还不能做到经常性监督、检查，对不安全农产品生产、销售的打击惩处亟须加强。

（五）农村公共产品供给有待加强

农村是城乡统筹发展的重点和关键。"十二五"期间，河北省农村道路、供水、排水、电力、卫生等基础设施条件有了显著改善，但仍有部分贫困县区、燕太山区基础设施条件较差，农村社会服务水平较低。特别是近年来，随着城镇化、工业化进程加快，受农村教学点布局收缩、撤并影响，农村孩子上学难问题再次凸显，家长外出进城供子女上学、农村校车安全等问题随之而来。同时，农村医疗卫生体系建设滞后，包括县城在内的农村医疗卫生水平偏低，农民看病难等问题还没有解决。农村养老体系建设滞后，在劳动力大量外出的背景下，农村养老机构偏少，老人养老无着落问题出现。一些带准公益性的公共物品如农村金融、农村电信，政府支持不够，企业投资不足，服务农业农村发展的农业科技、畜禽防疫、金融服务、电信服务不能满足农业农村发展的需要。

四　加快"十三五"河北省农业农村发展的具体建议

（一）抓住京津冀协同发展机遇，加速推进河北省农村基础设施建设

当前，全国经济增速放缓虽然没有改变发展大势，但对下一阶段河北经济走势影响的严峻性和复杂性绝不可低估，特别是要正视传统制造业投资动

力不足的现实。"十三五"期间，必须树立底线思维观念，抓住京津冀协同发展的重大机遇，充分利用当前基础设施投资、项目投资成本较低的有利时机，大力推动农村特别是贫困地区高速公路、铁路、农村公路、田间道路、林网以及水利基础设施等的投资，为保持经济适度增长，为未来河北农业可持续发展提供保障。应在加强4000万亩粮食核心生产区建设、提高农业防灾抗灾能力的基础上，积极推动山区坡改梯、小流域治理，着力改善燕山、太行山区农业生产条件，挖掘好河北省农业生产潜力。应抓住建设京津一小时鲜活农产品物流圈的契机，积极运用先进的节水、节能技术建设高科技蔬菜大棚、高效率菌类生产基地。在发展高碑店市新发地农产品批发市场的基础上，加大对生鲜农产品冷链物流设施的投入力度，为农产品优质、鲜活供应京津市场提供物质保障。要加强畜牧业生产设施规范化、标准化建设，重点统筹养殖生产布局与农村环境保护，建设高效、低成本、低运行费用的畜禽粪便、污水处理设施，严格落实养殖者污染防治责任，支持养殖废物综合利用与无害化处理。要加强农村饮水保障体系、村庄道路体系、电力电网设施、通信网络设施建设，为传统农业向现代农业、休闲农业、特色农业发展提供基础条件。要用好"互联网＋"等现代媒体，加强农村电商基础设施建设，积极推动农产品向城市直销、城市物流向农村物流覆盖的新型农业物流体系发展。要加快提升农村教育、卫生等基本公共服务的硬件设施，争取在引进在京医院、医疗院校方面取得成效。要加大对养老基础设施的投入力度，与北京统筹规划布局养老机构，形成河北农村生态养老发展的新优势。应加大对农村旅游基础设施的投入力度，以历史文化名镇、传统古村落、特色生态景区为重点，打造河北农村休闲旅游新亮点，为全省农业农村经济发展注入活力。

（二）服务京津，借力京津，推动高效、生态、特色农业发展

加快转变农业发展方式是突破河北省资源环境约束、实现农业可持续发展的根本保障，也是河北农业发展的出路所在。为此，"十三五"期间，河北省要把服务京津冀需求，推动一、二、三产业融合发展作为河北农业发展

的动力和优势所在，积极丰富农业发展内涵，着力推动农业发展方式转变，力争将农业打造为河北产业中的"金矿、富矿"。思路上，应按照生产高效、产品安全、资源节约、环境友好的基本要求，积极推动农业发展由数量扩张向数量质量效益并重转变，不断把现代科学技术和高素质劳动者注入现代农业，推动农业由单纯资源、物质消耗向科技提升、装备技术加强转变。措施上，应充分挖掘河北"山海坝"等地貌类型齐全、气候资源多样的资源优势，大力优化全省农产品布局，集中打造坝上生态农业产业带、沿海高效渔业产业带、环京津现代都市农业产业带、燕山太行山区优质果品带、平原农区畜牧产业带，重点壮大蔬菜、畜牧、果品、菌类、中药材等特色优势产业，积极推动发展小杂粮、马铃薯等区域特色产品发展。实践中，应积极推广武邑百里蔬菜长廊建设经验，推动全省农业由粮食种植为主向蔬菜、瓜果、畜牧等高效农业发展转变。应积极推广武安、赤城等地发展循环农业的经验，将畜禽养殖、林果培育、蔬菜种植、粮食种植有机结合，打造京津冀生态农业发展新模式。发展中，要抢抓京津冀协同发展和京张冬奥会举办的重大机遇，面向京津市场开展全方位科研、生产、销售合作，建设河北进入京津市场的农产品绿色直通车，建设京津农业科研成果绿色转化首选基地，打造京津都市人群向往的有机、生态、特色农产品生产基地。

（三）稳步深化农业农村改革，提升农业规模化经营水平

深化改革是河北农业农村加速发展、补足"四化同步"发展短板的关键点、突破点。"十三五"期间，河北省应以农业经营模式创新为重点，积极引导土地经营权向农业园区和新型农业经营主体流转，加快培育新型职业农民。根据不同类型的农业生产形态，推进不同类型的农业生产组织创新，对粮食、油料等作物，鼓励采取家庭农场、专业大户等形式发展适度规模经营；对蔬菜瓜果等鲜活农产品鼓励采取家庭＋合作社、合作社＋基地等方式发展适销对路的适度规模；对现代化规模养殖，鼓励现代农业企业介入发展农村股份合作经济。积极推广"政府＋龙头企业＋金融机构＋合作社＋农户"的"五位一体"的农业发展经验。要以稳定承包权、放活使用权为核

心，稳步推动农村土地制度改革，加快赋予农民更加充分、有保障的土地承包经营权，积极研究农村承包土地抵押融资办法，为农业规模经营、产业化经营创造条件。应通过财政贴息、信贷奖励补助、设立并购基金等方式，发展农产品精深加工、农业休闲旅游、农村冷链物流等农业产业化项目，将农业打造为融合一、二、三产业，集生产、生活、生态于一体，高附加值的现代"第六产业"。要积极创新农业保护制度，加快探索新形势下粮食价格保护支持的新举措，确保连年丰收之后不出现"谷贱伤农"。要建立主产区利益补偿机制，让粮食主产县（市）不因粮生困。要完善农产品安全质量监管体系建设，确保河北省全境农产品安全、放心。

（四）推动县域经济发展进位突破，促进城乡协调一体发展

要摆脱年年保增长下限的被动局面，为"十三五"时期经济增速适度回升积蓄力量，绝不是靠短期的微刺激措施所能解决的，需要从国家长远发展的新的顶层设计层面予以解决，需要从国家经济发展的战略层面予以创新和突破，寻找对经济增长具有中长期、持久性的推动力。在县域层面，关键是以县域产业转型升级为核心，实施县域经济发展增比进位战略，推进县域经济转型跨越。重点突出战略性新兴产业的导向作用，加大招商引资、民营经济发展力度，积极打造县域经济发展的核心增长极。大力推进工业化与信息化融合发展，深度推进传统工业改造升级，积极推动工业装备向智能化、高端化方向发展，工业产品向高附加值、高科技含量转变。要以人的城镇化为核心，大力实施新型城镇化战略，优化县城布局规划，积极推进产城教融合发展，提升县城建设质量和水平，打造有历史记忆、地域特征、山清水秀、宜居宜业的美丽县城。应推动城镇化与信息化融合发展，积极打造智慧城市，推动城市管理精细化、公共服务便利化、生活环境宜居化。要按照因地制宜的原则，加快推进河北特色美丽乡村建设，重点推进农村饮水安全、污水治理、厕所改造、生态建设、清洁能源开发，打造让农村居民生活舒心、让城市居民羡慕的新型农村社区。要加快户籍、教育、医疗、社保、就业等方面的改革，逐步实现城乡居民基本权益平等

化、城乡公共服务均等化、城乡居民收入均衡化、城乡要素配置合理化、城乡产业发展融合化。

（五）强化生态环境支撑，打造生态文明先行示范区

生态是河北省发展的瓶颈，也是河北发展的希望。强化生态环境支撑，破解雾霾对河北发展的制约，关键在于加强生态环境建设。要在深入实施大气污染治理、水环境污染治理、固体废物治理，在大力发展工业循环经济、农业循环经济、城市矿山工业的基础上，大力推进生态环境建设。一是建设绿色燕山、太行山生态屏障。按照国家功能区划的总体要求，优化国土开发格局，着力推动燕山、太行山区绿化工程，以小流域为重点，大力开展水土流失综合治理工程、退耕还林和退耕还草工程、自然保护区建设工程及西部山区山体修复工程，通过工程措施、生态措施将河北西部、北部打造为京津冀协同发展战略中的绿色屏障。二是打造绿色生态长廊。研究制定滹沱河、泜河、洋河、漳河、滏阳河等海河水系综合治理规划，通过污水治理、河道景观恢复、绿色防护林建设、地下水超采治理，将海河流域打造为京津的生态绿肺。研究制订高速、国省干道周边通道、荒山绿化行动方案，将可视范围内的荒山、通道周边全部绿化，打造成农田防护林之外有一道亮丽的风景线。三是创新生态建设机制。探索建立与基本农田、水源地保护相适应的生态补偿机制，建立京津冀生态保护联动机制。

参考文献

彭建强、唐丙元主编《2014～2015年河北省农村经济形势分析与预测》，河北人民出版社，2015。

段小平、唐丙元：《树立绿色发展理念建设山青水秀河北》，《河北日报》2013年10月16日。

B.4
河北省加快融入京津冀市场一体化面临的问题与应对策略

张 波[*]

摘　要：　加快京津冀区域市场一体化是促进京津冀协同发展的必然要
　　　　　求。当前，河北加快融入京津冀市场一体化面临总体经济水
　　　　　平滞后、商贸流通衔接不畅、生产要素单向流动等突出问题，
　　　　　根源在于三地发展地位不对等、公共服务落差明显、行政分
　　　　　割严重等方面。加快融入京津冀市场一体化，河北应瞄准与
　　　　　京津在产品市场、商品市场和要素市场上的差距，全方位开
　　　　　展与京津对接协作，着力构建行政管理协同机制，主动融入
　　　　　京津产业链和产业集群，推动公共服务一体化，构建市场一
　　　　　体化发展体制机制，促进全省经济社会转型升级、提档提质，
　　　　　逐步实现与京津的均衡协调发展。

关键词：　河北　京津冀　市场一体化

推动京津冀协同发展是党中央、国务院在新的历史条件下做出的重大决
策部署，是关乎中国区域经济发展全局和未来走势的重大国家战略。2014
年2月26日，习近平总书记就推进京津冀协同发展提出七点要求，其中第
七条就是"要着力加快推进市场一体化进程，下决心破除限制资本、技术、

---

* 张波，河北省社会科学院副研究员，研究方向为区域经济、城乡统筹。

产权、人才、劳动力等生产要素自由流动和优化配置的各种体制机制障碍，推动各种要素按照市场规律在区域内自由流动和优化配置"。加快推进京津冀地区市场一体化，是建设全国市场一体化的需要，也是促进京津冀协同发展的必然要求。

一 京津冀市场一体化的内涵与发展阶段

市场一体化包括狭义和广义两个概念。狭义市场一体化仅指商品市场和要素市场一体化；广义市场一体化指区域经济一体化。本文站位区域经济一体化，主要研究宏观经济与产业、商品流通和要素流动的一体化。

缪尔达尔的累计循环因果论表明，受生产要素流动的集聚效应和扩散效应双重影响，不同区域间的经济差距会呈现先扩大后缩小的倒U形发展过程。从京津冀地区发展实际来看，改革开放以来，河北省与京津的经济发展差距不断扩大，近年来这种发展差距正处于或即将到达"顶部"，下一步推动京津冀协同发展，就是要消除区域内要素资源流动障碍，实现市场一体化，发挥北京、天津的扩散效应，带动河北地区的经济发展，弥补发展"短板"，缩小京津冀区域间的发展差距。

二 河北加快融入京津冀市场一体化 面临的主要问题

多年来，京津冀三地发挥毗邻优势，密切开展合作，共同推动区域经济又好又快发展。与此同时，三省市发展速度失衡、发展差距拉大问题逐步凸显，京津两极过于肥胖，河北省发展水平明显滞后并成为区域市场一体化的"短板"。

（一）宏观经济分析

从经济总量看（见表1），"十一五"以来，京津冀三省市地区生产总值保持较快增长，按可比价计算，年均增长率分别达到 8.83%、15.04% 和 10.00%，天津市经济总量增速明显高于北京与河北。受宏观经济下行影响，2010 年京津冀三省市地区生产总值增速在达到顶峰后均出现不同程度下滑，2014 年三省市地区生产总值增速分别比 2010 年下降 3 个、7.4 个和 5.7 个百分点，北京市增速下滑幅度最小，天津市增速下滑幅度最大，但总体增速仍达到 10%，高居三省市第一位，河北省增速直接下滑至三省市最后一位，经济增长压力最大。

表 1   2006~2014 年京津冀地区生产总值总量与增速

单位：亿元

年份	北京		天津		河北	
	生产总值	指数 （上年=100）	生产总值	指数 （上年=100）	生产总值	指数 （上年=100）
2006	8117.78	114.5	4462.74	115.5	11467.6	112.8
2007	9846.81	109.1	5252.76	116.5	13607.32	110.1
2008	11115	110.2	6719.01	116.5	16011.97	110
2009	12153.03	110.3	7521.85	117.4	17235.48	112.2
2010	14113.58	110.3	9224.46	117.4	20394.26	112.2
2011	16251.93	108.10	11307.28	116.40	24515.76	111.30
2012	17879.4	107.73	12893.88	113.85	26575.01	109.63
2013	19500.56	107.70	14370.16	112.50	28301.41	108.20
2014	21330.8	107.3	15722.47	110.00	29421.2	106.5

注：本表绝对数按当年价格计算，指数按不变价格计算。

资料来源：《北京市统计年鉴》、《天津市统计年鉴》、《河北省经济年鉴》，2014 年数据为统计公报数据。

从人均经济指标看（见表 2），2009~2014 年，北京和天津人均 GDP 逐步迈入 10 万元大关，而河北省仍未跨过 4 万元门槛。2014 年，河北省人均地区生产总值 39846 元，仅为京津的 40.19% 和 38.44%。北京和天津人均全部财政收入分别跨入 3 万元和 2 万元大关，而河北省人均全部财政收入仍不足 5000 元，分别只有京津的 1/6 和 1/5。北京和天津人均财政支出均在 2 万元左右，河北省人均财政支出刚刚跨过 6000 元，2014 年全省人均财政支出分别只有京津的 29.96% 和 33.03%，即仅有京津的 1/3。

表 2　2009～2014 年京津冀地区人均经济指标比较

单位：元

年份	北京			天津			河北		
	人均GDP	人均全部财政收入	人均财政支出	人均GDP	人均全部财政收入	人均财政支出	人均GDP	人均全部财政收入	人均财政支出
2009	66940	19382	12470	62574	11566	9154	24581	2875	3337
2010	73856	21566	13850	72994	14114	10597	28668	3347	3920
2011	81658	26081	16077	85213	17736	13261	33969	4168	4886
2012	87475	27823	17809	93173	18768	15166	36584	4626	5598
2013	93213	31093	19735	99607	23184	17316	38716	4832	6014
2014	99139	33513	20963	103655	24921	19018	39846	4985	6281

注：人均全部财政收入和人均财政支出均按照财政部统计数据测算得来。

　　从产业结构看（见表3），"十一五"以来，京津冀区域三次产业结构变化的总体趋势是第一、第二产业比重下降，第三产业比重上升。北京市产业结构呈现"三二一"特征，2014 年第三产业比重达到 78.0%，是京津冀区域产业结构水平最高的区域。天津市和河北省产业结构均呈现"二三一"特征，但发展水平存在差异。天津市第二产业比重下降趋势明显，由 2006 年的 55.1% 下降到 2014 年的 49.4%，而第三产业比重则由 2006 年的 42.6% 增加到 2013 年的 48.1%，进入工业化后期阶段。河北省三次产业结构变动相对较为缓慢，2006～2013 年，第一产业比重保持在 12%～14%，第二次产业比重保持在 52%～54%，第三产业比重则保持在 33%～36%，处于工业化中期阶段。2006 年以来，北京市和天津市第三产业占比分别提高 6.1 个和 6.7 个百分点，而河北仅提高 3.3 个百分点，产业结构优化调整进展缓慢。2014 年作为京津冀协同发展"元年"，河北省主动适应"新常态"，下大力气调整产业结构布局，第三产业比重呈现较为快速的上升趋势，比 2013 年提高 1.8 个百分点，达到 37.3%。

表3　2006～2014年京津冀三次产业结构比重

单位：%

年份	北京市三次产业比重			天津市三次产业比重			河北省三次产业比重		
	第一产业	第二产业	第三产业	第一产业	第二产业	第三产业	第一产业	第二产业	第三产业
2006	1.1	27.0	71.9	2.3	55.1	42.6	12.8	53.3	33.9
2007	1.0	25.5	73.5	2.1	55.1	42.8	13.3	52.9	33.8
2008	1.0	23.6	75.4	1.8	55.2	43.0	12.7	54.3	33.0
2009	1.0	23.5	75.5	1.7	53	45.3	12.8	52.0	35.2
2010	0.9	24.0	75.1	1.6	52.4	46	12.6	52.5	34.9
2011	0.8	23.1	76.1	1.4	52.4	46.2	11.9	53.5	34.6
2012	0.8	22.7	76.5	1.3	51.7	47.0	12.0	52.7	35.3
2013	0.8	22.3	76.9	1.3	50.6	48.1	12.4	52.1	35.5
2014	0.7	21.3	78.0	1.3	49.4	49.3	11.7	51.0	37.3

资料来源：依据《北京市统计年鉴》、《天津市统计年鉴》、《河北省经济年鉴》数据整理，2014年数据为统计公报数据。

从产业结构细分来看，2014年北京市文化创意产业增加值2794.3亿元，占GDP的13.1%；信息产业增加值3134.4亿元，占GDP的14.7%；生产性服务业增加值11072.5亿元，占GDP的51.9%。三个产业合计占GDP的79.7%。2014年，天津市发展航空航天、石油化工、装备制造、电子信息、生物医药、新能源新材料、国防科技和轻工纺织八大优势产业，产值合计24998.04亿元，占规模以上工业的89.0%。装备制造业产值合计9873.94亿元，占规模以上工业的35.2%。高新技术产业工业总产值8503.36亿元，占规模以上工业的30.3%。2014年，河北省装备制造业增加值2351.6亿元，占规模以上工业比重为20.6%，钢铁、石化、医药、建材、食品加工和纺织服装是河北省主要工业门类[①]。通过三省市主体产业比较可以明显看出，北京市在服务业占据主导的前提下，正在向更高端迈进，与津冀已处于不同的发展阶段，处在明显领先的地位。河北与天津产业结构虽然都是以二产为主，但是，天津市二、三产业基本持平，二产中行业结构

---

① 数据来源于三省市2015年国民经济和社会发展统计公报。

更加先进，战略性新兴产业明显提速，装备制造业占据主导，总体进入工业化发展的后期阶段。反观河北省，二产中传统产业依然占据主导，装备制造业尚未成为真正的支柱产业，仍处于工业化初期向中期转型的发展阶段。

（二）商贸物流业分析

商品市场运行和承载形式主要是商贸物流业。目前，河北省与北京市商贸业、物流业转移对接已开展一些工作，取得一定进展。北京新发地公司在河北省定兴、涿州、高碑店等地投资建设农产品批发市场，北京西城区和丰台区先后和河北廊坊、保定签订框架协议，就北京动物园服装批发市场转移升级达成共识。

与此同时，受区域布局和条块约束，河北区位优势未能有效发挥，与京津商贸物流业衔接仍存在突出问题。一是网络化布局有待完善。京津冀区域内缺乏优势互补、科学布局、资源共享的商贸物流一体化规划，港口、机场、货运场站等设施协同不够、衔接不畅，物流通道、重大物流节点和商贸配送网点设置不合理，河北的公铁联运优势得不到有效发挥，导致社会物流成本居高不下。二是专业化主体有待培育。河北商贸物流企业发展方式较为粗放，规模化、组织化、集约化水平有待提高，承接首都物流功能疏解和产业转移能力较弱，缺乏具有较强资源整合能力和辐射带动能力的现代商贸物流企业。三是综合交通枢纽发展滞后。城市交通与铁路、公路规划建设不统一，不能有效衔接，造成货运衔接不畅。交通枢纽功能过于集中，北京承担区域内较大比例的客货中转，对城市交通产生很大压力，而河北省中心城市枢纽功能未能充分发挥。随着区域协同发展的推进，亟须将北京的交通枢纽功能向周边城市疏解，减缓交通压力。四是物流专业化程度不高。河北省物流公共信息平台尚未建成，物流企业规模化、集约化、组织化经营程度不够；重型货车及专用车辆数量仍然不足；网络化运输、小件快运、公铁联运及甩挂运输、城市物流配送等运输组织形式尚处于起步阶段。五是配套支撑有待加强。区域内物流金融、口岸通关、检验检疫、跨境贸易等配套体系建设不同步，政策执行口径不统一，与国际通行惯例不接轨。

（三）主要生产要素分析

首先是人力资源要素。从人口分布来看，北京常住外来人口（半年以上的非京籍人口）近4成，呈现不断增长的趋势。据2013年度人口抽样调查数据显示：2013年底，北京市常住人口为2114.8万人，常住外来人口为802.7万人，占常住人口的38%。与2012年相比，常住人口增加45.5万人，增速为2.2%；常住外来人口增加28.9万人，增速为3.7%；天津市外来人口成为全市人口增量主体。2013年末，全市常住人口1472.21万人，比上年末增加59.06万人。其中，外来人口440.91万人，增加47.95万人，占常住人口增量的81.2%。年末全市户籍人口1003.97万人。河北户籍人口总量超过常住人口。同期，河北省常住人口为7332.6万人，比户籍人口少170余万人。从常住人口和户籍人口的数量差额来看，北京和天津属于人口净流入城市，而且外来人口规模过大、增速过快，两地面临着较大的人口压力，河北则属于人口净流出省份，承接京津尤其是首都人口疏解有一定的空间。根据统计数据，2013年三地经济活动人口总量7935万，占全国经济活动人口的10%，其中河北省经济活动人口5345.57万，占全国比重的6.7%，是名副其实的劳动力大省。

从人才资源看，一是受行政区划、户籍政策、经济发展水平等方面因素影响，京津冀三地在人才培养、人才评价、人才激励、工资待遇、社保政策等诸多方面都存在不小的差异，影响各类人才在区域内自由合理流动。京津冀三地人才占常住人口的比例分别为27%、15%和7.6%。其中北京人才资源总量高于河北。二是高层次人才数量少。两院院士，北京706人、天津37人、河北15人；国家"千人计划"，北京125人、天津80人、河北仅24人；国务院特殊津贴专家，北京3773人、天津4091人、河北2167人；博士后科研工作站，北京336个、天津154个、河北70个。

其次是技术要素。北京拥有大量的科研院所，科研能力和科研成果都远高于河北，由实力雄厚的企业孵化器和金融中介进行运作，其科技转化情况最好，转化率也高。京津冀由于地方政府的行政干预和市场分割，三地技术、产权和交易发展不平衡，竞争激烈但效率不高。2014 年，河北用于研究与发展（R&D）的经费支出 320 亿元，而同期北京的 R&D 经费支出为 1286.6 亿元，天津为 471.7 亿元，差距悬殊；从专利方面看，截至 2014 年底，河北省专利拥有量仅为 9066 件，而同期北京为 160095 件，天津为 83600 件。另外，在国家级重点实验室、两院院士、工程技术中心等方面，河北省都可谓寥若辰星，而北京拥有 1/3 的国家级重点实验室、1/2 的两院院士和 1/5 的高新技术企业，天津也拥有国家级实验室 57 个、两院院士 37 名、工程技术中心 36 个。无论从哪个方面看，河北的科技发展状况都无法与京津相比。

最后是资金要素。京津冀地区的金融市场分割程度非常严重。在京津地区，随着经济的扩张，对投资的需求旺盛，投资的增加又进一步刺激经济扩张和投资的需求，本地的储蓄难以满足不断增长的投资需求。而在经济扩张较弱的河北省，投资回报率高的项目比京津少，而且许多回报相对京津较低，因此逐利的资金会从河北向京津流动，从而加剧地区发展的失衡。京津冀三地的金融业发展存在较大差异。从总量来看，2013 年，北京市金融业增加值（2822.07 亿元）是天津市（1202.04 亿元）的 2.35 倍，是河北省（1033.55 亿元）的 2.73 倍。从比重来看，北京市金融业增加值占地区生产总值的比重为 14.47%，天津市为 8.36%，河北仅为 3.65%。从存贷比来看，2013 年末，京津冀三地存贷比分别为 52.7%、91.3% 和 61.9%，北京资金充裕，凭借总部经济优势吸引各类要素集聚的同时，对周边城市资源产生"虹吸"效应，加剧区域不平衡。2013 年，北京社会融资规模占地方生产总值的 64.4%，天津为 34.2%，河北仅为 22.1%，金融深化程度明显落后于京津。

三 京津冀市场一体化的主要制约因素

上述分析表明，京津冀市场一体化面临的问题，集中表现为河北省经济发展水平滞后，造成这一现实问题的主要制约因素在于如下三个方面。

（一）京、津、冀关系地位不对等

由于京、津、冀关系地位不同，国家对京津冀三省市行政偏好及功能定位不同，并由此固化河北与京津的经济社会发展差距。北京行政条件优越，集聚一批央企总部和知名院校、三甲医院等大量优质公共服务资源，通过财政补贴，电、气、交通等公共服务产品价格均低于周边地区。天津市近年来致力于打造北方的经济中心，国家给予重要支持。其中在打造支撑三地经济发展的增长极上的政策差异最为明显，中关村国家自主创新示范区、天津滨海新区和自贸区得到的国家产业政策支持力度和层次远高于河北省沿海地区。

（二）公共服务落差明显

由于三地经济发展水平差异巨大，区域内公共服务水平落差较大。2013年，河北省人均地区生产总值不足北京、天津的50%，人均财政收入分别只有北京、天津的1/6和1/5左右，人均财政支出分别只有北京、天津的30%和35%，域内没有一所"211"工程高校，每千人拥有医疗机构和床位数分别仅为北京的27%和57%，平均受教育年限比京津落后2～3年。经济落后和公共服务水平落后，导致个人收入偏低，群众生活困难，进一步扩大在养老、医疗、失业保险和子女教育上的差距，京津在教育、医疗、养老政策等社会保障方面，执行标准明显高于河北①。这种差异造成人才呈单向流动，即由经济不发达地区向经济发达地区流动，从而进一步加剧发展的不平衡，使落后地区的经济发展陷入一种恶性循环之中。因此，需要完善三地公共服务政策，统筹三地社会事业发展，推进三地公共服务的公平发展。

（三）行政分割

分税制改革以来，中央考核地方政府的主要政绩是经济增长速度、财政收入等指标，在根据税种按比例划分财政收入的体制下，地方政府往往

---

① 相关数据根据三省市统计年鉴整理得出。

从本地区利益出发，通过行政手段乃至制定地方法规来保护本地企业，致使区域间资源的顺畅流动受到阻碍。地方政府为了增加 GDP 和财政收入，纷纷选择扩充自身产业规模，各自形成"大而全"、"小而全"的产业体系，忽视区域间的产业分工与协作。而且，地方政府通常采取行政管制手段，依据自身偏好限制要素资源的自由流动，产生市场价值扭曲。推动京津市场一体化，需要逐步破除各种行政壁垒，完善政府间协调协作的体制机制。

四 河北省加快融入京津冀市场一体化的途径与举措

服从和服务于京津冀协同发展，河北省加快融入京津冀市场一体化的基本思路是：瞄准与京津在产品市场、商品市场和要素市场上的主要差距，对上积极争取国家重大政策支持，对标京津先进理念和管理体制，全方位开展与京津对接协作，着力构建行政管理协同机制，主动融入京津产业链和产业集群，推动公共服务一体化，构建市场一体化发展体制机制，在推动京津冀一体化进程中，促进河北省经济社会转型升级、提档提质，逐步实现与京津的均衡协调发展。

（一）建立行政管理协同机制

进一步加大简政放权力度，以利于区域协同管理目标，优化省内各级政府机构的职能配置和工作流程，改善服务环境，提高办事效能。加强与京津对口单位的联系，建立省、市及政府部门间协同工作机制。积极推动与京津共同建立统一的市场监管体系和执法标准，在贸易、投资、通关、检验检疫等方面建立稽查情况通报制度和信息共享制度，实现区域内市场联合执法。在科研、高新技术、检验检测等领域，与京津联合制定统一的准入和机构资质认定标准。建立与京津两市统一的信用体系和社会信用奖惩联动机制，加强给予信用体系的市场监管能力建设。

（二）主动融入京津产业链和产业集群

推进与京津的产业分工协作。充分发挥产业基础、发展空间、资源环境承载能力等比较优势，把承接京津产业转移与加快自身转型升级有机结合起来，借力京津在更高层次上参与区域产业分工协作，提高自身产业发展水平和综合竞争力。围绕汽车、新能源装备、智能终端、大数据、现代农业、生物医药等产业链条长、协同发展基础较好的重点领域，着力增强配套生产能力，提升加工制造水平，加快科技成果转化，拓展研发营销服务，与京津共同构建从研发设计到孵化转化、从总部经济到生产基地、从整机组装到零部件制造等多种形式的产业链条，逐步形成协作共赢的产业发展模式。积极探索与京津共建共享园区建设新模式，完善园区基础设施和配套公共服务，利用京津品牌优势开展联合招商，争取央企和国内行业领军企业率先入驻，吸引相关产业和协作企业聚集发展，打造新的产业发展增长点。

加强与京津商贸物流全方位合作。共建商贸物流产业链，积极承接京津商贸物流功能，促进上下游相关产业整体转移，升级打造集研发设计、加工制造、电子商务、物流配送、展示展销等于一体的全产业链现代商贸物流体系，在承接中提升产业水平。共建商贸物流配送体系，吸引京津物流龙头企业，大力发展第三方、第四方物流，在河北省环京津地区建设交易仓储、区域分拨、城际配送中心。共建物流运输管理机制，强化交通运输服务一体化，推动建立区域统一的物流法律政策、管理服务、技术标准，提升智能化管理服务水平，优化货运组织形式，加快实现货运多式联运"一单制"和货运"一票到底"，推进标准厢式货车使用ETC，形成统一开放的京津冀区域运输市场。依托家具、服装、箱包、皮革、羊绒等特色产业生产交易基地，建设专业化商贸综合体，大力发展展示展销、商务会展等新兴业态，与京津共同举办各种形式的博览会、交易会，打造京南"购物天堂"。加快建设环京津蔬菜基地、奶源生产和肉类供应基地，推进京津冀三地间"农超对接"、农批零对接和直供直销，推动商品检验检测检疫结果互认，打造环京津一小时鲜活农产品物流圈。

（三）加快推进公共服务一体化

积极配合国家推进三省市考试招生制度改革，扩大部署重点高校在冀招生规模，选择部分市县先行，开展同城化试点，逐步实现联考联招。完善医疗保险转移接续和异地就医服务政策措施，积极与京津建立双向转诊和检查结构互认制度，推进执业医师多点执业和医疗人才流动。积极促进社会保险服务一体化，实现与京津社会保险关系转移接续；积极探索增加社会保险待遇代发机构，拓展社会保险社会化发放范围，实现医疗保险定点医疗机构互认。与京津共同探索公共文化服务投入、建设、运行、管理的新办法、新机制，构建辐射毗邻地区的公共文化服务体系。创新就业服务和保证机制，构建城乡一体的劳动力就业市场、就业培训、就业援助等制度，破除进城务工人员平等就业的隐形障碍。

（四）构建一体化发展体制机制

推进金融市场一体化改革。加快推进京津冀金融业一体化步伐，争取在河北设立京津冀开发银行、全国性股份制银行等金融法人机构，与京津共同出资建立京津冀协同发展基金、产业结构调整基金、股权投资引导基金等。加强与京津各类资本市场的分工协作，开展金融及金融服务机构的业务合作与资源共享，在环京津冀地区开展金融同城化实验，推进异地存储、支付清算、信用担保、融资租赁等业务同城化。与京津共同建立统一的资本市场，推动管权交易、产权交易市场合作，支持河北省银行等金融机构在京津设立分支机构或开展业务。积极承接京津金融后台服务机构，加快各类金融机构总部产品研发、客户服务和数据备份中心等后台机构配套建设。组建省金融资产管理公司、发展消费金融公司、金融租赁公司、商业保理公司，发展信用保证保险业务，探索发展互联网金融产业集聚区、互联网金融超市。

推进信息市场一体化改革。加快建设区域一体化网络基础设施，与京津同步建设新一代宽带无线移动通信网，实质性推进三网融合；推动电信企业推出京津冀一体化资费方案，实现"固话无长途、移动无漫游"；整合区域信息资源，实施"互联网＋"战略，加快建设"云上河北"，推进张家口、承德、廊坊、保定、涿州等一批互联网数据中心、大型云计算中心建设，打造京津冀大数据走廊。

推进人力资源市场一体化改革。推动河北与京津两市人力资源信息共享与服务平台对接，建立高级人才双向聘任制度，推动资质互认，通过各种方式吸引京津高端人才在河北投资兴业，发展创业，安家置业，打通"人才流动高速路"。加快与京津建立劳务对接、就业协作机制，推动建立人力资源合理配置信息交流渠道，加快建立高层次人才信息库，共享高端人才资源。与京津共同开发适合高校毕业生的就业岗位，促进白洋淀科技城、中关村海淀园秦皇岛分园、怀来—昌平中关村科技园等创新平台建设，大力推动高层次人才创业园、大学生创业园建设，鼓励高校毕业生自主创业，支持落后产能企业职工转岗培训和再就业，扩大农民工就业创业。

积极推进投资贸易便利化。争取天津自贸区政策向河北延伸，将曹妃甸区、渤海新区、石家庄综合保税区和芦汉新区纳入扩区范围。请求国家尽快批准设立黄骅港综合保税区和京唐港保税物流中心，在北戴河新区试行离区免税政策。依托北京新机场临空经济区，培育发展保税加工贸易、保税物流仓储等产业，积极开展国际贸易、跨境电子商务试点，创造条件申报自由贸易区，努力将自由贸易区打造成带动区域产业转型升级的新引擎。拓展口岸功能，鼓励在以开放港口口岸范围内新建外贸作业区或涉外码头。优化通关环境，加强口岸管理部门协调联动，优化口岸通关流程，推进通关单无纸化进程，提高口岸通关效率。改革通关监管模式，加强检关协作，简化通关手续，加快退税审核速度，实现一站式、一条龙服务。探索建立京津冀口岸发展协调机制，加强沿海港口与北京空港、陆港合作，强化沿海港口与天津港在功能定位、国际航线开发、集疏运体系、运营管理等方面的全方位合作，推进京津冀口岸信息互认、监督互认和执法互助，开展"一次申报、一次查验、一次放行"试点，促进京津冀通关贸易便利化发展。

参考文献

邬晓霞、贾彤、高见：《京津冀区域商品市场一体化进程的测度与评价：1985 – 2012》，《兰州商学院学报》2014 年第 5 期。

魏然、李国梁：《京津冀区域经济一体化可行性分析》，《经济问题探索》2006 年第 12 期。

王琰、张鑫：《深化京津冀金融协同发展》，《中国金融》2014 年第 20 期。

程恩富、王新建：《京津冀协同发展演进、现状与对策》，《管理学刊》2015 年第 1 期。

B.5
京津冀协同发展中加快
河北产业转型升级

石亚碧*

摘　要：　《京津冀协同发展规划纲要》的发布，标志着京津冀协同发展正式上升为重大国家战略，开启了京津冀协同发展的新篇章，使争论多年的京津冀三地功能定位有了定论。京津冀协同发展是河北面临的最大机遇，是千载难逢的机遇。北京"瘦身"疏解非首都功能，一半制造业以及高端制造业生产环节向河北转移布局，助力河北建设产业转型升级试验区，为河北产业转型升级提供了最佳机遇和现实途径。京津冀协同发展的基本要求是走内涵式发展道路，河北必须借此机会，通过有效地承接北京产业转移，在转型升级上迈出重要步伐，实现河北产业高新化、高端化、集群化、绿色化。

关键词：　京津冀　协同发展　河北产业　转型升级

　　京津冀地缘相邻，唇齿相依，人缘、经济、产业联系来往密切，2014 年京津冀三地 GDP 达到 66474.5 亿元，占全国的 10.4%。《京津冀协同发展规划纲要》的发布，标志着京津冀协同发展正式上升为重大国家战略，开启了京津冀协同发展的新篇章，使争论多年的京津冀三地功能定位有了定论。京津

---

*　石亚碧，河北省社会科学院经济研究所研究员，主要研究方向为区域经济和产业经济。

冀协同发展是河北面临的最大机遇，是千载难逢的机遇。北京"瘦身"疏解非首都功能，一半制造业以及高端制造业生产环节向河北转移布局，助力河北建设产业转型升级试验区，为河北产业转型升级提供了最佳机遇和现实途径。

一　河北省积极推进京津冀协同发展

《京津冀协同发展规划纲要》明确了河北在京津冀区域协同发展中的地位、作用和路径。为了推进京津冀协同发展、开创河北改革发展新局面，中共河北省委八届十一次全会审议通过《中共河北省委关于贯彻落实〈京津冀协同发展规划纲要〉的实施意见》，研究提出了若干重大措施。

到 2017 年，承接非首都功能疏解取得明显进展，交通一体化、生态环境保护、产业升级转移等重点领域率先取得突破，公共服务水平明显提升，协同创新、试点示范、体制机制等改革工作初见成效，与京津发展差距开始缩小。

到 2020 年，承接非首都功能集中疏解取得重大突破，区域一体化交通网络基本形成，生态环境质量明显好转，京津研发、河北制造产业协作模式初步形成，新型城镇化建设和城乡统筹发展取得明显成效，公共服务一体化迈出重要步伐，与京津协同发展取得实质性进展，与京津发展差距进一步缩小。

到 2030 年，国家赋予河北的功能定位基本实现，河北省区域中心城市与京津多城联动的格局基本形成，生态环境质量总体良好，与京津经济发展、公共服务水平趋于均衡。

1. 建设全国现代商贸物流重要基地

到 2017 年，初步建成完善的现代化综合交通体系，引进和培育一批信息化、智能型、具有较强国际竞争力的商贸物流服务主体，现代商贸物流服务体系基本形成。到 2020 年，形成 10 家以上国内知名的大型综合物流企业集团，钢铁、煤炭、农产品等大宗商品物流交易平台成为全国知名物流品牌，服务京津、辐射全国的现代商贸物流重要基地基本建成，全省物流业增加值占生产总值比重达到 10% 左右。

措施：一是建立完善的现代化综合交通体系，二是建设国家级物流枢纽，三是建设大型现代商贸物流园区，四是开通国际物流专列和航线，五是建设数字化智慧物流体系，六是建设投资和贸易便利化功能区，七是推进商贸物流与文化旅游深度融合，八是加强与京津商贸物流全方位合作。

2. 建设全国产业转型升级试验区

到 2017 年，初步形成与京津产业布局和分工合理、上下游联动发展合作机制，承接京津产业转移成效进一步显现，产业结构调整取得明显进展。到 2020 年，装备制造业成为第一主导产业，钢铁强省的地位基本确立，战略性新兴产业占规模以上工业增加值的比重达到 20% 以上，服务业增加值占生产总值的比重达到 45% 左右；每个设区市建成一个以上国家级园区，每个县（市）建成一个以上省级园区，主营业务收入超千亿元园区达到 40 个以上，曹妃甸区、渤海新区、正定新区力争达到万亿元；中国 500 强企业达到 30 家以上，科技型中小企业达到 10 万家以上；与京津优势互补、分工协作、创新驱动、协同发展的产业格局基本形成，全国产业转型升级试验区建设取得明显成效。

措施：一是以环保达标倒逼产业转型升级，二是以科技创新引领产业转型升级，三是以金融创新支撑产业转型升级，四是以产业融合推动产业转型升级，五是以走出去、请进来牵动产业转型升级，六是以深化改革促进产业转型升级，七是以"飞地"政策引导产业转型升级。

3. 建设全国新型城镇化与城乡统筹示范区

到 2017 年，新型城镇化和城乡发展一体化迈出扎实步伐，全省城镇化率达到 53% 左右，燕山—太行山集中连片特困地区以外 40 个国定和省定扶贫开发工作重点县全部实现脱贫出列。到 2020 年，全省设区城市组团式发展架构高效运作，中小城市规模进一步扩大，小城镇服务功能不断增强，与京津共同构成层级结构合理的城市群，全省城镇化率达到 56% 左右，城乡居民社会养老保险和城乡三项基本医疗保险参保率均达到 95% 以上，城市社区综合服务设施覆盖率达到 100%，设区市城市空气质量达到国家标准比例大幅提升，基本消除现行贫困线以下贫困现象，贫困地区与全省同步实现全面小康。

措施：一是推动设区市在世界城市群建设中扩容提质升级，二是建设非首都功能集中承载地，三是加快建设都市卫星城，四是深入推进都市乡村建设，五是大力发展都市农业，六是全面推进扶贫攻坚，七是完善城乡公共服务体系，八是健全城乡发展一体化体制机制。

4. 建设京津冀生态环境支撑区

到 2017 年，区域生态环境保护协作机制基本完善，全面完成化解过剩产能的"6643"工程任务，PM2.5 平均浓度比 2013 年下降 25%。到 2020 年，河北省生态环境质量明显改善，非化石能源在一次能源消费中比重达到 10% 以上，森林覆盖率达到 35% 以上，湿地率达到全国平均水平，地下水超采区基本实现采补平衡。

措施：一是全面深化大气污染综合防治，二是加强水污染治理和水资源保护，三是大力开展绿色河北攻坚工程，四是推进山区综合开发和山体修复，五是加快湿地修复和海域治理，六是建设环首都国家公园，七是大力推进生态建设产业化、产业发展生态化，八是推动京津冀联防联控和共建共享。

河北将生态环保作为京津冀协同发展三大突破口之一，实施了京津风沙源治理、张承地区京津水源保护、地下水超采综合治理、"绿色河北攻坚"、白洋淀和衡水湖保护等重点生态工程。2015 年，河北全面启动了环京津三个 100 万亩成片森林建设工程，并谋划提出建设"京津保平原生态过渡带"。为此，保定市谋划了京保毗邻区防护林带、深山区封育林带、大中小水库周边水土保持林和水源涵养林带等八大绿化工程，大力推进京津保城市间生态过渡带建设。京津北大门张家口市，规划通过造林增绿，到 2020 年实现森林面积 2372 万亩。承德市也提出实施荒山绿化、林果富民等 6 项绿化攻坚工程。

二　京津冀协同发展进程取得的新进展

1. 疏解北京非首都功能有序推进

2014 年北京市关停退出了 392 家一般制造业企业和污染企业，中心城区内已迁出一批商品交易市场、批发市场、商户入驻河北，助力河北打造"全国现代商贸物流重要基地"。加快北京市行政副中心的通州规划建设，与河北、天津的项目对接正在有序展开，凌云化工、首农集团等一批央企和北京市属企业已整体或部分搬迁至河北，22家北京医药企业签约落户河北渤海新区生物医药园，10家企业已经开工建设，北京向河北转移的工业项目超过80个，总投资超过1200亿元；北京辖区约50家医疗机构与河北省60余家三级医院开展了多种形式合作；2015年10月17日，在北京电影学院65周年校庆之际，中信国安投资有限公司与北京电影学院签署了关于联合办学的战略合作协议，其中包括北京电影学院相关专业的二级学院将陆续迁址到位于河北香河的中信国安第一城。2015年10月17日，北京家居巨头居然之家与河北隆基泰和集团签订协议合作打造京津冀家居产业园。产业园建成投产后，可整体带动北京家具建材工厂、批发市场和仓储物流中心的外迁，疏散人口达到10万人以上。2015年11月6日，京津冀三地民政部门共同签署了《京津冀民政事业协同发展合作框架协议》，将试点跨区域养老服务，提出了三地民政部门的十大重点合作领域。

2. 产业合作取得明显进展

沧州凭借紧邻京津、沿海临港、产业聚集、成本低等优势，与京津紧密合作，每个县（市、区）都有承接京津转移的企业或央企生产基地，其中已建成投产投资100亿元的北汽集团40万辆整车等一批重点项目，北京现代汽车第四工厂25万辆整车项目于2015年4月在沧州动工建设。2015年10月27日，北京市通州区政府与河北省邢台经济开发区管委会签署框架协议，双方将在邢台经济开发区内共建10平方公里通州·邢台产业园，推进跨区域全产业链转移与承接，打造冀中南地区京津冀协同发展试验示范区。

3. 重点领域改革创新加快推进

京津冀城际铁路投资有限公司2014年底已正式挂牌运营，注册资本100亿元，通过投资一体化促进区域轨道交通网络一体化，京唐城际铁路前期工作已启动。医疗保险转移接续和异地就医服务障碍正在加快突破，河北廊坊的燕达医院已纳入北京市新农合定点医疗机构，北京市正进一步推进燕达医院与天坛医院、安贞医院的合作。北京海关、天津海关率先启动了京津冀海关通关一体化，并扩大至石家庄海关，新流程启动以来，通关时间平均缩短了 41 天，促进了区域间产业合理流动和布局。协调三家基础电信企业已于 8 月 1 日取消京津冀手机漫游费和长途费。积极推进三省市汽车电子标识试点，采取智能化手段提高交通便利性。

4. 京津冀协同发展整体性进一步增强

生态建设方面，京冀联合实施的生态水源保护林建设合作项目 2015 年在河北省张家口、承德地区建成 10 万亩生态水源保护林，其中环京 6 县造林面积 9.2 万亩。河北省着力化解优势富余产能，推进产业结构优化升级，2014 年完成压减炼钢产能 1177 万吨、水泥产能 2863 万吨、平板玻璃产能 2533 万吨，超额完成年度压减产能任务。2015 年 7 月 31 日，北京携手张家口成功获得冬奥会举办权，为张家口和全省提高基础设施建设水平、优化产业布局、发展旅游和体育产业、扩大对外影响提供了重要机遇。

5. 央企进河北谋划合作发展

2015 年 7 月 3 日，国务院国资委主任张毅携 87 家央企负责人与河北省及河北各地市主要领导齐聚河北省保定市，参加"京津冀协同发展·央企进河北"活动，现场会上，河北省政府分别与部分央企签署了合作协议，有关设区市政府和省内重点企业与央企签署了合资合作协议。

6. 京冀共建"京津冀大数据走廊"

承德：中关村大数据产业合作。2015 年 8 月 17 日，承德市与北京市中关村科技园区管委会在北京正式签订合作协议，双方将在承德打造以大数据走廊为代表的京津冀特色产业带，推进京津冀协同创新共同体建设，促进大数据、节能环保、大健康重点合作领域的产业融合。

张家口：100 亿打造京津冀最大数据中心。京冀共建的"京北云谷"，是京津冀区域规模最大的云计算与数据中心产业基地，位于张家口张北县，项目全部建成以后，满负荷年产值将达到约 50 亿元，税前利润约 15 亿元，年营业税约 1.65 亿元，年企业所得税约 3.34 亿元，安排就业约 5000 人。该项目分三期建设，一期已于 2015 年 3 月 25 日开工建设，计划 2016 年底前全部建成。

三　河北与京津地区的发展差距

1. 工业化程度

从工业化进程看，河北与京津产业发展水平落差较大，北京、天津已分别进入后工业化阶段和工业化后期阶段，而河北尚处于工业化中期向后期发展、转型升级困难、社会问题增多、资源环境矛盾突出的阶段，京津冀工业化呈明显的梯度变化格局。

2. 人均 GDP

从人均 GDP 看，2014 年，人均 GDP 在全国的排名：天津第 1 位、北京第 2 位、河北第 18 位。北京、天津的人均 GDP 都超过 1 万美元，北京 16278 美元、天津 16874 美元，河北 6486 美元，不及北京、天津的 1/2。

3. 产业结构

（1）河北的产业结构优化度明显低于京津，河北产业结构特点是，一产具有竞争优势、二产居全国中等偏上水平、三产则落后于全国平均水平，北京的产业结构优化度最高，基本符合国际化大都市标准，第三产业比重达到 77.9%，现代服务业占比高；天津第三产业比重达到 49.3%；河北第三产业比重 37.2%，与 1989 年的北京、1991 年的天津基本相同，从三产占GDP 的比重看，河北的产业结构优化度落后京津 20 多年（见表 1）。

表 1　2014 年京津冀工业化进程的主要经济指标

单位：元，%

指　标		北京	天津	河北	全国
人均GDP		99995	103654	39846	46531
三次产业结构	第一产业	0.7	1.3	11.7	9.2
	第二产业	21.4	49.4	51.1	42.6
	第三产业	77.9	49.3	37.2	48.2
城市化率		86.4	78.3	46.5	54.8

资料来源：2015 年《中国统计年鉴》，中国统计出版社；2014 年北京、天津、河北统计公报，下同。

（2）河北的产业优化度远远不如京津，从表2看，河北与天津虽然都是"二三一"的产业结构，二产增加值占GDP的比重基本相同，但是天津是以大飞机、大石化、小轿车、电子信息等先进制造业为主，符合当今世界制造业发展潮流；而河北仍以钢铁、水泥、石化等传统制造业为主，冶金、化工、建材、电力等四大基础产业占河北省制造业增加值的80%左右，而天津的这一占比仅为40%左右，北京则仅占极小的部分。2014年，河北省战略性新兴产业增加值1540.4亿元，占规模以上工业的13.1%，六大高耗能产业增加值4656.6亿元，占规模以上工业的39.6%，而北京的战略性新兴产业已经占60%。河北三产比重不仅远远低于北京、天津，还低于全国平均水平，京津冀处于不同的工业化发展阶段。由此可见，河北调整结构，转型升级，加快二产、三产发展的任务还十分艰巨。

表2　2014年京津冀三次产业结构比较

单位：亿元，%

地区	地区生产总值	第一产业		第二产业		第三产业	
		增加值	占GDP比重	增加值	占GDP比重	增加值	占GDP比重
北京	21330.8	159.0	0.7	4545.5	21.4	16626.3	77.9
天津	15722.4	201.5	1.3	7765.9	49.4	7755.0	49.3
河北	29421.2	3447.5	11.7	15020.27	51.1	10953.5	37.2

4. 经济增长质量

从经济增长质量看，京津冀产业结构的差异造成京津冀经济增长质量差异较大，原因是第二、三产业对地方收入贡献率差别较大，二产每创造100元增值税，地方财政只分享25%，而三产（商业除外）每创造100元营业税，地方财政分享100%。河北三产比重较低，是河北经济增长质量较低的主要原因，也是地方财政收入占GDP比重较低的主要原因。

5. 收入水平

从收入水平看，河北与京津的差距呈逐年拉大的趋势。2014年，城镇居民人均可支配收入在全国的排名：北京第2位、天津第6位、河北第22

位，河北的城镇居民人均可支配收入 24141 元，低于全国平均水平 4703 元，北京、天津分别高出河北 19769 元、7365 元；农村居民人均纯收入在全国的排名：北京第 2 位，天津第 4 位，河北第 13 位，河北的农村居民人均纯收入 10186 元，略高于全国平均水平，北京、天津分别高出河北 10040 元、6828 元（见表 3）。

表 3　2014 年京津冀城乡居民收入水平

单位：元，位

地区	城镇居民人均可支配收入		农村居民人均纯收入	
	收入	全国排名	收入	全国排名
北京	43910	2	20226	2
天津	31506	6	17014	4
河北	24141	22	10186	13
全国平均	28844		9892	

6. 发展水平

从发展水平看，与京津相比，河北大而不强，广而不富。京津的产业优势在于高端产业，要素优势则在于人才、技术、资本、市场、信息等方面。从配套能力看，由于京津与河北的产业梯度落差比较大，对经济水平产生着决定性性作用的产业合作始终未占据河北与京津合作的主流。京津冀虽然发展水平不在同一档次，产业结构也有所区别，但是没有形成产业互动、构成紧密的产业链，因而缺少长三角那种紧密合作的市场基础。河北与京津的发展差距，主要体现在产业层次落差大，产业和产品大多处于中低端，京津冀经济发展的不平衡、不协调、不可延续，充分说明转型升级、与京津协同发展是河北面临的最佳机遇和现实途径。京津冀协同发展进程中，河北需要与京津做好分工协作，加强产业互动、优势互补，形成区域化、多元化、完整的产业体系。

四　加快河北产业转型升级的路径

京津冀协同发展的基本要求是走内涵式发展道路，河北必须借此机会，通过有效地承接北京产业转移，在转型升级上迈出重要步伐，实现河北产业高新化、高端化、集群化、绿色化。

1. 全面坚持和实施协同发展、转型发展、创新发展的主战略

2015 年 9 月 7～9 日，河北省委中心组学习会提出了全面坚持和实施协同发展、转型发展、创新发展的主战略。要做到"三个精准"：精准确定功能分区，精准承接北京非首都功能疏解和产业转移，精准打造发展平台和载体。

2. 在推动京津冀协同发展中实现转型升级

河北作为京畿重地，在京津冀区域中经济总量和辖区面积最大，具有区位、资源、交通、产业、成本等比较优势，要在与京津协同发展、互动共赢中实现优势互补、转型升级。一是承接北京非首都功能疏解，完善河北的基础设施，健全服务体系；二是承接北京的产业转移，特别是高端制造业；三是承接北京的要素外溢，尤其是要借助北京丰富的科技、人才、创新资源，发挥河北临近北京、发展空间大、商务成本低的优势，建设、提升一批承接北京科技成果转化和产业化的平台载体，加快河北产业转型升级；四是在京津冀城市布局调整中，不断改善生态环境、提高生活质量、减少商务成本，提升河北的城镇化水平。

3. 在交通、生态、产业等重点领域率先突破

在交通一体化方面，要提升交通运输组织和服务现代化水平，建立统一开放的区域运输市场格局。在生态环境保护方面，要按照"统一规划、严格标准、联合管理、改革创新、协同互助"的原则，打破行政区域限制，加强生态环境保护和治理，实施清洁水行动，大力发展循环经济。在产业转型升级方面，重点要明确产业定位和方向，做好京津冀产业发展规划衔接，制定三省市产业指导目录，加快承接平台建设，推动北京产业到河北的转移对接。

4. 补齐基本公共服务的短板

在促进基本公共服务均等化方面，有关部门已经采取了一系列举措，提升河北公共服务能力。但是受发展水平和政府财力不足的制约，短期内还难

以有效消除，需要持续加大对河北省的支持力度，不断缩小差距。必须发挥政府引导作用，引入市场机制，促进优质公共服务资源均衡配置，合力推进教育医疗、社会保险、公共文化体育等社会事业发展，逐步提高公共服务均等化水平。到2017年，实现京津冀公共服务规划和政策统筹衔接，在教育、医疗、文化等方面开展改革试点，逐步推广。到2020年，河北与京津的公共服务差距明显缩小，区域基本公共服务均等化水平明显提高，公共服务共建共享体制机制初步形成。重点是建立统一规范灵活的人力资源市场，统筹教育事业发展，加强医疗卫生联动协作，推动社会保险顺畅衔接，提升公共文化体育水平。

京津冀三省市已基本实现了城乡居民养老保险制度名称、政策标准、经办服务、信息系统"四统一"；北京市与河北省燕达国际医院合作项目签署协议，以合作办医和专科扶植的方式，由北京朝阳医院对河北燕达国际医院的医疗管理和学科建设进行整体支持；三省市共同推进旅游"一本书、一张图、一张网"合作项目，成功举办京津冀旅游投融资项目推介会，取得了初步成效。下一步，还将加强统筹协调，积极推动落实基本养老保险关系跨区域转移接续、推动京津两地高校到河北办分校、支持开展合作办医试点等政策，力争在社会保障、教育、医疗卫生、文化、社会管理等公共服务领域一体化上不断取得明显进展，让广大群众切实得到实惠，感受到好处。

5.创新驱动——转型发展的根本出路

京津冀协同发展的最终目标是，打造京津冀协同创新共同体，建设全国科技创新中心。要以深化科技体制改革为动力，推动形成京津冀协同创新共同体，缩小发展差距，形成产业链条，合力打造引领全国、辐射周边的创新发展战略高地。河北省要大力推进京津冀协同创新，利用好京津技术、人才等创新资源优势，支持引导省内企业、科研单位与京津共同建设一批协同创新共同体；引导创新要素向优势领域、重点创新企业集聚，鼓励开展产学研联合技术攻关；加强创新载体建设，促进各类创新资源整合和共享，继续支持省内骨干企业、优势科研机构建设工程实验室、工程研究中心、企业技术中心等创新平台和产业技术创新联盟。

京津冀协同发展表面上看是资本、产业和人口的方向流动，其实体制机制改革是疏解北京非首都功能、推动京津冀协同发展的制度保障。京津冀协同发展还存在诸多体制机制障碍，必须消除隐形壁垒、破解制约协同发展的深层次矛盾和问题，破除限制生产要素自由流动和优化配置的各种体制机制障碍，把国家层面的重大举措与京津冀的实际情况结合起来，才能有效推动京津冀区域的协同发展。

参考文献

《京津冀协同发展规划纲要》（中发〔2015〕16 号）。

《中共河北省委、河北省人民政府关于贯彻落实〈京津冀协同发展规划纲要〉的实施意见》，2015 年 8 月 4 日。

河北省人民政府编《河北经济年鉴（2015）》，中国统计出版社，2015。

国家统计局编《中国统计年鉴（2015）》，中国统计出版社，2015。

2014 北京市、天津市、河北省国民经济和社会发展统计公报，2015。

B.6
京津冀区域文化资源整合与
产业化协同发展研究[*]

李海飞　席枫[**]

摘　要： 文化资源资本化是文化产业发展的重要基础。京津冀文化资源丰富，并且具有高度历史同源性，这为文化产业协同发展提供了条件。当前，京津冀文化产业发展具有明显的差异性，协同效应不足，面临着三地文化消费水平及产业发展实力差距较大、生产要素单向流动明显、行政管理模式仍以属地管理为主、文化产业自成体系缺乏产业链关联等障碍。下一步加快京津冀文化资源整合与产业化协同发展的具体思路，应着重从推动京津冀文化资源协同保护与联合开发、打破京津冀文化产业行政区划管理壁垒、建设京津冀区域文化产业发展统一要素市场、创新文化产业协同发展模式等方面进行努力。

关键词： 京津冀　文化资本　文化产业　整合　协同

发展文化产业在当今时代背景下是提高民族文化自觉与自信、扩大国家文化影响、促进优秀文化自我再生产的重要途径。文化资源是文化产业发展

* 本文系2015年度河北省社会科学发展研究课题重大课题研究成果，课题编号2015060105。

** 李海飞，河北省社会科学院经济研究所助理研究员、经济学博士，主要从事政治经济学基础理论与河北区域经济发展研究；席枫，天津商业大学公共管理学院讲师、经济学博士，主要从事政治经济学基础理论与京津冀协同发展研究。

的基础和前提，是构成文化产业核心竞争力的重要组成部分。在市场经济体制下，文化运营产业化的基础与本质内容是文化资源资本化，即实现文化资源的可交易增值潜力及其运作的市场化，同时以这种方式实现文化自身的再生产和循环。具体来讲，文化资源要想实现彻底的资本化，至少应包括以下三个层面的内容，即文化资源实现产品化、文化产品消费商品化和文化商品经营资本化。

北京、天津与河北地缘紧邻，文化生成同根同源却又各有特色，文化产业发展互补性强，但又层次不一、各自为政。在当今京津冀协同发展已上升为国家战略的大背景下，三地文化资源整合提升、文化产业联动发展，具有重要意义和广阔前景。

一　文化资源资本化与文化产业发展

（一）文化产业与文化资本

文化，根据国家在《文化及相关产业分类》中的定义，从广义上讲，是指人类创造的一切物质产品和精神产品的总和，实际上是指人类创造的一切文明成果；狭义上则是指语言、文学、艺术及一切意识形态内容的精神产品。《周易》"贲"卦《象传》曰："观乎天文，以察时变；观乎人文，以化成天下"，可看作中国对"文化"内涵的最原始解读。

以前，文化基本上是以半公共产品的形式存在，而且主要由统治阶级生产和消费。自20世纪中叶以来，随着数字技术、多媒体技术和电脑网络技术的飞速发展，文化的供给模式发生革命性的变化，表现形式更加自由和多样，复制和传播也达到大规模、低成本的工业化标准；而从需求一方来讲，随着人们生活水平的不断提高和恩格尔系数的不断降低，普通大众对文化休闲的需求也不断上升。正是由于这两个方面的原因，文化今天终于从高层走向大众，实现市场化运营和产业化生产。具体来说，文化产业，从国家有关政策界定和学术研究范式出发，结合我国的实际情况，可以将其概念界定为：为社会公众提供文化、娱乐产品和服务的活动，以及与这些活动有关联的活动的集合，包括新闻出版、广播影视、文化艺术、网络文化服务、文化休闲娱乐、文化产品设备及相关文化产品的生产和销售等。

文化资本概念，最早由法国当代著名社会学家皮埃尔·布迪厄理论化、系统化。布迪厄利用"资本"范畴在形式上的"累积"性和"生产利润"性，隐喻性地将文化也定义为一种资本，认为文化作为一种存量和强势资源，初始时的分配和再生产结构决定着在社会这个大竞争环境中不同个人起步时的不平等，进而造成他们各种社会收益的大小和实践竞争的成败，因为文化资源与其他社会资源和经济资源有很强的互相转化能力。而且，文化资源通过代际的传递，会将这种不平等传递下去，从而融入整个社会等级结构的再生产过程。同时，布迪厄将文化资本划分为具体的形式、客观的形式和体制的形式三种类型①。实际上，布迪厄对文化资本的定义，是一种社会学的定义，关注的是文化的社会学意义。在经济学语境下，主要根据现代新古典经济学对资本概念的解释，我们最终将文化资本定义为：在当代市场经济条件下，以谋求交易增值和经济利润最大化为动机的，主要以产业化方式运营的具有稀缺性的文化要素。

从文化资本的定义可以看出，文化资源的资本化，即文化资本，是文化产业发展的重要基础。因为文化产业发展的本质内容，就是在产业化的运作模式下将文化资源进行转化、包装进而销售以实现经济价值；或者说，在市场经济体制下，文化运营产业化的基础与本质内容是文化资源资本化，即实现文化资源的可交易增值潜力及运作的市场化，同时以这种方式实现文化自身的再生产和循环。具体来讲，文化资源要想实现彻底的资本化，至少应包括以下三个层面的内容，即文化资源实现产品化、文化产品消费商品化和文化商品经营资本化。

（二）文化资源资本化的基本途径

文化要以一种产业化的方式获得自身发展，并尽最大可能以经济效益的

---

① 皮埃尔·布迪厄：《文化资本与社会炼金术》，上海人民出版社，1997。

形式增进国民福利，通过将文化资源转化为文化资本从而最终走上市场化的发展轨道，是必由之路。从一般意义上来讲，将文化资源转化为文化资本，将文化资本潜力转化为产业实力，从而将自己的文化产业经济做大做强，除了保护好、发展好已有的文化资源禀赋，并努力创造人才、投入、政策等方面的环境支持外，主要应从以下几个方面寻找突破口。

以创新的精神和精良的制作开发文化资源。首先，文化产品的生产要面向市场，生产适销对路的产品。其次，树立发展文化产业集群的观念，把文化资源的开发系列化，拉长产业链；并使这些文化资源产品集中展示，发挥彼此间的规模经济和外部效应；同时，积极提高相关配套产业的质量和效能，如对旅游资源的开发，要改善和提高餐饮、运输、住宿等的接待能力和服务质量等。最后，不断提高文化资源的文化内涵和艺术品质，充分融合利用现代先进的科学技术，尤其是数字、多媒体与网络技术，提升制作水平，生产出形式多样、更具震撼力和影响力的文化产品。

以市场化和规范化的运作推销文化产品。其一，注意运用现代市场组织形式和连锁经营、物流配送、电子商务和电影院线等现代营销方式，加快社会化的现代流通组织建设。其二，实施文化资源品牌战略，善于利用品牌带动一系列相关文化资源、文化产品的开发和销售，实现联动效应、范围经济。其三，除了增加营销投入，还需综合利用各种传媒形式和文艺作品，使用策划、包装、宣传、营销等市场运作手段，成熟、规范地推销文化产品，实现文化资本增值。

推进文化资源配置的市场化。以推进文化体制改革为契机，在区分文化事业与文化产业的基础上，一方面对政府的文化管理体制进行改革，实行政企分离、政事分离、管办分离，并在此基础上解决文化产业现在面临的行政分割、地域分割、行业分割等问题；另一方面，在允许私人、个体等社会资金进入文化产业领域的基础上，健全文化产业投融资体制，扩大文化产权交易规模。这样，通过培育和发展文化产业资本市场的方式，优化文化资源配置效率，改善文化产业产权结构，有助于从根本上解决文化产品生产。

重视文化资源的文化产权保护。当前，在许多地方存在文化资源所有权界定不清的问题。如河南、湖北的诸葛亮故里之争，黔、湘等 6 省市的"夜郎"之争，宁夏彭阳和甘肃灵台之间的皇甫谧故里之争等。在这个问题上，国家有必要推进各种形式的文化资源制度化认证工作，明确所有权，强化对其有偿使用的保护制度。

二 京津冀文化发展脉络与文化资源存留

（一）京津冀文化发展脉络

京津冀地缘相接、人缘相亲、文明同根、文化同源，古时属同一区域，只不过随着历史的变迁和行政区划的调整，三地逐渐发展出各具区域特色的文明类型和价值体系。

河北虽然从明清时期开始，由于地处京畿重地，在中央集权的强大压力下，文化开始以跟随中央文化风气为务，以处于"天子脚下"、"首善之区"为荣，逐渐变得沉翕内敛，趋附无主；但总体来看，河北文化源远流长，丰富多样。概括起来，河北既有远古时期的东方人类起源文明"泥河湾文化"（位于河北张家口阳原盆地桑干河畔）和标志着我国新石器时期人类种植、饲养、手工、定居生活最早记录的磁山新石器文化（位于河北省邯郸市武安市磁山），也有宣告以统一、团结、和谐为本质精神的中华龙派文化诞生的人文三祖文化（位于河北省张家口市涿鹿县），更有具鲜明地域特征和人文个性的战国时期"慷慨悲歌、融合创新"的燕赵文明，以及在抗战时期和解放战争时期形成的、以西柏坡为重要显示符号的"勇于斗争、敢于胜利"的革命斗争文化。

北京虽然也有周口店镇龙骨山 70 万年前人类居住遗迹和山顶洞人母系社会文化，但总体上看，其文化是一种典型的都城文化，具有大气、厚重、高端等特征。公元 1153 年，金主完颜亮把北京作为金都，元朝起北京开始成为全国首都，明清时期为了抵御或统辖北方游牧民族，更是将北京作为首都的不二之选。北京城本身就是一道文化奇观，象征皇权的皇宫位于全城中心，一条中轴线纵贯南北，城池宫殿、坛庙苑林、市井民舍沿着中轴线两侧对称排开，每一条街道、每一个胡同都印证了皇家文化的底蕴。故宫、颐和园和十三陵是北京皇家文化的三大重要建筑群，其中故宫象征日常生活，颐和园象征休闲游乐，十三陵象征去世后的归宿。

天津拥有环渤海的地理环境优势、便利的海运和空港条件，具有深厚的漕运文化、商业文化、洋务文化和民俗文化底蕴。明朝永乐二年，天津筑城设卫，称为"天津卫"。元、明、清三朝均建都于北京，京城消耗的物资依靠"南粮北调"，最经济、最便利的运输方式在当时只有水路，每年数百万石的漕粮都必须经过三岔河口才能进入北运河而后运抵京城，海河上游的三岔河口逐渐成为天津的漕运港口。天津是近代中国"洋务运动"的基地，由天津开始的军事近代化以及铁路、电报、电话、邮政、近代教育等方面建设均开全国之先河，成为当时中国北方最大的金融商贸中心和第二大工商业城市。

（二）京津冀文化资源存留

河北文化资源存留丰富。河北省拥有万里长城（山海关与金山岭）、避暑山庄与外八庙、清东陵与清西陵等3处世界文化遗产，保定、正定、邯郸、承德、山海关等5座国家历史文化名城，以及现存最高的砖塔定州开元寺塔，最早的敞肩石拱桥赵州安济桥，最早的建筑规划图战国中山国王墓兆域图，最大的铁狮子沧州铁狮子，最早的邮政驿站怀来鸡鸣驿，迄今发现最早、保存最完整的金缕玉衣，等等。还有独具地方特色的河北梆子、评剧、西河大鼓、常山战鼓、沧州落子、剪纸、秧歌、丝弦、哈哈腔、皮影等众多民间艺术形式，沧州武术、吴桥杂技、永年太极拳、沙河藤牌阵等民间技艺，曲阳石雕、磁州陶瓷、衡水内画、蔚县剪纸、易水砚、布糊画、苇编等民间艺术品牌，完璧归赵、毛遂自荐等成语故事，涿鹿之战、大禹治水、荆轲刺秦王、赵武灵王胡服骑射、冉庄地道战、野火春风斗古城等历史事迹。

北京文化资源存留厚重。北京城有3000多年的建城史、860多年建都史、3500 多处文物古迹、6 处世界文化遗产、98 家全国重点文物保护单位、159 座各类博物馆。北京市是全球最大的中国文物艺术品交易中心和全国最大的传统工艺品交易集散地、高端文物流通中心。

天津文化资源存留多彩。天津市拥有国家级重点文物保护单位 8 家、市级文物保护单位 118 家、区级文物保护单位 92 家、文物点 299 处，还有京剧、曲艺等传统演艺形式。天津古文化商业街以天后宫为依托，也称为宫南、宫北大街，最早形成于 1327 年，比天津建卫的 1404 年还早近百年。天津书法界有华、孟、严、赵四大名家，天津画家曾经是光绪皇帝的御用代笔者，天津的相声、评书、昆曲、评剧、时调令世人关注，成为近代北方著名的曲艺之乡。天津还有近代中国的第一个官办大学——北洋大学堂和近代第一个民办大学——南开大学。

三　京津冀文化资源开发与产业化发展特征

（一）京津冀文化资源开发与产业化发展现状

河北文化产业发展相对滞后，产业化开发实力不足，很多文化资源处于荒置和粗放开发状态。2014 年全年，河北省新增文化产业项目（含改扩建）近 500 个，其中投资超亿元项目 100 余个，新增文化类市场主体 9000 多户。2014 年，河北省文化产业预计实现增加值 1120 亿元，同比增长 20% 左右，占 GDP 的比重约为 3.8%，较 2013 年高出 0.5 个百分点①。

北京市依托金融及信息技术优势，在传媒影视、新媒体等行业形成一批具有全国影响力的骨干文化企业，文化资源开发与文化产业发展领先津冀两地。截至 2014 年底，北京市文化及相关产业企业多达 17.1 万户，同比增长 15.8%；注册资金 4338.5 亿元，同比增长 39.4%；规模以上法人单位实现

---

① 常方圆：《2014 年河北文化产业预计实现增加值 1120 亿同比增两成》，http：//heb. hebei. com. cn/system/2015/03/25/015188915. shtml。

收入 11029 亿元，同比增长 9.5%；文创从业人员 109.7 万人，同比增长 2.2%；2014 年全年，北京文化创意产业实现增加值 2794.3 亿元，占全市 GDP 的比重达到 13.1% 的历史新高①。

天津拥有较为先进的文化开发理念和成熟的文化开发企业，传统文化消费市场主要集中于杨柳青年画、泥人张、风筝魏等传统民俗文化品牌，祭奠妈祖的风俗文化、租借地的建筑及蓟县的景观旅游等。2013 年天津市文化创意产业增加值为 1070 亿元，占全市 GDP 的比重达到 7.5%；其中，17 家文化产业示范园区、32 家文化产业示范基地实现营业总收入 52.29 亿元，总利润 9.5 亿元，缴纳税金 3.6 亿元，成为天津市文化产业发展的骨干力量②。

（二）京津冀文化产业发展内在特征

数据包络分析方法（Date Envelopment Analysis，DEA）最早由美国著名运筹学家、美国得克萨斯大学教授 A. Charnes 与 W. Cooper、E. Rhodes 在 1978 年共同创立。依据 Banker、Charnes 和 Cooper（1984）改进提出的 DEA – BCC模型，我们能够分析京津冀三地文化产业发展中的规模效率和技术效率状况。

投入产出指标方面，本文依据国家统计局给出的行业分类标准（GB/T4754—2011），确定模型的输入指标和输出指标，着重比较分析三地文化产业投入产出在 2010～2013 年的效率情况。输入指标选择文化、体育和娱乐业固定资产投资（不含农户）和教育固定资产投资（不含农户）数据，输出指标选择京津冀三地的文化产业增加值指标。以上所有样本数据，均来自国家统计局统计网站给出的统计数据，抑或由统计数据计算得来。

在允许规模报酬可变的条件下，本文建立京津冀三地文化投入产出多阶段的投入导向型 BCC 效率模型，输出结果如表 1 所示（具体计算过程从略）。

---

① 李洋：《北京文创产业占 GDP 比重突破 13%》，http：//www.chinadaily.com.cn/hqpl/zggc/2015－03－12/content_ 13358175.html。
② 徐恒秋：《天津市文化产业快速发展 2013 年增加值占全市 GDP 比重达到 7.5%》，http：//www.022net.com/2014/9－16/44665426306480.html。

表 1 　2010～2013 年京津冀三地文化产业投入导向型 BCC 模型数据

DMU	综合效率	技术效率	规模效率	规模报酬	径向指标	松弛指标
北　京	1.000	1.000	1.000	不变	0.000	0.000
天　津	0.219	1.000	0.216	递增	0.000	0.000
河北省	0.140	0.445	0.314	递增	Output1：0.000	Output1：379.12
					intput1：-79.86	intput1：0.000
					Intput2：-742.30	Intput2：0.000

京津冀三地文化产业投入产出的 BCC 效率指数测算结果表明，除北京文化产业投资效率较高外，津冀两地的综合效率值都比较低。详细分析发现，天津综合效率偏低的主要原因是规模效率太低，仅为 0.216；河北省文化产业发展的技术效率和规模效率都不高，仅为 0.445 和 0.314；津冀两地的文化产业都处于规模报酬递增阶段。此外，从径向指标和松弛指标看，河北省在文化、体育和娱乐业固定资产投资（不含农户）和教育固定资产投资（不含农户）方面还需要调整，如果能保证产出稳定不变，则投入总量需要相应减少，这也从侧面反映出该地区 2010～2013 年文化产业方面的投资效率有待改进，不论是技术效率还是规模效率。因此，推动技术效率提高和规模效率进步，可以有效改善津冀两地尤其是冀文化产业的投资效率。

（三）京津冀文化产业协同发展阶段特征

京津冀三地的公共文化服务体系、演艺文化交流、传统文化的保护与传承等文化领域，都具有不同的内在规律和迥异的产业生态，如何平衡不同地区的不同目标和不同诉求、如何实现同步协调发展、如何让高层次的文化人才资源在不同区域内均衡且自由地配置等，成为三地区域文化协同发展战略的实施难点。

2011 年 12 月 16 日，河北省文化厅提议并组织京、津、冀三地文化部门在河北省涿州市共同举办"京津冀文化产业协同发展研究论坛"，与会专家认为，京津冀三地要想在文化产业协同发展上取得突破，必须遵循资源共享、优势互补、合作共赢的思路。2014 年 8 月 28 日，北京市文化局、天津市文化广播影视局、河北省文化厅三方协商并签署《京津冀三地文化领域协同发展战略框架协议》，认为京津冀三地应在优势互补、共建共享、统一开放的原则下，推动三地文化发展实现同城化谋划、联动式合作、协同化发展。[①]

严格来讲，当前京津冀文化产业协同发展还处于初级阶段，未来还有很长的路要走。

利用探索性空间数据分析（ESDA），可以研究空间数据在整个系统内表现出来的分布特征，全域指标 $Moran\ I$ 指数能够检验整个研究区域邻近地区是相似、相异还是相互独立的空间模式，其定义为：

$$Moran\ I = \frac{\sum_{i=1}^{n}\sum_{j=1}^{n}w_{ij}(x_i - \bar{x})(x_j - \bar{x})}{s^2\sum_{i=1}^{n}\sum_{j=1}^{n}w_{ij}} \qquad \bar{x} = \frac{1}{n}\sum_{i=1}^{n}x_i \qquad s^2 = \frac{1}{n}\sum_{i=1}^{n}(x_i - \bar{x})$$

上式中，n 表示研究区内的地区总数，x_i 和 x_j 表示第 i 和 j 地区的观测值，s^2 表示观测值的方差。$Moran\ I$ 指数为（ -1，1）：如果 $Moran\ I$ 指数大于 0，则表示各地区之间为空间正相关，表明具有相似的属性集聚在一起，即高值与高值相邻、低值与低值相邻；如果 $Moran\ I$ 指数小于 0，则表示各地区之间为空间负相关，表明具有相异的属性集聚在一起，即高值与低值相邻；如果 $Moran\ I$ 指数等于 0，则表示各地区之间不存在空间相关性。

依据国家统计局统计网站的权威数据，并考虑数据的可得性，本文选择2013 年河北省、北京、天津地区的年度文化产业增加值和人均文教娱乐用品及服务消费支出数据为分析样本，使用专业的 ESDA 分析软件，计算2013 年京津冀三地文化产业增加值和人均文教娱乐用品及服务消费支出的聚类效应，得出 $Moran\ I$ 指数为 -0.5（具体计算过程从略）。虽然该指数并不是非常小，但这足以说明 2013 年京津冀文化产业发展存在明显的空间负相关，文化产业高值与文化产业低值相邻，三地文化产业的同质化程度比较高，协同化发展还处于比较低的水平。

---

① 《京津冀三地签署文化领域协同发展战略框架协议》，http://intl. ce. cn/specials/zxxx/201408/29/t20140829_ 3449414. shtml。

四 京津冀文化产业协同发展面临障碍

（一）三地文化消费水平及产业发展实力差距较大

统计数据显示，京津冀三地经济发展水平和产业结构存在较大差异，导致对文化消费的需求水平各异，三地文化产业发展动力参差不齐。2013年，河北、北京、天津的人均 GDP 分别为 38596 元、92210 元、101692元，北京、天津是河北的近 3 倍；城镇人均文教娱乐用品及服务消费，无论是在绝对数额上，还是在占总消费支出比重上，三地的差别均呈阶梯式（见表 2）。

表 2　2013 年京津冀城镇人均消费性支出、人均文教娱乐用品及服务消费比较

单位：元，%

省市	人均 GDP	城镇人均消费性支出		城镇人均文教娱乐用品及服务消费	
		绝对数额	增幅	绝对数额	占总消费支出比重
河北省	38596	13604	8.6	1306	9.6
北京市	92210	26275	9.3	3985	15.17
天津市	101692	21850	9.1	2460	11.3

资料来源：河北省统计局、北京市统计局、天津市统计局 2014 年统计年鉴和 2013 年统计公报。

迄今，北京已连续举办两届"惠民文化消费季"，取得促成 154.1 亿元文化消费的成果，并在 2014 年底出台国内首部促进文化消费的政策意见《北京市人民政府关于促进文化消费的意见》[①]，天津与河北在这方面还未见动作。2014 年，根据中国人民大学的研究成果，北京和天津的文化消费综合指数分别排全国第一、第二位，而河北则不在全国前十之列（见表 3）。

---

① 曲晓燕：《文化消费成为北京新经济增长点》，《中国文化报》2015 年 2 月 11 日，第 6 版。

表3 中国文化消费指数（2014）得分及排名情况

排名	综合指数		文化消费 环境		文化消费 意愿		文化消费 能力		文化消费 水平		文化消费 满意度	
1	北京	85.5	宁夏	83.5	北京	91.9	北京	94.8	天津	93.5	宁夏	84.5
2	天津	85.1	海南	83.2	天津	89.5	浙江	92.7	北京	92.1	海南	83.6
3	上海	84.7	甘肃	82.0	江苏	87.9	上海	92.7	江苏	90.5	吉林	83.4
4	福建	82.9	吉林	81.8	陕西	87.1	广东	89.0	广东	89.3	上海	83.1
5	广东	82.5	贵州	81.5	山东	86.0	福建	87.3	福建	86.5	甘肃	82.4
6	江苏	82.4	黑龙江	81.1	安徽	85.9	江苏	86.5	安徽	85.9	贵州	81.7
7	浙江	81.6	内蒙古	81.1	广东	85.7	天津	86.0	陕西	85.7	浙江	81.3
8	山东	79.8	青海	80.5	辽宁	84.6	山东	85.5	山西	85.4	黑龙江	81.0
9	安徽	79.6	上海	78.6	福建	84.4	江西	78.9	山东	85.2	内蒙古	80.5
10	江西	79.5	云南	77.2	河北	83.5	重庆	78.5	河南	84.9	青海	79.7

资料来源：《中国人民大学发布 2014 年度"中国省市文化产业指数"及"中国文化消费指数"》，http：//news. ruc. edu. cn/archives/95064。

当前，北京文化产业发展一骑绝尘，总产值是河北、天津的 2~3 倍，文化产业发展指数高居全国第一（见表4），三地文化产业协同发展面临落差悬崖障碍。

表4 中国省市文化产业发展指数（2014）得分及排名情况

排名	综合指数		生产力指数		影响力指数		驱动力指数	
1	北京	82.1	广东	83.9	上海	84.7	北京	83.5
2	江苏	81.1	江苏	80.8	江苏	84.6	辽宁	81.5
3	浙江	79.7	山东	80.8	北京	83.6	青海	80.3
4	广东	79.6	北京	79.1	浙江	83.6	宁夏	80.1
5	上海	78.8	浙江	78.3	广东	79.6	西藏	78.9
6	山东	77.7	四川	76.8	湖南	79.0	江苏	78.0
7	辽宁	77.2	上海	76.1	山东	78.1	浙江	77.1
8	河北	75.2	河北	75.7	江西	77.	山西	76.5
9	湖南	75.1	河南	74.9	辽宁	76.5	河北	76.5
10	江西	74.2	辽宁	73.8	安徽	76.3	上海	75.4

资料来源：《中国人民大学发布 2014 年度"中国省市文化产业指数"及"中国文化消费指数"》，http：//news. ruc. edu. cn/archives/95064。

（二）人才、创意、资本等生产要素单向流动明显

京津冀三地分属不同的行政等级，制度规制造成资源配置、要素流动的不均衡、不经济，以及政府间协商的不对等，这对资源在京津冀区域内的优化配置一直造成不良影响。这种状况尤其体现在公共资源的不均衡配置和谈判地位的不对等所造成的一方区域对另一方区域稀缺资源的吸引甚至无偿占有上，以及由于公共资源的不平衡导致的其他资源与产业由集聚转为分散临界点的进一步升高上。拥有众多优质教育、医疗①、养老等公共服务资源的北京，对人口的巨大吸引力，也会进一步转化为对相应产业外迁的阻碍力。

在文化产业领域，河北省紧挨着京津地区，在接受京津区域文化产业辐射带动作用的同时，也承受着京津文化产业对冀文化产业在高素质文化人才、技术、资本等生产要素的"虹吸"效应，导致河北文化产业发展所需的人才、创意、资本、技术等文化生产要素出现"倒流"现象，其文化产业资源未能得到充分开发，使冀文化产业与京津文化产业实力差距不断扩大。区域文化要素市场远未形成要素"回流"与均衡配置格局，成为京津冀文化产业协同发展的重要障碍。

（三）文化产业的行政管理模式仍以属地管理为主

在"分灶吃饭"财税政策体制下，各地区积极追求本区域发展而忽视相互间合作，导致地方官员控制下的"市场分割"。一方面，这种分权激励各个地方政府的同质化竞争，使其不会首先顾及这种盲目个体理性所带来的"囚徒困境"式的两败俱伤；另一方面，在政府政绩指标考核制度的驱使下，行政区政府一般是将产业梯度转移尽量安排在本行政区范围内，而不愿向外省市转移，这就限制资源自由流动，进而影响区域间产业集聚和产业

---

① 作为首都的北京，是教育、医疗、文化、行政资源的集中地，这是天津、河北两地不可比拟的。如教育资源方面，全国"211"大学共112所，京津冀分别是26所、4所、1所；医疗资源方面，根据复旦大学所做的《2012年度中国最佳医院综合排行榜》，全国百名最佳医院中北京独占26家，占据全国的26%，天津有3家，而河北则没有。

价值链的形成。可见，出于自身利益的考虑，京津冀都市圈的地方政府能够在一定程度上参与促进那些能够带来利益的产业合作项目，也正是出于自身利益的考虑，可能阻碍走向基于比较优势和区位优势的区域产业链分工格局的形成。在财政分权的背景下，政府实际上可能成为区域内产业合作的体制障碍。

文化产业领域也是一样。当前，京津冀地区有效协调三地文化产业和文化市场的上层机制还不够完善。京津冀区域文化资源实现更有效配置的重要前提是，打破原有行政格局的分割。"条块分割"的文化行政管理模式使得京津冀文化产业协同发展的难度比较大，各地方政府往往以行政区为依托追求和保护自身利益，文化产业协调存在各种行政限制，三地的文化创业只能在当地发展业务，统一开放、竞争有序的区域文化产业市场远未形成。

（四）京津冀文化产业自成体系缺乏产业链关联

由于多年来各自为政、自我发展，京津冀各自已形成较为完整的文化产业体系和趋同的文化产业结构，难以形成层次分明的产业聚集，这直接导致资源在该地区范围内难以合理流动，影响文化产业聚集效应的产生，造成区域性文化产业的关联度和互补性差。京津冀各地区间缺乏基于比较优势的文化产业合作，三地文化资源未得到充分整合与系统利用，这不仅造成文化投资的大量重复，而且导致文化资源浪费和同质化竞争。京津冀区域虽有一定的产业联系，但远未形成分工合作的文化产业空间结构，这严重阻碍三地文化产业协同互补性发展。北京作为世界文化旅游胜地，游览规划线路从来没有与津冀优秀文化资源对接，就是一个非常明显的例子。

近年来，随着各方合作要求的增强，京津冀区域合作各方开展许多务实高效的合作对接活动，包括高层领导互访、举办京津冀文化合作论坛、达成合作共识、签订合作协议等。但总体上看，京津冀文化产业合作还处于研究探讨、社会关注、共识凝聚、合作启动的阶段，关系到合作各方切身利益的可实施的具体方案和政策还没有实质性内容和重大实际进展，产业共建、分工合作、协同推进态势还远未形成。

五　推动京津冀文化资源整合与产业化
协同发展的基本思路

京津冀文化资源整合与产业化协同发展的未来方向，应以公共文化服务体系建设和文化管理体制改革为契机，推进三地在资源共享、品牌共建、权益分享等方面的协作创新，充分调动发挥京津冀各自文化资源与产业优势互补，整合京津冀各类文化资源、品牌，大力推动传统产业与新兴产业进一步接触融合，延伸创新开发市场思路，加快推动京津冀文化产业一体化融合发展。

（一）推动京津冀文化资源协同保护与信息共享，促进三地文化资源整合与联合开发，共同打造京津冀大文化圈

协同推进京津冀文化资源"考察摸底"与文化遗产"抢救工程"，理清三地文化发展脉络、历史渊源与区域特色，建设京津冀文化资源公共信息库和资料库，形成京津冀文化血脉图，共同资助相关文化遗产历史传承，提高三地文化同根意识。加大文化资源保护工作力度，共同处理好文化资源保护和开发之间的关系，联合制定文化资源保护条例和文化资源开发原则，实现文化资源保护上的相互尊重和标准对接。携手创新和争取新的文化资源，共创中国特色社会主义的、适合区域域情的、体现现代文明的文化成果，并用国际化的眼光，"走出去"，挖掘、整合各民族的优秀文化资源为我所用，增添自身文明的底色，提升自身文化的色彩，增强自身文化产业的影响力①。

---

① 好莱坞投拍影片《角斗士》对古希腊文化资源的利用、投拍影片《花木兰》对中国传统文化资源的利用，甚至直接经济资本输出到欧亚各国进行文化资源掠夺和文化产品生产（比如在中国投拍《大腕》和《天地英雄》）等，都是这种文化产业发展"走出去"战略的成功范例。

（二）打破京津冀文化产业行政区划的管理壁垒，完善区域化的高层协商机制和具体工作层面的沟通协调机制

打破"一亩三分地"思维，破除京津冀三地在文化产业方面地方保护的行政壁垒，推动建立促进京津冀文化产业协调发展的协调领导机构。发挥京津冀三地在天津正式签署的《京津冀三地文化领域协同发展战略框架协议》的作用，积极推动建立联席会议制度，成立合作协调工作小组，系统研究制定京津冀文化产业协同发展的整体规划，对接专项合作规划和实施方案，从广度和深度上加强合作，实现文化产业分工明确、优势互补和良性互动的发展格局。建立信息互通和情况通报制度，就文化产业资源整合、规划布局和协同发展进行协商交流，继续优化区域分工和产业布局。

（三）加快建设京津冀区域文化产业发展的统一要素市场，培育区域文化产业协同发展的内生动力，提高该区域文化产业的技术效率和资源配置效率

一方面，探索京津冀文化产业发展的法律体系建设，为文化生产要素在三地的自由流动提供法律保障；通过实施京津冀文化产业同等税收优惠政策，进一步探索京津冀文化产业税源分享机制，创造京津冀区域文化产业发展公平竞争的税收环境，最大限度地促进文化资源在京津冀三地的自由和低成本流动，实现资源优化配置效率。另一方面，借助国家推动北京功能疏解与产业转移的历史契机，充分发挥三地政府的推动和引导作用，通过部分文化产业外迁，比如北京将传媒影视、动漫及演艺行业的部分产业链迁往河北，引导人才、资本等文化产业生产要素向该地区"回流"；北京的一些文化大企业可与津冀的文化企业重组，增强人才、资金、技术等要素的跨区域流动；津冀也要主动借助北京的人才资源、品牌企业等优势生产要素积极发展。

（四）加强京津冀区域文化企业、文化项目以及文化产业园区的合作交流，推动区域文化产业转移与对接，创新文化产业协同发展模式

从政策统筹、财税机制、人才智力、资本渠道及高新技术等方面推动区域文化企业协同创新发展。针对文化产业链中的创意策划、文本加工及营销推广等环节的市场特性，在合理分工、优势互补、互惠共赢的原则下，通过合作项目对接、园区共建等形式，开展资源共享、项目共建及品牌共赢活动，进一步提升区域文化产业链的关联度和互补性。在文化产业具体协同发展模式中，缺乏市场影响力的企业可与具有品牌优势的公司合作发展，积极探索"总部—生产基地模式"、"创意策划—成果转化模式"、"主副（新旧）园区模式"等。在资本融合方面，可以统筹发挥京津冀三地文化专项资金的支持作用，也可以成立三地共同投资的文化产业投资基金，以支持三地共建互惠项目。

参考文献

王华彪：《五措并举推进京津冀文化产业协同发展》，《品牌》2014年第10期（下）。

王宝林：《京津冀文化的历史演变与文化产业协同发展略论》，《河北工业大学学报》（社会科学版）2014年第2期。

王克明：《天津文化资源整合及其产业化开发》，《天津经济》2013年第2期。

王风晨：《京津冀文化产业协同发展研究》，《中华文化论坛》2015年第6期。

殷婕、王华彪：《推动京津冀文化产业融合发展》，《河北日报》2015年1月21日，第7版。

陈亚楠、董贺：《京津冀三地文化产业园区发展研究》，《人民论坛》2014年第11期（中）。

耿建扩：《打造京津冀文化产业协调发展示范区》，《光明日报》2010年3月10日，第8版。

B.7
河北省海洋经济运行状况及态势评价

王春蕊*

摘　要： 海洋经济作为国民经济的重要组成部分，对拉动区域经济增长具有重要支撑作用。近年来，河北省海洋经济发展虽然取得一定成绩，但仍存在总量整体规模偏小、产业结构问题突出、资源依赖性较强、科技支撑力不足、发展水平相对较低等问题。应紧抓京津冀协同发展和"一带一路"重大战略机遇，加快传统海洋产业转型升级，加大海洋科技创新力度，优化海洋资源配置机制，将河北海洋资源禀赋优势转变为促进国民经济增长的后发优势。

关键词： 河北省　海洋经济　海洋资源配置

一　河北省海洋经济运行状况分析

（一）海洋经济总量较快增长

近年来，河北沿海地区经济发展不断加快，经济总量所占比重不断提升，成为带动全省经济的重要增长极。2012 年，河北沿海地区海洋生产总值达到 1622.0 亿元，占沿海地区生产总值比重的 6.1%，与 2011 年的 1411 亿元相比增加 211 亿元，增幅 14.95%。其中，2012 年河北省主要海洋产业增加值 783.3 亿元，占同期全省海洋产业增加值的 48.29%。据初步核算，

---

* 王春蕊，河北省社会科学院农村经济研究所副研究员，研究方向为城乡关系、区域经济研究。

2013 年和 2014 年河北省海洋生产总值分别为 1831 亿元和 1928 亿元，2014年较 2013 年增长 5.3%。

与全国其他沿海省市比较，河北省海洋经济无论是绝对量还是相对量都远低于山东、天津和辽宁。从经济总量看，尽管自 2006 年以来，河北海洋经济总量呈逐年增长的态势，但规模不大，山东、天津、辽宁分别是河北的5.53 倍、2.43 倍和 2.09 倍。从相对贡献率看，河北省海洋经济总量对全省GDP 的贡献率为 6.1%，远低于天津的 30.6%、山东的 17.9% 和辽宁的13.7%。可见，河北省海洋经济绝对量和相对量都处于较低水平（见表1）。

表1　环渤海省市海洋经济发展总体情况

单位：亿元，%

年份	河北		天津		山东		辽宁	
	海洋生产总值	海洋生产总值占GDP比重	海洋生产总值	海洋生产总值占GDP比重	海洋生产总值	海洋生产总值占GDP比重	海洋生产总值	海洋生产总值占GDP比重
2006	1092.1	9.4	1369.0	31.4	3679.3	16.7	1478.9	16.0
2007	1232.9	9.0	1601.0	31.7	4477.8	17.2	1759.8	16.0
2008	1396.6	8.6	1888.7	29.7	5346.3	17.2	2074.4	15.4
2009	922.9	5.4	2158.1	28.7	5820.0	17.2	2281.2	15.0
2010	1152.9	5.7	3021.5	32.8	7074.5	18.1	2619.6	14.2
2011	1411.0	5.8	3536	31.6	9460	20.8	3600	14.3
2012	1622.0	6.1	3939.2	30.6	8972.1	17.9	3391.7	13.7

（二）海洋产业体系逐步完善

河北省海洋资源丰富，区位条件优越。特别是近年来，《河北沿海地区发展规划》获国务院批复实施以及全力打造河北沿海地区率先发展增长极等重大战略举措的实施，加快河北海洋产业的快速发展，基本形成以沧州临港化工业、唐山临港重化工业、秦皇岛滨海旅游业为特色的区域经济格局。与此同时，以曹妃甸国家级循环经济示范区、沧州渤海新区为核心，加快促进产业要素资源向沿海地区聚集，不断优化海洋资源要素的空间布局。海洋产业体系不断完善，海洋交通运输、海洋工程建筑、滨海旅游、海盐及盐化工、海水养殖捕捞等已发展成为河北省海洋经济的支柱产业。

分产业看，2012年末，河北省海洋捕捞养殖产量63.46万吨，远低于山东和辽宁，且远洋捕捞发展滞后，在河北仍属空白；海洋原油产量237.77万吨，在环渤海4省市中具有一定比较优势，但远低于天津；河北省海洋天然气产量55570万立方米，高于山东和辽宁，具有一定优势；海洋盐业是河北省传统海洋产业，2012年盐田总面积84350公顷，仅次于山东，位居第二位，年末海盐产量比较高，为334.69万吨，但单产水平523.35吨/公顷，低于山东的1326.29吨/公顷和天津的642.05吨/公顷；河北省海洋化工产品产量104.64万吨，与辽宁省接近，低于山东和天津水平；2012年末，河北造船完工量10艘，虽较上年有所增加，但总量与其他沿海省市相比还是比较低。海洋货物运输量和周转量在4省市中也是最低的；从港口货物吞吐能力看，河北港口货物吞吐量76234万吨，高于天津，低于山东和辽宁；沿海城市国内旅游人数也是4省市中最低的。综合来看，河北省海洋产业发展水平整体不高，但从发展潜力看，仍有很大的空间（见表2）。

表2　2012年河北省海洋产业活动与环渤海省市的比较

项目	河北	天津	辽宁	山东
海洋捕捞养殖产量(万吨)	63.46	4.16	389.33	686.07
海洋原油产量(万吨)	237.77	2680.34	14.25	275.00
海洋天然气产量(万立方米)	55570	246705	1580	12521
盐田总面积(公顷)	84350	27258	34632	209753
海盐产量(吨)	334.69	169.95	117.39	2219.10
单位产盐量(万吨/公顷)	523.35	642.05	403.53	1326.29
海洋化工产品产量(万吨)	104.64	161.0	102.0	841.47
造船完工量(艘)	10	36	114	354
海洋货物运输量(万吨)	2590	10332	12615	9356
海洋货物周转量(亿吨/公里)	510	7012	7483	2239
港口货物吞吐量(万吨)	76234	47697	88502	106655
国内旅游人数(万人次)	4790	10605	13585	18807

注：表中数据主要来源于2013年《中国海洋统计年鉴》；海洋捕捞养殖产量包括海洋捕捞、远洋捕捞和海水养殖三部分；国内旅游人数为2011年数据。

海洋产业体系初步形成。2012 年，河北省海洋三次产业总产值构成为 4.4：54.0：41.6，到 2014 年，三次产业构成为 4.1：51.0：44.9，呈现"二三一"的良好发展格局。从海洋三次产业生产总值看，2006～2012 年，河北省海洋第一产业产值增长较快，2012 年达到 70.9 亿元，较 2006 年增加 1.86 倍；第二产业以 2008 年为"拐点"，出现较大波动，总体实现增长，2012 年达到 876.3 亿元；第三产业出现波动性下降趋势，2009 年产值下滑明显，2011 年有所回升，2012 年达到 674.7 亿元（见表 3、表 4）。

表 3 2006～2012 年河北省海洋三次产业生产总值

单位：亿元

年份	一产	二产	三产
2006	24.8	554	513.4
2007	23.1	633.7	576.1
2008	26.6	717.8	652.3
2009	37.1	503.4	382.4
2010	47.1	653.8	452.1
2011	61.1	813.7	576.5
2012	70.9	876.3	674.7

资料来源：《中国海洋统计年鉴》（2007～2013 年）。

表 4 2012 年河北及环渤海省市海洋三次产业结构

单位：%

地区	一产	二产	三产
河北	4.4	54.0	41.6
天津	0.2	66.7	33.1
山东	6.3	50.2	43.5
辽宁	13.2	39.5	47.3

从其他沿海省市看，天津市海洋产业以第二产业为主，占到 66.7%；其次为河北，二产占 54.0%；再次为山东，二产占 50.2%；辽宁二产占 39.5%。可以看出，河北省海洋产业主要由二、三产业带动，天津主要由第二产业带动，山东情况与河北省类似，辽宁主要由第三产业带动。

（三）港口吞吐能力明显提升

近年来，河北相继建成唐山港京唐港区、唐山港曹妃甸港区、黄骅综合大港，实现由单一煤炭输出港向综合性现代港口群的转变，呈现阶梯形、跨越式发展的良好态势。2005～2012年，河北港口码头泊位数由80个增加到154个，新增74个；设计通过能力由3.03亿吨增加到5.6亿吨，增长84.8%；完成吞吐量由2.73亿吨增加到7.13亿吨，净增4.4亿吨，增长1.6倍。三大港口全部跻身亿吨大港行列。其中，秦皇岛港完成吞吐量2.88万吨，同比增长9.4%。唐山港完成货物吞吐3.12亿吨，同比增长27.31%，不到3年的时间里连续突破2亿吨、3亿吨大关，实现三年两大步的跨越式发展。其中，唐山港京唐港区完成1.37亿吨，同比增长14.5%，曹妃甸港区完成1.75亿吨，同比增长40.67%。成为全国发展最快的港口之一。黄骅综合大港完成吞吐量1.13亿吨，同比增长19.4%。从货种结构来看，河北省港口煤炭比重呈下降趋势，金属矿石比重稳步上升，钢铁、石油、天然气及制品比重也有不同程度的增幅，全省港口货种结构正在进行调整和优化，正在由集疏大港向综合贸易大港转变（见图1）。

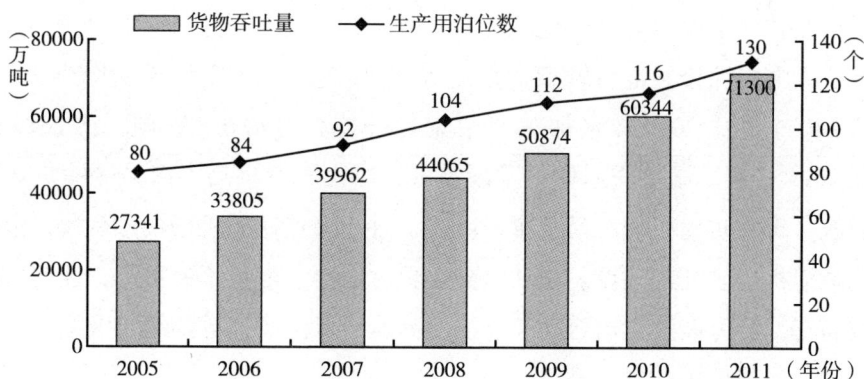

图1 河北港口泊位与货物吞吐情况

（四）海洋产业加快发展

河北省抢抓国内外资本转移的机遇，在吸纳国内外产业资本方面取得新进展。通过对外全方位招商、大规模沿海滩涂开发，吸引富士康、美国通用电气、西班牙德加德斯、法国蒂森克虏伯、韩国 LG、首钢、华润、中石化、中海油、北汽、中钢集团等一批世界 500 强和中国 500 强企业入驻，使沿海地区逐步成为新兴产业的集聚地。大型企业在沿海地区异地扩建进驻沿海地区的项目投资规模不断扩大，产业领域逐渐拓宽，项目建设速度不断加快，沿海地区与省内、国内和国际产业的关联互动能力不断增强。2012 年，河北沿海地区已开工投资 50 亿元以上项目 144 项，总投资 23101.5 亿元，其中，投资 100 亿元以上项目 86 个，总投资 18372.2 亿元，初步形成唐山钢铁、装备制造、化工、建材和沧州化工、电力、装备制造、汽车制造以及秦皇岛船舶、汽车零部件、冶金专用设备等为代表的一批产业集群。目前，河北钢铁物流园区等项目建设持续推进，中石化曹妃甸千万吨石油炼化、华润二期、首钢二期、大型海水淡化等一批重大项目取得重大进展，沿海地区临港产业呈现加速聚集的趋势，以港口物流、石油化工、装备制造、电力能源为主导的产业格局基本形成。

（五）基础设施建设快速推进

河北省三个港口均跻身亿吨大港行列，呈现专业化、多功能发展态势，由专业大港向综合性港口转型。截至 2012 年底，河北沿海港口生产性泊位数达 140 个，比 2010 年增加 24 个；总吞吐能力达到 6.8 亿吨，比 2010 年增加 1.94 亿吨。疏港交通体系不断完善，唐山、秦皇岛山海关运输机场实现通航，黄骅防蝗机场、昌黎黄金岸线临时起降点通用机场投入运营，秦皇岛北戴河机场已开工建设。从陆路交通看，大秦、朔黄不断扩能，迁曹铁路建成通车，沿海高速、唐曹高速、津汕高速、保沧高速等陆续建成运营，沿海基础设施建设不断提档升级。

（六）沿海城镇化加快推进

近年来，河北沿海地区的城镇水平不断提高。据统计，2014 年末，秦皇岛、唐山城镇化率已达到 50.81% 和 54.4%，高于全省平均水平。但与珠三角、长三角地区沿海城市相比，河北沿海城市对区域经济的辐射带动能力还不强。沿海地区的城市规模普遍偏小，带动能力不强。唐山市区和沧州市区与唐山港、黄骅港距离均大于 70 公里，空间距离相对较远。临港产业园区建设缺少城市功能的支撑，配套设施功能不完善。黄骅市人口规模和经济总量较小，市区服务业发展落后，难以形成城市要素聚集效应，对区域带动作用较弱。

（七）海洋就业人员持续增长

2006 年以来，河北省涉海就业人员呈逐渐上升态势，2012 年比 2006 年增长 13%，涉海就业年均增长 3.1%。但与环渤海其他省市仍存在较大差距（见表 5、表 6），无论是绝对量还是相对量，河北省涉海就业人员数量都较低，与天津、山东之间的差距逐步拉大，海洋产业的劳动生产率亟待提升。

表 5　2006～2012 年河北涉海就业人员总数

单位：万人

年份	2006	2007	2008	2009	2010	2011	2012
涉海就业人员总数	81.5	86.7	88.6	90	92.2	94.2	95.5

资料来源：《中国海洋统计年鉴》（2007～2013 年）。

表 6　2008～2011 年河北及环渤海省市涉海就业人员情况

单位：万人，%

年份	河北		天津		山东		辽宁	
	涉海就业人员数量	占地区就业人员比重	涉海就业人员数量	占地区就业人员比重	涉海就业人员数量	占地区就业人员比重	涉海就业人员数量	占地区就业人员比重
2008	88.6	2.4	162.5	32.3	488.5	9.1	299.3	14.3
2009	90.0	2.3	165.1	32.6	496.4	9.1	304.2	13.9
2010	92.2	2.4	169.2	32.5	508.6	9.0	311.6	13.9
2011	94.2	—	172.7	—	519.4	—	318.2	—

（八）海洋科研水平逐渐提高

2011 年，河北省用于海洋科研的投入达 13.2 亿元，比 2010 年增加 2.2 亿元，投入占海洋生产总值的比重达 0.91%。据不完全统计，河北目前拥有涉海技术实验室、工程研究中心等科研平台 23 个，取得一批国内外领先科研成果，河豚毒素提取技术居世界先进水平，红鳍东方鲀育苗与养殖技术在全国领先，高含量甘油三酯型鱼油打破我国长期依赖进口的局面，"秦皇"海参被第十届中国国际农交会评为金奖产品。

从海洋科研机构看，2012 年，河北有 5 个海洋科研机构，552 名从业人员，531 名科技活动人员，其中高级职称占科技活动人员总数的 36.23%（见表 7）。4 省市中，海洋科研机构数量最多的是山东省，有 21 个，其次是辽宁和天津，河北省数量最少。与之相应，山东省海洋科研从业人口数量、科技活动人员数量也是最多的。但从高级职称占比看，河北省海洋科技活动人员中高级职称占比最高，尽管科技机构数量和人员数量较少，但科研人员职称构成比较高。

表 7　2012 年环渤海省市海洋科研机构及人员情况

省份	科研机构数（个）	从业人员（人）	科技活动人员（人）	高级职称占比（%）
河北	5	552	531	36.23
天津	14	2628	2116	27.32
辽宁	17	2077	1662	27.11
山东	21	3818	3203	29.15

二　主要海洋产业发展情况

从主要海洋产业发展看，河北省海洋资源相对丰富，海洋产业仍有很大的发展潜力和空间。

（一）海洋交通运输业发展状况

2012 年，海洋交通运输业实现产业增加值 319 亿元，全省港口吞吐量完成 7.6 亿吨、集装箱吞吐量 90 万 TEU。其中，唐山港突破 3 亿吨。河北远洋集团、河北港口集团等一批骨干企业稳步发展，秦皇岛临港综合物流基地、唐山海港物流产业园、沧州渤海新区海通铁运物流园等 5 家临港物流园区被认定为省级物流产业聚集区。

（二）滨海旅游业发展状况

依托特色资源，加快建设具有战略性、结构性的现代休闲度假类新项目。目前已有温泉度假、游轮游艇、大型演出、森林、生态、体育等休闲度假类项目，对调整旅游产品结构、提升旅游产业档次起到极大的推动作用。2011～2013 年上半年，沿海地区共接待国内外游客 1.46 亿人次，实现社会旅游总收入 1010 亿元。2012 年，滨海旅游业增加值达到 188 亿元。

（三）海洋渔业发展状况

河北加快海洋渔业品种结构调整，推行生态、健康养殖模式，外向型海洋渔业优势养殖带初步形成。2012 年，河北海洋渔业增加值 77 亿元，沿海三市海水产品 63 万吨，较 2010 年增产 8.9%。其中海水养殖 38 万吨，增产 16.0%；海洋捕捞 25 万吨，近海捕捞继续保持"零增长"；远洋捕捞尚处于起步发展阶段。2014 年，据初步核算，河北海洋渔业增加值 86 亿元，较 2013 年增加 2 亿元，处于稳定增长状态。加快发展水产品精深加工业，全省现有 230 多家海水产品加工企业，其中 8 家水产加工企业被评为省级农业产业化经营龙头企业，20 多家企业被评为省级成长型企业。

（四）海水利用业发展状况

近年来，河北加快海水综合利用步伐，实施海水淡化工程。据初步核算，2014 年河北省海水利用业增加值 0.8 亿元，较上年增加 0.1 亿元，经济总量较小。目前，河北国华沧东发电有限公司、北控阿科凌海水淡化有限公司、首钢京唐钢铁厂等已建成投运的海水设备共 8 套，处理能力已达15.2 万吨/日，占全国海水处理能力的 1/4。沧州渤海新区列入全国首批"海水淡化产业发展试点园区"。秦皇岛热电厂、大唐王滩电厂、华润曹妃甸电厂等电力企业直接利用海水进行冷却，节约大量淡水资源。

（五）海洋电力业发展状况

据初步核算，2014 年河北省海洋电力业增加值 0.9 亿元，与上年保持同等水平，经济总量较小。海洋电力处于起步阶段，应大力发展可再生能源，重点推进黄骅、乐亭、海兴海上风能项目建设。黄骅国华爱依斯风电有限公司、河北建投海兴中兴风能有限公司、唐山华能乐亭风电场等一批风电企业相继建成投产，全省海洋风能装机容量达到 20.55 万千瓦。

（六）临港石化产业发展状况

随着沿海地区经济发展，秦、唐、沧沿海三市分别与中石化、中石油、中海油等国家大型石化企业建立合作关系，中石化曹妃甸千万吨级炼油项目已进入核准阶段。中海石油中捷石化有限公司、河北新启元能源技术开发股份有限公司通过改造升级，炼油能力进一步提升。2011～2013 年，省级技术改造专项资金支持沿海地区化工产业发展 1.10 亿元，资金额度占全省的25.1%，大力推动临港化工产业发展。

（七）海洋装备制造业发展状况

近年来，河北省海洋装备制造业产业体系逐步完善，产品竞争力大幅提升，形成秦皇岛、唐山、沧州三大海洋装备制造基地。其中，秦皇岛以船舶制造、桥梁钢梁、起重设备为主，唐山以冶金机械等装备为主，沧州以管道、管材装备为主。大型船舶修理、海洋风车安装船等优势主导产品在国内外市场具有较高知名度和市场占有率，部分产品远销美国、日本等多个国家和地区。2011～2013 年，省级技术改造专项资金支持沿海地区装备制造业 3.70 亿元，资金额度占全省装备制造的 40.6%。

（八）海洋生物医药业发展状况

海洋生物技术研究逐步加强，海洋药物、海洋生物制品和海洋生物新材料得到发展。河北海源康健生物科技有限公司是我国唯一生产高浓度甘油三酯型鱼油产品的企业，承德剑峰集团生物制品公司建成冰鲜花鲢鱼头精深加工、食品级与饲料级鱼肽粉、鱼糜、胶原蛋白、鱼油、鱼骨粉等 6 条生产线。

三 河北省海洋经济发展面临的主要问题

（一）海洋经济总量相对偏小

相对于国内发达省市的沿海地区，河北沿海地区经济发展较为落后。2012 年，河北省 GDP 7602.78 亿元，居全国第六位，在环渤海四省市居于第二位。从沿海地区海洋生产总值看，2012 年全国海洋生产总值 50045.2 亿元，河北省 1622.0 亿元，仅占全国的 3.24%，占全省 GDP 的 21.33%。

从与环渤海省市海洋经济发展的比较看，河北省海洋生产总值在环渤海省市中位居后位。从全国 11 个沿海地区海洋生产总值情况看，河北省末居第 3 位，仅比广西、海南两省高，远低于广东、山东等省份。不论是海洋经济的绝对量还是相对量，河北省在全国来说比较落后（见表 8）。

表 8　2012 年河北省海洋生产总值与其他沿海省市的比较

单位：亿元

地区	天津	河北	辽宁	上海	江苏	浙江	福建	山东	广东	广西	海南
海洋 GDP	3939.2	1622	3391.7	5946.3	4722.9	4947.5	4482.8	8972.1	10506.6	761	752.9

（二）海洋产业结构性问题较为突出

当前河北省海洋各产业部门由重到轻依次为海洋交通运输业、海洋盐化工、滨海旅游业等，附加值相对较低，与广东、浙江等省相比，海洋产业结构状况不优，特别是缺少海陆互动性强、高附加值的产业。例如，在海洋交通运输业中，主要是煤炭能源的吞吐，产业带动力强的港口集装箱运输量相对较低，海洋生物医药、海洋船舶制造、海洋工程装备制造等高端海洋产业发展相对滞后。

从三次产业构成看，在海洋经济强省广东、山东的产业结构中，三产占比分别达到49.4%和44.2%，上海甚至达到62.1%，河北省海洋第三产业虽有一定增长，但相对占比仍然较低（见表9）。

表9　2012年沿海省市海洋三次产业构成

单位：%

地区	第一产业	第二产业	第三产业
天津	0.2	66.7	33.1
河北	4.4	54.0	41.6
辽宁	13.2	39.5	47.3
上海	0.1	37.8	62.1
江苏	4.7	51.6	43.7
浙江	7.5	44.1	48.4
福建	9.3	40.5	50.2
山东	7.2	48.6	44.2
广东	1.7	48.9	49.4
广西	18.7	39.7	41.6
海南	21.6	19.2	59.2

（三）经济外向程度不高

从经济发展外向度看，河北经济对外程度不高。进出口额方面，2012年，河北沿海地区进出口额173.6亿美元，仅相当于山东省沿海地区的10%、辽宁省沿海地区的26%，也低于江苏、浙江等地区，出口依存度方面，河北省对外依存度为 1.9%，低于山东的 8.1%、天津的 9.2%、浙江的 10%。利用外资方面，2012 年，河北省沿海地区直接利用外资总额为 19.7 亿美元，仅相当于山东沿海的 1/4，也远低于辽宁、浙江等省①，说明河北省经济吸收利用外部资源、外部市场、外部技术的意识与能力还不强，没有形成"两头在外"拉动经济快速发展的外向型经济发展格局。

（四）海洋科技支撑力不足

随着河北海洋科技体系不断发展壮大，海洋科技在海洋经济增长中的作用不断提高，但与海洋产业的发展要求相比，河北省海洋科技水平、海洋科技人才支持方面仍然比较落后。与环渤海地区其他省市相比，河北省海洋科研机构、科技人员数量、海洋科研经费投入、拥有发明专利等指标都比较落后，表明河北省海洋科技发展严重滞后于海洋经济发展。海域开发中主要以近岸海域为主，远海开发及潮间带利用较少，尤其是在海盐资源、油气资源等深加工方面，应用技术开发不足、技术水平低、产品品种少、科技含量低，造成海洋资源综合利用效率不高、产品附加值低。

（五）海洋生态环境压力加大

工业化、城镇化进程中，随着沿海重化工业的加快发展，渤海部分海域水质污染现象严重，有的海域受到一定程度的重金属污染，高耗水、高污染项目依然存在，入海排污口及临近海域海水水质状况令人担忧。海洋石油开采污染、船舶、港口等航运污染的控制还很薄弱，唐山滦南和沧州区域的海水入侵、土壤盐渍化现象较为严重。水资源开采过度，加剧淡水资源缺乏，沿海地区生态环境保护的机制还不健全。2012 年，河北省海域海水中未达到一类水质标准的海域面积约 1235 平方公里，与 2011 年相比，污染面积减少 405 平方公里，但仍占全省海域面积的 17%。② 沿海工业、城镇化进程的

---

① 数据来源为各省沿海设区市 2011 年国民经济和社会发展统计公报，经整理计算所得。
② 河北省国土资源厅：《2012 年河北省海洋环境质量公报》，2013。

加快，导致大量陆域污染物入海排放，造成海水水质不断下降。从渔业发展来看，因过度捕捞、填海造地等各种原因所致的渔业资源萎缩，导致河北省渔业产业发展下滑，竞争力不强。外加河北省海域抵御自然灾害能力较弱，海岸侵蚀、海水入侵、赤潮、风暴潮等灾害时有发生，进一步加剧海洋生态环境的脆弱性。

（六）港口产业带动能力不强

港口是沿海地区的最大优势资源，是内外联系的载体。河北沿海地区港口优势明显，拥有唐山港、秦皇岛港和黄骅港优质资源。近年来，河北省三大港口发展势头强劲，港口吞吐量达到 7.13 亿吨，相当于天津港的 1.58 倍。但从港口功能结构看，河北省港口主要以能源输出和通过型货物运输为主，功能单一，港口增值业务和产业范围狭窄，对区域发展带动作用不强。2011 年，河北港口煤炭运量占到 68.7%，集装箱总量仅为 76.2 万标准箱，占全国集装箱总量的 0.54%。河北自身生成的约 400 万标准箱集装箱量中，约 90% 直接从天津、青岛港等省外港口下水。[①] 从服务能力看，唐山港、秦皇岛港与黄骅港的平均通关时间分别为 10 天、11.8 天和 14.2 天，而青岛港、天津港平均通关时间为 4.1 天和 8.2 天，相比差距较大。港口功能单一，集装箱运输业发展滞后，箱源大量流失，造成河北省临港产业发展缓慢、产业链条短，对城市和腹地经济的辐射与拉动作用不强。

（七）海洋经济管理服务的政策支撑不足

海洋经济作为国民经济的重要组成部分，涉及的行业领域、部门类别众多，海洋经济综合管理与服务的机制和体系尚未健全，行业、部门、区域之间未能形成有效的联动机制，导致海洋经济活动决策管理职能不清，政府出台的优惠政策难以落地。从海洋科技研发投入看，河北省大型专业化海洋科

---

① 《河北诸港"箱"见恨晚》，河北省交通厅港航管理局网站，2012 年 5 月 18 日。

技研发机构数量较少，相关科技研发人才缺乏，导致海洋科技创新能力不强。从海洋宏观管理看，尽管河北省出台系列海洋经济发展规划和专项规划，但"大海洋"的意识不强，发展理念相对保守，海洋资源优势未能充分发挥。尤其是对岸线、滩涂资源的开发缺少长期发展规划，部分海域开发秩序混乱，造成海洋产业和区域发展的不协调。国家层面和河北省层面虽然颁布一系列法律法规，但海洋经济涉及面广，一些专业领域的政策体系尚不完善，难以形成海洋经济发展合力。

四 · 加快河北省海洋经济发展的对策建议

当前，在京津冀协同发展和"一带一路"战略导向下，河北作为沿海大省，应紧抓战略机遇，做好顶层设计，积极探索融入两大战略格局的方式途径，促进河北省海洋经济稳定快速发展。

（一）完善顶层设计，加强整体经济的联动性

加快河北海洋经济发展，必须抓好沿海开发的顶层设计，通过高起点规划引领高水平建设、高效益开发。按照《河北省沿海地区发展规划》、《河北省海洋功能区划》的指导，结合国家产业政策，高质量编制沿海地区总体规划、海洋经济和海洋产业发展规划及其他配套性规划。以陆域经济、技术为依托，按照全面规划、重点突破的原则，科学规划海洋资源的开发，稳步提高海洋经济吸收和依附能力，以陆域空间为腹地和市场，放眼外海带动内陆，实施海陆互动战略，强化海洋经济辐射和带动作用。重点优化海域使用结构与空间布局，确定海洋经济发展的重点方向和优先领域，尤其是滩涂和潮间带资源的开发利用，推动海洋空间资源的均衡利用，从根本上改变资源高强度开发与闲置浪费并存的局面，提高资源利用效率。进一步完善河北沿海地区发展组织领导机构，与京津协同，加快体制机制创新、港口建设、要素保障、产业聚集等方面的发展速度，推进土地、岸线、港口、园区等各类资源共建共享。

（二）以"两大战略"为契机，加快大港口群体系建设

在京津冀协同发展和"一带一路"的国家战略导向下，有效配置港口资源，实现港口之间的良性互动，形成港口要素聚集之势，主动融入"一带一路"格局，将河北打造成为我国"21世纪海上丝绸之路"的重要支点，成为当前河北省海洋经济发展的重要内容。当前，环渤海、长三角、东南沿海、珠三角和西南沿海5个港口群奠定我国沿海港口空间布局基础，各地在相互竞合中壮大整体实力的同时，不断寻求单个港口建设的发展之策。如大连港口发展定位为"区域综合物流集成商"；宁波、舟山两市将"一带一路"、港口经济圈等作为2015年的重点工作内容，建设浙江港口经济圈的战略构想。河北省作为沿海大省，应充分发挥好港口资源优势，积极融入两大战略。河北省政府常务会议审议通过《河北省人民政府关于加快沿海港口转型升级为京津冀协同发展提供强力支撑的意见》，明确指出河北沿海港口升级实施三大战略，积极建设"地主港"，这为建设河北沿海"大港口群"提供有利契机。因此，在港口体系建设方面，应以"大港口群"模式为立足点，发挥津冀港口互动相连区位优势，通过构建"港群产业"融入、"港群贸易"融入、区域"港群合作"融入、"大港口群"建设平台融入四种途径，加快河北三大港口与天津港的对接互动，形成支撑京津冀协同发展和"一带一路"战略格局的重要支撑。

（三）提高海洋科技发展水平，推动海洋经济结构转型升级

科技是引领海洋经济发展的关键要素。着力提升海洋创新能力，构建以省级各类创新平台为主体，以企业技术中心为辅助的海洋科技创新体系，增强海洋科技引进、消化、综合再创新能力，提高河北省海洋科技成果吸收、转化和推广能力。围绕河北省临港及海洋产业发展的共性技术和关键技术，开展科技攻关。重点开展海水淡化、海水化学资源利用、海洋生物资源综合利用、海洋水产品精深加工、船舶、专用设备等高端工程装备的设计、研发和整体制造技术研究等。加快海洋科技成果转化基地建设，围绕临港及海洋

产业科技成果中试、转化等建立科研基地和公共服务平台，充分发挥高新技术和先进实用技术优势，加大传统海洋产业改造提升力度，加快发展海洋新兴产业，提高科技对海洋经济发展的贡献率，促进海洋产业结构优化升级，实现海洋经济稳定持续发展。

（四）着力发展海洋产业，提升海洋经济整体发展水平

一是加速传统渔业转型升级。加大渔业资源修复力度，大力发展藻、贝、鱼、虾等资源增殖，着力培育名优高附加值品种，逐步改善渔业资源种群结构和质量。积极发展多元化休闲渔业，发展多元化立体式休闲渔业。二是做大做强海洋交通运输业。整合港口资源，完善基础设施，建设三个亿吨综合大港。三是加快发展海洋装备制造业。按照"造修并重、壮大配套"的思路，发展大型船舶制造业。加强大型港口机械、石油钻井平台、核电风电设备、海洋建筑施工设备研发制造，提高海洋装备制造业水平，培育一批具备较强国际竞争力的专业化装备制造企业。四是提升滨海旅游内涵和品质。以秦皇岛—唐山湾滨海旅游度假区为重点，打造一批主题鲜明、内容丰富、品位较高、功能完善、吸引力强的滨海旅游景区。构建以大企业集团为龙头、以中小企业为支撑的协调发展格局，促进旅游企业规模化、品牌化发展。五是深化发展海洋盐业及盐化工业。加快盐田改造和自动化作业水平，大力发展强化营养盐等高附加值盐产品。以曹妃甸工业区、南堡开发区、沧州临港化工区建设为重点，推进纯碱技改扩能、海水淡化苦卤开发利用、制碱废液回收等产业。支持现有盐化企业加强技术改造和科技进步，力争实现海盐及盐化工生产过程的零排放。六是积极培育海洋生物产业。引进培育一批技术先进的海洋生物企业，谋划建立独具特色的海洋生物科技园，重点研发、推广海洋生物科技，提高海洋生物产业科技水平。七是加快海水综合利用步伐。加快实施海水淡化工程，推进重点行业海水直接利用、大中型海水淡化和海水化学资源综合利用项目建设。引导临海企业使用海水作为工业冷却水和脱硫水，鼓励沿海城市居民利用海水作为大生活用水，积极发展海水蔬菜种植，建设海水蔬菜种植基地。

（五）坚持开发与保护并重，改善海洋生态环境

一是加强海洋生态保护区建设和海洋生物资源保护。开展对滨海湿地、河口、海岛等特殊海洋生态系统及其生物多样性的调研和保护。控制和压缩近海传统渔业资源捕捞强度，继续实行并完善禁渔区、禁渔期和休渔制度。加强对重点渔场、河流入海口、海湾、海岛等海域海洋生物资源繁殖区的保护。二是要严格控制影响海洋环境的污染物排放入海，加强对油气勘探和开发、临港工业与港口工程建设以及船舶污染等的达标处理、定点排放的监管。三是继续加大对全省主要陆源入海排污口排污状况及重点排污口临近海域生态环境的监测力度。加强对保护区附近的海洋资源开发活动、人为破坏等干扰因素对海洋生态环境影响的监管。四是加强海洋生态环境保护监测的基础设施和能力建设，以 RS、GIS 等技术为基础，建立海洋生态环境监测信息数据库，构建动态监测系统，为海洋资源开发与环境保护提供科学依据。

（六）完善配套政策，优化海洋经济发展环境

海洋经济加速发展离不开国家和省的政策支持。加大对海洋产业带发展的政策支持力度，国家在重大产业项目规划布局、重大基础设施和重点项目等方面予以政策支持，对处于成长期的海洋高科技产品，给予财政补助，实施政府优先采购制度，对列入国家重点扶持和鼓励发展的涉海产业项目，给予企业所得税减免、研发费用税前抵扣等优惠政策。发挥政府投资的引导作用，引导国内外各类金融资本和民间资本投资河北省临港及海洋优势产业和战略性新兴产业。创设海洋产权交易中心，促进海域使用权、海岛使用权的依法有序流转。积极引入政策性保险，健全担保和再担保机构，降低临港及涉海企业经营风险。加强相关法律法规建设，优化海洋经济发展环境，完善海洋经济管理机制，为海洋经济发展营造良好的政策环境和体制环境。

B.8

河北省战略性新兴产业培育与
突破的路径研究

段小平*

摘　要：　加快培育和发展战略性新兴产业，是 21 世纪国家着眼世界全
局做出的重大战略决策，也是推动河北经济转型跨越发展的
现实需要。本文围绕河北战略性新兴产业发展现状，深入分
析河北战略性新兴产业发展存在的问题，提出河北战略性新
兴产业的培育重点和加速发展的突破路径。

关键词：　战略性新兴产业　河北省　经济结构转型

战略性新兴产业是以重大技术突破和重大发展需求为核心，对经济社
会发展全局具有引领带动作用的，代表产业发展方向，知识技术密集、发
展前景广阔、综合效益好的产业。当前，河北省正处在经济转型与发展动
力转换的关键时期，加快培育发展战略性新兴产业，对加速高技术、低污
染、低耗能、高附加值产业发展，推动全省经济结构转型，补足京津冀协
同发展中河北产业短板，加速实现"两个一百年"奋斗目标具有重要的战
略意义。

---

* 段小平，河北省社会科学院农村经济研究所助理研究员，研究方向为农村经济、产业经济。

一 加快战略性新兴产业发展对河北的现实意义

（一）加快发展战略性新兴产业是突破资源环境制约、推动河北经济转型跨越的现实需要

"十三五"是河北省全面建成小康社会的关键时期，也是实现产业转型跨越发展的关键阶段。受国际、国内经济增速放缓以及国内环保治霾力度空前影响，当前河北省面临着的经济下行压力前所未有，调整以重化工业为主的经济结构、培育新的战略增长极的要求比任何时候都要迫切。加快发展战略性新兴产业，一方面可以通过做强低污染、低消耗、高附加值的产业，确保大量过剩产能淘汰过程中河北经济不失速、产业不断档，突破资源、环境对河北经济发展的制约；另一方面，高度创新集成、技术集成的战略性新兴产业，具有广阔的发展前景和强大的创新优势，对推动河北全省经济发展方式转变、打造经济发展新的增长极、带动新一轮经济良性发展、率先实现"两个一百年"奋斗目标，具有重要的战略意义。

（二）加快发展战略性新兴产业是加快区域资源整合、推动京津冀协同发展的战略需要

京津冀协同发展战略明确赋予河北省产业转型升级试验区的功能定位。京津冀地域相接，人文相近，在区位、科技、产业、资源上具有天然的互补优势。但长期以来，京津冀产业同质竞争激烈，协同创新程度偏低，分工断位。北京处于创新引领、技术产业化阶段，天津处于提升技术、扩大规模的阶段，河北则处于加速发展的阶段，科技产业集群、配套能力偏低。北京丰富的人才资源、科技创新成果不能就近转化、应用，造成河北省难以有效对接京津科技产业。贯彻国家京津冀协同发展战略，加快战略性新兴产业发展，一方面，可以实现与京津的联动发展，平衡区域产业布局，加速京津冀高新技术产业创新、技术储备与产业化进程；另一方面，有利于补齐河北产

业发展短板，构建传统工业与新兴产业双轮驱动的发展格局，在京津冀协同发展中增创河北发展的新优势。

（三）加快战略性新兴产业发展是应对区域竞争加剧、服务国家发展战略的现实需要

当前，全球经济竞争正发生深刻变化，全球高新技术产业竞争进入白热化，世界发达国家纷纷加快部署，推动新能源、信息技术、节能环保等新兴产业加速发展。国家专门制定《加快培育和发展战略性新兴产业的决定》，明确提出将战略性新兴产业打造成为先导产业和支柱产业。国内北京、浙江等省市纷纷出台强有力的政策，大幅度将资金、技术、人才等要素资源向战略性新兴产业倾斜，期待在战略性新兴产业形成的关键时期有所作为。面对国内外激烈的竞争，河北省战略性新兴产业不进则退，慢进亦退。应对竞争，河北要想在未来区域经济发展中占据有利地位，加快战略性新兴产业发展势在必行。

（四）加快战略性新兴产业发展是实践绿色发展理念、实现可持续发展的现实需要

河北省是我国重要的能源重化工基地，钢铁、煤炭、电力、建材等传统产业占比高，面临经济增长过多依靠资源、投资推动，经济增长质量效益不优，污染排放总量过大，生态修复和环境治理任务艰巨，改善民生压力大等诸多问题，发展新能源、新材料、节能环保、新一代信息技术等战略型新兴产业，一方面，可以推动工业化与信息化融合发展，用战略性新兴产业的核心产品、关键技术改造提升传统产业，如"互联网＋"、智能装备技术改造传统工业，推进节能减排和低碳发展，实现绿色发展、低碳生活、绿色出行；另一方面，对加强生态环境保护，实现经济发展与生态建设统一，打造生态文明建设先行区、京津冀生态环境支撑区，具有重要意义。

二 河北省战略性新兴产业发展现状

近年来，河北省将发展战略性新兴产业作为稳增长、调结构、促转型的重要抓手，大力实施创新驱动发展战略，从政策、财政、金融、人才等各方面对战略性新兴产业发展予以大力支持，全省战略性新兴产业呈现蓬勃发展的良好势头。到2014年末，全省高新技术企业（主要是战略性新兴产业）达到1069家，其中规模以上企业574家、上市企业32家，总收入超亿元的企业达到274家，超5亿元的70家，超10亿元的33家，超50亿元的4家。从发展特征上看，河北省战略性新兴产业发展具有以下特征。

（一）战略性新兴产业加速发展

在传统产业经济下行压力加大、有效需求不足的情况下，河北省战略性新兴产业运行态势良好。2013年和2014年，河北省规模以上战略性新兴产业实现增加值分别增长14.2%和13.2%，远超同期工业增速，可谓"一枝独秀"。到2014年末，河北省战略性新兴产业实现工业增加值1540.4亿元，同比增长13.2%，高出同期工业增速8.1个百分点；战略性新兴产业占规模以上工业的比重达到13.2%，提高1.3个百分点。其中，航空航天、电子信息、节能环保等战略性新兴产业领域增加值增速达到20.9%、19.4%和18.8%，远远超过同期工业5.0%的平均增速。2015年上半年，在国内、省内经济低位增长之际，河北省战略性新兴产业继续领跑全省第二产业发展。2015年1~6月，河北省规模以上工业高新技术产业共完成增加值790.3亿元，比2014年同期增长11.5%，高于规模以上工业6.9个百分点；战略性新兴产业增加值占全部规模以上工业增加值的比重达15.1%，首次突破15%，创出历史新高。

（二）五大战略领域快速突破

在河北省战略性新兴产业整体加速的同时，高端装备制造、生物、电子信息、新材料、新能源五大战略领域发展迅速，引领河北战略性新兴产业发展。2014年上半年，河北省高端装备制造领域共完成增加值334亿元，占同期战略性新兴产业增加值的比重达到49.3%，同比增长12.1%；生物领域完成增加值110.9亿元，占同期战略性新兴产业增加值的比重达到16.4%，同比增长12.4%；电子信息领域共完成增加值80.2亿元，占同期战略性新兴产业增加值的比重达到11.8%，同比增长13.9%。高端装备制造、生物、电子信息完成增加值达到525亿元，占战略性新兴产业增加值的比重达到77.5%，处于绝对主导地位。

（三）固定资产投资高速增长

战略性新兴产业的快速发展，吸引大批企业、社会资本纷纷进军战略性新兴产业，带动全行业投资的高速增长。一批传统企业也纷纷进军战略性新兴产业，如生产胶片的乐凯集团向数字印刷、光学薄膜、新能源领域拓展，从事燃气的新奥集团开拓智能能源、能源化工。2013～2015年上半年，全省战略性新兴产业固定资产投资增速分别达到15.4%、26.5%和25.4%，增长速度明显加快。2014年，全省战略性新兴产业投资3169.6亿元，增长26.5%；其中，节能环保、新能源和电子信息产业投资明显增长，增幅达到62.1%、51.9%和51.9%，新材料和生物技术投资分别增长26.3%和25.7%。到了2015年上半年，电子信息和新能源产业投资再次大幅增长，增速分别达到55%和51.3%，生物技术和高端装备制造的投资也都达到43.5%和20.6%的增长幅度。

（四）战略性产业集群发展

随着国家科技体制改革的深化和加快创新发展战略的实施，高新技术产业化基地、各类科技示范工程、国家技术实验室、企业技术创新中心、高新区等战略性新兴产业呈现良好的发展势头。到2013年末，全省拥有国家级高新区5家、省级高新区10家，建设省级以上企业技术中心436家、工程技术研究中心197家、重点实验室92家，成为战略性新兴产业聚集发展的重要载体。唐山新能源汽车、石家庄软件园、保定高新区可再生能源产业化基地、秦皇岛"数谷"及石家庄、邯郸生物基地等战略性新兴产业集群快速发展，英利集团、晶龙集团、晨光生物、以岭药业、先河环保、银隆新能源等一批龙头企业纷纷崛起。

（五）京津冀新兴产业协作展开

随着京津冀协同发展战略逐步落实，河北省举办"百家央企进河北"、"百家院所校进河北"等活动，中国电子科技集团、中国工业机械集团等一批国字头企业、京津企业纷纷到河北各地投资战略性新兴产业。河北各地也积极搭建战略性新兴产业发展平台，为推动京津冀高端产业协作打下基础，如保定市谋划十大重点板块、18个重点园区作为京津科技创新成果转化基地和协同创新共同体，着力发展高端装备制造、新能源、航空航天和新材料、电子信息、节能环保等战略性新兴产业。

三 河北省战略性新兴产业发展存在的主要问题

（一）战略性新兴产业总量偏小，企业数量少

与全国比较，河北省战略性新兴产业总量偏小，具有影响力的龙头企业、高新技术企业不多，享有自主知识产权的产品不多，对经济发展的带动力不强。以2013年为例，全省战略性新兴产业主营业务收入占全部工业的比重不超过6%，全国平均水平超过9%，两者差距明显。与发达省市相比，河北省的差距就更为明显。2011年，苏州市规模以上战略性新兴产业数量就达到1700多家，占规模以上工业总产值的比重达到38%，对工业增长的贡献率达到50%，而目前河北全省规模以上战略性新兴企业还不到1100家，增加值占规模以上工业比重仅15%，对经济增长的贡献率也明显偏低。

（二）战略性新兴产业发展的行业、地区差距悬殊

从行业发展看，河北省新能源汽车、节能环保、新材料等产业发展速度较快，但发展规模较小，海洋产业在发展规模和发展速度上都明显滞后，数据显示，河北省新能源汽车、节能环保、新材料、海洋产业增加值占战略性新兴产业增加值的比重不到30%，与河北是能源大省、钢铁大省、沿海省份的地位不相符。从地区发展看，石家庄、唐山、保定聚集全省一半多的高新技术企业，其中，石家庄高新技术企业数量比邯郸、衡水、邢台、承德、张家口五市总和还多，而邢台、承德、张家口高新技术企业数量仅为全省的8%。

（三）技术研发创新投入不足，核心技术掌握不多

战略性新兴产业的培育与发展需要大量的资金投入，才能保持一定的持续性和稳定性，才能实现向主导产业和支柱产业的转变。近年来，河北省包括战略性新兴产业在内的R&D经费总量有了明显增长，但投入不足的问题仍没有明显改善。2014年，河北省高新技术产业R&D经费投入为320亿元，占GDP的1.1%，在全国排第20位，比全国平均水平低1个百分点。规模以上工业企业R&D支出占主营业务收入的比重为0.51%，低于全国平均水平0.3个百分点。从企业掌握的核心技术情况看，目前，河北省战略性新兴产业中实力雄厚、拥有自主知识产权和核心能力的企业不多，一些高新技术企业是引进别的国家的技术成果直接生产，一些领域虽然取得一定的优势，但主要集中在产业链的中低端，还没有掌握高端领域、高附加值领域的核心技术。

（四）人才集聚优势不明显，发展环境有待改善

人才是战略性新兴产业发展的基础和保障。与沿海地区、京津大都市相比，河北省在薪酬待遇、子女教育、教育医疗等软硬件条件方面存在较大落差，对国内外优秀创新人才、科研队伍的吸引力不足，京津高层次人

才、科研院所高科技成果在中试、产业化的过程中很容易出现"蛙跳"，越过河北流向珠三角、长三角等地进行成果转化。调研显示，京津科技成果转化中，河北省吸进不到2%，而50%以上的成果是到广东、浙江等地进行成果转化。

四 河北省战略性新兴产业发展的战略思路与培育重点

（一）发展思路

"十三五"时期是河北省战略性新兴产业加速发展、提升核心竞争力的关键时期，必须以市场需求为导向，以核心重大项目建设为重点，以科技创新为引领，以重大关键技术研发、重大技术产业化、应用示范和标准化建设为突破口，着力加强宏观引导和统筹规划，着力开展精准招商，着力营造良好发展环境，着力引进高端人才，切实采取有力措施，强力推进战略性新兴产业快速健康发展，抢占经济、科技竞争制高点，使河北战略性新兴产业成为全省先导产业和支柱产业，成为转变河北经济转型跨越的强大动力。

（二）培育重点

"十三五"期间，河北省应立足资源优势，充分考虑经济基础、产业实际、发展潜力，扬长避短、特色发展，优先培育打造和发展一批优势产业，力争在先进装备制造、新一代信息技术、生物、新能源、新材料、节能环保、海洋战略产业和新能源汽车八大战略性新兴产业的关键领域取得突破性进展。

1. 先进装备制造

以高端化、智能化、链式化、服务化为主攻方向，重点发展交通运输装备、工程和专用装备、智能装备、基础装备四大产业链，加快发展现代工程装备、智能轨道交通及汽车装备、高性能超、特高压输变电装备、通用航空装备、核电装备、先进能源装备、高档数控机床、关键机械基础零部件等，建设石家庄装备制造基地、唐山中国动车城、邯郸冀南新区装备制造基地、保定节能环保制造基地。

2. 新一代信息技术

以延伸链条、强化基础、应用驱动为主攻方向，重点发展新兴显示、物联网、大数据、半导体照明、卫星导航及通信五大产业链，发展面向航空通信、移动通信、物联网、云计算、"互联网＋"的新一代信息技术，重点突破集成电路设计、芯片制造、平板显示、半导体照明、高端软件、云计算服务、通信设备及导航等技术研发与示范应用，倾力打造石家庄、廊坊软件与信息服务产业基地，建设保定信息产业基地、廊坊信息产业基地及石家庄中国"光谷"、秦皇岛"数谷"等电子产业基地，推动建设一批电子信息特色产业园和大型企业集团。

3. 生物

以创仿结合、特色突出、集约集聚、规模支撑为主攻方向，重点发展生物制药、现代中药产业链，调整提升化学药发展，加快面向新医药、生物育种、生物制造等领域的生物保健食品与化妆品、疫苗与诊断试剂、绿色农用生物制品、农业良种、生物菌种、生物环保技术等关键技术和产品。

4. 新能源

以链式化、集群化、服务化为主攻方向，做强太阳能光伏、风力发电、智能电网三大产业链，发展生物质能源利用产业、地源热泵、智能电网装备。抓好保定、邢台国家级光伏基地建设，加快新奥非晶薄膜电池项目建设，加快天威风电、中航惠腾、中钢邢机等骨干企业建设风电一体化产业基地，打造坝上、沿海百万千瓦风电基地。

5. 新材料

大力发展新型功能材料、先进结构材料、高性能纤维肌肤和材料、纳米材料、光伏新材料、半导体材料、高性能有色金属材料、高性能焊接材料、特种玻璃材料、氟化工、石墨烯、高品质特殊钢等。重点推进承德钒钛新材料、唐山钛材料、河北硅谷碳纤维、天元碳硅钛导电陶瓷、诚志永华 TFT 液晶材料、平钻 CVD 金刚石等项目的产业化，形成一批产业发展制高点。

6. 节能环保

以需求牵引、加快引进、培育本土、延伸服务为主攻方向，重点推进突破一批"三废"综合治理关键技术和装备，推进开发一批余热余压高效利用、节能智能监测、高效除硫除尘装备，废水、废气、固体排放物综合回收利用装备，培育一批节能环保优势骨干企业。

7. 海洋产业

以海洋自主创新、集成创新、引进消化吸收为主攻方向，大力推进海洋新兴产业发展，推进海洋生物技术、海洋风电装备、海水综合利用、海洋能发电、海洋精细化工、海洋工程装备、海底资源勘探开发、特种船舶制造等产业化发展。

8. 新能源汽车

推进突破电动汽车电池、充电装备、电控系统等新能源整车和关键零部件关键技术，发展混合动力等新能源汽车，推进电动汽车的推广和应用。重点打造邯郸银隆新能源汽车、保定节能与新能源汽车、石家庄电动汽车、衡水电动汽车核心零部件等产业化基地，培育纯电动车整车和零部件生产核心企业。

五 河北省战略性新兴产业加速发展的突破路径

（一）优化发展布局，打造战略性新兴产业聚集区和增长极

1. 优化战略性新兴产业规划布局

要用好京津冀协同发展战略机遇，立足环京津高新技术产业带、沿海经济开放带、冀中南经济隆起带，着力培育一批新兴产业聚集区。秦皇岛、唐山、沧州等沿海地区，要发挥好海洋、港口优势，着力培育高端装备制造、

新兴海洋产业、新材料、新能源汽车等战略性新兴产业；环京津周边的廊坊、张家口、保定、承德、唐山，要发挥好区位优势，大力吸引京津尤其是首都科技人才资源外溢和科研成果产业化生产，大力发展电子信息、新能源、新一代信息技术等新兴产业；冀中南地区要在生物、电子信息、卫星导航、新能源汽车等领域，高标准打造一批战略性新兴产业园区。根据各地不同的产业基础、发展条件，依托省市高新技术园区、国家级实验室、企业技术中心谋划建设一批战略性产业创新示范基地。

2. 推进京津冀产业协同发展率先突破

要大力推进"京津研发 + 河北产业转化"的发展模式，大力吸引京津高新技术成果在河北转化，构建"五带五区三中心"战略性新兴产业合作发展平台，推动京津冀战略性新兴产业率先突破。五带：即京津廊高新技术产业带、沿海临港经济产业带、京张绿色高端产业带、京九高新技术产业带、京广先进制造产业带；五区：北京曹妃甸现代产业园区、新机场临空经济合作区、渤海新区北京生物医药园区、亦庄廊坊产业园区、天铁循环产业示范区；三中心：北京现代汽车第四工厂、首钢京唐二期、张北数据中心。

（二）打造创新平台，夯实战略性产业发展基础

1. 加强技术研发中心和重点实验室建设

依托重点骨干企业，瞄准国家重大基础设施建设领域、重大产业项目发展技术，推动与国内外高校、科研院所的联合合作，重点推动沙河玻璃研究院、廊坊电子信息、衡水机器人等产学研创新示范基地，加强以邢台晶龙及中电 54 所、13 所等为依托的电子信息、新能源产业创新联盟。提升英利、石药、新奥等企业国家重点实验室支撑战略性新兴产业的创新研发能力，加强燕山大学装备制造、河北科技大学生物技术研发服务中心建设。积极引进国外创新资源，以德国、以色列、韩国、日本为目标区域，采取并购、收购、设立研发基地等多种渠道，推进关键核心技术突破，形成新的竞争优势。

2. 加快基地园区公共服务平台建设

推动国家高新区、工业园区内针对战略性新兴产业发展的公共服务平台、孵化器建设，大力推动大型企业研发平台建设，鼓励企业加大研发投入力度，建立产业技术研究院。鼓励企业建立博士后科研工作站、院士工作站。加强科技资源网络管理，建设大型仪器设备共用、数据资源共享的公共科技服务平台。支持高新技术园区、政府、科研院所为从事战略性新兴企业提供技术创新、节能环保、资源综合利用、创新创业孵化等公共服务。

（三）强化科技创新，提升企业核心竞争力

1. 实施多元投入战略

明确企业在战略性新兴产业发展中的主体地位，采取多种措施鼓励企业加大技术开发经费投入力度。用好河北省 10 亿元战略性新兴产业专项资金，为战略性新兴产业关键技术研发、高新技术成果产业化、创新能力建设、重点应用示范、高成长性企业培育和重大龙头项目引进等提供引导资金支持。积极鼓励企业引进先进科技成果和重大装备，运用信息技术对传统产业进行改造，推动产业优化升级。鼓励首台（套）装备的使用和新技术首购首用，开展核心设备更新和升级换代行动。"十三五"期间，重点围绕传统产业高端化、链条化、智能化、绿色化的发展方向，以改工艺、改装备、改产品和改管理为重点，全面推进新一轮技术改造。引导金融机构适应战略性新兴产业发展需求，综合运用风险补偿等财政优惠政策，引导金融机构加大对战略性新兴产业发展的支持力度。引导社会资金参与战略性新兴产业研发和产业化。

2. 加强产业关键核心技术研究

准确把握世界新技术发展趋势，围绕战略性新兴产业发展的重大需求，实施新兴产业"双百项目"，积极培育百项高新技术产业化项目和百项产业化研发与创新能力建设。发挥政府各类科技专项的引领作用，立足自主创新，鼓励技术引进、消化、吸收、再创新。围绕钢铁、建材传统产业升级和

新能源、海洋新兴产业、先进装备制造等战略性新兴产业技术需求，集中力量突破一批支撑战略性新兴产业发展的关键共性技术，形成一批具有自主知识产权的技术，强化产业技术创新能力。

3. 加快科技成果产业化

完善科技成果产业化机制，加快产学研创新要素向企业聚集，深化产学研开放合作机制，推动创新链条与产业链条的融合，协同推进产业技术创新。加强科技成果转化对接服务，支持建立科技成果和知识产权交易市场，促进技术转移和成果转化。充分发挥政府对成果转化的引导作用，综合运用财政贴息、无偿资助等多种扶持方式，促进战略性新兴产业的核心成果、核心技术的产业化应用。

（四）加强招商引智，打造战略性新兴产业发展持久动力

1. 实施精准招商战略

招商引资是带来项目、资金、技术、人才、市场等的重要途径，是实现战略性新兴产业提速发展的重要途径。用好京津冀协同发展机遇，采取多种措施，精准招商、引资选商。以先进制造业项目、高新技术项目为重点，通过专业团队招商、以商招商、产业链招商等方式，积极引进大型科研院所、高等院校、科技型中小企业，推进战略性产业跨越发展。积极探索项目招商的方式，做好项目的调研、论证、筛选、文字图片包装工作，采取措施对推介项目要素进行完善，真正使项目看得见、摸得着，有可操作性。

2. 创新人才支持政策

适应战略性新兴产业发展需要，面向国内外引进发展战略性新兴产业的高端人才、高技能人才、紧缺人才。加快与京津在薪资、子女教育、社保、医疗等方面的衔接、并轨，加快创造留住核心人才、领军人才和创新团队的发展环境。充分利用"海外高层次人才引进计划"、"燕赵金领蓝领培训计划"、"百人计划"、"巨人计划"、"技能大师培训工程"、"省级特聘专家"等人才工程、人才计划，构建适应战略性新兴产业发展的多层次的人才培养体系。

参考文献

河北省人民政府：《关于加快培育和发展战略性新兴产业的意见》（冀政〔2011〕72）。

熊思勇等：《苏州市战略性新兴产业发展现状及分析》，《科技管理研究》2014年第11期。

河北省统计局：《河北省国民经济与社会发展统计公报》2013年、2014年、2015年上半年。

B.9
新常态背景下河北经济平稳向好发展面临的重大挑战及应对策略研究

李会霞*

摘　要：　当前，中国经济正在进入"增长速度换挡期、结构调整阵痛期、前期刺激政策消化期"，总体呈现增速放缓、产能过剩、结构变化和动力转换的新常态。与全国其他省区一样，随着经济下行压力的不断加大，河北省经济发展也正面临诸多全新挑战。基于此，本研究将从深入探寻新常态下河北省经济发展所面临的各种重大矛盾和挑战这个关键点切入，系统提出相关应对策略，以期尽可能减少各种风险挑战对河北省经济发展的负面影响，全力助推全省经济尽快进入"增长中高速、质量中高端"的健康轨道。

关键词：　经济新常态　河北　平稳向好

近年来，受增长周期、要素红利衰减等多重因素影响，我国正在进入以速度换挡、结构调整、挑战增多等为主要特征的新常态。由于新常态必须要对过去高速发展期遗留的各种问题进行化解，因此经济发展面临下行压力、经济增速放缓等情况不可避免。当前，科学认识并积极适应新常态，迎难而上，主动作为，对新形势下推动河北经济平稳向好发展意义重大。基于以上

* 李会霞，河北省社会科学院经济研究所、河北省文化研究中心助理研究员，主要从事区域经济和产业经济等方面的研究。

认识，本研究将深入探寻新常态下河北经济发展所面临的各种全新问题和挑战，全面提出各种应对策略，以期助推河北省经济赢得更大发展，迈上更高台阶。

一 新常态下河北经济发展所面临的形势判断

（一）国际形势

1. 世界经济形势有所改善，但复苏进程依然反复曲折，低速增长将成为常态

经过金融危机后的几年调整，世界经济复苏形势已经基本得以巩固，当前，以美国为首的发达国家呈现较强的复苏态势，再工业化有望推动美国等发达国家经济继续扩张，将对世界经济产生积极影响。新兴经济体结构调整力度不断加大，在有效抑制通货膨胀的同时必将进一步促进世界经济增长。但同时全球经济仍面临诸多困难和风险，不确定性和脆弱性仍将是未来一段时间全球经济发展的主要特征。一些发达国家经济虽然出现好转，但经济体制引发金融危机的根源还远未消除，消费需求低迷，企业投资意愿不强，世界经济内生增长动力仍然较弱，低速增长将成为今后一段时间的常态。美国退出量化宽松货币政策，也将给新兴经济体和发展中国家带来更大的风险，成为世界经济新的风险源。世界格局动荡不安，特别是地缘政治复杂多变，也为新常态下世界经济的发展增加诸多不确定性和不稳定因素。

2. 全球气候异常变化引发的环境问题加剧，高消耗、高排放和高污染的传统发展方式将难以为继

从全球来看，在积极应对全球气候变化的背景下，促进能源加速向绿色低碳转型，降低能源消费量，大幅和持续减少温室气体排放已经成为世界各国的共识。对发展中国家而言，应对气候变化将带来更为严格的能源利用约束，对经济发展方式的转型也提出更为深远的挑战，以往的高耗能、高排放、高污染发展模式已经难以为继，需要走出一条新的发展道路。低碳发展将成为未来各国发展的新模式、新形态，已经成为世界各国抢占新一轮战略制高点的发力点。

3. 新一轮科技革命正悄然发生，创新驱动将成为新一轮全球竞争的核心和关键

国际金融危机以来，世界主要发达国家纷纷实施创新战略，将重振实体经济作为经济复苏的关键，着力提升科技创新能力和产业核心竞争力，全球已进入创新密集时代，信息技术、生物技术、新能源技术、新材料技术等不断取得突破，以 3D 打印、机器人和新一代信息技术为核心的智能制造技术有望引领新一轮工业革命，新发明、新技术、新产品、新材料更新换代周期越来越短，创新驱动成为新一轮全球竞争的核心和关键。

4. 全球贸易环境持续趋紧，国际贸易和跨国投资增长将继续疲弱

近年来，伴随世界经济持续低速增长以及欧债危机的深化，全球贸易和进口需求持续低迷。一些国家为了缓解国内压力，大行贸易保护主义，进一步阻碍世界贸易复苏进程。面对国际经济复苏前景的脆弱性和政策的不确定性，许多跨国投资公司持观望态度，全球对外直接投资增长一直处于疲弱状态。以美国为首的发达国家正加速推动 TPP 和 TTIP 等新的协定，一旦建成将在知识产权、环保、劳工权益等方面形成新的国际贸易与投资标准和规则，并对未来全球经济治理结构产生深远影响，未来我国要加入 TPP，必须按新标准和新规则进行生产，如果不这样做，有可能丧失现有规则下形成的竞争力。

5. "一带一路"战略的加速推进，将为中国经济带来更多发展机遇

"一带一路"战略是新时期我国统筹陆海开放、协调东西开放、深化与丝绸之路沿线国家多领域合作交流的重要战略布局。作为中国新的国际战略框架，未来将会给中国经济带来多重发展机遇，不仅有助于将国内优质过剩产业转移，使其在其他国家和地区得以更好发展，而且对于一些因为要素成本上升而丧失竞争力的国内产业和产品，通过转移也可以使其在要素成本较低的国家获得新生。伴随"一带一路"重大战略的推进，必将

在促进沿线各国互利共赢、共同发展的同时，为我国经济发展提供更多机遇和发展动力。

（二）国内形势

1. 经济增长换挡减速，但长期向好的基本面没有改变

改革开放以来，中国经济连续 34 年保持超高速增长，从 1979～2012年，中国经济年均增速达 9.8%，而同期世界经济年均增速只有 2.8%。受增长周期、要素红利衰减等多重因素影响，2014 年中国经济增速为 7.4%，连续 4 年放缓，且创下 15 年来的新低。未来中国经济增长的底部还没有探明，预计将在 6%～8% 波动，中国经济增长将"换挡减速"。但从总体看，我国经济仍将长期向好，处在重要机遇期。居民消费结构升级加快，对经济的拉动作用将进一步增强，工业化与信息化深度融合将催生新的经济增长点，改革红利不断释放，中国经济仍具备保持平稳较快发展的潜力和条件。

2. 转型升级步伐不断加快，中国经济将进入"内涵式"增长

新常态下，我国经济从高速增长变为中高速增长已是不争的事实，从表面看，新常态是经济增长速度换挡，本质则是经济增长动力的转换，进而倒逼产业转型升级。同以往相比，新常态、新趋势下我国经济转型升级也将被赋予新的内涵。一是必将加速实现发展动力转换。创新将成为驱动经济发展的主引擎，通过供给创新激活消费需求，形成新的经济增长点。二是必将推动经济结构的全面优化，加快传统产业升级改造步伐，强化新兴产业的支撑和引领作用，全面提高产业发展的整体层次和水平。三是必将实现经济发展质量的提质增效。通过竞争、兼并重组、淘汰等方式，生产要素将从效率低的部门和企业转向效率高的部门和企业，经济整体效益和竞争力进一步增强。

3. 资源环境形势日趋严峻，绿色发展、低碳发展和循环发展将成为常态

面对环境污染、资源紧张、生态退化日趋加剧的严峻形势，今后一段时间，我国必将把生态文明建设放在更加突出的地位，必将加快淘汰落后产能，严格控制新建项目，严格控制高耗能、高排放、产能过剩产业的过快增长。必将大力研发和应用减碳技术，加快运用高新技术和先进适用技术，改造并提升传统优势产业,加速推动绿色发展、循环发展和低碳发展,促进全社会节能减排。

4. 京津冀协同发展上升为国家战略,将为河北带来千载难逢的重大战略机遇

京津冀都市圈将是我国继珠三角和长三角之后的第三个增长极,伴随《京津冀协同发展规划》等一系列顶层设计的出台,中央将从财政政策、投资政策、项目安排等方面形成具体支持措施,加大对河北省的支持力度。落实这一重大发展战略和重大发展规划将成为新常态下河北省的一项重要工作,首都部分功能和产业向周边疏解,将带动河北省区域功能、产业结构、发展质量发生深刻变化,为河北省在京津冀协同共建城市群及首都经济圈中借力发展提供难得的历史机遇。

二 新常态下河北经济平稳向好发展
面临的重大矛盾与挑战

(一)传统增长引擎加速失效与新引擎尚未形成之间的矛盾日益突出

当前,河北省经济正面临三期叠加的困难,劳动力等要素成本逐步上升,资源环境承载能力已经达到或接近上限,以往河北省经济增长长期依赖的钢铁、水泥、玻璃、煤炭等传统产业增长空间已经全面收窄,支撑投资高速增长的房地产和基础设施投资增速逐渐下降,传统增长引擎逐步弱化,而战略新兴产业、自主创新能力以及消费等支撑经济增长的新引擎却尚未形成,这种增长引擎断档造成的经济发展内生动力不足,已经成为新常态下制约河北省经济平稳向好发展的首要问题。

(二)传统的发展方式与生态环境压力增大之间的矛盾日益尖锐

多年来,河北省受到资源价格较低、污染成本较小等因素的影响,产业

结构发展一直不合理。工业产业中，以有色金属行业、石油加工业、化工业、造纸业和纺织业为主的高耗能、高投入产业所占比重过大，能源消耗和环境污染严重。由于长期采用粗放型经济增长方式，当前河北省正承受着传统发展模式给资源环境带来的巨大压力。雾霾天气增多，土地沙化严重，大气环境堪忧，固体废弃物污染严重，水资源短缺、承载力弱化等资源环境问题日益严峻，不少地区的环境容量已经逼近临界点。由于河北环抱京津，加之当前面对建设资源友好型、环境节约型社会，河北省产业发展所面临的压力比以往任何时期和任何省份都大。

（三）居民收入较低、贫困问题突出与改善民生、扩大消费之间的矛盾日益加深

当前河北省经济发展进入新常态，面对经济下行压力，更要坚持改善民生与扩大消费并重。然而，河北省居民收入水平低、贫困人口依然较多的问题仍十分突出。虽然近年来河北省城镇居民人均可支配收入和农民人均纯收入逐年增长，但增长速度相对于国内先进省份却一直偏慢，其中，农村居民人均纯收入由 2010 年末的第 11 位下降到 2014 年第 14 位；城镇居民人均可支配收入由 2010 年的第 14 位下降到 2014 年的第 22 位，位居全国下游，尚不及全国平均水平，这与河北省 GDP 排名一直位居全国前列形成强烈反差，说明河北省在保持经济快速增长的同时，居民收入水平却并未同步提高，收入水平仍然较低。此外，当前河北省还有 62 个重点县、7366 个贫困村、512 万贫困人口，贫困人口占到全省乡村人口总数的 9%，贫困人口多，集中连片特困地区脱贫难度大，贫困问题依然突出。燕山—太行山地区、黑龙港流域和环首都地区，不仅贫困人口多、整体收入水平低，而且吃水难、行路难、上学难、就医难等问题还不同程度存在，因灾、因病返贫问题突出。居民收入低、贫困问题突出与改善民生、扩大消费之间的矛盾日益加深。

（四）城镇化水平长期偏低与经济发展水平不匹配之间的矛盾日益凸显

一是城镇化水平长期滞后，城市对农村人口的吸纳能力受限。多年来，

河北省城镇化水平一直低于全国平均水平，2013 年河北省城镇化率为 48%，低于全国平均水平 5.7 个百分点，在全国排第 23 位，在东部地区排第 11 位，倒数第一，而 2013 年河北省地区生产总值为 28301.4 亿元，在全国排第 6 位，不难看出，河北省城镇化率与经济发展水平极不匹配，和东部其他省份相比更是相差甚远，从而导致河北省各级城市对农村转移人口的吸纳能力不足。二是现有城市规模普遍偏小，中心城市首位度低，辐射带动能力弱。截至 2013 年末，河北省 11 个设区市中，市区人口在 300 万以上的仅有唐山一个，市区人口在 200 万～300 万的仅有石家庄一个，城市规模全部偏小，不利于中心城市提高首位度，带动周边县域经济的发展。三是城乡一体化融合程度低，城乡公共产品供给仍存在较大差距。尽管河北省已经出台一系列推进城乡一体化的措施，但从 2014 年河北省财政预算执行情况来看，全省城乡统筹方面的公共财政支出重点仍主要放在提升农村经济规模和改善村容村貌方面，在城市化生活方式的内涵提升上却投入较少，如改善农村地区的医院、学校、饮用水、污水处理等公共服务设施的供给上仍未给予足够重视。

三 新常态下推动河北省经济平稳向好发展的战略对策

（一）以稳投资、扩需求为重点，推动经济平稳健康发展

当前，河北省既要科学认识新常态，更要积极适应新常态，面对依然巨大的经济下行压力，更要发挥好消费的基础作用和投资的关键作用，从需求方面施策，从供给方面发力，构建扩大内需的长效机制，积极应对经济风险和压力，确保全省经济稳中有进、稳中提质发展。

1. 充分发挥消费的基础作用，把提升消费作为扩大内需的主着力点

千方百计增加就业岗位，加快收入分配制度改革，促进居民收入快速增长，增强居民消费能力和消费增长的可持续性，夯实消费之基。加快完善城乡居民的社会保障体系，改善居民消费预期，提高社会总需求。以信息、文

化、服务等消费为重点，不断拓宽消费领域，发展新型消费业态和消费热点，使人们在增强消费能力的同时改变消费理念。加快推进财税、信贷、信用等促进消费政策的完善，规范商品和服务消费市场秩序，加快推进消费环境的全面改善，充分释放全省人民的消费潜力。

2. 大力优化投资结构，增强投资的关键作用

引导投资向改造优势传统产业集中，向战略性新兴产业集中，向基础设施和基础产业集中，向改善民生和公共服务薄弱环节集中，向优势产业和园区基地集中，推动高科技、高附加值、高效益项目成为固定资产投资的主体，全面提高投资质量和效益。加大产业升级、基础设施、环境保护、民生改善等领域的投资力度，谋划和建设一批立省的重大项目。严格控制"两高"和产能过剩行业投资扩张。发挥政府投资的导向作用，激活民间投资，放宽投资准入，鼓励支持民间资本进入交通、能源、金融、市政、卫生、教育等领域。

（二）以创新驱动和转型升级为重点，双轮驱动，打造支撑和引领经济增长的强大动力源

新常态背景下，面对传统增长引擎加速失效，河北省更要把创新和转型摆在关系发展全局的核心位置，通过创新驱动和转型升级，双轮驱动支撑和引领全省经济发展，推动产业发展向价值链高端跃升。

1. 大力实施创新驱动战略，强化科技创新对经济发展的支撑和引领作用

积极推动政府引导、企业为主、社会支撑的多元化创新投入体系建设，全面加大创新投入力度。进一步提高科学技术研究开发经费占全省生产总值的比例，确保科技经费稳定增长，并高于财政经常性支出增长。进一步强化企业的创新主体地位，舍得给条件、给政策，引导各类创新要素向企业聚集，鼓励企业设立研发机构，通过合作研究、技术引进等途径，积极与行业协会、高校、科研院所及同行企业开展技术创新开发合作，开发具有竞争优势的高端产品，打造一批自主创新能力强、国内外行业竞争优势明显的行业领军企业和科技小巨人企业。加快创新平台和载体建设，进一步加大引进力

度，推动一批国家级战略性技术创新平台落户河北，充分利用京津科技资源，加强与央企、高校和科研机构合作，谋划一批省级创新基地，强化自主创新的载体支撑。全面深化创新人才交流合作，培养和引进一批创新领军人才和创新创业团队。全面贯彻落实国家和河北省已出台的支持科技创新的各项优惠政策措施，针对河北省重点发展科技专项和技术创新领域，加快出台新的支持政策措施。强化支持创新创业的财税政策，加强有利于科技创新的激励约束制度建设，探索建立产权激励机制。加强知识产权保护，鼓励专利开发和应用。加大科技创新奖励力度，充分发挥科技奖励在推动创新中的激励作用。

2. 加快推进产业转型升级，全面提升经济发展的质量和水平

积极加大传统优势产业的改造力度。坚决化解过剩产能，坚决遏制钢铁、水泥、平板玻璃等产能严重过剩行业盲目扩张。加快推动信息化与传统产业深度融合，以产品高端化、研发设计知识化、生产制造智能化、全生命周期绿色化、制造服务化、企业数字化为方向，加快信息技术深度应用。大力实施"千项技改项目"和"十百千工程"，采取有效措施，支持引导每个传统企业通过上新项目转型升级，加快向高端、高质、高效迈进。加快推动战略性新兴产业爆发式增长。充分发挥战略性新兴产业在优化产业结构、提升产业竞争力方面的引领作用，加快推动电子信息、生物医药、新能源、新材料等有比较优势的新兴产业和海洋经济、高端装备制造等有潜力的新兴产业发展壮大，使其成为推动全省经济发展的重要力量。大力提升服务业的规模和水平。坚持扩大总量与优化结构并重，推进服务业发展提速、比重提高、水平提升。鼓励支持优势服务业企业做大做强，实行规模化、网络化和品牌化经营，加快形成一批具有较强竞争力的服务业龙头企业和集团。搞好与京津服务业对接，大力吸引京津的优质生产要素、名牌企业，围绕信息服务、研发设计、融资服务、商务服务、文化创意领域，与京津合作组建专业化服务机构，共同开发新产品，开拓新市场。以现代物流、金融服务、信息服务、科技服务、商务服务、文化、旅游和健康养老等领域为重点，大力发展生产性服务业，优化提升生活性服务业。加快发展现代农业。以农业科技

为支撑，进一步优化农业结构，全力建设产出高效、产品安全、集约集聚、环境友好的现代农业。加快效益型农业建设，大力实施高标准农田创建工程，提升粮食产能，提高粮食质量。以环京津地区为重点大力发展都市农业、休闲农业等新业态，积极拓展农业功能。加快推进生态型农业发展，大力推广节水措施，推进农业清洁生产，规范化肥、农药用量实现零增长。加快推进智慧型农业建设，加强农村信息化和农业大数据建设，大力发展农业电子商务，推进农业生产精确化、可视化、智能化。加快构建新型农业经营体系，大力培育专业大户、家庭农场、农业合作社等新型农业经营主体，促进适度规模经营，推动工业产业化经营和集群发展，促进农村一、二、三产业融合。

（三）以加快推动新型城镇化为重点，打造经济增长的持久动力

新常态背景下推进新型城镇化发展是决定今后河北省能否继续保持健康发展的重要支撑点，是释放内需潜力的强大引擎，是发现和培育经济新增长点和新动力之所在。坚持以人的城镇化为核心，以京津冀协同发展为引领，把打造京津冀世界级城市群作为主攻方向，优化城镇布局，提升城镇承载能力，以有序推进农业人口市民化为突破口，以机制体制改革为重点，积极化解城乡矛盾，促进城乡一体化发展。

1. 全力推动京津冀世界级城市群建设

坚持把城镇化纳入京津冀协同发展格局，加强与京津互动，共同打造世界级城市群。推动保定、廊坊与京津共同打造城市群核心区，进一步提升石家庄、唐山京津冀城市群两翼副中心城市功能，做大做强中心城市，重点发展中小城市，大力培育特色小城镇，推动大中小城市和小城镇协调发展，逐步构建以京津两个特大城市为核心，石家庄、唐山两大城市为区域中心，其他设区市为支点的层次分明、梯度有序、分工明确、布局合理的区域城镇布局结构。

2. 提高城市可持续发展能力

优化城市产业结构，增强城市创新能力，强化城市产业就业支撑。统筹

城市主城区改造和新城新区建设，改造提升中心城区功能，规范发展新城新区。加快市政交通设施建设，大力发展城市公共交通，加强地下管廊建设和地下管线综合管理，增强城市供排水、供热、供气等保障能力，强化生活垃圾处理设施建设和运营，建设安全高效便利的市政公共设施网络。统筹布局建设学校、医院等公共服务设施，提升城市公共服务水平。加快新兴中小城市培育和新型城市建设，提高规划、建设和管理水平，培育城镇魅力。

3. 有序推进农业转移人口市民化

有序放开城镇迁移落户条件，创新户籍管理制度，统筹推进基本公共服务均等化。抓好石家庄等新型城镇化综合试点，加快建立财政转移支付、财政建设资金对城市基础设施补贴数额、城镇建设用地增加规模与农业转移人口落户数量"三挂钩"机制，促进农民工融入城镇。

4. 全面推动城乡发展一体化

一是推进城乡统一要素市场建设。加快建立城乡统一的人力资源市场、建设用地市场，加快建设县级农村产权交易市场，发展农业科技成果托管中心和交易市场，推动城乡要素互动融合。二是推进城乡规划、基础设施一体化。树立全域规划理念，统筹推进经济社会发展规划、土地利用规划、城乡规划等规划"多规合一"。统筹城乡基础设施建设，加快基础设施向农村延伸，推动水电路气信等基础设施城乡联网、共建共享。三是加快公共服务向农村覆盖，全面建成覆盖城乡居民的社会保障体系，促进城乡社会保障制度衔接，推动城乡基本公共服务均等化。

（四）以"京津冀协同发展"和"一带一路"重大战略为契机，加快构建对外开放新体系

充分依托"京津冀协同发展"和"一带一路"重大战略契机，积极扩大开放领域，大力"引进来"，积极"走出去"，在更高层次、更宽领域全面扩大对外开放，再造开放型经济新优势，以开放促发展。

1. 积极拓展区域发展新空间

加快推进与京津地区、国内其他省区、"一带一路"沿线国家等全方位

交流协作，推动形成区域竞争新优势。借力京津冀协同发展契机，加强与京津全方位战略合作，加快推进在产业发展、基础设施建设、生态环境保护等领域的对接与合作。加强与珠三角、长三角等发达省市合作，将引进项目、资金与引进人才、科技成果并重，推进先进制造业、服务业和新兴产业的发展与提升。把握"一带一路"战略机遇，深度参与国际经济合作与分工，在全球范围整合资源，布局产业链，积极创造参与国际合作和竞争新优势。

2. 加快迈出境外投资新步伐

着眼融入全球产业价值链，在全球范围内优化配置资源要素。全力支持企业参与"一带一路"建设，鼓励优势企业特别是钢铁、水泥、玻璃等资源型企业到境外建立战略资源供应基地和生产制造基地，有序转移过剩产能。支持企业采用跨国并购、股权投资等方式，并购境外优质资产、国际知名品牌、研发中心和营销网络。打造境外投资平台，支持和引导有实力和比较优势的企业建立境外工业园区，谋划建设钢铁、石化、建材、纺织、装备等境外产业园区，提升境外经贸合作水平；建立完善的"走出去"服务体系，制定支持"走出去"的激励政策，为企业境外投资创造条件，提供保障。

3. 持续提升利用外资水平

以"巩固港台、拓展日韩、攻坚欧美"为重点，拓宽利用外资领域，创新外资利用方式，加强与中东欧国家和"一带一路"沿线国家的投资合作，全面提升利用外资的质量、效益和水平。积极拓展外资来源渠道，引进战略投资者、私募股权投资者、风险基金投资者和天使投资者。鼓励引导外资投向战略性新兴产业和研发、文创、智慧服务等生产性服务业，鼓励引导外资以参股并购方式参与河北省企业兼并重组，不断提高利用外资质量。鼓励优势企业境外上市融资，探索以发行境外债券等方式开展跨境人民币借款。实施产业链招商，围绕河北省产业结构调整谋划一批龙头项目，锁定目标区域、目标产业和目标企业，提高招商引资的精准度。

4. 增创对外贸易新优势

积极应对世界贸易呈现结构性徘徊的趋势，充分利用 WTO 多边贸易制度安排、各种区域性贸易安排、中外自贸区协定安排，以及内地与港澳地区更紧密经贸关系安排带来的贸易投资便利化和服务业开放红利，增创对外贸易新优势、新动能。积极推动贸易结构调整，全面增加有利于推动全省转型升级、技术创新和形成新增长点的资金、技术和产品投入，加快推动以货物出口为主，向货物、服务、技术、资本输出相结合转变，培育"优进优出"新模式，构筑货物贸易、服务贸易、技术贸易融合互动、协调共进的新格局，实现竞争优势以价格优势为主向技术、品牌、质量、服务为核心的新转变。进一步扩大服务贸易规模，优化服务贸易结构，增强服务出口能力，培育"河北服务"的国际竞争力。

参考文献

中共中央、国务院：《国家新型城镇化规划（2014—2020 年)》，《广州日报》2014年 3 月 17 日。

中共河北省委、河北省人民政府：《关于进一步推进对外开放的若干意见》，《河北经济日报》2014 年 4 月 30 日。

社 会 篇

Social Reports

B.10

2015年河北法治发展状况及2016年展望

王艳宁*

摘　要：　2015年，河北省认真落实全面推进法治河北建设的实施意见，在法治建设上不断创新体制机制，立法上秉持"针对问题立法、立法解决问题"理念，强化科学立法。在推进依法行政、公正司法方面，推行公开透明，以公开促公正，确保法律有效实施。法治社会建设中，创新普法形式，提高全社会法律素养，让法治观念深入人心，在法治河北建设进程中迈出坚实步伐。2016年，河北的法治发展将会蹄疾步稳，按照全面推进法治河北建设的总体规划和要求，扎实完成各项任务。

关键词：　法治河北　科学立法　法治社会

＊ 王艳宁，河北省社会科学院法学研究所研究员，主要研究专业和方向为行政法、地方法治建设。

2015 年是河北省在新的历史起点上，全面推进法治河北建设的开局之年。2014 年 12 月 17 日，中共河北省委八届九次全会审议通过《中共河北省委关于贯彻落实党的十八届四中全会精神、全面推进法治河北建设的实施意见》，这是河北未来几年法治建设的总体规划。它立足河北法治建设实际，直面河北法治建设领域的突出问题，明确提出推进法治河北建设的指导思想、基本原则、总体目标、重点工作和保障措施，对组织动员全社会力量，加快法治河北建设，把全省的各项工作纳入法制轨道，具有十分重要的意义。

2015 年，河北省在法治建设上不断创新体制机制，出台举措措施，在立法方面，秉持"针对问题立法、立法解决问题"理念，突出问题导向，着眼务实管用，不断强化科学立法。在推进依法行政、公正司法方面，继续推行公开透明，法院加大网络庭审直播力度，检察机关网上发布重大案件信息，公安行政处罚裁决文书网上公布，司法公开力度之大前所未有，以公开促公信力提升，确保法律有效实施。2015 年 5 月 20 日，河北省政府出台《关于深入推进依法行政加快建设法治政府的实施意见》，在依法全面履行政府职能、健全依法决策机制、加强和改进政府立法、深化行政执法体制改革、推进严格规范公正文明执法、畅通矛盾纠纷化解法定渠道、强化对行政权力的制约和监督、加强法治工作队伍建设和加强组织领导等九个方面做出明确要求，对深入推进依法行政、加快建设法治政府做了更加明确的部署。在全民守法方面，创新普法形式，拓宽普法平台，把法律知识送到广大群众身边，努力提高全社会法律素养，让法治观念深入人心。总体来看，全省法治发展取得显著成效，在法治河北建设进程中迈出坚实步伐，为建设经济强省、美丽河北提供了有力的法治保障。

一 河北法治建设的顶层设计

为了全面推进依法治国方略在河北落地，2014 年 12 月 17 日，河北省委八届九次全会通过《中共河北省委关于贯彻落实党的十八届四中全会精神、全面推进法治河北建设的实施意见》（以下简称《实施意见》），从战略和全局的高度，提出全面推进法治河北建设的重大意义、指导思想、总体目标和基本原则，从提高各级党委依法执政水平、加强和改进地方立法、推进各级政府依法行政、保障各类市场主体依法经营、促进各级司法机关公正司法、营造全社会崇尚法治的良好环境、加强法治工作队伍建设等方面提出一系列重大举措。《实施意见》要求把法治建设与实际工作结合起来，在各个领域、各个环节中真正落实法治要求，体现法治精神。

（一）明确法治河北建设目标

法治河北建设确立的总体目标是，到 2020 年，基本形成完备的地方性法规体系、高效的法治实施体系、严密的法治监督体系、有力的法治保障体系，形成配套完备的省委党内法规制度体系；基本建成公权力运行规范、执纪严肃有力、执法严格规范、司法公正权威、法治氛围良好、社会和谐稳定的法治河北。法治作为治国理政的基本方式得到落实，社会治理体系不断完善，治理能力现代化水平得到提升。

1. 党委依法执政能力显著提升

各级党委依宪执政、依法执政的理念牢固树立，依法治省的工作机制健全完善，依法治理水平进一步提高；全省党员干部特别是领导干部运用法治思维、法治方式推动工作的能力不断增强；党要管党、从严治党得到认真落实。

2. 地方立法质量显著提升

地方立法和改革决策相适应，符合现实需要，反映客观规律，科学性、及时性、针对性、有效性进一步增强；公开、公平、公正的原则贯穿立法全过程；每一项立法都符合宪法精神，反映人民意志，得到人民拥护。

3. 人大监督、协商民主成效显著提升

宪法得到有效遵守，法律法规得到有效实施，行政、司法活动受到有力监督。民主监督机制更加健全，协商民主纳入决策程序，广纳群言、广集民智、增进共识、增强合力得到有效落实。

4. 政府依法行政能力显著提升

各级政府在法治轨道上规范运行，权责统一、权威高效的依法行政体制全面建成，严明严格、科学有效的权力运行制约和监督体系全面形成，职能科学、权责法定、执法严明、公开公正、廉洁高效、守法诚信的法治政府基本建成。

5. 司法公信力显著提升

司法机关依法独立公正行使职权，司法权力运行机制科学规范，监督制约机制更加健全，司法活动透明便民，执法司法更加严格，人权司法保障更加有力，司法能力和水平明显提高，让人民群众在每一个司法案件中都感受到公平正义，让每一个司法裁判都得到有效执行。

6. 发展环境法治化程度显著提升

各类市场主体依法诚信经营，产权保护机制有力，合法权益得到保障，社会信用体系健全，法律服务体系完备，市场监管体系规范，政策措施系统完善，充分开放、公平有序、创新驱动的市场环境基本形成。

7. 全社会法治氛围显著提升

社会主义法治精神、法治文化得到普遍认同，法律权威得到人民的衷心拥护和真诚信仰，全民自觉守法、遇事找法、解决问题靠法的自觉性进一步增强，成为社会主义法治的忠实崇尚者、自觉遵守者、坚定捍卫者。

8. 区域法治化水平显著提升

全省法治创建活动扎实推进，富有成效，设区市、省直管县（市）和80%以上县（市、区）达到省级法治创建工作先进标准，人民群众对法治建设满意度达到90%以上。

（二）明确法治河北建设的基本原则

明确法治河北建设的基本原则有三点。第一，必须坚持党的领导，把党的领导贯彻落实到法治河北建设全过程和各方面，坚持党领导立法、保证执法、支持司法、带头守法，统筹推进法治河北建设。第二，必须坚持人民主体地位，坚持法治建设为了人民、依靠人民、造福人民、保护人民，保证人民依法享有广泛的权利和自由，承担应尽的义务，依法规范约束公权力，充分尊重和保障人权。必须坚持服务大局，围绕实现全省经济发展、政治清明、文化昌盛、社会公正、生态良好，围绕创造全省经济、政治、法治新局面，开展立法、执法、司法、普法工作，创造井然有序、公平公正的法治环境。第三，必须坚持依法治省和以德治省相结合，科学推进，既要立足当前，又要着眼长远；既要维护法制统一，又要体现河北特色；既要坚持全面推进，又要考虑因地制宜；既要勇于改革创新，又要做到于法有据。

二 立法工作

习近平总书记在系列讲话中指出："不是什么法都能治国，不是什么法都能治好国；越是强调法治，越是要提高立法质量"。良法是善治之前提。2015 年，河北省人大立法以提高立法质量和立法效率为关键，巩固和发展地方立法工作成果，努力使地方立法同全面深化改革、法治河北建设相衔接、相适应、相一致，积极为深化改革提供法律依据。通观全年立法活动，这主要体现在以下几个方面。

（一）针对问题立法，加快立法节奏

2015 年，河北人大立法紧紧围绕中央和河北省委重大战略部署，适应京津冀协同发展对立法的需要，本着立法先行、急需先立、先立后破、于法有据的原则，加快立法节奏。截至 10 月初，完成 14 件立法和 8 项立法机制、制度建设文件。其中，创制性立法 9 件，占 64.3%；自主性立法 7 件，占 50%。废止《河北省个体工商户条例》等 7 部法规，修改《河北省水污染防治条例》等 11 部法规。

已出台和年内出台的 14 项法规分别是《河北省国土保护和治理条例》（2015 年 1 月 12 日通过）、《河北省固体废物污染环境防治条例》（2015 年 3 月 26 日通过）、《河北省城市地下管网条例》（2015 年 5 月 29 日通过）、《河北省企业民主管理条例》（2015 年 7 月 24 日通过）、《河北省人民代表

大会常务委员会关于促进农作物秸秆综合利用和禁止露天焚烧的决定》（2015年5月29日通过）、《河北省价格监督检查条例》（2015年5月29日通过）、《河北省电信设施建设和保护条例》（2015年9月25日通过）、《河北省人民代表大会常务委员会关于监督司法机关工作的规定》（2015年9月25日通过）、《河北省信访条例》（2015年9月25日通过）、《河北省志愿服务条例》（9月22日初审）、《河北省草原条例》（9月22日二次审议）、《河北省大气污染防治条例》（9月22日二次审议）、《河北省各级人民代表大会常务委员会预算审查监督条例》（2015年9月22日初审）、《河北省旅游条例》（9月22日初审），基本上每次常委会审议的立法件数在两部以上，这反映出地方立法任务越来越重、节奏越来越快，也反映出人大对改革发展需要和人民群众深切期望的立法回应。

（二）地方立法扩容

立法法修改前，河北省只有唐山、石家庄、邯郸3个设区市具有地方立法权。3市每年分别报请省人大常委会批准的地方性法规2~3部，省人大常委会每年审查报批法规7~9部。截至2015年5月，3个市现行有效的地方性法规107部。2015年，按照河北省人大常委会《依法赋予设区的市立法权实施办法》规定，设区的市要获得立法权必须具备依法设置立法机构、具有较高法学素养和法律实践经验的专业人员、有立法专项经费保障等必要条件。河北省首次对设区的市赋予立法权，赋予秦皇岛、廊坊、保定、邢台等4个设区的市立法权，使河北具有立法权的设区市达到7个。今后这些被赋予立法权的市可以根据当地经济社会发展的实际，在城乡建设与管理、环境保护、历史文化保护等方面的事项，制定更加具体可行的地方法规。

（三）加强立法的制度机制建设

2015年，河北省人大注重及时把规范立法活动的成功经验上升为制度，建立科学的立法机制，建立了省人大常委会法制工作委员会及其他相关专门委员会组织有关部门参与起草地方性法规草案的制度，完善向下级人大及其常委会征询立法意见机制和向人大代表征求意见制度，出台《河北省人大常委会关于加强立法工作组织协调的若干意见》，健全法规、规章、规范性文件备案审查衔接联动机制，建立常态化法规、规章和规范性文件清理制度，完善法律冲突审查机制，修改完善省人大机关向社会公布法规草案的工作程序。

正在完善委托第三方开展立法起草论证和立法评估制度，年底将建立立法中涉及的重大利益调整论证咨询机制、法规草案公开征求意见机制和公众意见采纳情况反馈机制及在四个县级人大常委会建立基层联系点制度。

（四）做好立法的备案审查

2015 年，省人大积极探索把所有规范性文件纳入备案审查范围。一是搞清审查内容和程序，二是明确审查标准，三是对规范性文件进行梳理和审查，把规范性文件备案审查范围由现行的政府规章扩大到所有规范性文件，对省政府 2007 年《监督法》实施以来制发的 1199 件政府文件，逐件进行梳理，做出定量和定性分析，确定 986 件规范性文件，这 986 件规范性文件中的 20% 多带有立法性质或准立法性质。通过对衡水市 2007 年以来制发的 468 件规范性文件逐件分析，提出审查意见。这为省市人大常委会对同级政府规范性文件备案审查的法律监督厘清履职边界，也使政府机关明确报备范围，为提升人大备案审查工作能力和效能奠定基础。

为提高规范性文件报备的效率和审查的准确性，便于对文件进行归类、分析、统计，减少纸质文件的报备数量，省人大委托科技公司研发规范性文件电子报备比对系统，以纸质文件和电子文件"双报备"为过渡，由规范性文件制发机关登录电子报备系统，通过互联网将文件电子版向省人大常委会报备，通过系统自动编号并分类统计，启用审查比对系统，运用信息化手段提升报备审查效率，降低成本。

三 法治政府建设

2015 年河北省积极推进依法行政和法治政府建设，各项任务取得显著成效。

（一）健全依法行政考核机制

对 2014 年度的依法行政考核，对考核指标持续进行调整设计，改革考核方案，首次采用网上同时测试、第三方评估等方式，联合省人大法工委、省政协社法委共同进行考核，并将考核结果报送省委考核办，作为各设区市和省直部门领导班子和领导干部综合考核评价的重要内容。同时，对考核成绩优秀的设区市政府和省政府部门，由省政府发文予以通报表扬。

（二）建立常态化领导干部学法机制

为提高政府系统领导干部法律素养，省政府印发《关于进一步健全政府系统领导干部学法制度的通知》，并开展政府常务会会前学法制度，2015年先后学习了宪法、行政诉讼法、环保法、预算法等 17 部法律。各地市也按照要求建立健全领导干部学法制度，通过多种形式开展学法活动，实现领导干部学法制度化、规范化和经常化。

（三）健全政府法律顾问制度

为落实十八届四中全会要求，发挥专家学者在全面推进依法行政、加快建设法治政府中的重要作用，进一步提高依法决策、依法行政水平，省政府印发《关于推行政府法律顾问制度的意见》，在原省政府法制专家咨询委员会的基础上，公开遴选 21 名国内知名专家、学者、律师，作为省政府首批聘任的法律顾问。9 月 21 日，省政府专门召开座谈会，由省长为首批省政府法律顾问颁发聘书。

（四）全面清理规范性文件

为进一步深化行政管理体制改革，加大简政放权力度，加速政府职能转变，对不适应改革发展形势、制约京津冀协同发展的规章和文件进行彻底清理。9 月 6 日，省政府印发《关于公布省政府规范性文件清理结果的通知》，共废止规范性文件 84 件，修改 23 件，保留 499 件；拟废止政府规章 4 件，修改 13 件，保留 226 件。规章和规范性文件的清理，为进一步减少行政审批、激发市场活力创造良好环境。

（五）开展合法性审查

2015 年，省政府法制办对《河北省政府部门行政权力清单》涉及的 56 个厅局的 3995 项权力清单进行认真审核，提出修改意见 172 条；对《责任清单》、《监管清单》进行审查，提出有针对性的规范指导意见。累计审核把关省政府等领导机关批办的文件、合同、协议等 675 件，办理人大代表建议、政协提案及重点事项 49 项。审查各设区市报备规章、规范性文件 281 件，前置审查省政府部门规范性文件 53 件，其中，予以退回 9 件，不予制发 3 件，出具审查意见 41 件，充分发挥参谋助手作用，有效防止违法规范性文件的出台。

（六）建立行政执法全过程记录制度

为加强行政执法程序规范，省法制办在广泛深入调研的基础上，在全国率先起草《河北省行政执法全过程记录实施办法》，并以省政府规章的形式印发实施。按计划，省政府领导还将主持召开现场会，进一步推动制度在全省各级行政执法部门的贯彻落实。

（七）执法过错责任追究力度加大

2015 年，对 2014 年度行政执法专项监督检查发现的问题启动追责，全省 11 个设区市及检查到的 8 个直管县共追究相关责任人员 430 名，其中追究主管责任人员 86 人、直接责任人员 344 人。在追究责任方面，共计行政处理 666 人次，其中诫勉谈话 225 人、通报批评 123 人、责令做出书面检查 136 人、责令限期改正 81 人、暂扣执法证件 37 人、吊销执法证件 3 人、调离行政执法岗位 5 人、取消当年评先评优资格 53 人、移交纪检部门查处 3 人。通过责任追究，有效警示和教育了行政执法人员，树立法治尊严和权威，促进行政执法人员严格规范公正文明执法。

（八）行政执法与刑事司法衔接工作成效显著

2015年"两法衔接平台"得到推广和应用，截至10月，全省已接入"两法衔接平台"的单位共计1930个，其中包括16个省直部门、165个设区市和市直部门、1749个县和县直部门。截至6月，已录入行政处罚案件1801件，移送公安机关7件，"两法衔接平台"的便捷优势开始显现。

（九）充分发挥行政复议定分止争作用

为进一步提高行政复议的规范化水平，加强行政复议制度建设。先后制定《行政复议案件办案人员责任制》、《复议文书质量控制制度》、《办案补充程序规定》、《行政复议机关日常考核制度》等一系列制度，计划制定《依法健全行政复议机构的意见》、《进一步做好行政复议调解和解工作实施意见》、《行政复议重大复杂案件专家咨询办法》等制度。截至9月底，省本级共收到行政复议申请211件，立案受理行政复议申请144件，做出不予受理41件，做出告知书14件，其他方式处理12件。办结行政复议案件104件，其中驳回29件、终止23件、确认违法5件、撤销5件、责令履行3件、维持39件。综合纠错率34%，直接纠错率13%，调解结案率22%，维持率37.5%。办理一审诉讼案件48件、二审案件15件，协助其他机关办理行政诉讼案件16件，协助省政府其他部门办理民事案件3件，办理国务院裁决案件7件，充分发挥行政复议在化解行政争议方面的主渠道作用。

四 推进司法改革

2015年全面推进司法体制改革到了关键时刻，河北确定沧州、邯郸2个中院和4个基层法院为试点法院，2016年河北省作为第三批试点，将有序开展司法改革工作。为避免和减少工作失误，切实发挥引领示范作用，省法院司法体制改革领导小组明确专人了解各个法院的工作动态，及时全面掌握改革的推进情况，有重点、有步骤、有秩序地推进各项改革举措的落实，切实开展好试点法院改革工作，确保改革取得实效。与此同时，多项改革已经在河北法院进行，包括民商事案件繁简分流、庭审改革、裁判文书改革、小额诉讼、多元化纠纷解决机制和"一乡一庭"等工作已经取得阶段性成效，对于刑事案件轻刑快审等改革工作，积极协调司法、检察机关，争取形成协调联动、互利共赢的工作格局。

完善司法责任制是党的十八届三中、四中全会部署的重要任务，也是健全检察权运行机制的核心内容，在司法改革中居于基础性地位。省检察院积极进行司法改革工作，在充分领会中央司法体制改革精神的基础上，借鉴邯郸市峰峰矿区检察院作为主任检察官办案责任制试点在改革过程中的经验教训，结合河北省检察队伍实际，起草《检察机关司法体制改革试点工作实施方案》和《河北省检察机关检察官办案责任改革试点工作方案》、《河北省检察人员分类管理和检察官统一提名管理改革试点方案》、《河北省检察人员职业保障制度改革试点方案》、《河北省省以下检察财物统一管理改革试点方案》，把司法责任制作为司法体制改革中的重要任务来抓。为保证司法改革工作统一有序进行，由省检察院统一制定试点方案，全省搞同一个模式，全面考虑各方面的利益，稳妥推进司法改革工作。

五 法治社会建设

法治社会建设在全面推进依法治国中具有重要地位，在法治中国建设"三位一体"工作格局中，法治社会是法治国家、法治政府建设的重要基础和基本前提，只有建立在法治基础上的社会，才可能是长治久安的社会。司法行政工作整体上是法治社会建设的国家力量。2015年河北省司法行政围绕改革发展稳定大局，以平安河北、法治河北为目标，充分发挥法治保障、法律服务和法制宣传的职能作用，夯实社会治理基础，为维护社会和谐稳定、推进法治河北建设做了大量辛勤的工作。

（一）社区矫正工作取得明显进展

一是加大机构、队伍和经费保障力度。截至7月，全省10个设区市、164个县（市、区）落实社区矫正专项经费，经费总额达6180万元，比2014年翻了两番；11个设区市、162个县（市、区）成立社区矫正专门机构；加强队伍建设，四级联考一次性为司法所招录公务员419名。二是监督管理规范化。实行值班和日报告制度，加强手机定位监管，严防脱管失控。上半年，全省累计接收社区服刑人员104882人、在册40042人，再犯罪率0.15%，低于全国平均水平。上半年，共对744名违反监管规定的社区服刑人员进行警告，占十年来累计警告的38.5%，全省手机定位率和成功率分别达到80.69%和90.06%。三是教育帮扶实现新进展。积极创新教育形式，依托戒毒场所建立社区矫正教育培训中心，依托监狱、看守所建立警示教育基地，依托刑释人员过渡性安置基地建立社区矫正劳动教育基地，组织开展社区服务和职业技能培训，促进社区服刑人员顺利融入社会。

（二）法律服务质量和水平有效提升

着力推进法律服务体系建设，积极整合资源，以需求为导向，创新服务形式，拓展服务领域，增强服务能力，法律服务质量和水平不断提升。一是推进普遍建立法律顾问制度。协助省人大常委会建立专家顾问团，加强政府法律顾问工作，积极推进省直部门和市、县两级普遍建立政府法律顾问制度。截至7月，全省律师担任2000家左右政府及政府部门的法律顾问，全省5万多个村（居）委会全部实现法律顾问全覆盖。二是提升法律服务便民服务水平。整合法律援助、律师、公证、人民调解等资源，在全省建成121个县域综合法律服务中心，建成率达到68%，为基层群众提供综合性、一站式、窗口化法律服务，共受理法律援助案件14168件、受援人21700人，提供咨询17万余人次。县域综合法律服务中心成为基层公共法律服务体系的重要支撑。三是加强公证信息化建设。推广应用公证档案信息化系统，完成对历史档案的数字化采集、加工，在全省推广应用省内公证人才自主研发公证档案信息化管理系统，进一步提高公证工作信息化、规范化水平，这在公证行业是首创，受到司法部律公司和中公协的肯定。

（三）深入开展人民调解和安置帮教

积极参与全省大平安格局建设，充分发挥人民调解工作维护稳定"第一道防线"作用。一是加强人民调解网格化建设。在村"两委"换届中加强村（居）调解组织建设工作。全省调解员总数33.9万人，其中专职调解员9.9万人，占调解员总数的近1/3。全省955个专业性、行业性人民调解组织中，每个调解组织都有2~3名本领域的专业人员，增强人民调解工作的科学性和权威性。2015年全省共建立交通事故调解组织211个、医疗纠纷调解组织248个、物业纠纷调解组织134个、劳动争议调解组织219个、消费者权益保护调解组织122个。

二是加强人民调解工作机制创新。人民调解员的培训方式由乡镇（街道）司法所以会代训向全县（市、区）统一组织、集中培训方向发展，已有30余个县（市、区）组织了集中统一培训，60%的县（市、区）通过巡回培训、分批次培训等形式进行新任调解主任培训，通过培训加强调解主任对农村常用法律法规、政策等内容的了解，提高人民调解员依法化解矛盾纠纷的能力和水平；发挥司法所在"三调联动"工作体系中的平台作用，协调公安派出所、法庭和其他部门共同调解跨部门、跨地域纠纷，许多疑难纠纷得到及时有效化解；建立典型案例上报制度，每个县（市、区）每月向司法厅上报一件典型调解案例，筛选编写后印发全省指导工作。三是加强人民调解经费保障，全省172个县（市、区）中的129个落实了"以案定补"经费，139个落实了人民调解工作经费，2015年落实经费3366万元，人民调解经费保障水平得到大幅提高。

进一步抓好安置帮教工作。指导市、县使用"刑满释放人员信息管理系统"，规范服刑人员信息核查和预释放人员回执，2015年全省服刑人员信息核查率达到95%；督促各地指导司法所落实重点帮教对象必接，落实派出所管控，上半年新接收刑释人员15514名，新解除社区矫正人员8893名，重点帮教对象接送率100%，一般帮教对象接回率81%；抓好"五老"社会帮教的落实，指导组建县级"五老"帮教组织，过渡性安置基地建设有了进一步发展，全省过渡性安置基地达405个，安置率93%、帮教率99%。

（四）增强法治宣传教育和依法治理实效

一是深入开展普法依法治理。组织开展多项主题教育活动，开展学宪法主题教育活动、河北省"宪法驻心中，法律伴我行"青少年法治教育主题活动、"6·5"环境保护专题集中宣传活动。二是积极创新宣传载体。开通"河北司法行政在线"微信公众平台，加上2014年建设的官方微博和司法行政网站集群，形成河北省司法厅"两微一群"的全媒体宣传格局。"开放周"对外宣传被人民网舆情监测室选为当月官方媒体宣传的成功案例。

六　京津冀协同发展中的法治保障

2015年，河北省在落实京津冀协同发展国家战略中，充分发挥法治的保障作用。

（一）积极推进京津冀立法协同

河北省人大推动建立京津冀三地区域立法协同机制和制度平台。依照京津冀协同发展规划和河北在国家战略中的定位，启动立法规划的调整工作，把与协同发展、转型发展、创新发展关系密切、作用直接的立法项目作为立法重点纳入立法规划中，同时对未来两年的立法工作进行谋划。为贯彻落实《京津冀协同发展规划纲要》，提升京津冀法制协同发展水平，促进京津冀区域一体化进程，8月6～7日，北京市、天津市、河北省政府法制办在承德组织召开"京津冀区域立法协同工作会议"，围绕京津冀立法协同的重要理论和实践问题进行深入研讨，决定重点加强三地在大气、水域、交通、物流、防疫、公共安全等领域的立法协作，并就尽快签署《京津冀政府法制工作区域合作协议》达成一致意见。

（二）积极推进京津冀司法协同

3月11日，北京、天津、河北三地高级人民法院正式签署《执行工作联动协作协议书》，密切开展司法协作，合力破解执行难，为京津冀地区经济协作和一体化协同发展提供优质高效的服务和司法保障。《执行工作联动协作协议书》明确了三地法院协作执行的事项：执行法院可委托被执行人财产所在地或住所地法院办理包括委托调查（查询）、（轮候）查封（冻结）、续封（冻）、解封（冻）、扣划存款、登记型财产过户等法律文书的送达以及拘留等强制措施。对于在三地辖区内已查明的被执行人的财产处分的财产审计、评估、拍卖、过户、支付执行款项等执行事项，可依法专项委托被执行人财产所在地法院协助执行。协议书还简化了赴京津冀辖区内异地执行手续。同时，三地法院将根据实际工作进度，逐步推进执行远程指挥系统一体化和网络查控系统一体化建设。执行联动协议书有利于排除地方保护主义和部门保护主义，依法平等保护区域内市场经济主体的合法权益，严厉打击"老赖"，构建诚实守信的经济社会环境，为京津冀协同发展提供优质可靠的司法服务和保障。

河北检察院制定了《河北省人民检察院关于充分发挥检察职能服务和保障京津冀协同发展的指导意见》，共30条，围绕河北省在京津冀协同发展中的"三区一基地"定位开展检察工作，增强服务的针对性。

（三）积极开展司法行政领域合作

9月10日，京津冀三省市司法厅局在北京签署"1+4"合作协议。京津冀将统筹整合三地法律服务资源，组建专项法律服务团队，发挥好各级法律顾问作用，积极打造省市县乡村五级法律服务平台，构建城镇半小时、乡村一小时法律服务圈。围绕首都功能疏解、产业转移和重大协同项目、重点项目实施，跟进提供优质高效的法律服务。三省市司法厅局联合制定《司法行政工作服务京津冀协同发展框架协议》、《京津冀监狱工作协同发展合作协议》、《京津冀法治宣传教育工作区域合作协议》、《京津冀公证工作协同发展合作协议》、《京津冀加强律师代理重大敏感案（事）件协调指导工作合作协议》，同时三省市司法厅局还联合成立司法行政协同发展工作协调领导小组，建立工作协作联席会议制度。三地充分发挥各自比较优势，有效整合区域人力资源、信息资源、法律服务市场资源，建立人才交流培训、执法协作等机制，打造三地统一的信息网络平台。

七　2016年河北法治发展展望

2016 年将是"十三五"规划的开局之年，也是我国全面建成小康社会的关键时期。在贯彻落实"四个全面"战略布局中，2016 年河北的法治发展将会蹄疾步稳，按照全面推进法治河北建设的总体规划和要求，扎实完成各项工作任务。

在科学立法方面，将深入探索京津冀立法协同工作的有效实现形式，在立法规划和计划、立法起草论证、立法主体、立法内容、立法的立改废释等方面力求协同一致，三地立法内容与京津冀协同发展规划纲要应保持高度契合。同时，针对京津冀协同发展中关系国计民生的重大利益问题，仅靠京津冀三省市难以协同的立法项目，应当通过全国人大常委会或者国务院立法予以协同，全国人大对区域内的各地方立法机关联合制定跨行政区的区域性地方法规、规章，在主体资格、权限范围、法律效力、立法的审批程序等方面也应做出实体和程序上的明确规定，为今后区域共同立法扫除制度障碍。

修改后的立法赋予所有设区市立法权，2016 年，河北省的 11 个设区市有望获得地方立法权，都要开展立法工作，如何做好赋权前后的各项工作，如何履行好法律赋予的职责，也将是科学立法亟须解决的问题。

与此同时，11 个设区市人民政府规章和所有规范性文件都要纳入省人大常委会备案序列，立法审查备案任务将会加重，因此，各级人大将更加重视备案审查工作，在机构设置和人员配备、扩大审查范围以及实体审查等方面倾注力量。此外，规范性文件报备不及时，全省各地对规范性文件的范围、审查的方式和标准认识不统一、做法不一致等问题，也需要在实践中加以认真解决。

在法治政府建设方面，将会在保障京津冀协同发展、严格规范执法、转变职能、放管结合、优化服务等方面进行努力，以确保2020年基本实现法治政府和全面实现小康的目标。

在司法方面，除继续保持司法的公开公正、继续大力提升公信力外，将会加大司法改革力度，根据中央司法改革精神制定的具体方案将会陆续公布。

在法治社会建设方面，"七五"普法将要全面展开，包括法治宣传教育，基层组织和部门、行业依法治理，新闻宣传，法学教育等提高全民法律素质的各项举措将以更多样的形式呈现。

2015年河北省行政审批制度
改革调研报告

麻新平 *

摘　要： 2015年，河北省以简政放权、放管结合和优化服务为重点，在行政审批制度改革的重点领域取得新突破：简政放权力度不断加大，商事制度改革进一步推进，省市县三级清单制度基本建立，相对集中的审批权试点改革取得新进展，行政审批法制化、规范化水平逐步提高。

关键词： "两个清单"　流程图　三证合一　先照后证　相对集中审批权

2015年，为适应改革发展新形势、新任务，河北省持续推进简政放权、放管结合和转变政府职能工作，从重数量向提高含金量转变，从减少审批向注重监管服务转变，统筹推进行政审批和商事制度等领域的改革，着力解决跨行业、跨部门、跨层级的重大问题，对接民众、社会以及经济发展需求，进一步激发了市场活力和社会创造力，增强了经济发展的内生动力。

一　2015年河北省行政审批制度改革的
重点工作及成效

2015年，河北省行政审批制度改革的重点是加大对与经济增长、促进

---

* 麻新平，河北省社会科学院法学研究所研究员，主要研究方向为经济法、政府法治。

就业创业密切相关的审批事项的取消下放力度，对那些制约发展、群众反映强烈、含金量高的审批事项继续取消下放，向深处着力、精准发力，坚持量质并重。通过进一步精简审批项目，向市场释放更多空间，释放发展潜力，从而推动全省经济加快转型升级和稳定增长。

（一）简政放权力度持续加大

2015 年河北省简政放权工作持续发力，放权的"含金量"越来越高。《2015 年河北省政府工作报告》中明确提出，要以政府自身革命带动重要领域改革，使改革新红利转化为加快发展的新动能。在此原则指导下，河北省进一步开展以简政放权为重点的行政审批制度改革，大幅削减行政审批事项，全省各级审批事项的存量实现大幅精简，省级审批事项由 2012 年底的 1495 项削减至 492 项，削减率达 67.1%。各市县也削减大批不合法、不合规的审批事项。

1. 认真衔接国务院取消和下放的行政审批事项，做到无缝对接，落实到位

2015 年 2 月，国务院印发《关于取消和调整一批行政审批项目等事项的决定》，取消和下放行政审批项目 94 项，取消职业资格许可和认定事项 67 项，取消评比达标表彰项目 10 项，工商登记前置审批事项改为后置审批的 21 项，保留工商登记前置审批事项 34 项。对国务院取消和下放的事项，河北省都进行了认真衔接落实，其中衔接取消行政审批事项 19 项，接收下放行政审批事项 12 项。衔接工商登记前置审批事项改为后置审批的 14 项，另有审批权在国家部委的事项 7 项。[①]

2. 自行取消和下放一批行政审批权力

2015 年，河北省确定省级下放 134 项行政审批事项，其中包括 119 项行政许可和 15 项权力事项，今后，还要将取消下放的范围进一步扩大到省政府部门所有权力事项，对省政府部门实施的 3900 多项各类权力事项逐项

[①] 陈诚：《河北省衔接国务院取消和下放 31 项行政审批事项》，《河北日报》2015 年 5 月 13 日。

进行评估论证，该下放的继续下放，赋予市县更加充分的行政权力运行空间；各设区市、省直管县（市）在积极衔接省下放事项的同时，也进一步加大本级行政权力事项取消下放的力度。

（二）全面完成非行政许可审批事项清理

非行政许可审批事项由于设立依据不清、程序不严，一度被社会诟病为"制度后门"。彻底取消非行政许可审批，并且不准以任何形式变相保留，是将权力关进笼子的切实举措。河北省把清理非行政许可审批事项作为行政审批制度改革的重点工作来抓。在对省级非行政许可审批事项全面清理的基础上，2015年8月28日，河北省政府印发了《关于取消省政府部门非行政许可审批事项的决定》，决定取消或调整省级实施的199项非行政许可审批事项，除确需调整为政府内部审批或通过权力清单逐一规范，或依法转为行政许可的事项外，其他非行政审批事项一律被取消。其中被取消的事项包括食盐分配调拨计划编制和下达、高等教育自学考试专科专业审批等共计71项和1个子项，被调整为政府内部审批事项的包括烈士评定审核、土地利用总体规划审查等51项；市县的清理工作也在9月底全部完成。非行政审批事项全面清理后，河北省将不再保留"非行政许可审批"这一类别，行政审批项目大幅瘦身。

（三）稳步推进商事制度改革

2015年河北省进一步推进商事制度改革，大力精简职能，用政府权力的"减法"换取市场活力的"乘法"。

1. 工商登记制度改革进展顺利，审批程序简化，审批效率提高

2014年3月1日，河北省开始实施工商登记制度改革，省政府先后出台《河北省人民政府关于落实"先照后证"改革决定加强市场监管工作的实施意见》等3个实施意见和通知，确保工商登记制度改革的稳步实施。2014年以来，全省工商系统深入开展工商注册制度改革，先后两次将工商登记前置审批事项改为后置审批，目录总和达113项，"先照后证"手续简

便，"门槛"更低；把注册资本实缴登记制逐步改为认缴登记制，降低市场准入门槛。工商登记制度改革降低了企业经营成本，提高了行政审批的效率，激发了社会投资和创业热情，增强了企业发展信心，市场主体增量明显，2015 年 1~3 月，全省新增市场主体 137062 户，同比增长 31.52%，平均每天新增市场主体 1523 户，市场主体增速高于全国平均水平。

2. "三证合一、一照一码"登记制度改革启动实施，商事制度改革迈上新台阶

2014 年 12 月 1 日，河北省在衡水、秦皇岛、唐山、沧州开展"三证合一"首批试点工作；2015 年 4 月，省政府印发《河北省"三证合一"登记制度改革实施办法》，又将"三证合一"试点范围扩大到全省，11 个设区市和定州市均开展登记制度改革试点工作，效果明显，共计发放营业执照 4856 个。2015 年 6 月 30 日起，河北省"三证合一、一照一码"登记制度改革正式启动实施，10 月 1 日，井陉县开出首张"一照一码"营业执照，即日起，全省各级工商和市场监管部门在办理企业、农民专业合作社新设和变更登记时，一律核发加载统一社会信用代码的营业执照。"三证合一、一照一码"制度的实施，一个窗口、一个平台、一套材料、一表申请即可办理营业执照，精简审批手续，优化审批流程，缩短审批时限，探索出协同联动、流程简化的改革路径，为全省全面实施改革积累经验。

（四）深入推进收费管理制度改革

目前，河北省开展省级行政审批前置服务收费的清理规范工作，清理规范的范围包括省政府各部门及其直属机构在实施行政许可和非行政许可审批过程中，要求企业通过具有资质的中介机构、专业技术机构以及相关事业单位和社会团体开展的各类论证、评估、评价、检验、检测、鉴定、审查报告、证明等前置服务，且服务收费标准实行政府定价管理的收费行为。省级行政审批前置服务收费的清理规范工作完成，清理工作完成后，由省物价局、省编委办编制目录清单，将继续实行政府定价管理的行政审批前置服务

收费项目列入河北省省级行政审批前置服务项目目录，收费目录清单将在政府门户网站向社会进行公开，并接受社会监督。清理规范收费有利于减轻企业和个人负担。

（五）下大力气清理和规范行政审批中介服务

行政审批中介服务在促进政府部门依法履职、为申请人提供专业技术服务等方面发挥重要作用，但也存在服务事项环节多、耗时长、收费乱、垄断性强等问题，影响行政审批制度改革的成效。2015 年初，河北省就开始着手开展清理规范行政审批中介服务的有关工作。5 月 30 日，省政府办公厅印发《关于清理规范省政府部门行政审批中介服务的通知》，集中清理省级行政审批中介服务事项和中介机构，要求在 10 月底前，完成对省级行政审批中介服务的清理规范，对设定依据不充分的中介服务事项全部取消；对审批部门所属部门从事本部门行政审批相关中介服务的，一律要求脱钩或改制。清理过程中，省、市、县统一清理原则，统一审核标准，做到上下联动、协调一致。清理完成后，将编制省级行政审批中介服务事项和中介服务收费目录清单。各市县也同步开展清理工作，年底前向社会公开；今后还将在规范中介服务收费、加强中介机构监管、构建中介机构信用体系建设等方面加大力度，形成对中介服务监督管理的长效机制。

（六）省、市、县三级清单管理制度基本建立

清单制度是将地方各级政府工作部门行使的各项行政职权及其依据、行使主体、运行流程、对应的责任等，以清单形式向社会公布，接受社会监督。河北省、市、县三级权力清单、责任清单和权力运行图已经全部编制完成并向社会公开，权力清单、责任清单比国务院要求时限提早一年半编制完成。为了深入落实"两个清单"，切实加强监督执行，河北省还把行政权力清单、责任清单制度执行情况作为监督问责的重要内容，纳入对部门的考核指标体系，明确考核和问责的主体、范围、程序等，对违反制度规定，不作为、乱作为的，严肃追究相关部门和人员责任。权力清单的

公开，锁定改革和管理的底数，进一步明确政府部门的职责权限，形成分工合理、权责一致、运转高效的政府职能体系和科学有效的权力监督、制约、协调机制。

权力清单坚持职权法定，为政府权力划定边界。目前，49 个省直部门都制定了权力清单，通过权力清单将每项行政权力所对应的责任细化到条、落实到款，明确职责与权力边界，广泛接受监督。今后，未纳入省政府部门行政权力清单的事项，一律不得行使。目前，省政府部门保留实施的行政权力共计 3995 项，其中，行政许可 429 项、非行政许可审批 161 项、行政处罚 1857 项、行政强制 136 项、行政征收 43 项、行政给付 15 项、行政裁决 23 项、行政确认 181 项、行政奖励 67 项、行政监督 461 项、其他类 622 项。①《河北省省政府部门行政权力清单》在省政府门户网站和河北机构编制网公开，省政府各部门将在各自门户网站、办事服务大厅等公布本部门行政权力清单。权力清单公开后，省政府在广泛征求社会各方面意见的前提下，根据部门职责调整和权力事项的增减情况，对行政权力清单进行动态调整，并向社会公开。

责任清单坚持权责一致，明确责任界限。以责任清单明确政府该怎么管市场，"法定职责必须为"。《河北省省政府部门责任清单》中，50 个省政府部门的具体责任事项都被明确规定，必须承担哪些责任，必须做哪些事情，责任清单制度有效地防止了因责任不明确带来的多头管理、权责不清、权责交叉等问题。2015 年 4 月，省政府部门责任清单已经全部向社会公开，各设区市和县（市、区）两个清单也已编制公开。目前，共确定 50 个部门的主要职责 692 项、细化具体责任事项 3933 项、与相关部门有职责边界的管理事项 363 项，制定加强事中、事后监管的制度措施 460 项、公共服务事项 387 项。同时，按照全面深化改革和政府职能转变的要求，将根据部门职责调整情况，及时对部门责任清单进行动态调整，进一步强化履职责任，提

---

① 《河北省公开省政府部门行政权力清单》，中国河北网，http://www.hebei.gov.cn/hebei/11937442/10761139/12476726/index.html。

升行政效能，接受社会监督。

编制权力运行图，优化权力运行程序。按照规范运行和透明、高效、便捷原则，各级政府还编制了权力运行流程图。截至3月底，纳入编制权力清单范围的49个省政府部门中，除3个部门因无部门门户网站申请在机构编制网统一公开外，其余46个部门已全部在本部门门户网站上向社会公开本部门权力运行流程图。

（七）行政审批试点改革稳步推进

按照提升效率、理顺责权关系、审批监管分离的原则，建立审批高效、监管有效的行政审批体制，组建行政审批局，将分散在不同部门的审批权，全部集中划转到一个新部门，实现"一个部门、一枚公章管审批"。成立行政审批局后，实行审批与监管分离，原审批部门不再实施审批，集中力量加强市场活动监管和提供各类公共服务。河北省在全国较早开展了相对集中的行政许可权试点改革，被确定为全国8个改革试点省份之一，邢台威县成立全国首个县级行政审批局，行政审批主体聚合为一个部门，一枚印章管审批，一个窗口管到底。曹妃甸区行政审批局也正式挂牌运行，全省10个试点方案均已批复。目前，相对集中审批权试点地区已制定具体实施方案，待省政府批准实施后，行政审批局将会尽快挂牌运行。行政审批局的设立，从根本上解决多头管理、职能交叉问题，理顺审批流程，行政审批效率也大幅提升，为行政审批服务提质提速提供制度保障。"两集中"改革试点向更大范围推进。成立行政审批科，实现一个科室管审批，各部门行政审批科整建制进入市政务服务中心，实行集中现场审批，审批效率得到大幅度提升。

（八）行政审批法制化、规范化水平逐步提高

在全国尚属首例的《河北省行政许可条例》2015年1月1日正式实施，根据规定，省、市、县各级政府的"权力清单"将逐步在网上公开出来，不在清单之列的行政许可，企业、个人再不用办理，"暗箱操作"、"权力寻

租"的情况将受到最大限度的约束。省政府制定《河北省行政许可目录管理办法》和《河北省行政许可委托实施办法》，推进行政审批规范化、标准化。省政府印发《关于规范行政审批行为改进行政审批工作的意见》，对实行行政审批事项目录化管理、全面推行"一个窗口"受理等方面提出具体要求。省政府出台《河北省人民政府关于推进简政放权放管结合职能转变工作方案》，明确深化改革的16个方面82项工作任务，对"放、管、服"工作做出全面安排部署。省审改办编制《行政许可目录编码标准》，为实现目录化管理和全省"一张网"奠定基础。

二 河北省行政审批制度改革的难点

2015年，河北省行政审批制度改革取得阶段性成果，并不断向纵深推进，很大程度上为市场松了绑，为社会提供了便利。但由于体制机制和传统行政观念的影响和制约，还有一些较为突出的问题需要引起重视。

（一）行政审批事项仍欠精简

经过数次精简改革，行政审批事项已得到大幅精简，但审批事项总量还不少，还存在改革空间。同时，在行政审批改革过程中，也变相出现了核准、备案、评估等新的行政审批事项，且大多与收费紧密相连，在利益的驱使下，一些部门和个人不愿意放弃这些权力，出现"明减暗增"、"边减边增"或"假减真增"等现象。

（二）一些地方和部门思想认识尚不到位

我国行政审批制度改革采取的是政府推进、部门参与的协调推进工作机制，由政府统筹推进行政审批制度改革，力度大、见效快，但是对职能部门来说改革就是自我革命，改革后一些职能部门的收费少了，权力也小了，相关的经济利益也就没有了，因此，一些职能部门对涉及本部门利益的行政审批项目不愿减、不愿放，出现"放虚不放实"、"放贡不放权"、"明放暗不放"的问题。

（三）下放事项转移承接的难度较大

随着行政审批事项自上而下进行层层取消、下放和转移，大量审批事项被推向基层政府和社会中介组织。一些事项从改革要求看，应该尽快移交或下放，但大量权力接踵下沉，基层政府如何接权成为关注焦点。大量权力下来了，基层的担子和责任越来越重，因此出现很多问题。首先是基层的业务量大了，原来的机构编制和人员未变，难以承担新增的大量任务。其次是基层单位现有专业人才无法满足现实需求，没有能力承接和行使好专业审核权力。上面放下来的权，下面托不起来，容易导致权力下放"接不住、管不好"。

（四）"最后一公里"尚未完全打通

"三证合一"是工商登记制度改革的一项创新工程，涉及工商、质监、国税及地税等多个部门。目前"三证合一"只是形式上的统一，尚未达到实质上的"合一"，还须从法律、流程和技术标准等多方面做进一步探索，消除制度上的障碍。现在通行的做法是由工商部门统一受理申请，工商、质监和税务部门共同审批核发，这种做法面临着平级统管难以协调、信息平台数据传递不能共享、机制跟不上、长远高效解决机制不健全等问题，上下难以贯通，不同部门、不同领域、不同层级之间的协同性不够，改革举措难以落地。比如在技术上，"三证合一"系统与各部门的数据尚未对接，部分数据还需要二次录入，造成较大的工作量；在业务整合过程中，相关部门对许多审批手续进行精简合并，但力度还不够，要求提供的各类材料还很繁杂，审批效率尚需再提高。

（五）行政审批局的运转程序及权责缺乏规范

成立行政审批局是一个创新和探索，但新体制打破固有的体制格局，在运行过程中会遇到种种屏障。许多如登记、备案、审定和年检等行政职权，虽然不在行政审批事项目录中，但实际上与审批没有任何区别，这些事项是否划转，能否将这些审批行为与监管行为划清，目前认识并不统一。关于审批与监管责任划分、行政审批局对审批和监管应承担怎样的责任，以及二者之间的责任如何划分等问题都需要进一步探讨；成立行政审批局虽然从体制上打破了各部门之间的界限，但是目前尚存在审批信息不能共享的"信息孤岛"问题，造成行政审批局的相对集中审批权优势不能充分发挥。

（六）事中、事后监管的配套机制不健全

行政审批制度改革绝不应是数字的减少，更重要的是职能转变。简政放权需要科学把握，加强对放权的事中、事后管理，如果不加强监管，市场秩序就容易混乱，"劣币驱逐良币"的扭曲效应就会放大，将严重制约诚实守信经营者和新市场主体的发展。目前存在的主要问题是监管手段单一，监管力量不足，监管措施不力，事中、事后监管职责不明确，导致权力真空或交叉监管，存在"放管脱节"现象。

三 深化河北省行政审批制度改革的路径

今后河北省行政审批制度改革，应继续衔接好国务院取消下放的审批事项，加大与经济增长、促进就业创业密切的相关审批事项的取消和下放的力度，全面清理非行政许可审批事项，取消或简化前置性审批，健全完善权力清单、监管清单、责任清单制度，加强事中、事后监管，从而为市场让出更大空间，营造良好公平竞争环境。

（一）加大改革力度，进一步清理行政审批事项

应该对现有政府的管理职能事项进一步梳理，判定哪些事项该政府管，哪些应该下放。首先，认真落实国务院和省政府的要求，按照应减必减、该放就放的原则，进一步取消和下放行政审批项目，特别是那些"含金量"高、对市场和社会影响大的审批事项。应继续大力精简与项目核准有关的行政审批、中介服务事项，特别是加大投资审批事项的下放力度，激发社会投资创

业的积极性。其次，认真筛查清理行政审批事项，防止行政审批权以"打包打捆"或其他隐身方式，变相增加审批项目的行为。最后，创新改革模式，更多通过第三方机构论证评估，确定进一步取消和下放的行政审批等事项。

（二）进一步规范中介机构的服务

中介服务是行政审批的重要环节，但一些中介机构还存在服务项目不公开、服务效率不高、服务收费不规范等现象，成为行政审批提质提速的障碍。审批部门和中介机构行业主管部门应制定中介机构服务管理办法，规范中介机构的服务。同时，还应建立健全中介机构诚信约束制度，对违规中介机构依法做出惩处。

（三）整合各部门职责，搭建统一的信息共享平台

1. 整合工商、质监、税务部门证件登记职责

应尽快完善改革的后续措施和办法。真正实现"三证合一"，必须明晰各部门的权限和义务，对"三证合一"内涵及流程进行明确规定，规范各部门的行为，确保统一有序，避免出现各自为政、随意发挥的混乱局面。

2. 搭建信息平台，实现资源共享

要进一步实现"三证合一"，应搭建相关审批登记机关统一的信息共享平台，统一内部信息调用，共享注册登记信息，实现相关部门信息的互联互通和综合运用。此外，还应推进全程电子化登记制度，实现企业就近便利登记。

（四）建立健全事中、事后监管机制

行政审批制度改革的目的是"既要把该放的权力放开放到位，又要把该管的事务管住管好"。审批权的取消和下放，不意味着政府放任不管，而是把更多精力转向市场监管和公共服务上来，通过审批事项的事中、事后监管，切实把市场管住、管好，做到"放中有管、活而不乱"。

1. 做好保留事项的事中、事后监管

对于消减后保留的行政审批事项，要转变监管理念，创新监管机制，明

确监管职责，充实监管力量，使市场和社会既充满活力又规范有序；还要约束行政审批的自由裁量权，严格规范审批流程，通过推行审批标准化、程序化给审批套上"紧箍咒"，将审批行为关进标准的笼子里。

2. 继续推进监管体制创新

利用大数据提高市场监管能力。应积极运用大数据等信息化手段，探索实行"互联网＋监管"的模式。加快部门之间、上下级之间信息资源的互联互通，打破"信息孤岛"。

建立综合执法监管平台。应把分散在各个部门的执法监管权力进行整合，建立统一的综合执法监管平台，推进跨部门、跨行业的综合执法，形成监管和执法合力，避免执法交叉重复或留空白死角，实现各部门间的分工合作。

建立以信用监管为核心的新型监管制度。建立企业信息披露和诚信档案制度，可把分散在各个职能部门的企业信息包括市场主体登记备案、许可审批、行政处罚等信息进行集中，统一归集到河北省市场主体信用信息公示系统进行公示，便于相关审批部门实施大数据监管和社会公众查阅，改变传统的监管理念和方式，真正做到用信用监管，让企业诚信经营，接受全社会监督。同时，还应建立失信联合惩戒机制和黑名单制度，让失信者一处违规、处处受限。

B.12
城镇化背景下河北农村
治理现状及对策

刘淑娟*

摘　要：　河北省正在大力推进城镇化进程，在此背景下，农村治理出现许多新情况和新问题，也面临新的机遇和挑战。探索农村治理的新方式、新模式，要求解放思想、创新思维和探索的勇气。本文在总结河北省农村治理现状及面临挑战的基础上，对如何有效构建和完善河北农村治理体系提出建议和对策。

关键词：　城镇化　农村治理　村民自治　河北

2014 年，河北省的城镇化率达到 49.3%，比 2013 年增加 1.2 个百分点，城镇化速度高于全国平均水平。但是，城镇化并不等于"去农村化"，在推进城镇化建设过程中，如何以先进的理念搞好农村治理，推进城乡一体化，是河北经济社会持续发展需要解决的重大课题。

一　河北农村治理现状及挑战

自 20 世纪 90 年代末《村民委员会组织法》、《村民委员会自治法》、《村民委员会选举法》制定实施以来，随着改革开放和城镇化的推进，河北

---

* 刘淑娟，河北省社会科学院法学研究所副研究员，研究方向为社会治安综合治理。

农村发生了天翻地覆的变化，这种变化也给传统的农村治理模式带来巨大的影响，可谓机遇与挑战并存。

（一）村民自治两极分化明显

1. 在经济较为发达的村庄，村民自治效果较好

村民自治的路径是由村民选举出村民委员会成员，组织村民自治。村委会成员的素质与能力，一定程度上决定了村民自治的质量与效能。在河北农村中一些经济发展较好的村庄，包括城市近郊农村，得益于毗邻城市的地缘优势，或者借助自身拥有的各种资源，个体、集体经济蓬勃发展，吸引和消化了大量的劳动力，多数年轻人在本村企业或者周边城市打工，但仍然生活、居住在村里，从而维持了农村的繁荣局面。也是由于集体经济的发展，给农村治理提供了一定的物质基础，吸引高素质的年轻人竞选村委会成员，通过选举组成的自治班子具有良好的执行能力，为农村自治奠定了良好的基础。

2. 经济发展较为滞后的村庄，村民自治效果较差

对那些集体经济乏善可陈、个体经济又不发达的农村来说，随着大量的年轻人外出打工，留守村里的多为老人、妇女、儿童，难以选举出高素质的村民委员会成员，造成执行力欠缺。而村集体财政来源匮乏，乡村治理缺乏资金支持，一定程度上造成村民自治成为实际上的"无为而治"，村委会成员只是受乡镇政府委托，单纯从事一些上情下达的纯事务性工作，村民委员会退化为乡一级基层组织的"传声筒"。

（二）乡村基层政权功能较弱

在农村，乡一级政府实际管理、指导着村民自治。自税费改革以后，"三提五统"等收费项目取消，村集体以及基层乡镇政府的经济来源匮乏，可支配收入减少，基层政府"巧妇难为无米之炊"，为群众办实事的能力受限，公共事业难以开展，群众长期得不到实惠，对干部缺少认同感和信任感，基层组织的权威受到削弱，干部的工作积极性和主动性受到很大抑制，限制了其治理功能的发挥。

（三）基础设施投入不足状况在逐步改善

由于历史的原因，农村的基础设施水平和城镇相比有相当大的差距。税费改革以后，农村基础设施建设失去重要的资金来源，在集体经济发展不足的乡村，基础设施投资基本依靠村民集资，而由于青壮年常年在村子外面生活，投资意愿不足，致使集资很难达成一致，在有的村庄，道路硬化的资金都无法足额筹措。况且，一些基础设施需要投入的资金巨大，单单依靠村民的集资远不能弥补资金缺口，从而使得农村基础设施和城镇的差距越来越大。出于对舒适生活的需求，一些富裕的农村家庭在城镇购买房产，常年生活在城镇，孩子也在城镇上学，从而加剧了农村的空心化，在相当一部分村民中，投资基础设施的意愿进一步弱化。

为改变农村环境，"河北省政府从2013年起，决定举全省之力，用5年左右时间，在农村重点实施环境整治、民居改造、设施配套、服务提升、生态建设五大工程，建设美丽乡村。为此，河北省专门建立了多渠道筹集和整合资金机制。鼓励引导银行、信用社等金融机构，探索开展农村集体建设用地使用权、土地承包经营权、农房抵押贷款试点，推动农村要素可抵押、可流转、可交易；出台政策，鼓励工商和民间资本参与，通过命名认建、品牌捐赠等形式，鼓励企业家支持农村，回报家乡，为改造提升行动提供强有力的资金保障。最近3年，河北每年安排和整合各类财政资金达150多亿元，对推动新农村建设起到了强力支撑作用"。① 目前，美丽乡村建设已经初见成效，农村基础设施投入水平有望逐步提高。

（四）以儒家伦理思想为核心的传统乡村社会文化遭遇现代观念冲击，出现文化过渡断层，影响乡村治理的思想文化基础

改革开放之前，村民世世代代生活在故乡，儒家思想一代代流传下来，成为乡村主流文化，构成村民自治的思想基础，也是乡规民约的文化源泉。

---

① 《河北：美丽乡村建设改善农村环境》，《经济日报》2015年10月7日。

市场经济改革后，随着外出打工人员的增多，以及城镇化进程的加快，新生代的农民接受了现代文化，崇尚个人权利与自由，讲求民主与效率，这种观念与儒家注重家庭、集体观念，忽视个人权利的思维方式注定要产生冲突，在新的共识产生之前，无疑会成为掣肘农村治理效果的重要因素。

（五）村委会成员腐败频发，削弱农村自治的生命力，党风廉政建设和反腐倡廉工作的深入为村民自治提供制度支持

相对于城镇比较完备的行政管理体系，目前农村的村民自治还处在初级阶段，村民民主监督机制不健全，在一些涉及利益的事务上，村委会成员的工作不透明，搞暗箱操作。在城镇化背景下，尤其是在房屋拆迁补偿、建设用地征地补偿，以及一些公共事业投入方面容易滋生腐败。而在一些经济较为发达的村庄，村委会选举中的贿选现象也时有发生。腐败现象严重侵蚀村民自治的生命力，增加村民对村民自治制度的不信任，进一步破坏了乡村社会由于大量人员外出已经严重弱化的凝聚力。

近年来，反腐倡廉在农村取得重大成果。据河北新闻网报道，2015年7月10日，衡水武邑县纪委召开村官腐败案件警示教育会，通报近期查处的5起村干部典型腐败案件，5名村党支部书记因贪污粮补款、套取国家资金、退耕还林款不发放到户、以权谋私为家人办理低保等问题受到党纪处理。据新华网2015年6月13日报道，河北省纪委日前曝光沧州9起村官腐败典型案件，主要涉及村官贪污村卫生室建设资金、侵占粮食直补款、侵占村集体土地使用费、占地费等，贪腐数额动辄数万元、十数万元甚至近百万元，触目惊心。河北省纪委网站2015年8月24日报道，2015年以来，霸州市共有55名村干部被立案调查，占被立案调查党员干部总数的61.1%。随着反腐力度的加大，村民自治的强大生命力将被重塑。

（六）城镇化进程中，一些村庄出现大规模的人口混居，给农村治理提出新课题

随着城市的扩张，一些传统的农村成为城郊接合部，大量的外来人口在此居住，一些企业、工厂的进驻吸引了大量的劳动人口在此工作、生活，为这些外来人口服务的产业也陆续出现。面对如此复杂的人口构成，目前相关法律所构建的村民自治体系已经不能适应有效管理需求。随着京津冀一体化的推进，北京、天津的一些企业外迁至周边的河北地区，尤其是廊坊、保定等靠近京津的地区。虽然各地政府部门为接收这些外迁产业，划定一定的区域，作为各种开发区。但是，在这些开发区边缘，甚至开发区内，在相当长时间内，会存在尚未完全城镇化的农村地区，大量外来人口、流动人口的出现，给社会管理提出新要求、新内容。

与此相关的是，在推进城镇化的过程中，"村改居"也对传统的农村治理模式提出新要求。"村改居"即是将分散居住的村民搬迁到高层建筑中，成为类似城市里的"居民"。"村改居"导致传统分散居住的空间格局转变为垂直集中居住格局，这一居住方式的改变带来村民交往方式和人际关系的重大改变。由于垂直方向上行走的不便、单元式居住结构的封闭性以及公共空间与私人空间的明显界限与空间远离，居民既减少了私人空间的交往意愿，又减少了公共空间的交往机会，人际关系日益疏离，用以维持乡村社会关系的纽带逐渐松弛。

（七）农村土地流转对农村治理方式的影响

2015 年 8 月 25 日，河北省出台《关于引导农村土地经营权有序流转发展农业适度规模经营的实施意见》，提出以支持粮食适度规模经营为重点，引导农村土地向家庭农场、专业大户、农民合作社、农业产业化龙头企业和现代农业园区等规模经营主体流转。土地流转提高农业劳动生产率，一方面加快推进农业现代化，同时也将深刻改变农村社会结构，造成"农民阶层分化"[1]。以掌握的社会资源作为标准，纳入土地变量，可将农民分为五个阶层：脱离土地阶层、全家外出务工阶层、半工半农阶层、小农兼业阶层、村庄贫弱阶层。脱离土地阶层是将所有土地流转给他人，全家完全脱离乡村生活，靠其

---

① 刘锐：《土地流转、阶层分化与乡村治理转型——基于湖北省京山 J 村的调查》，《南京农业大学学报》（社会科学版）2013 年第 13 期。

他行业生活；全家外出务工阶层则是全家出外打工，但耕种少量土地用以食用；半工半农阶层是指多数家庭成员外出务工，少部分家庭成员在家耕种；小农兼业阶层是指大部分家庭成员在村庄种地，少部分成员出外打工；而村庄贫弱阶层则是全家在家务农，靠耕种少量土地赚取微薄的收入。不同阶层的人在乡村治理体系中所处地位不同，要求也各异。一般认为，处于中间阶层的人员在乡村社会中具有最大的利益关联，对村庄社会的稳定和发展起到最直接的作用，是农村自治的骨干力量。另外，随着土地流转的进一步发展，家庭农场、专业种植大户的逐渐增多，他们通过对土地进行多种经营，获取大量财富，同时雇用大量本村村民在承包土地上劳作，给村民提供了就业机会和收入来源。由于手中掌握大量的资源，这部分土地经营者无疑将会在农村治理中具有越来越大的话语权，成为农村治理无法忽视、必须依靠的力量。

（八）农村文化生活呈现新特点

在一些空心化的村庄，村民多为老人、妇女和儿童，他们在劳作之余，缺乏积极健康的文化活动和文化场所，日常的消遣就是喝酒、打牌、聊天、看电视等，文化生活单调乏味。随着农业科技进步，在田地里耕作需要的时间变少，闲暇时间增多，具有一定刺激性的赌博在一些村庄较为普遍，甚至发展出一些专职赌徒和赌场，严重败坏村庄文化生态。与此同时，在一些经济较为发达的村庄，或者毗邻城镇的村庄，青壮年或者在附近的企业打工，或者在周边城镇工作，他们把最新的文化流行产品带回村庄。在信息时代，村里的年轻人和城市的年轻人接触的流行文化已经基本同步，这些流行文化所代表的世界观、价值观深刻改变了农村文化生态。如何丰富农村文化生活，引导村民开展健康向上的文化活动，满足年轻人对文化生活的需求，也是农村治理需要面对的课题。

二　河北农村治理的创新与对策

党的十八届三中全会《关于全面深化改革若干重大问题的决定》中，

专门提出"创新社会治理"的任务，而农村社会治理则是社会治理的重要组成部分。创新农村治理，应对城镇化背景下河北农村治理提出的新挑战，也是河北省推进城乡一体化过程中，建设新农村的重要内容。

（一）加强党的领导，积极构建党组织、村民代表大会和村委会、村合作经济组织、社会维稳组织"四位一体"的村级治理机制

首先，创新农村党组织设置方式，夯实农村治理的组织基础。目前，农村的人口构成已经发生巨大变化，党组织的设立也应该适应这种变化。在一些城郊接合部、开发区、城中村、新建住宅小区中，要设立党的组织，要将外来人口、流动人口中的党员纳入管理，同时探索在这部分人中间发展党员的新模式。加大在农民合作社、农业企业、农业社会化服务组织中建立党组织的力度，使党组织在农村各种组织体中"全覆盖"。

其次，完善村党组织领导班子成员的"两推一选"，即党员推荐、群众推荐、党内选举，尤其是要选拔好农村党组织书记。要抓好党支部书记的任职资格培训，提升基层党的干部素质和能力。

再次，进一步强化农村基层党组织的领导核心地位。农村基层党组织是农村各种组织的领导核心，无论是行政组织、经济组织还是群众自治组织、社区服务组织，都要在党组织领导下开展工作。农村经济、社会发展各方面的重要工作和问题，都要由党组织在广泛征求意见的基础上讨论决定、领导实施。要强化农村基层党组织的政治引领功能，推动党的各项方针政策在农村落地生根，弘扬正气，协调矛盾利益，打击歪风邪气，发挥党组织带领群众、凝聚共识的主心骨作用。

最后，注重发挥党员的模范带头作用。在涉及群众利益的事务中，党员要做出表率，要做到"见利益就让"、"见困难就上"，一心为公，不谋私利，才能得到群众的拥护和信任。

（二）探索构建高效运行的农村社区服务体系

对于呈现两极分化的包括大量人口流出的"空心村"，以及常住人口和

外来人口混杂的大量人口流入村来说，传统的以本村人口为主体，排除外来人口治理权的村民自治体系，显然无法适应。"空心村"缺少有执行能力的人力资源，人口流入村中则需要考虑对流入人口的管理和回应这部分人群的民主诉求。同时，随着政府职能转变的推进，农村基层政府职能由注重管理向注重服务转变，也对农村社区建设提出新要求。因此，要求重建农村治理体系，将外来人口纳入治理主体和治理范围的呼声逐渐增强。农村社区服务体系的建立，就是为了适应新形势下农村治理要求的有益尝试。

早在2003年10月，中共十六届三中全会通过《中共中央关于完善社会主义市场经济体制若干问题的决定》，明确提出加强"农村社区服务"、"农村社区保障"要求。2006年7月，民政部党组向民政系统提出了"开展农村社区建设试点"的要求。山东、江苏、浙江等省开展了试点工作。2006年10月，中共十六届六中全会通过的《关于构建社会主义和谐社会若干重要问题的决定》首次完整提出了"农村社区建设"这一命题。2009年3月10日，民政部印发《关于开展"农村社区建设实验全覆盖"创建活动的通知》，推动各个层面确定的农村社区建设实验单位尽快实现实验工作全覆盖。"农村社区服务试点工作有序推进"还被设定为"十二五"期间我国社区服务体系的重要发展目标。

"十二五"期间，河北省民政厅制定了《河北省社区服务体系建设规划》，其中明确提出，要"统筹城乡，推进农村社区服务体系建设"。要求统筹城乡基础设施建设和公共服务，逐步建立城乡统一的公共服务制度，加快农村社区公共服务设施建设，每个社区应有一个统一标识的综合性社区服务中心，具备办公、管理、服务、活动等多种功能。鼓励社会各类组织和个人以资金、信息、智力技能等方式参与农村社区建设。

目前，农村社区建设有四个模式："一村一社区"、"多村一社区"、"一村多社区"、"集中建社区"。"一村一社区"是指以现有的行政村为单位建立一个社区，在不改变村民自治架构的情况下建立农村社区管理和服务体系。"多村一社区"是把两个或两个以上的建制村划为一个社区，在社区层面设立协调议事机构。每个社区确定一个中心村，社区服务机构则设在中心村，为各村村民提供服务。"一村多社区"则是针对一个行政村下属多个自然村的情况，在每个自然村分别设立社区，为本自然村村民提供公共服务。"集中建社区"则是把分散居住的农民集中到新规划设立的居民小区中，并在此基础上设立社区。各地可以根据实际情况，从有利于管理和服务功能发挥的角度选择设立模式。

社区建设的一个中心任务就是要充分调动政府、集体经济组织和民间组织等多元主体的积极性，为社区居民提供高水平的公共产品。在加快城镇化进程和大力推进城乡一体化过程中，社区服务模式是创新农村治理的新尝试，农村社区化也是农村现代化的趋势所在，河北省可以逐步扩大试点范围，总结经验，分步骤推进。

（三）完善村民自治制度，提升村民依法治理能力

1. 基层政府要提高认识、转变观念，真正把村民自治落到实处

根据《村民委员会组织法》的规定，乡镇政府与村委会是指导与协助的关系，不是领导与被领导的关系。乡镇党委、政府要指导村民委员会的工作，引导村民依法依规行使民主权利，帮助村里解决遇到的问题与困难，协调各种矛盾与冲突，对破坏村民自治、侵犯村民利益的行为，依法进行处理，为村民自治保驾护航。在村民委员会的选举过程中，乡镇政府要做好指导与监督工作，最大限度地减少贿选和暴力干涉选举的现象。一旦发现此类违法行为，乡镇政府和县政府相关部门要依法制止与纠正。对于群众举报的有关线索，要及时调查处理。

2. 加强相关制度建设

进一步健全选举组织办法、候选人产生办法，坚持村民民主推选候选人，实行公开直选，充分保障村民的选举权与被选举权。在村民流动性增强的情况下，要探索更好的选举程序与选举方式，利用现代科技方式，最大限度地保证所有村民能够参加村民委员会选举工作。比如，照顾到外地打工者的需要，可以考虑将选举时间安排在春节；尝试通过微博微信、电子邮件等方式发布重要消息、推举候选人、投票等。

规范民主决策机制，保障村民的决策参与权。要进一步完善"一事一议"、民主听证会等民主议事决策制度，完善责任追究制度，加强对议事决策事项的监督。通过列举的方式规定必须经过村民大会讨论的事项，结合美丽乡村建设，将农村基础设施建设、公共事业投资以及土地流转、征地拆迁等涉及农民切身利益的事项全部纳入民主议事决策范围，保证农民自己做出决策和选择。

健全村务公开制度，依法保障村民知情权。村务公开是实现村务民主、保障村民权益的重要制度设计，务必要落到实处。目前在一些地方，村务公开落实得不好，这也是诱发腐败的主要因素之一。要把财务公开作为重点，进一步丰富村务公开的内容，同样采取列举方式将需要公开的内容规定下来，并且保持开放性，定期更新村务公开的明细。创新村务公开的方式，灵活运用各种形式，如在特定地点设立村务公开栏，通过会议公开、"明白纸"公开、媒体公开、微信群公开、QQ群公开等。建立双向沟通机制，由村务公开监督小组定时收集村民的意见和建议，并及时做出说明和反馈。

3. 有计划地对农民开展培训，提高村民素质和自治能力

农民群众是农村社会治理的主体，要实现农村社会治理现代化，必须推动农村由村民社会向公民社会转型。有一些村民，尤其是年龄较大、文化水平较低的村民，不清楚自己有哪些民主权利，通过何种方式行使权利，在自己权利被侵犯时通过何种途径正当维权等，要对他们普及相关法律规定，培育民主法制意识，提升议政参政能力。要培训、培养新生代农民，提升农村骨干的整体素质，从而提升村民委员会成员的政策法律水平和组织能力，提高农村村民自治水平。

（四）深化农村改革，大力发展农村经济，增加对农村的资金投入，积极探索多途径筹措资金，推进农村建设

目前，河北农村土地确权登记工作正在加紧进行，预计到2015年底，将全面完成农村集体土地所有权、集体建设用地使用权和宅基地使用权确权登记发证。要在明晰产权归属的基础上，引导农民采取多种形式进行股份制

合作，发展合作经济；推进农村金融体系建设，鼓励商业银行加大涉农信贷投入力度，发展小微金融机构和新型农村合作金融，为农村发展提供安全高效的服务。继续开展农村承包土地经营权和农民住房财产权抵押贷款，拓宽农业农村发展融资渠道，促进农民增收致富和农村经济加快发展。

继续大力推广政府＋企业＋合作社＋农户＋金融机构"五位一体"股份合作制经济模式，有效整合各种资源，为规模化现代农业发展搭建平台。该模式使一家一户的农民通过股份合作，实现与规模企业的有效对接，得到土地保底股金、工资、股份分红三份收入，有了稳定的经济来源，是有效的脱贫之路。同时，通过引进具有实力的企业进行合作，可以借助企业的财力，进行农村基础设施建设，改变乡村面貌，开展旅游产业，增加农民个人和村集体收入，实现企业、农村集体和农民个人三方共赢，是新时期农村可持续发展的重要途径。

（五）构建、完善预防与化解社会矛盾的体系

在加快推进城镇化进程中，利益格局不断调整，农村各种深层次矛盾产生甚至激化，预防和化解这些矛盾是农村治理的重要内容，也是维护社会稳定的前提条件。

1. 健全矛盾排查防范机制

乡镇一级组织要加强和村民委员会的联系，及时排查，发现群众之间、干群之间以及村民与第三方之间的矛盾纠纷，健全矛盾隐患通报、纠纷信息反馈、重大情况通报等制度，做到上下联动、及时处置，力争将矛盾化解在萌芽状态。对于农村多发的征地补偿、房屋拆迁、土地承包、相邻关系以及涉农资金分配等方面的矛盾，要重点排查，及时采取措施，防止矛盾激化。

2. 完善农村社会矛盾化解机制，充分发挥人民调解作用

我国现有的社会矛盾解决机制包括人民调解、行政调解、司法机关调解三种调解机制，以及诉讼、信访等多种矛盾解决机制。在农村治理中，要充分发挥人民调解的作用。根据河北省委、省政府办公厅《关于加强新形势下人民调解工作的意见》，每个村应该建立一个人民调解委员会，并且要求

建立完善学习培训、重大纠纷集体讨论、纠纷回访、档案管理等制度，逐步形成有效预防、人民调解化解矛盾的工作体系。在乡镇一级，司法所承担着人民调解化解矛盾的任务，经过这两级调解组织调解未能化解的矛盾，可以通过司法机关调解或者诉讼方式解决，还可以通过信访渠道向有关机关反映问题。要抓好村级调解组织的建设，充分发挥人民调解组织化解矛盾的作用，重视引导群众通过诉讼解决调解未能化解的矛盾；教育群众依法逐级信访，通过合法渠道表达诉求，防止、避免群体性事件的发生。

3. 转变思想观念，依法、理性解决矛盾纠纷

基层政府要增强法制观念，依法行政，通过说服、教育的方式引导群众正确处理集体与个人、权利与义务的关系；尊重村民的民主权利，避免使用强力推行既定政策和处理维稳问题；农村群众也需要增强法律意识，理性表达诉求，在国家法律的框架内解决矛盾，而不是通过非理性、群体性方式维权，导致事态向不可控的方向发展，给社会秩序以及村民个人造成不利后果。政府可以借助志愿者的力量，或者以购买社会服务的方式，有计划地对农村干部、群众进行公民知识普及和法律知识培训，培养新型高素质公民，这项工作对从根本上预防和及时化解矛盾、改善农村治理水平具有重大意义。

B.13
河北省城市出租车行业政府规制的调查

蔡欣欣　宋　鹏*

摘　要： 政府对出租车行业的规制过程大致可以分为起步和发展阶段、迅猛发展阶段、稳定规制阶段以及规范管理阶段四个历史阶段。近年来，出租车罢运事件凸显了该行业长期积累的各种矛盾和脆弱的行业生态。出租车行业存在的问题主要有运力供需不平衡、垄断经营模式不符合发展需要、专车软件盛行、行业监管不到位、收益分配不合理、乱收费现象严重、部分地区加天然气成为难题、法律法规严重缺失等。对出租车行业进行规制，要摆正姿态立场，正确认识出租车罢运问题；打破垄断格局，将行业经营全面还给市场；规范经营活动，推行出租车行业价格听证制度；严打非法营运，净化出租车客运市场环境；畅通对话渠道，健全完善出租车从业人员协会；健全法律法规，及时修订完善出租车行业规章制度。

关键词： 河北　出租车　罢运　价格听证

随着经济的发展和人民生活水平的提高，衣、食、住、用、行等人们基本生活的方方面面都发生了翻天覆地的变化，传统的公交出行已不能满足人们日常出行的需求。出租车作为一种便捷、舒适、灵活、快速的大众出行方

---

* 蔡欣欣，河北省社会科学院法学研究所助理研究员；宋鹏，河北省维护稳定工作领导小组办公室主任科员。

式，已成为城市公共交通系统的重要组成部分，与群众生活密不可分。出租车的突出贡献不仅体现在使城市交通压力得到迅速缓解、公众应急直达出行需求得到充分满足，而且极大地促进了城市的基础建设发展。但同时，河北同其他省份一样，也出现了出租车司机罢运的现象，这不仅影响了群众的正常生活和正常出行，损害了广大人民群众的利益，还扰乱了安定的社会秩序，引发了社会的高度关注，唤起了对该行业规范管理的深层探讨。

一　政府对出租车行业规制的发展历程

我国出租车行业的发展历史超过了 100 年。以上海为例，上海出租车的出现可以追溯到清末①。我国的出租车行业真正起步于改革开放初期，经过 30 多年的快速发展，随着我国改革开放进程的不断推进，各级城市都有了一定规模的出租车，出租车行业得到了迅速发展。目前，出租车已经成为反映城市发展状况的重要标志，成为代表城市形象的文明流动窗口、城市名片。从历史发展阶段划分，政府对出租车行业的规制过程大致可以分为四个阶段。

第一阶段：从 20 世纪 70 年代末期到 80 年代初的起步和发展阶段。出租车行业在改革开放初期由国有企业垄断经营并依托国营交通运输企业和旅游公司发展起来，且企业数量较少，供给短缺。出租车成为一种象征身份的紧缺的奢侈品。那时，北京仅有 3 家出租车公司，上海也仅有 2 家，出租车行业的发展状态严重失衡且十分滞后。

第二阶段：改革开放中后期的快速发展阶段。伴随城市经济的发展和人民生活水平的提高，公共交通资源严重短缺，因此各地政府纷纷放宽了对出租车的管制条件。经过相关管理部门审批，对符合经营条件的企业和单位授予出租车经营权，允许其进行出租车运营活动，使从事出租车运营的企业数量有所增加，但仍禁止私人投资开办出租车企业，出租车行业实现了前所未

① 《我国出租车发展问题的探讨》，《江苏城市规划》2015 年第 4 期。

有的大发展。

第三阶段：20世纪90年代的稳定规制阶段。作为一种满足居民特殊出行需要的城市客运服务业，政府出台政策放宽了对出租车行业的规制，简化了相关审批流程，全面放开了对原有国有和集体出租车公司的控制，只要是具备资质的公民均可以进入出租车市场并从事相关运营活动，且主要依靠市场竞争发展出租车行业，对出租车数量不加限制。因此，在以上宽松政策的作用下，出租车数量大幅攀升，运营模式也更加多样化。出租车司机在为乘客提供服务的同时，也赚取了丰厚的收入，在一些大中型城市逐步形成承包、挂靠、公车、个体等多种运营模式并存的局面。

第四阶段：20世纪90年代末至今的规范管理阶段。在稳定规制阶段，出租车数量飞速增长，满足了人民群众日趋增长的交通运输需求。但由于出租车行业发展势头过于迅猛，与之配套的经营模式和管理制度相对滞后，加剧了出租车市场竞争，一些"黑车"也乘虚而入，扰乱了市场秩序。出租车司机收入因此下降，压力增加，出现了高要价、拒载、绕行、罢运和规模性聚集等问题，加之其占用的城市道路资源相对较多，普通公众的切身利益受到很大影响。政府最终放弃了全面放开的政策，开始在市场准入与市场退出、价格控制与服务控制等方面进行全面整治和严格管理，推行严格的数量控制与准入政策，并将优先发展大容量公共交通作为长期的战略。建设部、公安部于1997年底联合出台的《城市出租汽车管理办法》规定，只允许公司经营出租车而禁止个体经营，使出租车公司数量逐渐下降并基本维持在稳定状态。

二 出租车行业的发展现状

据有关部门统计，截至2015年初，全国共有出租车134万辆，出租车公司8000多家，从业人员260余万人[①]。近年来，媒体报道的出租车罢运事件大大小小，此起彼伏，凸显了出租车行业长期积累的各种矛盾冲突以及脆

---

① 《出租车经营权将设期限》，《河北青年报》2015年1月2日，第B5版。

弱的行业生态。如在 2007 年 7 月 30 日，郑州全城 1.3 万辆出租车连续罢运 3 天，给其他城市出租车罢运事件带来了示范效应；从 2007 年 12 月 5 日开始，哈尔滨 1.5 万辆出租车集体罢运，持续了 6 天；2008 年 11 月 3 日，重庆 8000 辆出租车罢运了 2 天。2015 年 1 月 13 日前后，出租车罢运事件又在沈阳、南京、济南、长春、南昌、成都等多个省会城市全面爆发，堪称有史以来最大规模的出租车罢运。

河北省的出租车行业也紧随全国出租车行业的发展大潮应运而生，并不断发展壮大。截至 2013 年底，河北省共有出租车 63788 辆，各地 2013 年末实有出租车数量如图 1 所示。

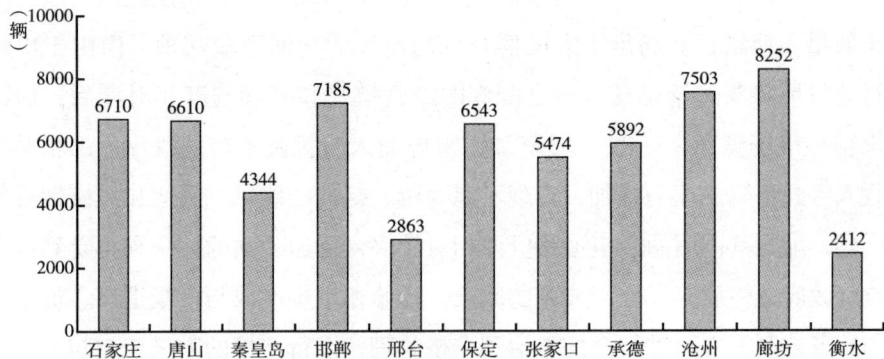

图 1　2013 年河北各地出租车数量

资料来源：《中国城市统计年鉴》，《中国 2013 年地级以上城市道路面积及公共汽车、出租车拥有情况统计（市辖区）（一）》。

2015 年初，河北省共有出租车 68790 辆、出租车公司 356 家、从业人数约 11 万，在省会石家庄，出租车的数量也超过了 6700 辆，经营企业达到了 20 余家[①]。经过多年的发展，石家庄的出租车行业已经达到了全国领先水平，在全国享有较高的美誉度，"我就是河北，我就是省会，我就是文明使者"这一宣传口号早已家喻户晓。

---

① 《出租车经营权将设期限》，《河北青年报》2015 年 1 月 2 日，第 B5 版。

几年来，河北省出租车行业也发生过罢运的情况。2010 年 10 月 13 日，邯郸磁县出租车集团为打击电动三轮车罢工，在二环路长时间鸣笛①。2011 年 4 月 3 日，邯郸出租车司机纷纷涌上邯郸市中心人民路、中华路、新世纪商场及市政府法制办门口，抗议邯郸市政府法制办、市交通运输管理局联合出台的《邯郸市客运出租汽车管理条例修正案（草案）》将出租车的运营权从个人手中无偿收回，再转包。这样的规定引起了出租车司机的不满，4000 辆出租车集体罢运，造成数千市民围观、聚集，多辆出租车被砸，道路被堵，交通中断，大批警察、特警出动……②

出租车罢运事件的集中爆发，凸显了出租车行业的利益矛盾问题。有统计表明，从 1996 年北京首次出现出租车罢运事件至今，全国各地发生的大小规模的出租车罢运事件已上百起，甚至还出现了出租车被砸等个别暴力治安事件。由于出租车行业是一个提供运输服务且具有服务性质的行业，在人们生活中扮演着重要角色，这些现象的出现，不仅给人民群众的交通出行带来严重影响，甚至还对当地社会稳定造成冲击，不得不让人们重新审视出租车行业的发展问题。

三　出租车罢运事件特征分析

从发生地点来看，出租车罢运从南到北，由东及西，分散遍布于全国各地，但主要集中在地级以上城市，具体的出租车聚集停靠地点大多是城区的繁华路段、重要街道或机关办公区附近，容易造成交通拥堵，更方便向党委、政府施加压力。邯郸罢运的出租车就涌上了中华北大街、新世纪广场、青少年宫等市中心闹市区，举行抗议活动。

从持续时间来看，出租车罢运有长有短，当地的处置能力直接影响了罢

---

① 《磁县焦点，出租车集团罢工，为了打击电动三轮，在二环路长按鸣笛》，http：//tieba. baidu. com/p/3348229531？ see_ lz = 1，访问时间：2015 年 10 月 16 日。

② 《河北邯郸：出租车罢运背后真相调查》，http：//www. ccwqtv. com/zz/sdbd/news3521. htm# height = 270。

运时间的长短。有的罢运事件持续一周以上，有的则能在当天处置完毕，如果党委、政府反应和处置果断迅速，事件往往会尽快平息。如邯郸市复兴区、丛台区、邯山区三城区政府部门及各街道办主要负责人出动，做出租车司机的安抚工作，同时出台措施鼓励出租车司机出车运营，因此邯郸出租车罢运只持续了两天，从4月5日起，出租车运营基本恢复正常。

从组织方式来看，出租车司机的罢运成本很低。他们通常会借助群体内部的非正式关系和社会网络，以小电台、短信等方式有组织地进行内外沟通联系，以表达其强烈的诉求意愿。

从行动策略来看，以集体停运，打断正常社会秩序和请愿、上访，劫持人民群众的交通出行需求等方式为主，在社会上造成较大影响以迫使政府短期内解决其有关诉求，而以往发生过的罢运事件也基本达到了这种效果。如邯郸出租车罢运中，市政府责令撤销了《邯郸市管理条例（征求意见稿）》，仍执行原管理条例。

从对抗程度来看，虽然罢运事件的参与者数量往往较多，能够达到几千甚至上万辆出租车参与，但是对抗性并不火爆，严重的警民对峙或身体对抗等较激烈的矛盾冲突没有发生。然而值得关注的是，几乎所有的罢运事件存在上街"护法"、打砸车辆等阻拦正常运营车辆的暴力行为。如在邯郸出租车罢运事件中，聚集者见到运营中的出租车就砸，当即有数辆正在运营的出租车被砸坏。

四　出租车行业有关问题分析

一是运力供需不平衡。部分大中城市出租车供需不平衡，出租车数量增长与城市发展速度不协调。1994年起，国家为规范出租车经营，要求各地政府对出租车需求量按照估算进行投放，并实行出租车准入和数量控制。此后，绝大多数地方均未科学、动态、适时地增加投放量。如石家庄市自1998年开始进行准入数量控制，直至现在仍未增加新的运力投放。这一政策执行的十几年正是城市建设快速发展、城区面积逐步扩大、人口急剧膨胀的时期，出租车运力已不能充分满足市民的出行需求，不可避免地出现了出租车司机挑活儿、拒载、绕道、要价高、态度恶劣、市民打车难等问题。

二是垄断经营模式不符合发展需要。绝大部分城市的出租车经营模式是"政府—公司—司机"，政府垄断了出租车的特许经营权，将运营牌照发放给出租车公司，后者再把出租车租赁给司机，按要求出租车司机每月向公司上缴一定金额的管理费即所谓的"份儿钱"。这种经营权管理方法，为出租车公司索取司机的大量利润创造了条件。"份儿钱"高已经是大部分地区出租车行业普遍存在的问题。如在唐山，出租车每月的"份儿钱"被一次性"买断"而非按月上交，2012年的车型为帕萨特的出租车的"份儿钱"（包括保险）为每月4000元以上，新车的"份儿钱"（包括保险）为每月5000元左右，距国家规定出租车8年的强制报废年限还有4~5年的帕萨特出租车加保险的"份儿钱"为10万~15万不等。

三是专车软件盛行。"Uber"、"神州"、"滴滴"等专车软件是从2014年开始出现的一种借助手机软件衍生出的出行信息平台。与传统出租车相比，专车软件提供的服务，可以是中高档汽车，虽然价格不菲，但提供送湿巾、送矿泉水、撑伞、搬运行李等多项服务，受到少部分中高层次消费者的青睐；运价比传统出租车运价低很多的专车服务，也受到广大出行消费者的欢迎。专车软件的盛行，严重侵占了传统出租车的市场份额。2015年下半年以来，部分司机离职，转投做了专车司机。

四是行业监管不到位。由于行政执法部门或行业协会的监管工作不到位，部分地区的"黑车"、异地出租车问题严重。没有取得出租车运营许可证、私自从事出租车服务的各类车辆被界定为"黑车"。异地出租车，即不按核准的路线和地区从事运营活动的出租车，其运营问题在河北省非常突出。近年来，"黑车"、异地出租车与本地出租车抢生意的势头愈演愈烈，不仅使合法经营者和消费者的权益受到严重损害，而且极大地扰乱了出租车运营市场正常的竞争秩序。

五是收益分配不合理。由于政府、出租车公司、出租车司机三者之间的关系没有完全理顺，而在三个群体的博弈中，出租车司机又处于绝对弱势，致使市场发展与企业利润以及司机利益相互之间的矛盾普遍存在。再加上出租车运价缺乏随市场需求自然调控机制，一些地区的出租车运价长期偏低，而通过垄断经营模式，大部分利润被出租车公司拿走，致使处于弱势地位的出租车司机收入不高、生活负担过重的问题明显，甚至有的地区出租车司机每月收入仅限于满足温饱，收入水平远远低于专车司机或非法营运者，增加收入的期待和诉求非常迫切。

六是乱收费现象严重。出租车行业各类收费名目繁多，据不完全统计，全国涉及出租车行业的各类收费除了涉及出租车经营许可的项目，还包括车辆年检费、营运驾驶员从业资格考试费、车辆综合检测费、计价器检测费、车船使用税、营业税、城市公用事业附加费、税务登记证年检费、工商执照年检费、驾驶员年审费等。过多的收费项目，让旁人都觉得眼花缭乱，应接不暇，更何况是出租车司机，不断挤压出租车司机原本有限的收入空间，已经引起广大出租车司机的强烈不满。

七是部分地区加天然气成为难题。当前各地出租车加燃气主要加天然气，加气难的问题广泛存在。天然气作为优质的清洁能源，需求量不断增加，供应却愈加紧张。许多城市的加气站外经常有出租车排起"长龙"，使得出租车营运收入受到严重影响，同时也加剧了市民群众的"打车难"。而河北省大部分地区增加了加气站数量，出租车一般在十分钟以内就可以完成加气，在一定程度上缓解了出租车加气排队的情况。

八是相关法律法规严重缺乏。十余年来，各地一直按照《关于进一步规范出租汽车行业管理有关问题的通知》（2004年11月由国务院办公厅正式发布）即俗称的81号文件的要求对出租车行业进行管理。截至目前，我国仍没有出台有关出租车行业的专门性法律法规，大部分是一般的文件性规定，条文少且内容粗糙。河北省除石家庄市外，其他各市尚无涉及汽车租赁管理方面的专项政策及规定，整个行业基本处于行业无规、管理无据的状态，难以对发展迅猛的出租车行业实施有效管理。

此外，近年来出租车罢运事件的主要诉求随着社会发展阶段的变化，有着明显区别：2008年以前，全国出租车行业罢运，大部分是出租车司机与政府、出租车公司争夺经营权、营运权；2008 年以后，全国出租车行业罢运大部分是由于政府对"黑车"整治不力，出租车司机营运成本上升，要求提高运价，公司管理费过高，出租车加气难等；2015 年以来，在以往诉求的基础上，抵制专车软件，成为全国出租车行业罢运的又一主要诉求。

五　对出租车行业规制的建议

摆正姿态立场，正确认识出租车罢运问题。出租车罢运实质上就是出租车司机的罢工，而罢工则是在经济社会转型期出现的一种正常现象，无法避免。面对当前多发的出租车罢运事件，不要过于敏感或回避问题，要切实转变观念，深入调研，积极正视现实，认真客观对待，在看到出租车罢运对经济和社会发展造成不利影响的同时，还要从根本上努力探索解决出租车行业存在问题的有效方法，不应浅显地把一般的出租车罢运事件认定为是违法行为、别有用心、煽动闹事等，由此而武断地采取一些过激的应对措施，而应本着为民务实的态度去接洽、了解、对话和处置。近年来，许多地方在处置出租车罢运事件时，没有摆正姿态立场，采取了不恰当的如对立性、对抗性的做法，这样不仅不利于化解出租车司机与政府、出租车公司的矛盾，反而会使矛盾进一步激化、升级。因此，在处置出租车罢运事件时，应坚持实事求是，及时、客观地公布事件发展和处置情况，让人民群众全面真实地了解事件情况。

打破垄断格局，将行业经营全面还给市场。出租车公司化管理体制的行业垄断性太强，这正是引发出租车行业相关问题的根本原因。如何打破这种公司制的行业垄断，是出租车管理体制改革的关键所在。因此，应探索和尝试将出租车行业经营全面归还市场，通过市场这只"看不见的手"与政府这只"看得见的手"有力配合，力促出租车行业健康发展，实现动态平衡。首先，引入竞争机制，提高市场配置资源的能力，打破出租车行业的经营垄断，让出租车公司自主经营，成为完全的市场主体。其次，逐渐取消对出租车企业的数量控制和许可限制，适当降低准入门槛，通过市场竞争，适者生存。在市场竞争的同时，政府部门应积极发挥行业监管职责，加强监督执法，维护正常的市场竞争秩序。

规范经营活动，推行出租车行业价格听证制度。应积极深入出租车企业，认真调查研究，理顺劳动关系，不断加大对出租车公司经营活动的监督、检查力度。出租车公司要积极调整、完善和优化经营模式机制，提高市场竞争能力和抗风险能力。建立健全出租车公司内部管理制度，统一规范出租车承包合同和出租车驾驶员聘用合同，为出租车司机及时、足额缴纳养老、医疗、失业等社会保险。进一步完善出租车公司质量信誉考核制度，签订出租车公司经营管理及服务质量责任书。此外，实行出租车行业各种价格的听证制度。经出租车公司和司机集体协商后，对"份儿钱"、运价价格等提出调整要求，再由政府价格主管部门组织社会有关专家、机构对其合理性、可行性进行论证，确保制定和调整出租车行业价格的科学性和合理性。

严打非法营运，不断优化出租车市场运行环境。非法营运车辆严重扰乱了出租车市场正常的经营秩序，对出租车市场冲击极大。政府部门应进一步建立健全打击出租车非法营运工作机制，建立由交通、公安、工商、城管等部门参加的专项整治工作机制，加大对黑出租、异地出租车等非法营运行为的整治力度，规范本地出租车按路线和区域运营，形成各部门通力合作、齐抓共管的良好局面。另外，还要探索源头治理的长效机制，采取延长公交线路及公交运营时间等措施，解决城郊各县区以及城乡接合部等地方非法营运车辆较多的问题，满足人民群众的出行需求，从根本上杜绝非法运营问题的出现。

畅通对话渠道，健全完善出租车从业人员协会。虽然各地都成立了类似的出租车行业协会等组织，但由于其成员多为出租车公司，并不能充分代表出租车司机的整体利益，不能彻底满足出租车司机的利益诉求。出租车从业人员协会要向有关部门及时反映出租车司机的意见和要求，建立起行业协会与有关部门就制定规则、保护权益、维护秩序、车位定价等方面的对话机制，依法维护出租车从业人员的合法权益，共同做好出租车市场的管理和服务。协会还应在有关部门与出租车从业人员之间积极发挥桥梁和纽带作用，主动承担一定的教育培训和管理职能，促进全行业的健康发展。但是，值得强调的是，要想建立能够代表从业人员利益的自治性组织，必须首先打破出租车行业公司化管理体制的垄断格局。只有如此，才能真正促进行业健康发展，实现行业自律，减轻政府规制成本。

健全法律法规，及时修订、完善出租车行业规章制度。近年来的出租车罢运事件表明，出租车行业迫切需要健全的法律法规来引导规范出租车行业发展。人大、政府部门要及时对不合时宜的法律、法规以及政策进行全面、彻底的废改立，使有关制度有机衔接，以充分发挥制度的时效性。河北省应抓住当前《河北省道路运输条例》修订的时机，将出租车、汽车租赁等城市客运内容编入《河北省道路运输条例》，通过立法手段，解决长期困扰河北省城市客运管理无法可依的问题。同时，要严格落实重大事项社会稳定风险评估机制，凡涉及出租车行业的重大事项制定、重大决策调整，都要对其合法性、合理性、可行性、可控性进行全面评估论证，以确保低风险运行。

出租车行业承载着政府公共政策、司机生活来源、市民出行方便等诸多职能，由于历史原因以及各种社会因素，积累了诸多问题，严重阻碍了行业自身的健康发展。应加强日常管理能力，积极推动出租车行业进行经营和管理体制上的改革，破除公司化管理体制的垄断，盘活出租车行业的竞争市场，维护出租车司机与广大乘客的利益，在平等、法治的轨道内解决利益冲突，通过合理规制从根本上消除出租车罢运的社会根源。

B.14

经济新常态下河北省科技型中小企业
人才困境及其破解对策研究[*]

鲍志伦　陈　伟[**]

摘　要：　本文首先对科技型中小企业、人才流失进行界定，然后分析
　　　　　科技型中小企业人才的特点，在此基础上，对经济新常态下
　　　　　河北省科技型中小企业的人才困境进行分析，最后有针对性、
　　　　　创新性地提出解决人才困境的对策。

关键词：　经济新常态　河北省　科技型中小企业　人才困境

一　河北省科技型中小企业的人才管理要
适应经济发展新常态

在经济发展新常态下，我国和河北省的经济增速均有所回落，转为中高
速增长，经济结构由原来的中低端迈向中高端，经济增长的动力发生变化，
由自然资源、劳动力、投资等要素驱动向创新驱动转变，人才是创新的第一
推动力，加强人才工作是创新驱动的内在要求。随着新型城镇化的推进以及
京津冀协同发展等战略的大力实施，河北省经济发展的空间格局正在发生深

---

　　*　基金项目：本文为2015年度河北省社会科学发展研究课题民生调研专项的研究成果。课题名
　　　称为"新常态下河北省科技型中小企业人才困境及其破解对策研究"；项目类别为重点课题；
　　　课题编号为201501002。
　　**　鲍志伦，河北省社会科学院人力资源研究所助理研究员，研究方向为人力资源管理与人才学；
　　　陈伟，河北化工医药职业技术学院讲师，研究方向为经济管理。

刻变化。河北省科技型中小企业的人才工作，也要紧扣创新驱动，精准发力，提升服务、支撑河北经济发展的实效。

面对经济发展新常态，要有科学认识、科学态度和奋发干劲。河北省要增强认识的科学性，发挥主观能动性，用新常态来参照对比、解剖应对河北省科技型中小企业人才问题发展中面临的新情况、新问题，做到解放思想，抢抓机遇，有破有立，大有作为。

二 科技型中小企业以及人才流失的界定

科技型中小企业是指把科技人员作为企业的核心员工，主要通过科技人员从事创新技术成果的研发，创新技术产品的生产经营、技术服务、技术咨询业务。这些企业一般初期投资少，有强大的发展潜能，而且它们是自主经营、独立决策、富有智力创新能力的企业法人。总之，科技型中小企业是以创新驱动为天赋职责和生存手段的企业。科技型中小企业在国家和全省的创新发展中起着重要作用，是国家创新驱动发展战略中最有活力的因素之一，对于经济发展、促进就业都发挥着巨大的能量。经济新常态形势之下，河北省的科技型中小企业出现集聚火山喷发式发展状态，并在实践中创造出一些新的发展模式，成为"创新驱动发展"、"人才强国"、"科教兴国"战略中不可或缺的一个环节。创新驱动发展往往是推动科技型中小企业的发展核心动力和源泉。

科技型中小企业在提高企业的自主创新能力、建设创新型国家方面起着核心主力的作用，也是发展高新技术产业和战略新兴产业的重要基础。党的十八大报告中明确提出，要实施创新驱动发展战略，促进创新资源高效配置和综合集成。足见科技型中小企业在经济社会发展创新中占据着重中之重的地位，同时也预示着河北省科技型中小企业面临前所未有的大好形势。科技型中小企业的创业、创新以及在市场中竞争、生存和壮大，需要一批手握核心科学技术的人才，而这些也关系到我国和河北省科技成果的转化和新常态下产业结构调整的问题，同时，对地方经济的发展及国家大力倡导的大众创业、万众创新都具有举足轻重的作用。但是，支撑河北省的多数科技型中小企业的核心技术一般是从高校和科研院所购买的二次开发技术成果，特点往往是市场寿命短、技术领先水平低，企业无法掌控核心科技，技术竞争力的持久度不够高。

人才流失的方式有多种，本文所涉及的流失方式主要是指人才的资源流失，主要是指原来组织或地域内的人才由于内因、外因或综合因素放弃所服务的对象，流失到异地组织或地域，从而给原组织或地域带来损失的现象。流失的人才主要是为了高薪、前途、发展空间、社会地位等而主动放弃原工作，这种流失会给原企业的发展经营带来负面效应或损失。

三 科技型中小企业人才的特点

本文所指科技型中小企业的人才主要是企业的高科技人才，他们往往有如下特点。

（一）差异性

科技型中小企业中的人才，往往个性各异，百花争艳，在研发和生产经营过程中的发散思维导致工作方式和行为差异性较大。

（二）知识型

知识的广和博是进行创新的前提。科技型中小企业所需的科技往往是行业的尖端，如果没有广博的知识能力和知识内容，就不能集思行业内领先科技知识，关注国际动态更是无从谈起。

（三）独立性

一般情况下，科技人才往往是独立思考的专家，向往自由宽松、灵活性高的工作地点和工作时间，为实现其创新型的科技成果，对外力的干扰和约束往往有很强的逆反心理。

（四）高流动性

高知识、高科技能力的科技人才是稀缺资源和核心资源，这也导致他们成为企业竞相争夺的"香饽饽"，再加上京津及沿海城市巨大的优厚条件的吸引，使其流动意愿强，流动性非常高。

四　经济新常态下河北省发展科技型中小企业人才困境分析

截至 2015 年 6 月，河北省科技型中小企业已达 1.57 万家，比 2014 年 6 月增加 4700 家，其中，年销售收入超亿元的科技小巨人企业 680 家，比上年增加 102 家。有效期内高新技术企业 1281 家。2014 年，河北省新增省级技术创新示范企业 24 家、省中小企业名牌 239 项；新增省著名商标 471 个、驰名商标 13 个，总数分别达到 2968 个、224 个，民营企业占到 80% 以上。

目前，河北省科技型中小企业人才困境主要包括人才难求和人才流失两个方面。

（一）人才难求

河北省科技型中小企业人才难求有内外两方面原因。内因：企业成立时间短，缺乏核心和前沿技术知识，省内高校对市场需求的先进、复杂知识，往往来不及应对和掌握，甚至高校内无相关技术知识领域的教师，有些新兴产业还存在盲区，当然也就无法培养相关领域的人才。外因：河北环抱京津的特殊地理位置和相对落后的政治、经济、文化、社会等因素，无法吸引优秀人才到河北服务。

（二）人才流失

通过对河北省科技型中小企业人才状况的分析，可以把人才流失的影响因素大致分为企业外部因素、企业内部因素和员工个人因素三类。

1. 企业外部因素

（1）行业优势、人才行情及心态对其流失的影响。科技型中小企业里人才所在的行业，一般都发展好、机会多、前途光明；这类人才需求行情看好，在市场走俏。知识型员工一般自信而且有追求，不满足于小富即安，所以往往倾向于远走高飞。

（2）大企业对人才的吸引力。大企业一般领先于本行业，其光明的前途，对科技型中小企业的人才往往具有较强的吸引力，从而致使其流失。

2. 企业内部因素

（1）薪酬体系设计不够科学。一是不能体现内部公平，具有优势能力的优秀人才，其薪资水平没有优势，无法体现创新能力的贡献率，使优秀人才失去内心平衡。二是表现为外部不公平，科技型中小企业的优秀人才，与同类行业的其他地方的企业相比，同样贡献率的情况下，报酬较低。

（2）企业的职业生涯规划不能给优秀人才带来高期望值。企业人力资源部门对人才职业生涯的设计管理落后、不科学；企业的职位级别较低或不合理，导致人才晋升机会少或机会不公平，从而失去工作的积极性；人才资源开发工作不到位，使科技人才看不到发展的空间和潜力，导致对自己在企业中的职业规划前景没有动力。

（3）企业管理者素质堪忧。许多中小企业的管理者往往不具备管理素质和能力，行政力、领导风格、领导水平等方面明显欠缺。他们忙于日常琐事，对员工关注和指导不够，缺乏适时沟通，导致人才对部门领导的不满，从而产生离职心态和意愿。

3. 员工个人因素

（1）自我价值的追求。知识经济时代，人才从物质需求到更高层次的精神需求不断增强。根据麦克利兰的成就需要理论，人才往往更渴望成功，实现自身价值。如果在原企业无法成就事业和实现发展，那么"良禽择木而栖"，人才就会离职去更适合发展的企业谋职。

（2）新员工"先就业后择业"的择业心态。多年来，高校扩招导致就业形势紧张，许多毕业生抱着"先就业后择业"的心态，往往先以中小企业为落脚点，或委屈就业，或积累经验，一旦有更好的单位，便跳槽离开。

（3）对公司企业文化的不适应。河北省的一些科技型中小企业不注重企业文化建设，存在拖欠工资、延长加班时间等问题。现在的人才，特别是创新型人才，如果没有舒适、和谐的工作环境，没有关系融洽、尊重人才的文化氛围，往往产生不适感，无法融入企业文化、施展才华，从而离企业而去。

五　经济新常态下河北省科技型中小企业人才困境的破解对策

（一）转变思维方式，改变管理模式

要转变思维方式，用最先进、理性的人力资源管理理念和模式来指导科技型中小企业的用人模式和机制。选择了合适的人才，便是选择了通向卓越的最佳途径。人才是决定性因素，企业的战略、执行都要靠人才，所以先让合适的人才上车，组建卓越的管理和创新团队。人才是企业中最具活力、最有创新精神的核心员工。用了好的人，可以将一件看上去不好的事做好；用了一个很差的人，他会把一件好事做砸。邓小平在总结他第三次出来工作后中国局面的扭转时，只是强调："我用了几个人。"简单地说，邓小平归功他的成功为慧眼识人、人才战略。首先，优秀人才最优惠，平庸人才最昂贵。人才虽然薪酬较高，但他能将事情做好，为企业创造效益，产生高附加值；平庸之人虽然工资低，但却不能创造价值，甚至会导致负价值。人才制度是保障企业发展与基业长青的命脉，领导者不仅要爱才、重才，还要慧眼识才。其次，人才就是合适的人，企业要选最合适的人，而不是最好的人。一个人可能有许多不足，但只要他适合工作岗位，能在这个岗位做出贡献，那他就是人才。最后，我们不是缺人才，缺乏的是出人才的制度。人的潜能是好的机制激发出来的。好的机制往往能

使很多想都不敢想的事情变为现实。企业有没有人才、能不能出人才，关键在于企业有没有适合人才的环境和制度。

（二）建立经济利益激励机制

其实，科技型中小企业的竞争可以归结为人才的竞争。人才是有价的，人才供求是遵循价值规律的。在人才自由流动的机制中，当人才收入指标优先于其他指标的时候，意味着企业总是能够"购买"到略高于企业自身发展水平的人才资源，反复循环的结果就是企业发展水平越来越高，形成一个"向高循环"的良性系统；反之，当企业人才收入指标落后于其他指标的时候，企业就会陷入"向低循环"的恶性系统。

"工资级差"最终造成的将是"人才级差"；"人才级差"最终造成的将是"企业级差"。著名的华为公司老总任正非也曾经表示："高工资是第一推动力。"

建设具有竞争优势的企业制度，最重要的就是要解决激励机制的问题。要让人才踏踏实实地为企业服务，就要令人才与企业结成真正的利益共同体，而这要靠激励机制来实现。

1. 股权激励

股权激励在国外被称为"静悄悄的革命"，众多的企业也正是靠这种激励方式，才实现突飞猛进。据统计，有股权激励的企业比没有股权激励的企业生产力高 1/3。

实施股权激励后，核心人才与原来的资本拥有者成为同路人，同舟必然共济，核心人才在拥有成为百万富翁的可能的同时，也带上了企业的金手铐，盲目地流动少了，就能全心全意为企业服务。因此，今后的科技型中小企业是否实施股权激励、股权激励的"含金量"有多高，将是企业是否成功和能否在竞争中吸引人才的重要因素。

（1）实股。实股是企业的实际股份，需要拿钱购买，拥有股东的权利和责任。但购买价格上可以协商，为了激励核心人才，企业可以允许其用一个相对便宜的价格购买。

（2）股票期权。股票期权是公司给予高级管理人才的一种权利，简单地说，"股票期权"就是用现价来购买企业未来的业绩增长，它就是一副金手铐，能帮企业铐住优秀人才。比如，有些公司为了在激励的基础上对公司优秀人才增加约束力，也会要求优秀人才在取得股票期权时支付一定的期权费。这就很好地体现了激励与约束并重的特点。

（3）干股。干股就是分红股，不需要出钱，按协议获得，其持有者不拥有股东的权利和义务，只享受股票分红，因此并不反映在企业的所有权里。因为要按绩效或若干年后才能逐步兑现为实股，所以它也像金手铐，为企业锁住了人才。

2. 利润分享计划

利润分享计划是每年在企业利润中确定一个百分比，拿出来奖励优秀人才，让人才感受到自己为企业多做贡献，企业多得赢利，他们也就能多得经济利益。企业的这项工作，让人才与企业的效益挂钩，能极大地调动人才的积极主动性，增强成本意识、节约意识。

3. 节约奖

节约奖是指企业如果因企业员工的集体努力降低了成本，那就从降低的费用中，提取一定百分比奖励员工，以鼓励员工增强节约意识。

4. 绩效考核

基于利润的绩效管理有五个步骤，依次是设立目标、拟订计划、找到方法、检查评估、奖罚分明。为了达到目标而工作是工作动机的主要激励源之一，明确而具体的目标能够提高企业人才的工作绩效。有了目标，还要有相应的达成目标的计划。然后是不断地寻找方法，掌握技巧。由于人都是有惰性的，所以需要不断地鞭策、激励，不断检查、评估员工的表现，以便发现问题及时解决，同时表扬好的，帮助差的改进。由于人有追求快乐、逃避痛苦的本性，要刺激行为改变，就要奖罚分明。企业要为优秀人才设立奖项，不仅要发奖金，还要公布英雄榜，升迁职位，用各种方式树立榜样。

（三）完善人才竞争市场，鼓励政府和企业培训科技人才

要理性分析企业人才市场供求和经营状况，以具有吸引力和竞争力的薪酬待遇为指挥棒，激励和吸引更多的社会组织、学校、家庭及个人对科技人才的培养和留用。要建立有针对性的中小企业人才市场和人才激励机制，加大鼓励政府和企业组织培训各类科技人才的力度。强化科技人才团队建设，在战略规划和制度建设上加强对科技人才，特别是具有较高业务能力的学术和技术领军人才的引进、培养和开发使用。争取和强化河北省科技型中小企业引进人才的条件，拓宽引才渠道，加大创新创业人才的引进力度，提升现有科技人才的待遇水平，优化技术研究开发条件，从而实现河北省科技型中小企业能够高效地引、育、留、用人才。科技型中小企业的发展和市场需求就是培训工作的着力点，要明确和分析企业技术人才的特点，有针对性地开展组织形式多样的科技创新、管理知识等工作的培训。

（四）运用企业文化激励留住人才

企业文化是企业管理中一种"无为而治"的最高境界，它虽然具有非强制性，但对于企业在激励人才、开发人才潜能方面，能产生强大的正能量。企业文化是企业员工的精神动力。一位心理学家得出的结论是：人在无激励状态下只能发挥自身能力的 10%～30%；在物质激励状态下能发挥自身能力的 50%～80%；在得到适当精神激励的状态下，能将自己的能力发挥 80%～100%。物质激励到一定程度，就会出现边际效用递减现象；而来自精神的激励，则会更持久、更强大。

企业文化正是通过企业精神、价值观、愿景、目标、行为规范来塑造员工，从精神层面激励员工。科技型中小企业要加强以下几个方面的企业文化。

1. 尊重、重视人才，平等对待企业人才

要视企业人才为事业的合作伙伴，而不应该将其当作要尽可能降低或避免的成本耗费，只有将人才当作主人，人才才会视企业为家。要更多地认可

人才，让人才从工作中感受成就感。企业人才真正的满意来自成就感、个人发展、工作满意感以及他人的认可，满意来自于内因，要让人才满意就要从内部因素着手。杰出的企业领导要善于肯定、鼓励人才，让人才感觉到自己的重要。企业应该把对人才保持不变的尊重的这种"以人为本"的理念落实到各项具体工作中，从而赢得人才对企业的忠诚。

2. 强调以人为本，重视交流、沟通和协调工作

"以人为本"，就是以人的高尚品格为本、以人的优点为本，倡导人性的优点。"以人为本"的价值理念体现在：人才是公司第一重要的资源，公司要信任和尊重他们，鼓励他们参与相关业务方面的工作决策，实现人才价值的最大化。科技型中小企业应给他们进行相关决策的权利和机会，使他们体验挑战性和成就感，进而挖掘人才的内在潜能。

以人为本，应该有两个方面：铁的纪律和爱的教育。文化软、制度硬，这就要求科技型中小企业能够软硬兼施。文化要和严格的制度互补。制度规范、约束人的行为，文化让人知道为什么要这样。以人为本和严格的制度制约是对立统一的。企业领导要在这两者间取得一种平衡，既要保障大多数人才的忠诚度，让他们以企业为家，又要通过区别考评，淘汰差的，激活优秀人才的积极性、主动意识。比如，通过交流、沟通，了解人才的动机和意愿，并在工作中合理地协调人才的工作。

3. 随时、随地、随人、随事，促进人才成长

科技型中小企业的领导，要活学活用马斯洛的需求理论，不仅要能满足人才的生存需要，还要满足人才的发展需要，帮助人才成长，要把使用人才工作变成通过工作培育人才。领导者要做一位称职的教练，随人、随事、随时、随地帮助人才成长，这既是科技型中小企业提高竞争力的必要手段，也是管理者的责任。领导者要有培训也是生产力的意识，企业要帮助人才成长。一个人才感觉到在企业中越来越进步，他肯定就会越来越愿意工作，所以培训就是给人才的最大福利。"用学习创造利润"，这已被管理学界和企业界公认为当今和未来奠定胜局的重要经营策略。

4.赞扬和欣赏是对人的最佳激励

心理学认为：赞扬是对出色表现的承认，它会促使希望看到的行为重复出现。人才需要被鼓励，人才也正是在不断被赞扬和鼓励中成长的，要打破论资排辈、实现杰出人才的引领效应，就需要肯定、欣赏这些人才。因此，及时鼓励、赞赏人才，也正是帮助人才成长、调动他们积极性的有效方法。科技型中小企业也要大力营造勇于探索、鼓励创新、宽容失败的企业文化和企业氛围。

（五）将企业人才职业生涯设计与企业战略发展融合协调

1.企业战略发展的规划与制定

科技型中小企业应制定科学合理的战略和愿景目标，并以此来吸引和感召优秀科技人才，使其自愿为企业付出和努力，从而实现人才的价值和职业生涯的稳定。

2.用培训这一福利来吸引和激励人才

在对当前部分河北省科技型中小企业的调查中发现，一些企业对人才的培训和开发明显缺乏措施和力度，往往只重视使用和常规管理，从而导致企业在与行业先进科技的接轨与对接上明显落后，制约企业核心技术和产品的研发、应用，使企业在竞争中缺乏后劲和动力。

科技型企业要想在同业竞争中处于优势地位，关键在于企业人才掌握本行业里的先进技术和科技前沿，而实现这一目标的主要途径就是企业重视对核心人才的培训开发。由于高科技行业的发展迅速和瞬息万变，企业要对人才时刻提供教育和学习成长机会，这既是对员工最大的福利，也是稳定和聚集优秀人才的重要手段。企业人才在吸收知识、技术的基础上，实现职业生涯的稳步提升，从而实现企业人才的职业生涯规划与企业发展融合协调。

（六）实现工作弹性制，工作团队虚拟化

科技人才的工作对象是先进知识与技术，工作形式是通过思想创造和思

维创新，为企业完成创造性劳动。他们喜欢自由和具挑战性的工作，不喜欢被动的具体工作地点和工作时间，因此，科技型中小企业要根据高科技人才的特点和需求，实行弹性工作制，给他们特殊的考核方式，而对其工作地点和时间，要最大限度地给予自由度。

近期以来，虚拟工作团队作为一种新生事物出现得越来越多，许多科技人才的知识性工作，不需要特定的办公地点和办公时间，现代信息网络技术的发展，实现了智能资源工作的可能性。所以，企业的核心科技人才，就可以通过虚拟工作团队和智力工作平台来实现其创造性的工作产出。

（七）实现人才管理战略与企业战略目标的协调统一

科技型中小企业的人才往往是掌握知识、技术密集度很高的人才资源，他们是企业生存发展的核心要素和保障条件。企业战略的重要内容之一就是做好人才管理工作（其中主要包括人才资源需求预测、人才培训、职业规划等战略性工作），实现人力资源管理与企业战略相适应、相协调，保证企业获得和保持竞争优势。

战略上，企业领导者要坚持树立"依靠人才、尊重人才"的理念，把人才资源看作企业的重要战略资源来开发、管理和使用。战术上，战略型人才资源管理是企业管理的重要目标之一，通过实现系统性、主动性、前瞻性的人才资源管理目标与企业战略目标进行协调整合，指导企业的人力资源管理，从而实现企业的战略目标。

（八）通过建立"柔性引才机制"，打破企业用人困境

"柔性引才"就是指对人才采取"不求所有、但求所用"的使用方式。不改变人才原有单位的工作归属，只是通过项目合作、技术指导、兼职等方式，有偿利用科技人才的使用价值，对人才的智力资源给予合理的酬劳，实现企业的发展和经营利润。

河北省科技型中小企业，其特点之一就是比邻京津，可以通过"柔性引才机制"，大力吸纳京津企业的科技人才资源为自己的企业服务和创造价

值。河北省科技型中小企业具有规模小、资金力量薄弱的特点，无法与大企业相竞争。而"柔性引才机制"，可以在用人成本相对较低的情况下，吸引优秀人才，同时解决人才难留的问题。

（九）加强优秀人才的储备工作

人才流失对科技型中小企业往往具有毁灭性的打击，会导致企业重点发展项目或产品研发半途而废。因此，科技型中小企业的领导要时刻保持"不要把鸡蛋放到一个篮子里"的理念，做好人才储备工作。对于一些企业尖端技术的攻关，要采用多人联合开展研究的形式，从而降低部分优秀人才流失的风险和损失。企业要和关键人才签订竞业禁止协议或技术保密协议，防止这些人才离职后为所竞争的企业服务，避免核心机密技术信息的外泄。

参考文献

刘翠、席姗姗、李德明：《安徽省科技型中小企业人才不足问题的解决措施》，《经营与管理》2010 年第 9 期。

都琴、磨玉峰：《科技型中小企业人才流失的因素分析》，《科技广场》2012 年第 2 期。

陈静：《科技型中小企业的"留人之道"》，《商场现代化》2007 年第 2 期。

徐绍琛、何强：《昆明市民营科技企业成长模式分析——以医药企业为例》，《经济问题探索》2007 年第 4 期。

蒋红：《浅论科技型中小企业人力资本的激励》，《云南行政学院学报》2007 年第 12 期。

杜瑾、郭丽雅、辛凌雯、郝佳佳、杨光：《培育科技创新主体助推中小企业加快成长——天津市中小企业科技发展现状及问题研究》，《天津经济》2012 年第 3 期。

陈淑妮：《科技型中小企业立体式激励模式研究》，《特区经济》2005 年第 8 期。

《中共中央国务院关于深化体制机制改革加快实施创新驱动发展战略的若干意见》，http：//www. gov. cn/xinwen/2015 – 03/23/content_ 2837629. htm。

徐彦：《科技型中小企业激励机制建设策略》，《辽宁经济》2005 年第 3 期。

雷仕凤：《科技型中小企业激励机制的构建》，《企业改革与管理》2003 年第 11 期。

袁嘉妮：《科技型中小企业的人才困境及其对策研究》，《科技创业月刊》2009 年第 8 期。

潘植华、王瓅、葛曼曼：《合肥市科技型中小企业发展现状、问题及对策》，《赤峰学院学报》（自然科学版）2013 年第 9 期。

潘植华、王瓅、胡强：《合肥科技型中小企业人才流失问题及对策研究》，《长春理工大学学报》（社会科学版）2013 年第 8 期。

丁远峙：《管理的终极智慧——企业文化》，海天出版社，2010。

B.15

京津冀人才特区建设研究

——基于协同发展视角

罗振洲[*]

摘　要： 本文从京津冀协同发展视角，分析北京、天津、河北三省市近年来人才特区建设各自取得的成效与存在的不足，找出制约三地人才特区协同发展的关键因素，提出加快三地人才特区协同发展的路径与对策。

关键词： 京津冀　人才特区　协同发展　北京　天津　河北

进入 21 世纪以来，人才在经济社会中的重要作用更加凸显，人力资源是第一资源的理念更加深入人心，对人才尤其是高层次人才的争夺日趋激烈，正是在这样的宏观背景下，作为新时期人才工作的重要创新，各地纷纷开始着手人才特区建设。自"十二五"初到今日，5 年来，人才特区建设取得了突出成绩，其自身也在不断创新，人才管理改革试验区即是创新形式之一。追根溯源，无论是命名为"人才特区"还是命名为"人才管理改革试验区"，其本质都是为人才发展提供更好的平台与机会，激发人才的创新与创造力，促进经济社会发展。

京津冀作为全国人才、资本、技术等最为密集的创新创业区域，也迎来了发展新机遇。京津冀区域协同发展已经上升为国家战略，如何在新的发展

---

[*] 罗振洲，河北省社会科学院人力资源研究所助理研究员，主要研究方向为人力资源管理、战略管理、公共政策分析。

机遇期谋求京津冀三地人才特区协同发展、最大限度地发挥人才作为第一资源的作用，是当前及今后一个时期京津冀三地共同面对的现实问题。回顾京津冀三地人才特区建设情况以及面临的新机遇和新挑战，探究京津冀三地人才特区建设存在的问题与对策，有助于更好地贯彻实施京津冀协同发展，有利于更好地发挥人才在京津冀区域的重要作用，有利于早日实现京津冀经济社会协同发展。

一 北京市人才特区建设情况

（一）北京市人才特区建设概况

1.构建完善的人才政策体系

近些年，北京市委、市政府不断加大力度，推陈出新，以《首都中长期人才发展规划纲要（2010~2020年）》为主体，初步构建起一整套人才政策体系，纵向贯穿国家、市、县区三个层面，横向覆盖高层次人才引进、培养、扶持等各个方面，已经形成一套较为完善的人才政策服务体系。其中，围绕中关村国家自主创新示范区建设的中关村人才特区所展开的一系列人才政策创新是这方面的典型范例。近一个时期，北京市人才政策创新的着力点：一是海外高层次人才引进，二是海外高层次人才创新创业，三是为高层次人才提供优质公共服务，四是重点建设中关村人才特区。密集出台的人才优惠政策、较为宽松的创业环境、互联网产业发展的历史机遇，以及海归高层次人才的自身努力，是北京市高层次人才工作取得卓越成效的主要因素（见表1）。

表1　2009~2015年北京市部分人才政策

序号	文件名称	发布时间
1	《关于实施北京海外人才聚集工程的意见》	2009年
2	《首都中长期人才发展规划纲要（2010~2020年）》	2010年
3	《北京市鼓励海外高层次人才来京创业和工作暂行办法》	2010年
4	《关于中关村国家自主创新示范区建设人才特区的若干意见》	2011年

序号	文件名称	发布时间
5	《加快建设中关村人才特区行动计划(2011～2015年)》	2011年
6	《北京建设海外高层次人才创新创业基地暂行办法》	2011年
7	《中共北京市开发区关于深入推进人才工作的意见》	2011年
8	《海淀区推进中关村人才特区建设若干措施》	2011年
9	《2011年度北京市引进专项计划》	2011年
10	《2012年度北京市引进海外高层次人才专项计划》	2012年
11	《2013年度北京市引进海外高层次人才专项计划》	2013年
12	《2014年度北京市引进海外高层次人才专项计划》	2014年
13	《2015年度北京市海外高层次人才引进专项计划》	2015年

资料来源：作者根据有关资料整理制作。

2. 以中关村人才特区为核心和龙头

中关村国家自主创新示范区人才特区，简称中关村人才特区，是北京市第一个国家级人才特区。在中关村人才特区建设过程中，中央和北京市委、市政府立足顶层设计，采用多管齐下的建设思路，取得举世瞩目的成果。总体上看，中关村人才特区在建设方面的成功经验主要有：一是不断创新与完善人才特区政策体系，为人才特区建设打造优质软硬件环境；二是组建中央人才工作协调小组及多个专门人才工作机构，服务人才特区建设，服务人才发展；三是实施"一区多园"发展战略，充分发挥规模效应和集聚效应，建设世界级创新创业中心（见表2）。

表2 中关村人才特区各区县人才特区建设情况

区县	人才特区名称	设立时间
东城区	东城园人才特区	2011年
	雍和文化人才特区	2012年
西城区	西城园人才特区(世界高端金融人才聚集区人才特区)	2011年
海淀区	中关村国家自主创新示范区人才特区(核心区)	2011年
朝阳区	朝阳园人才特区	2011年
	国际高端商务人才发展区	2014年

区县	人才特区名称	设立时间
丰台区	丰台科技园区人才特区	2011 年
石景山区	石景山园人才特区（首都创意人才特区）	2011 年
通州区	通州园人才特区	2011 年
顺义区	顺义园人才特区	2011 年
	临空人才管理改革试验区	2014 年
房山区	房山园人才特区	2011 年
大兴区	大兴—亦庄园人才特区	2011 年
昌平区	昌平园人才特区	2011 年
	未来科技城人才特区	2012 年
怀柔区	怀柔园人才特区	2011 年
平谷区	平谷园人才特区	2011 年
门头沟区	门头沟园人才特区	2011 年
密云县	密云园人才特区	2011 年
延庆县	延庆园人才特区	2013 年

资料来源：作者根据有关资料整理制作。

（二）北京市人才特区建设面临的新机遇与新挑战

随着我国经济发展步入新常态，以及各种国家发展战略的不断推出，北京市人才特区建设既面临着新的历史发展机遇，也面临着新的各种挑战。

1. 北京作为首都，城市功能重新定位，为北京人才特区建设带来新机遇与新挑战

按照国家最新思路，北京市作为首都，其城市功能重新定位为全国政治中心、文化中心、国际交往中心、科技创新中心。与首都原定位相比，应该说发生了很大变化。北京市应该尽快调整优化政策措施，通过重新梳理人才发展试验区（人才特区）建设的新方向，服务于首都新功能定位。

2. 京津冀协调发展以及京津冀世界级城市群建设，为北京人才特区发展带来新挑战和新机遇

多年来，北京一直专注于北京市行政区域内人才特区建设，与天津滨海新区人才特区、唐山曹妃甸人才特区、沧州渤海新区人才特区等在发展政策

等方面并没有形成联动机制，甚至还存在着激烈的竞争关系，这在一定程度上影响和制约了北京人才特区自身建设。未来，随着京津冀协调发展上升为国家战略，京津冀世界级城市群建设，北京如何协调与天津、河北的关系，通过溢出效应等带动天津、河北共同发展，实现中关村人才特区与天津、河北等地人才特区的协同发展，建设一体化的"京津冀人才特区"，共同参与到全球人才竞争中来，共兴共荣，已成为摆在北京面前、亟待破解的现实问题。

3. 新的国家发展战略为北京人才特区发展带来新挑战和新机遇

国家"一带一路"发展战略、"互联网＋"、"智能制造"、物联网、"大众创新、万众创业"等新战略、新形势，都对北京市人才发展试验区（人才特区）建设提出新的、更高的要求。未来，北京人才特区建设应立足京津冀协同发展，统筹兼顾，为创新创业打造更加适宜的发展环境，为新常态下的中国经济发展做出积极的贡献。

二　天津市人才特区建设情况

（一）天津市人才特区建设概况

天津市作为直辖市，经济社会发展在国内处于较高水平，有多所"985"、"211"工程大学及多家国家级科研院所。可以说，天津拥有水平较高、规模数量较大的高层次人才群体。近年来，天津市随着经济社会快速发展，对海内外高层次人才需求逐年加大，关于人才的政策陆续出台，吸引大批海内外人才来津创业兴业，带动地方经济快速发展，取得显著经济效益和社会效益。

1. 以《天津市中长期人才发展规划（2010～2020年）》为龙头引导，不断推出人才新政，初步构建起人才政策体系

先后出台《天津市引进创新创业领军人才暂行办法》（2009年）、《天津市实施海外高层次人才引进计划的意见》（又称"千人计划"）（2009年）

和《天津市中长期人才发展规划（2010～2020年）》（2010年）等重要政策文件，初步构建起市、区两级人才政策体系。

2. 重点依托天津滨海新区，不断出台人才政策，加快人才特区建设

随着人才在我国经济社会发展中的核心作用日益凸显，2010年前后，我国开始探索人才特区建设。由于早在2005年天津滨海新区建设就上升为国家战略，滨海新区自然成为天津市人才特区建设的主战场。其后，天津市委、市政府陆续制定出台一系列人才政策文件，2008年，天津市委、市政府出台《关于支持滨海新区引进人才的政策措施》。2011年，滨海新区先后出台《滨海新区加快引进海外高层次人才暂行办法》、《滨海新区关于创新人才管理服务体系的实施方案》、《天津市滨海新区人才发展基金使用管理暂行办法》及实施细则等政策文件。2012年，制定出台《滨海新区人力资源和社会保障事业发展"十二五"规划》、《滨海新区重大人才工程实施意见》、《天津市"用三年时间引进千名高层次人才"2012年引进计划》等。2013年，出台《天津市创新人才推进计划实施方案》。2014年，出台《关于抢抓京津冀协同发展机遇加快集聚高层次人才的意见》、《天津市"千企万人"支持计划》、《天津市2014年引进高层次人才计划》等。这些涵盖了不同范围、领域的人才文件，共同为滨海新区人才特区建设构建起一套较为完整的人才政策体系（见表3）。

表3　2008～2015年天津市及滨海新区部分人才政策

序号	文件名称	发布时间
1	《关于支持滨海新区引进人才的政策措施》	2008年
2	《天津市引进创新创业领军人才暂行办法》	2009年
3	《天津市实施海外高层次人才引进计划的意见》	2009年
4	《天津市中长期人才发展规划(2010～2020年)》	2010年
5	《关于加快滨海新区人才高地建设的意见》	2010年
6	《滨海新区加快引进海外高层次人才暂行办法》	2011年
7	《滨海新区关于创新人才管理服务体系的实施方案》	2011年
8	《滨海新区重大人才工程实施意见》	2012年

续表

序号	文件名称	发布时间
9	《滨海新区人力资源和社会保障事业发展"十二五"规划》	2012 年
10	《天津市"用三年时间引进千名高层次人才"2012 年引进计划》	2012 年
11	《天津市 2012 年紧缺人才目录》	2012 年
12	《天津市创新人才推进计划实施方案》	2013 年
13	《关于抢抓京津冀协同发展机遇加快集聚高层次人才的意见》	2014 年
14	《天津市"千企万人"支持计划》	2014 年
15	《天津市 2014 年引进高层次人才计划》	2014 年
16	《天津市 2015 年高层次人才引进计划》	2015 年

资料来源：作者根据有关资料整理制作。

（二）天津市人才特区建设面临的新机遇与新挑战

2015 年 2 月 26 日，天津国家自主创新示范区（以下简称"天津示范区"）[1] 在天津滨海高新技术开发区揭牌。天津示范区及天津自贸区这两个区的建设给天津发展带来新的历史机遇，也标志着天津人才特区建设又进入一个新阶段。作为北方唯一的一个自贸区，天津如何跳出自己的一亩三分地，如何统筹协调京津冀三地利益，如何发挥天津示范区人才特区的人才、政策优势，如何发挥京津冀三地人才特区的各自优势，如何发挥天津自贸区对京津冀、对环渤海甚至对大西北地区的辐射带动作用，这是一个摆在中央以及相关区域决策者面前的重大战略问题。

2015 年初制定出台的《天津国家自主创新示范区"一区二十一园"规划方案》[2] 提出了"一区二十一园"的发展思路，"一区"即天津国家自主创新示范区，"二十一园"即在各区县、滨海新区有关功能区分别规划建设 21 个分园。天津示范区"一区二十一园"与北京中关村示范区"一区十六园"的发展思路非常相似。天津示范区人才特区在给天津市经济社会发展

---

① http：//www.tj.xinhuanet.com/tt/2014－12/25/c_ 1113769246.htm。

② http：//www.tianjinwe.com/tianjin/ms/qjtj/201502/t20150215_ 783353.html。

带来新的历史机遇的同时，一个不容回避的问题是，天津示范区人才特区如何统筹协调与北京中关村示范区人才特区的关系，如何统筹协调带动天津发展的同时带动河北共同发展，这既是长期没能解决好的老问题，也是摆在天津示范区人才特区面前的新挑战。

三　河北省人才特区建设情况

（一）河北省人才特区建设概况

1. 在"十二五"初期正式启动

2010 年，《河北省中长期人才发展规划纲要（2010～2020 年)》提出实施临港人才聚集区构建工程，明确建设秦皇岛、唐山、沧州人才改革发展试验区（特区）的目标，标志着河北省人才特区建设正式启动。

2. 着手推进人才特区建设

2011 年 4 月，河北省"临港人才聚集区构建工程"正式启动，区域范围涵盖秦皇岛、唐山、沧州三市的若干区县，同时，沧州渤海新区人才特区正式挂牌。2012 年初，河北省依托"十二五"发展规划整体战略，明确提出要建设环首都经济圈、沿海经济隆起带和冀中南经济区三大经济发展板块。与该发展战略相适应，河北省开始谋划建设多个人才特区：一是环首都人才特区，二是依托秦皇岛新设置的北戴河新区，三是唐山曹妃甸人才特区，四是渤海新区人才特区。

3. 政策体系初步形成

多年来，河北省及各地市在人才工作方面不断推陈出新，逐步形成独具特色的人才政策体系，为河北各人才特区建设奠定坚实基础。其中，省级层面的有《河北省中长期人才发展规划纲要（2010～2020 年)》、《关于河北省重点人才工程的实施意见》、《关于实施高层次创新创业人才开发"巨人计划"的意见》、《河北省"三三三人才工程"实施方案》等，各市也制定出台关于人才特区建设的相关政策（见表4）。

表4　2010～2015 年河北省部分人才政策

序号	文件名称	发布时间
1	《关于认真做好 2010 年"百人计划"申报推荐工作的通知》	2010 年
2	《河北省中长期人才发展规划纲要(2010～2020 年)》	2010 年
3	《关于河北省重点人才工程的实施意见》	2010 年
4	《关于印发 8 项重点人才工程实施方案的通知》	2011 年
5	《石家庄市中长期人才发展规划纲要(2011～2020 年)》	2011 年
6	《唐山市中长期人才发展规划纲要(2011～2020 年)》	2011 年
7	《沧州市中长期人才发展规划纲要(2011～2020 年)》	2011 年
8	《关于实施高层次创新创业人才开发"巨人计划"的意见》	2011 年
9	《唐山市人才强市战略规划》	2011 年
10	《渤海新区关于引进高层次人才加快"人才特区"建设的办法(试行)》	2012 年
11	《河北省重大创新基地建设规划(2013～2020 年)》	2013 年
12	《河北省"三三三人才工程"实施方案》	2014 年
13	《唐山市关于加快"人才特区"建设的实施办法》	2014 年
14	《2014～2017 年"引智共建蓝天计划"实施方案》	2014 年
15	《张家口市高层次人才创新创业园扶持政策(试行)》	2015 年

资料来源：作者根据有关资料整理制作。

4. 河北人才特区建设的最新进展

2014 年，唐山市出台《唐山市关于加快"人才特区"建设的实施办法》，提出要在该市高新技术开发区建设人才特区，标志着唐山高新区人才特区建设正式启动。为更好地促进海内外高层次人才创业兴业，高新区又完善了《关于加快创新发展的实施意见》、《关于支持和引导企业创新发展的若干办法》、《关于鼓励企业上市融资加快发展的暂行办法》、《关于鼓励社会资本建设科技企业孵化器的若干办法》等一系列政策文件，为人才特区建设打造良好的软硬件环境。

2014 年 4 月 2 日，张家口高层次人才创新创业园正式开园，这是河北省人社厅设立的全省首家"环首都高层次人才创业园"，也是全国首家由人力资源和社会保障部门直接建设管理的人才特区。该园致力于聚集海内外高层次人才，打造国内一流的环境保护科技产业和高新技术创新创业园区。

2014 年 5 月 12 日，中关村海淀园秦皇岛分园在秦皇岛高新技术开发区正式挂牌。该园是中关村海淀园在北京之外设立的首个分园，这既标志京津冀协同发展取得实质性进展，又标志着中关村人才特区发展模式开始在全国推广，还标志着河北省以及秦皇岛市人才特区步入一个新的发展阶段（见表5）。

表5　河北省人才特区一览

序号	名称	成立时间
1	北戴河新区人才特区	2012 年
2	中关村海淀园秦皇岛分园	2014 年
3	曹妃甸沿海人才管理改革试验区	2012 年
4	唐山高新区人才特区	2014 年
5	渤海新区人才特区	2012 年
6	环首都人才特区	2012 年
7	张家口高层次人才创新创业园人才特区	2014 年
8	冀中南人才特区	2010 年

注：2012 年 7 月 11 日，国务院批准同意撤销曹妃甸新区及唐海县，经合并后新设立唐山市曹妃甸区。

资料来源：作者根据有关资料整理制作。

（二）河北省人才特区建设面临的新机遇和新挑战

1. 京津冀协同发展给河北发展带来新机遇和新挑战

在京津冀三省市中，河北经济社会发展整体水平远落后于北京和天津。长期以来，由于河北省被定位于"护城河"、"生态屏障"、"资源供应地"，以至于形成环京津贫困带，环京津区域经济发展的活力低下，再加上行政资源在其他资源配置中发挥着核心关键作用，故河北与北京和天津的差距越拉越大。

京津冀协同发展上升为国家战略，为弥补河北与京津差距、促进京津冀区域发展带来新机遇。交通、通信等已先行对接，未来在医疗、教育、公共服务、科学技术、创新创业等都将给河北带来诸多新机遇。

在看到新机遇的同时，也要清醒地认识到，京津冀三地在人才、技术、产业等领域的竞争在不同层面、不同区域、不同阶段将长期存在，合作与竞争将是三地永恒的主题，在哪些领域、哪些层面与北京、天津展开合作，未来如何制定差异化竞争策略，更好地发挥北京和天津的人才、科技、创新等资源优势促进河北发展，这都是河北面临的新挑战。

2. 北京非首都功能疏解给河北带来新机遇和新挑战

根据最新的北京市城市定位，北京将承担全国政治中心、文化中心、国际交往中心和科技创新中心这四大功能，原有的城市功能将逐步疏解。北京市非首都功能疏解给河北带来新机遇。

未来，河北能够承接北京哪些非首都功能，如何为承接这些功能创造条件、打造环境、优化资源，如何面对来自天津等其他省市在承接北京非首都功能疏解上的竞争，如何将所承接的功能转化为河北内在的核心发展动力与竞争优势，都是需要河北在未来解决好的问题。北京非首都功能疏解对河北而言，挑战与机遇并存。

四 京津冀三地人才特区发展中存在的主要问题

（一）顶层设计缺失，京津冀划地为界，各自为战

长期以来，由于缺乏基于国家层面的对京津冀三地共同发展的宏观战略规划，加之行政资源在三地资源要素配置中发挥着主导作用，导致三地发展划地为界，各自为战，河北与北京、天津相比，在科技、教育、人才、产业、医疗等各个方面处于全面落后状态，有些领域甚至存在断崖式差距。这种行政主导、各自为战的发展模式，直接的结果就是北京的大城市病日益严重，京津人才相对过剩造成了巨大的人才资源浪费，京津冀三地产业结构布局很不合理，全国十大污染城市中河北占据了六七个。今日之种种问题，归根结底，是由于国家层面的顶层设计缺失，京津冀三地不能够协同发展，各打各的算盘，各过各的日子，日积月累，时至今日，出现诸如空气污染、大城市病等问题。

以中关村人才特区为例。20多年来，中关村人才特区从一个园区发展

到今天的 16 个园区，却始终没有走出北京地界一步，在河北、天津甚或全国其他地区设立分园。天津滨海新区人才特区建设也大致是这个发展思路。对河北的人才特区而言，基本上是处于夹缝中发展的态势。京津冀三地人才特区发展的零和博弈思维方式，既造成一定程度上的人才资源浪费，又影响到人才发展，即便实现了小区域、小范围的系统最优发展，但未必实现了京津冀大系统的最优发展，这样的话，从系统论角度看，从长远看，都不是最佳发展思路和方案，必须改革。

（二）行政资源水平不同导致三地人才分布极度不均衡

在当今中国，行政资源的质量和数量是决定一个城市或区域其他资源配置能力的核心要素。从京津冀三地来看，北京作为国家首都，行政资源处于最优水平，故配置其他资源的能力也处最优状态。天津要次于北京，不过作为四大直辖市之一，其资源配置能力要优于河北。经过较长一个时期，由于京津冀行政资源水平不同，三地在人才分布的质量和数量方面，也呈现极度不均衡的状态。

先看北京市的情况。北京作为首都，汇聚了各种优质资源。在这些资源的吸引下，各类高校、科研院所、医疗机构等扎堆现象也应运而生。2014 年，北京市共有 89 所普通高等学校，在校生 59.5 万人，有 56 所普通高校和 80 个科研机构培养研究生，在学研究生 27.4 万人，成人本专科在校生 23.8 万人①。在高层次领军人才方面，全国 2000 多位"两院"院士，北京市一个城市就占了 1/3 左右。

再看天津市的情况。2014 年，全市共有普通高校 55 所，在校研究生 5.14 万人，普通高校在校生 50.58 万人，成人高校招生 3.42 万人②。在高层次领军人才方面，天津市共有"两院"院士 37 人③，还不如清华大学一所学校"两院"院士人数多。

---

① 北京市 2014 年国民经济和社会发展统计公报。
② 天津市 2014 年国民经济和社会发展统计公报。
③ 天津市 2014 年国民经济和社会发展统计公报。

再看河北省的情况。2014 年，全省共有普通高等学校 118 所，在校本专科学生 116.4 万人，在学研究生 3.9 万人①。在高层次领军人才方面，河北省现有"两院"院士 6 人，还不足天津市的一个零头，与北京相比差距更大。

从教育、科研两类人才所做的简单对比，就可以明显地看出，北京、天津、河北三地在中高层次人才数量方面，呈现倒金字塔结构。

这其中最关键的问题在于，京津冀三地高层次人才质量和数量呈现断崖式落差，根本原因是行政权力在教育、科研、人才等资源配置方面发挥了核心作用。

（三）京津冀三地存在人才资源壁垒，导致人才流动不畅，造成人力资本浪费

长期以来，京津冀一直在对三地人才合作进行积极探索，每隔几年就要出台一些人才合作相关政策，但从实际看，所取得的成效并不明显。究其原因，是制约三地人才流动、人才合作体制机制的关键障碍如教育、医疗、户籍等都没有破除，三地人才合作、人才流动一直未取得实质性进展。

三地之间的人才资源壁垒的存在，客观上带来多种结果，一是京津区域一些人才受制于僵化的人才流动、子女教育、医疗保障、户籍制度等因素，在寻求实现人才自身价值与放弃京津户籍所带来的诸多优惠之间，最终放弃去外地发展，选择留在北京或天津，而北京、天津大量的人才聚集实际上形成"人才冗余"状况，客观上造成大量的人才浪费，越是人才密集的区域，这种情况就越严重。

（四）三地在不同领域、不同层面存在的人才竞争阻碍各个人才特区协同发展

虽然北京中关村人才特区、天津滨海新区人才特区与河北各人才特区在

---

① 河北省 2014 年国民经济和社会发展统计公报。

定位、目标、政策等方面差异明显，但不可否认的是，随着各人才特区外部环境及内部因素的发展变化，京津冀三地人才特区之间还存在着激烈的人才竞争，而且这种竞争关系和态势将长期保持下去。北京、天津、河北三地人才特区出于自身利益的考量，基于自身利益最大化的导向，在竞争中都采取了"零和博弈"的策略。这种竞争策略对个体来说，实现自身价值的最大化，但从更大的系统高度看，并没有实现整个系统的价值最大化，甚至有可能减少或破坏整体利益。总之，京津冀三地人才特区之间这种"零和博弈"的竞争、发展策略已经弊端尽显，必须站在京津冀协同发展的高度来进行顶层规划与设计。

五 加快京津冀三地人才特区协同发展的路径与对策

要实现京津冀三地人才特区协同发展，可从三个层面入手，第一个层面是宏观层面，注重顶层设计，通过制定出台《京津冀人才特区协同发展规划》来指导三地人才特区建设，实现共同发展。第二个层面是中观层面，强调通过破除制约人才、技术、资本、产权、劳动力等要素在三地之间自由流动和优化配置的各种体制机制障碍，尽快建立京津冀人才发展一体化政策体系。第三个层面是微观层面，京津冀三地各人才特区要走差异化发展道路，立足当地实际，形成特色化和差异化模式，助力京津冀协同发展，加快京津冀世界级城市群建设。

（一）宏观层面，加强顶层设计，制定出台京津冀人才特区协同发展规划

2015 年 7 月，经中共中央审议通过，《京津冀协同发展规划纲要》（以下简称《纲要》）贯彻落实工作正式启动，标志着京津冀三地发展进入一个新阶段。《纲要》对北京、天津和河北三省市进行重新定位。北京市的定位是全国政治中心、文化中心、国际交往中心、科技创新中心。天津市的定位是全国先进制造研发基地、北方国际航运核心区、金融创新运营示范区、改

革开放先行区。河北省的定位是全国现代商贸物流重要基地、产业转型升级试验区、新型城镇化与城乡统筹示范区、京津冀生态环境支撑区。

京津冀的新定位为三地各自的人才特区建设工作带来新机遇，提出新要求。未来，北京、天津及河北三省市的人才特区建设将以《纲要》为指导，依据三地各自新定位，走差异化、特色化道路。

要达到上述目标，就应该进一步加强国家层面的顶层制度设计，尽快制定出台《京津冀人才特区协同发展规划》，打破原来京津冀三地在人才特区建设上各自为战的局面，通过共同协作、适度竞争来促进三地人才特区共同发展，实现三地人才特区的经济社会效益最大化。

（二）中观层面，破除制约人才等要素在京津冀三地自由流动和优化配置的体制机制障碍，共同打造人才发展最佳环境

《纲要》指出，只有破除了制约人才、技术、资本、产权、劳动力等各生产要素在京津冀区域内自由流动和优化配置的各种障碍，才能真正促进三地人才特区建设，真正实现京津冀协同发展。

当前，影响和制约京津冀三地人才流动的体制机制障碍主要有：河北教育资源与京津差异过大，医疗资源与京津相差悬殊，公共服务水平总体相对偏低，工作职位岗位编制限制人才流动，以及附带在户籍制度之上的各种福利如高考分数等。

从过去的经验看，虽然京津冀人才合作喊了近20年，也出台了诸多政策，但实事求是地讲，并没有取得预期成效，原因就在于北京、天津各自设置的人才体制机制藩篱的影响和制约。因此，要实现人才等要素在京津冀三地之间自由流动和优化配置，就必须从打破上述藩篱入手，唯此一途，别无他法。

（三）微观层面，充分把握各种发展机遇，探索特色化、差异化的人才特区发展路径

当前，京津冀三地人才特区建设都面临着诸多重大发展机遇，主要有：

京津冀协同发展、"一带一路"建设、北京疏解非首都功能、京张冬奥会、"中国制造2025"、环境保护与污染治理、产业转型升级等。诸多发展机遇为京津冀高层次人才提供广阔的创新创业舞台。

对三地人才特区来说，在发展定位上要有舍有得，探索走出一条特色化、差异化的发展路径。

北京中关村人才特区建设，核心是围绕北京的科技创新中心定位，走以科技创新人才为主的发展路径。天津滨海新区人才特区，则将依托于全国先进制造研发基地、天津自贸区、滨海新区国家自主创新示范区等来建设和发展。河北诸多人才特区则将立足于河北省的新定位，重点发展高新技术、生态农业、节能环保、文化旅游、商贸物流、医疗健康等产业，也将重点围绕这些产业来推进人才特区建设。

参考文献

罗振洲：《河北省环首都人才特区建设研究——基于与京津比较分析视角》，《2012年河北人才发展蓝皮书》，2013。

中共北京市委：《首都中长期人才发展规划纲要（2010～2020年）》，http：//zhengwu. beijing. gov. cn/ghxx/qtgh/t1123036. htm，2010。

中共中央组织部等：《关于中关村国家自主创新示范区建设人才特区的若干意见》，http：//www. zgc. gov. cn/zcfg10/gj/69896. htm，2011。

中关村国家自主创新示范区介绍，中关村管委会网站，http：//www. zgc. gov. cn，2015。

中共天津市委：《天津市中长期人才发展规划（2010～2020年）》，http：//www. 1000plan. org/qrjh/article/7158，2010。

滨海新区管委会：《滨海新区重大人才工程实施意见》，http：//www－main. tjftz. gov. cn/cxcy/system/2013/11/26/010042193. shtml，2012。

《天津国家自主创新示范区挂牌》，《天津日报》，2015年2月27日。

天津自贸试验区管委会：《天津自贸试验区发布改革创新工作进展情况》，http：//china－tjftz. gov. cn/html/cntjzymyq/XWZX24875/2015－06－23/Detail_ 579984. htm，2015年6月23日。

中共河北省委：《河北省中长期人才发展规划纲要（2010～2020年）》，http：//

www. hbjjrb. com/shizheng/yaowen/201009/202864. html，2010。

《京津冀协同发展3省市功能定位公布》，新华网，2015年8月23日。

《唐山高新区加快打造科技新城》，《唐山劳动日报》2015年8月28日。

《海纳百川聚英才——秦皇岛人才工作综述》，《秦皇岛日报》2014年5月27日。

《秦皇岛打造人才特区推动新型城市建设》，《秦皇岛日报》2014年5月22日。

《张家口高层次人才创新创业园诚邀您入驻》，千人计划网，2015年1月6日。

《北京市2014年国民经济和社会发展统计公报》，北京市统计局网站，2015。

《天津市2014年国民经济和社会发展统计公报》，天津市统计局网站，2015。

《河北省2014年国民经济和社会发展统计公报》，河北省统计局网站，2015。

B.16
河北省科技人才流动问题研究

张亚宁*

摘　要：　本文对河北省科技人才流动中存在的问题进行分析研究，研究表明河北省科技人才现状表现为总量不足、储备较少、结构失衡，其流动受到包括经济发展水平、社会保障水平、人才市场发展水平、科技人才政策等宏观因素与包括企业规模和行业地位、福利待遇、人力资源管理水平、科技人才自身特征等微观因素影响，存在中小科技企业人才流失严重、社会保障体制障碍、相关法律不完善等问题，并针对存在的问题提出对策建议。

关键词：　河北省　科技人才　人才流动

一　人才流动相关理论

这里的人才流动是指广义的人才流动，既包括人才从一个组织流动到另一个组织，又包括人才从一种工作岗位或状态到另一种工作岗位或状态的变化。根据人才流动范围，人才流动可以分为组织间流动和组织内部流动；根据人才的流动是否自愿，可以分为人才自愿流动和人才非自愿流动；对某个组织而言，又可以分为人才流入、人才流出和人才内部流动等。保

---

* 张亚宁，河北省社会科学院人力资源研究所、管理学博士，研究方向为人力资源管理、人才结构与产业结构。

持人才的科学有序流动，可以调整区域或组织人才结构，提高人才素质，为区域经济发展提供有效的人才支撑。目前，关于员工流动的理论主要有以下几种。

（一）勒温（Lewin）的场论

美国著名心理学家勒温提出的场论是较为经典的员工流动理论之一。他认为，个人绩效与个人能力、条件、环境之间存在着一种类似物理学中的场强函数关系。也就是说，除了个人的能力与素质影响个人的绩效之外，个人所处的环境也是影响个人绩效的重要因素。个人处于有利的环境中，就能更好地发挥能力，而如果其所处环境不利，则其个人能力很难体现出来，也就无法达到所应达到的个人绩效。环境往往不以个人意志为转移，人通常不能改变环境，因此为了寻找更加有利的工作环境，员工流动就产生了。

（二）卡兹（Katz）的组织寿命学说

组织寿命学说也是目前主要的人才流动理论之一。它由美国学者卡兹提出。卡兹通过对科研组织的寿命研究发现，组织内信息沟通情况和获得成果情况影响组织的寿命。其研究表明组织内的科研人员协作工作，第一年是科研效率最高的黄金时期，在此期间科研人员之间信息沟通水平最高，科研组织获得成果最多，一年之后就会出现沟通减少、反应迟钝等问题，这就意味着组织进入衰退过程。解决组织老化问题的办法就是科研人员流动，从而对组织成员重组。

（三）库克（Kuck）曲线

库克（Kuck）曲线由美国学者库克提出。库克从创造力的角度出发对研究生参加工作后的创造力变化情况进行研究。其研究表明，研究生在参加工作的一年时间内处于学习阶段，由于处于新的工作环境、进行新的工作内容，其创造力逐渐增长，这种增长不是无限制增长，存在一个创造力峰值，此后开始逐渐下降，此时创造力进入衰退期，最后他的创造力会逐渐下降直至较低水平的稳定。只有改变工作环境和工作内容，才能重新激发科研人员的创造力。

以上几种学说，主要是从不同的角度论证人才流动的必要性。

二 河北省科技人才基本情况分析

（一）科技人才数量不足

1. R&D 人员总量

R&D 人员是科技人才中最重要的组成部分，代表着河北省科技人才的基本水平。截至 2013 年底，河北省 R&D 人员全时当量为 8.95 万人年，2009～2013 年 R&D 人员全时当量如表 1 所示。

表 1　河北 2009～2013 年 R&D 人员全时当量统计

单位：万人年

年份	2013	2012	2011	2010	2009
总量	8.95	7.85	7.30	6.23	5.65
排名	16	16	16	15	15

资料来源：《中国科技统计年鉴》（2010～2014），中国统计出版社。

与 2009 年的 5.65 万人年相比，5 年间河北 R&D 人员全时当量增加 3.3 万人年，增长 58.41%，总量大幅增加，但是与全国其他省市相比仍处于较落后的水平，R&D 人员全时当量排名居全国第 16 位。进一步分析，2013 年全国 R&D 人员全时当量为 3532.8 万人年，河北省 R&D 人员全时当量占全国 R&D 人员全时当量的比重仅为 0.253%，低于全国平均数 113.96 万人年，说明虽然河北省是人口大省、劳动力资源大省、人才大省，但科技人才明显偏少。

2. 科技人才储备较少

"十二五"时期，河北普通高等学校数量不断增加，从 2009 年的 109 所增加到 2013 年的 118 所；招生人数从 2009 年的 332278 人增加到 2013 年

的 346900 人，在校学生数从 2009 年的 1030262 人增加到了 2013 年的
1174400 人，毕业生数从 2009 年的 272247 人增加到 2013 年的 334300 人，
无论是招生人数、在校学生数还是毕业生数都在稳步增长，为河北科技人才
的培养、储备打下坚实基础（见表2）。研究生教育加快发展，专业学位研
究生教育全面开展，2013 年，河北研究生教育招生 12933 人，比 2012 年增
长 4.9%；在校研究生 37823 人，比 2012 年增长约 5.3%；毕业生 11231
人，比 2012 年增长 7.7%。学科建设全面加强，专业结构不断调整优化，
高等教育质量全面提高，科技人才培养规模进一步扩大，高校科技创新和社
会服务能力不断提升。

表 2　河北省普通高等教育基本情况

单位：所，人

年份	学校数量	招生人数	在校人数	毕业生数
2013	118	346900	1174400	334300
2012	113	342300	1168800	315800
2011	112	350466	1153941	311141
2010	110	346478	1105000	297100
2009	109	332278	1030262	272247

资料来源：《河北经济年鉴》（2010～2014）。

（二）河北省科技人才结构失衡

1. 科技人才层次与素质结构分析

2013 年河北省 R&D 人员中研究人员全时当量为 4.68 万人年，所占比
重为 52.29%，高于全国平均水平（42.01%）10.28 个百分点，比 2009 年
的 3.88 万人年增加 20.62%，但研究人员所占比重比 2009 年的 68.67% 减
少 16.38 个百分点。2013 年河北省 R&D 人员中研究人员全时当量略低于全
国平均水平 4.79 万人年（见表3）。

2013 年河北省高技术产业 R&D 人员全时当量为 8960 人年，占全省
R&D 人员的比重为 10%，比 2009 年的 6337 人年增加 41.39%，但远低于
2013 年全国的平均水平 21620 人年（见表4）。

表3 2009～2013年河北省R&D人员中研究人员变化情况

单位：万人年，%

指标	2009	2010	2011	2012	2013
研究人员全时当量	3.88	3.99	4.18	4.36	4.68
研究人员占R&D人员比重	68.67	64.04	57.26	55.54	52.29

资料来源：《中国科技统计年鉴》（2010～2014），中国统计出版社。

表4 2009～2013年河北省高技术产业R&D人员变化情况

单位：人年，%

指标	2009	2010	2011	2012	2013
高技术产业R&D人员全时当量	6337	6632	6633	7638	8960
占R&D人员比重	11.2	10.6	9.1	9.7	10.0

资料来源：《中国科技统计年鉴》（2010～2014），中国统计出版社。

2. 科技人才所属部门分析

2013年河北省R&D人员全时当量按执行部门分类，分别为：科学研究与开发机构7516人年，占河北省R&D人员全时当量的8.4%；高等学校9109人年，占河北省R&D人员全时当量的10.1%；规模以上工业企业65048人年，占河北省R&D人员全时当量的72.3%（见表5）。

表5 2009～2013年河北省R&D人员按执行部门分类情况比较

单位：人年，%

项目		科学研究与开发机构	规模以上工业企业	高等学校	其他
2013年	R&D人员全时当量	7516.0	65048.0	9109.0	8314.8
	占总体比重	8.4	72.3	10.1	9.2
2012年	R&D人员全时当量	7235.0	55979.2	8285.0	7033.3
	占总体比重	9.2	71.3	10.5	9.0
2011年	R&D人员全时当量	6423.0	51498.4	7716.0	7387.4
	占总体比重	8.8	70.5	10.6	10.1
2010年	R&D人员全时当量	6201.0	41632.2	7388.0	7081.1
	占总体比重	10.0	66.8	11.9	11.4
2009年	R&D人员全时当量	5763.0	36393.2	6743.9	7608.8
	占总体比重	10.2	64.4	11.9	13.5

资料来源：《河北经济年鉴》（2010～2014）。

3. 科技人才活动类型分析

2013 年河北省 R&D 人员全时当量按活动类型分类，分别为：基础研究 5043 人年，占河北省 R&D 人员全时当量的 5.63%；应用研究 12615 人年，占河北省 R&D 人员全时当量的 14.09%；试验发展 71888 人年，占河北省 R&D 人员全时当量的 80.28%（见表 6）。

表 6　2009~2013 年河北省 R&D 人员按活动类型分类情况比较

单位：人年，%

项 目		基础研究	应用研究	试验发展
2013 年	R&D 人员全时当量	5043	12615	71888
	占总体比重	5.63	14.09	80.28
2012 年	R&D 人员全时当量	4930.3	11964.0	61639.1
	占总体比重	6.3	15.2	78.5
2011 年	R&D 人员全时当量	4445.1	10560.0	58026.7
	占总体比重	6.1	14.5	79.5
2010 年	R&D 人员全时当量	3807.1	10576.6	47918.5
	占总体比重	6.1	17.0	76.9
2009 年	R&D 人员全时当量	3191.9	10245.7	43073.3
	占总体比重	5.65	18.13	76.22

资料来源：《河北经济年鉴》（2010~2014）。

从表 6 看，2013 年河北省 R&D 人员中从事基础研究、试验发展和应用研究的比例分别为 5.63%、80.28% 和 14.09%，与全国比重相比，应用研究所占比重高出 2.87 个百分点，基础研究所占比重、试验发展所占比重分别低 0.7 个和 2.27 个百分点。河北省 2009 年 R&D 人员中从事基础研究、应用研究和试验发展的比例分别为 5.65%、18.13%、76.22%，与 2013 年相比，从事基础研究的 R&D 人员占比基本持平，应用研究人员降低了约 4 个百分点，相应的实验发展人员占比增加约 4.1 个百分点。

4. 科技人才地区分布分析

2013 年河北省各地区 R&D 人员地区分布情况如表 7 所示，这些地区分别占河北省 R&D 人员全时当量的 32.67%、22.80%、13.55%、7.11%、5.14%、4.71%、4.20%、3.36%、2.63%、2.03% 和 1.80%。其中，石家庄、保定、唐山集中了全省近 70% 的 R&D 人才，尤其是全省近 1/3 的 R&D 人才都集中在石家庄。

表7　2013 年河北省 R&D 人员地区分布情况比较

单位：人年

设区市	R&D 人员全时当量	设区市	R&D 人员全时当量
石家庄市	29190.2	唐山市	12110.9
秦皇岛市	4596.0	邯郸市	6355.8
邢台市	3001.9	保定市	20369.4
张家口市	2350.1	承德市	1813.9
沧州市	3751.2	廊坊市	4205.8
衡水市	1604.7		

5. 科技人才工业行业分布分析

由表 8 分析，按 2013 年河北省分行业规模以上工业企业 R&D 人员占全部规模以上工业企业 R&D 人员比重进行分组，把 36 个行业分为四组。

表8　2009～2013 年河北省规模以上工业企业

R&D 人员行业分布情况比较

单位：人年

年份		2013 年	2012 年	2011 年	2010 年	2009 年
全省总计		65048.5	55979.2	51498.4	41632.2	36393.2
分组	项目					
第一组（占比 10% 以上）	汽车制造业	11451.3	*	—	—	—
	黑色金属冶炼和压延加工业	8727.3	9531	6770.5	6364.1	6264.9
第二组（占比 5%～10%）	化学原料和化学制品制造业	5658.4	5048.9	4525	3233	2959.4
	专用设备制造业	5397.2	*	4415.6	2895	2097.1
	医药制造业	5177.2	4792.2	4586.5	4491.5	3650.4
	电气机械和器材制造业	4924.1	*	3967.8	3494.6	2980.1

续表

年份		2013 年	2012 年	2011 年	2010 年	2009 年
全省总计		65048.5	55979.2	51498.4	41632.2	36393.2
分组	项目					
第三组（占比 1%~5%）	通用设备制造业	2883.5	*	2577.5	1729.3	2024.6
	煤炭开采和洗选业	2495	2696.1	3380.4	3913.8	2816
	非金属矿物制品业	1928.5	2470.2	2854.5	1528.4	2647.8
	铁路、传播、航空航天和其他运输设备制造业	1907.8	*	—	—	—
	金属制品业	1874.4	*	1393.8	822.5	987.5
	计算机、通信和其他电子设备制造业	1498	*	950.7	677.9	566.7
	橡胶和塑料制品业	1276.3	961.3	776.2	564.2	427
	纺织业	1135	1358.1	1772.8	1534.5	1607.6
	金属制品、机械和设备修理业	1060.2	*	—	—	—
	石油和天然气开采业	1031.6	1112.2	1272.8	1069	1196.1
	食品制造业	909	895.7	803.4	388.4	578.5
	仪器仪表制造业	818	*	—	—	—
	化学纤维制造业	718.6	397.7	406.3	533.2	502.4
	纺织服装、服饰业	674.7	780.9	—	—	—
第四组（占比 小于 1%）	农副食品加工业	508.1	718.1	224.1	233.7	195.5
	酒、饮料和精制茶制造业	472.2	580.3	—	—	—
	有色金属冶炼和压延加工业	470.7	480.2	540.6	433.5	399.2
	石油加工、炼焦和核燃料加工业	379	225.9	509.5	246.1	37.3
	印刷业和记录媒介复制业	331.2	403.6	227.6	*	101.8
	皮革、毛皮、羽毛及其制品和制鞋业	292	321.9	—	—	—
	造纸和纸制品业	284.7	74.1	141.1	136.8	99.6
	电力、热力生产和供应业	212.1	*	297.7	110.2	73
	木材加工和木、竹、藤、棕、草制品业	153.9	7	*	*	25.7
	黑色金属矿采选业	137.9	61	58.1	56.2	45.4
	燃气生产和供应业	112.3	*	*	*	*
	文教、工美、体育和娱乐用品制造业	33.4	12.9	—	—	—
	家具制造业	21	21	13.1	33.8	2.5
	非金属矿采选业	14.4	11	49.3	8.4	*
	其他制造业	11.1	*	—	—	—
	烟草制品业	*	*	*	7.2	5.6

注：标 * 表示年鉴中本行业数据空缺，标 – 表示由于统计口径的不同，数据空缺，表中 2009~
2011 年橡胶和塑料制品业数据分别由《河北经济年鉴》（2010~2012）中橡胶制品业、塑料制品业
数据加总而来。

资料来源：《河北经济年鉴》（2010~2014）。

三 河北省科技人才流动的影响因素分析

（一）宏观影响因素

1. 河北省经济发展水平

区域经济发展水平和科技人才流动水平有着密切关系，这里的经济发展水平包括经济规模、增长速度和产业结构等。经济发展水平、地理区域不但影响着区域的科技人才流动率，而且影响着科技人才流动形态。在河北省经济与社会的发展中，科技人才的供求关系在不断变化着，这就造成了河北省科技人才的流动。随着河北省产业结构调整的深入，科技人才的流动主要体现在以下方面：科技产业向非科技产业转型，引起科技人才的流出，非科技产业向科技产业转型，引起科技人才的流入；随着科技产业在地区间的转移，科技人才随之在区域间进行流动；科技进步产生新的科技产业，导致旧的科技产业消亡，引起科技人才的流动。河北省经济社会的发展促进产业结构调整，产业结构的变化使劳动力市场对科技人才的需求发生变化，从而间接影响河北省科技人才的流动。总的来看，河北省经济社会发展使科技人才的需求总量不断增加，同时要求科技人才科学有序地流动，才能为经济健康发展提供有力的人才支撑。

2. 河北省社会环境和社会保障水平

科技人才对社会环境及保障体系的要求普遍比较高，比如生态环境、社会文化氛围、住房、交通、子女教育、配偶工作及安置问题、医疗保障、社会养老保障等，都是影响科技人才流动的重要因素。

3. 河北省科技人才市场发展水平

河北省劳动力总量较大，但是科技人才存量较少、储备不足且结构失衡。科技人才在地域上集中在石家庄、保定、唐山地区，在行业上集中在汽车制造业、黑色金属冶炼及压延加工两个行业，在活动类型上与全国相比更多地从事应用研究。另外，河北省乃至全国尚未形成专业化的科技人才市场，科技人才服务平台缺失问题严重，这就导致科技人才流动只能依赖于普通人才市场。由于有流动意愿的科技人才与有流入意愿的科技组织较为分散，大大降低了科技人才的流动效率。

4. 河北省科技人才政策

科技人才政策是政府引导科技人才合理配置的一种有效手段，合理运用政策手段，能够弥补市场的失灵带来的科技人才结构失衡。目前科技人才政策作为一种有效的科技人才调控政策类型已被广泛采用，科技人才政策是科技人才科学合理流动的重要制度保障，是政府调节科技人才流动的重要手段。

（二）微观影响因素

1. 组织规模与行业地位

一般而言，规模越大的组织科技人才流失率越低，一般大型组织人力资源管理制度较为完善，组织风险较低，组织内岗位较多，因此科技人才有较多的内部流动机会，组织提供的工资和福利较高且较稳定。而且，大型组织往往成立时间较长，已形成较为鲜明的组织文化。大型组织的这些优点在很大程度上吸引科技人才流入，并且减少科技人才流出。当然大型组织也有一定的负面因素，如组织庞大造成的内部沟通不畅、各种制度约束较多等，但是大型组织带来的安全感和进入大型组织的自豪感和满足感使大多数人才不会轻易离开。相比较而言，中小组织由于规模较小，导致其在科技人才竞争中难以胜过大型组织。另外，组织的行业地位和生产绩效与科技人才的安全感有着正相关的关系，即行业地位与生产绩效越高，科技人才的工资与福利水平越高，科技人才的满意程度就越高，流失率自然也就越低。另外，组织的行业地位会给科技人才带来更多的业内认可，这也是科技人才流动非常重要的影响因素。

2. 组织福利待遇

美国学者阿姆克尼克特和阿利的研究表明，在制造业中相对工资水平在最大程度上影响着员工是否决定流出。对科技人才也是如此，组织提供的工资和福利水平是影响科技人才流动的重要因素。工资和福利待遇水平是组织对科技人才价值的重要体现，由于科技人才获得个人专业能力往往需要付出比一般劳动力更多的时间、体力和财力成本，因此在择业时往往要求较高的工资和福利。当科技人才在组织间流动时，科技人才选择流入某组织也经常是因为该组织能提供更好的福利待遇。

3. 组织人力资源管理水平

从组织层面来看，人力资源管理水平是影响科技人才流动的根源。人力资源管理水平高低主要表现在管理手段科学与否、管理机制完善与否、管理思想成熟与否。管理思想不成熟的组织很难意识到科技人才是组织的命脉，因此缺乏对科技人才管理的重视，再加上如果管理手段缺乏科学性、管理机制不完善、引才途径狭小、选才观念僵化、留才举措不利，即容易造成科技人才引入困难，或常常出现引进来留不住的问题，最终导致科技人才短缺。

4. 科技人才自身特征

科技人才作为一种特殊的人才有其自身的特性，对工作环境的要求具体表现在以下几个方面。

（1）追求创新。科技人才最本质的特征就是追求创新。科技人才从事的不是简单重复性的工作，而是在掌握需要的知识的基础上，充分发挥个人创造性，取得全新的工作成果，只有这样才能推动科技进步，开发产品功能，提升产品品质，为企业创造更高的生产效率和更大的经济效益。

（2）强调自主性。科技人才较多从事创造性、创新性工作，这就要求科技人才必须保持个性化、独立性、自主性，才能保持强大的创新能力。科技人才一般依靠自身拥有的专业知识进行创新性工作，并据此完成新的工作成果。由于这样的工作特性，在工作时间、工作计划上，很难提前计划并完全按照计划执行，因此科技人才大多强调工作的自主性，也只有在宽松、自主的工作环境中，才能实现自我引导式的工作，取得良好的工作成绩。

（3）要求自我实现。对于科技人才来说，精神激励并不弱于物质激励，他们主动发现问题并积极寻找解决问题的方法，对工作成果的渴望往往成为他们工作的动力。马洛斯需求理论提出的前四个需求，即人的生理、安全、社交、尊重的需求，科技人才中的大多数已经实现这四个需求，在此基础上，科技人才往往追求更高层次的需求，即自我实现。要求自我实现已经成为推动科技人才行为的最重要动力。因此，影响科技人才流动与否的一个重要因素就是科技人才是否觉得可以在该工作岗位上自我实现。

（4）工作具有复杂性。科技人才工作的复杂性既表现在工作时间、工作计划难以确定，更表现在工作成果难以量化。由于科技人才的工作成果多以发明、创新、创意等形式出现，因此难以像一般人才所取得的工作成果那样简单量化。另外，由于目前很多科技问题的复杂程度较高，通常要求一个甚至多个科技人才团队才能解决，甚至经常需要跨学科的科技人才团队完成，所以科技人才的工作成果往往是团队合作的结果，凝聚着全体团队成员的汗水，是集体智慧的结晶，因此科技人才的个人工作成果也变得更加难以量化。

四　河北省科技人才流动存在的问题

正常合理的科技人才流动有利于企业之间的良性竞争，促进企业之间的正常发展。一方面，促进科技人才间的竞争。通过企业优胜劣汰，淘汰不合格的、留下优秀的科技人才。随着社会的发展，特别是企业在市场竞争中，通过人才流动，淘汰那些不能随时更新技术、掌握新技能的落后员工，吸收优秀的科技人才，从而提升企业竞争力。另一方面，科技人才流动促使企业只有在竞争中努力改善自身条件，才能吸引并留住优秀科技人才。但在正常的合理的科技人才流动过程中，存在着不合理的、非正常的科技人才流动。

（一）中小企业科技人才流失问题突出

目前，科技人才流动呈现以下趋势：一是科技人才由中小规模的城市向较大规模城市流动，由经济实力较弱地区向经济实力较强地区流动。收入水平、教育医疗资源、就业机会等方面的巨大差别，使大型城市具有天然的竞争优势，为了追求更好的发展前景，科技人才倾向于由县向市区流动，由其他城市向省会石家庄市流动，由河北省向京津地区流动。二是科技人才由中小企业向大型组织流动。中小企业竞争力较弱，大型组织竞争力较强，大型组织实力强大，可以为员工提供更为优越的工作环境和更为广阔的发展空间。中小企业由于处于起步和发展阶段，人员结构不完善，尤其是新组建的小型科技企业，人数往往较少，甚至只由三五个股东组成，人员分工也不明确，管理混乱随意。三是科技人才由工资福利低的科技企业向工资福利高的组织流动。科技人才在择业时，最先考虑的，也是最容易比较的经常是工资及福利待遇等。工资福利能否得到提升通常是科技人才选择流动与否的重要参考依据。四是科技人才由行业地位低的企业向行业地位高的组织流动。中小企业由于规模小，仍然处于创始期或发展期，行业地位无从谈起，因而在与大型组织竞争人才时常处于劣势。五是科技人才从人力资源管理落后的组织向人力资源管理先进的组织流动。中小企业人力资源管理随意，既不完善也不规范，导致科技人才的精神激励与物质激励没有保障。上述科技人才流动的趋势，导致中小企业在与大型组织的人才竞争中，往往不占优势，人才引入困难，人才流失严重。

（二）社会保障体制问题

不健全的社会保障制度严重影响着科技人才的科学有序流动。由于我国现行的社会保障制度在省市之间不统一，科技人才进行区域间流动往往会造成医疗保障、住房公积金等不能随之迁出，无奈只能中断。这种不合理的社会保障制度加大了人才流动的成本，给个人、企业甚至整个社会都增加了经济成本，在一定程度上阻碍了科技人才的自然流动。

（三）科技人才流动中的法律问题

《国家中长期人才发展规划纲要（2010～2020年)》中明确提出，要实施专业技术合理流动政策，国家和各省也禁止用人单位在国家政策之外限制人才合理流动，但是因为科技人才，尤其是高层次科技人才是一种稀缺资源，为了尽可能多地占有科技人才，人才流出单位以收取巨额科技人才流失补偿费（经常以违约金的形式收取）、拒绝转移人事档案、扣留学历证书和职称证书等方式人为设置障碍的现象仍然存在。而人才流入单位为争夺科技人才，也采取了补贴科技人才流失补偿费（违约金）、违规重做人事档案、承诺按同等学历和职称给予待遇等方式。科技人才流入流出单位为占有更多的科技人才任意突破法律法规，这种导致科技人才无序流动的情况若任其发展下去，一定会导致用人单位间的恶性竞争，严重影响科技人才的有序流动。

五　对策建议

（一）宏观方面

1. 完善科技人才政策

提高科技人才流动政策的引导性，解决对人才流动限制过多、渠道不畅的问题。克服区域间人才流动的部门界限、身份界限和地区界限，要尊重规律，因势利导，把握主动，在流动中用好人才。另外，在引导科技人才流动的过程中，要强调企业的主体地位，给予企业最大的自主权。具体来说，一是建立专业化的科技人才服务平台，专门收集科技人才的供求信息，一方面降低科技人才供需双方的寻找成本，保障人才向市场配置失灵而社会需要的地方转移，另一方面帮助政策制定者收集科技人才流动信息，从而更加准确、全面地掌握全省科技人才流动情况，为制定科技人才政策提供参考。二是统筹兼顾、综合协调，妥善处理好引进的科技人才与现有科技人才的关系。三是科技人才引进、管理都要抓，不但要在科技人才引进上下功夫，更要注重科技人才引入后的管理，留住科技人才，同时更好地发挥科技人才的作用。

2. 提升城市硬件设施和软环境

科技人才作为一种特殊的人才类别，有其自身的特点，需要区别对待，制定有针对性的人才政策。何勇等学者指出，未来人才引力向多元化的趋势转变，经济因素对人才的吸引效应在递减，科技人才具有强烈的自我实现需求。针对这一点，在制定科技人才政策时不但要考虑经济因素对人才的吸引力，还应该在提升城市硬件设施和软环境上下功夫。如优质的城市生态环境、高质便利的医疗教育资源、地区开放多元的文化环境、科技界知名人士聚集都可以增加区域对科技人才的吸引力。针对这一特点，河北省应更多地重视提升城市生态环境，为科技人才提供更便利、高质的医疗教育资源，鼓励城市发展多元文化，重点引入科技界知名人士等。河北省应抓住京津冀协同发展的大好机会，积极引入京津优质的医疗教育资源落户河北，引入或者柔性使用京津科技界知名人士，以提升河北省对科技人才的吸引力。

3. 推动完善科技人才流动相关法律法规

对于用人单位和科技人才的合理利益，应在政策上完善立法予以支持。例如，科技人才流动中引起的商业秘密问题，为保护科技人才流出单位的经济利益和竞争优势，可以加强对商业秘密的立法保护，如规定掌握关键技术的科技人才必须签订保密协议等。在此方面，德国和日本都颁布有《不正当竞争防治法》，美国则是由《统一商业秘密法》、《侵权行为法重述》、《判例法》构成对商业秘密的保护，已形成较为完善的商业秘密保护体系。虽然我国在《民商法》、《刑法》、《行政法》和《反不正当竞争法》等多个层面对商业秘密进行保护，但是仍存在对商业秘密客体、侵权主体、商业秘密范围的规定过于狭窄等问题，有待进一步完善。此外，人才流动难免与流出流入单位发生纠纷。虽然《劳动法》、《合同法》等一系列法制法规已经在一定程度上保障了用人单位与科技人才的合法权益，但是随着经济发展，如科技人才流动过程中的社会保障等问题亟须以法律的形式明确规定。

（二）微观方面

1. 建立"以人为本，尊重人才"的管理理念

只有更新陈旧的科技人才管理观念，企业才能从根本上提升自身对科技人才的吸引力。科技人才作为科技生产力中最活跃、最积极的因素，有其自身的特殊性，强调自主性、追求创新、要求自我实现的特点，要求企业转变管理理念，建立"以人为本，尊重人才"的科技人才管理理念。鉴于科技

人才工作成果的复杂性，企业管理者应赋予科技人才充分的自由，尊重科技人才个性发展，鼓励科技人才建立自主的管理机制。

2. 优化福利体系，深化人力资源培训制度

优化科技人才的福利和保障体系，能够较大程度地激励科技人才，减少科技人才流失。如为科技人才缴纳社会保险、补充医疗保险、补充养老保险等，可以为科技人才免除后顾之忧，同时建立合理的、人性化的企业福利体系，如实行带薪休假、提供交通补贴或企业班车、错峰上下班等。此外，由于科技人才的工作成果往往具有复杂性，很难量化评估，因此对高端科技人才可采取项目 EVA 分成率等方法，以技术创新人才作为人力资本参与企业的经济利润分配，提高科技人才的工作积极性，强化物质激励机制的效果。另外，由于科技人才的特殊性，其强调自主、追求创新、要求自我实现，企业必须同样重视为科技人才提供个人发展空间。在这方面，可采取深化人力资源培训的方法，为科技人才提供学习和深造的机会，为科技人才提供个人能力提升机会，拓宽人才发展空间，提高人才吸引力，防止科技人才流失。

参考文献

纪建悦、张学海：《我国科技人才流动动因的实证研究》，《中国海洋大学学报》（社会科学版）2010 年第 3 期。

何洁、王灏晨、郑晓瑛：《高校科技人才流动意愿现况及相关因素分析》，《人口与发展》2014 年第 3 期。

孟令熙：《高新技术企业研发人才流动研究》，中国社会科学出版社，2012。

何勇、姜乾之、李凌：《未来 30 年全球城市人才流动与集聚的趋势预测》，《中国人力资源开发》2015 年第 1 期。

刘吉明：《民事保密协议在保护商业秘密方面的功能》，硕士学位论文，兰州大学，2009。

B.17
河北食品安全形势分析与对策建议

贺银凤*

摘　要：　2013 年河北省食品药品监督管理局按照国家要求重新整合后，加大食品安全监管力度，食品安全监管体制机制日益完善，监管措施不断细化，开展了一系列食品安全专项整治行动，食品安全形势连续几年平稳向好，但仍然存在一些问题，须进一步完善。今后政府部门应更新监管理念，加强部门协作，建立覆盖从田间到餐桌全过程的监管制度，在食品电子监管追溯体系建设、食源性疾病监控、食品安全风险交流、食品安全违法惩治、农村食品安全风险防控等方面加大监管力度，使食品从生产领域到流通领域的监管"无缝对接"。

关键词：　食品安全　监管　风险交流　社会共治

一　河北食品安全形势分析

（一）河北食品安全形势平稳

国家衡量食品安全形势平稳与否，一个重要指标就是食品安全抽检合格率。河北食品安全抽检合格率显示，河北食品安全形势平稳。

---

* 贺银凤，河北省社会科学院社会发展研究所研究员，主要研究社会安全。

1. 源头农产品质量安全可靠

2014 年河北年产各类安全鲜活农产品一亿吨以上，农产品质量抽检合格率为 99.3%，如省农业厅在全省生产和流通环节共抽检蔬菜样品 2859 例，合格率为 98.85%，为食品安全奠定了基础。

2. 食品安全总体合格率高

2014 年河北省食品相关产品总体合格率均在 93% 以上。2014 年，省政府有关部门依据食品安全国家标准，在全省范围对食用农产品、加工食品、食品相关产品进行监督抽检，抽取样品近 7 万例，样品覆盖农产品种植、养殖、食品生产、食品流通、餐饮服务、食品进出口各个环节，结果表明，总体合格率在 95% 以上。

2015 年 7 月 3 日，河北省食品药品监督管理局召开新闻发布会向公众通报 2015 年第二季度全省食品药品质量安全状况中显示：主要产品抽检合格率保持较高水平，综合各部门监督抽检情况，上半年，全省对 23 个大类 2852 个批次的食品进行监督抽检，总体合格率为 92.4%。[①]

3. 食品安全风险监测合格率超过 90%

2014 年，河北省卫生计生委在全省范围内抽取食用农产品、加工食品、食品相关产品三大类共 6252 例样品，对其中的农兽药残留、生物毒素及生产加工过程中产生的有机污染物等九大类 117 项有毒有害因素进行风险监测，结果表明合格率为 98.38%。抽取肉与肉制品、水产及其制品、调味品等 8 种 3655 例样品，对其中的微生物和致病菌进行风险监测，结果表明合格率为 92.9%。省食品药品监督管理局对省内市场 20 类 4481 例加工食品开展有毒有害因素风险监测，合格率为 91.82%。[②]

4. 河北省食品在外省市场抽检合格率保持较高水平

2014 年，国家食品药品监督管理总局以加工食品为主，在全国范围对各类食品同时进行监督抽检和风险监测。其中，在 29 个省（自治区、直辖

---

① 张亚茹：《河北上半年食药安全总体稳定抽检信息将按月公布》，http：//hebei. news. 163. com/15/0703/17/ATK9HDNU02790779. html，2015 年 7 月 3 日。

② 河北省食品药品监督管理局调查数据。

市）抽到河北省食品，共计6864例。河北省食品在全国范围监督抽检合格率为94.62%，风险监测合格率为97.19%，综合合格率为94.29%。其中，进入外省市场的河北省食品的监督抽检、风险监测和综合合格率均好于省内市场。①

（二）河北食品安全监管体制机制日益完善

1. 监管机构按照国家模式重新整合，从"九龙治水"过渡至农业厅与食品药品监督管理局两段式监管

2013年8月，河北依国家食品药品监督管理总局模式进行机构改革，把分散在工商和质检的相关食品安全管理职能整合到食品药品监督管理局，增强集中食品安全监管功能，形成食品药品监督管理局与农业厅两段式监管。目前11个设区市全部重新组建市级食品药品监管机构，并正常履职。

2. 地方法律法规不断完善

2013年9月，由省政府印发了《"食药安全诚信河北"行动计划（2013－2015年)》（以下称《行动计划》），并在"中国·河北"网站发布。《行动计划》着眼于在新的体制下更好地履行食品药品监管职责，从政府、企业、社会三个层面入手，创造性地进行一系列制度设计，提出一揽子计划，是指导当前和今后一个时期河北食品药品安全工作的纲领性文件，对提升河北省食品安全工作规范化、系统化、科学化水平具有重要意义。在"食药安全、诚信河北"三年行动计划基础上，2014年省食品药品监督管理局推动省政府与国家食品药品监管总局签署《共建食品药品安全保障体系战略合作协议》，强化顶层设计。

3. 食品安全风险监测实现全覆盖

2014年，河北省食品污染物及有害因素监测覆盖面已经由25%（43个）的县（市、区）扩大至100%的县（市、区），提前实现食品安全风险监测范围全覆盖。河北省已初步建立省、市、县三级食品安全风险监测体

---

① 河北省食品药品监督管理局调查数据。

系，每个县都建立了食品安全风险监测点，同时食源性疾病监测哨点医院由24 家增加到 62 家，每年监测样本上万份。[①]

4. 构建社会共治平台，增强公众监督

一是建立"药安食美"社会共治平台。"药安食美"社会共治平台是河北省研发推出的公众参与食品安全监督的在线服务系统。该系统具备公众监督、大众点评、便民服务三大功能。"药安食美"社会共治平台旨在鼓励社会公众参与食品药品监管，使大家成为食品药品安全监督员，以解决食品药品监管人员严重缺乏与监管任务繁重的矛盾。[②] 二是积极开展科普教育，提升公众食品安全意识。从 2014 年开始，以每月 1 ~ 2 期《食药安全大讲堂》为载体，开展食药安全科普知识讲座。河北新闻网开专栏进行全程报道，发挥新媒体优势，扩展科普宣传覆盖面，实现"线下大讲堂、线上科普网"立体化宣传的新模式。

5. 开展食品安全城市创建

2014 年，河北省政府与国家食品药品监管总局签署《共建食品药品安全保障体系战略合作协议》，省政府办公厅印发《合作协议实施方案》，河北省承担的 8 个方面工作、54 项具体任务已有序实施。石家庄、张家口、唐山 3 市成为国家食品安全城市创建试点。到 2015 年 8 月，三个试点市的村（居）委会配备由两委干部兼职的食品安全协管员，初步形成"三级政府、四级管理、五级网络"的食品安全管理体系。试点工作促进河北食品安全监管、食品安全保障水平的提升，并辐射带动全省各级各层面食品安全工作，为国家全面开展"食品安全城市"创建活动积累经验。

在推进国家食品安全城市创建的同时，开展食品安全县创建工作。2014年 1 月 24 日，以《河北省人民政府食品安全办公室》、《河北省食品药品监督管理局》名义印发《关于河北省食品药品安全县创建活动方案的通知》（冀食安办〔2014〕13 号），从 2014 年开始试点，2015 年扩展到全省县

---

① 谷晓哲：《河北：食品安全风险监测实现全覆盖》，《河北日报》2014 年 6 月 17 日。

② 张欣媛：《河北省食药监局全面推广应用"药安食美"社会共治平台》，http：//www. hebnews. cn。

（市、区）总数的 60%，2016 年底前全省所有县（市、区）基本完成创建任务，每年 8 月验收。2015 年 8 月，河北省已有 55 个县达标。河北计划用 3 年时间，在全省所有县普及食品安全县创建工作，加大基层食品安全监管力度。

6. 加强食品企业诚信制度建设

通过企业诚信制度建设，提升河北食品安全系数。河北对已经获得许可证的 5326 家食品生产企业、27.07 万家食品流通经营单位和 76231 家餐饮服务经营单位，实施诚信制度建设。一是对食品企业实行量化分级管理。二是开展对标创建活动。三是完善联动奖惩机制。完善落实食品安全工作约谈、"黑名单"管理制度和相关配套政策，实现与国土资源、金融机构、证券监管等部门的信息共享。对信用良好的企业，在技改投入、品牌培育等方面给予重点支持和优先安排；对有不良信用记录的企业，在融资信贷、用地等方面予以限制；对被吊销证照企业的有关责任人，依法实行行业禁入，探索实施严重违法企业负责人"终身禁入"制度。四是培育企业诚信文化。

7. 开展各种专项整治行动

（1）加强餐饮企业安全管理。在餐饮业实施"明厨亮灶"工程。从 2014 年开始，全省 76231 家餐饮服务单位，陆续推进实施"明厨亮灶"工程，2016 年底全部落实到位。2015 年河北要求京港澳高速公路河北段 14 对服务区成为全国"食品安全第一快速大道"。2014 年针对餐饮业的"百日行动"，完成清理、治乱、正容三项任务。通过"百日行动"，全省 76231 家餐饮企业安全水平有所提升①。

（2）开展农村食品市场"四打击四规范"专项整治行动。到 2014 年底，河北农村食品市场"四打击四规范"专项整治行动取得明显成效。一是实施主体资格大清理，提高农村食品经营者亮证亮照、规范经营意识。通

---

① 《河北食药行业 2014 年终盘点：艰难，但更精彩》，http：//www.hebfda.gov.cn/CL0225/52376.html。

过拉网式清查，全省共检查食品生产经营主体19.15万户次，检查各类食品市场7871个次，取缔无证无照经营1246户，吊销食品生产经营许可证143个，查处无证或超范围经营乳制品781户次。二是清缴问题食品，净化农村市场。三是以大约谈活动强化自律。四是及时披露信息，加强宣传，营造人人关心农村食品安全的强大声势。[①]

二 河北食品安全存在的问题

（一）粗放的食品安全监管极易造成食品安全问题的反弹

虽然政府在食品安全监管方面做了大量工作，食品安全形势平稳，但仔细分析，可以看出，无论是"明厨亮灶"工作，还是各种专项整治行动，都是政府通过强烈动员及检查的方式完成的。这种运动式、突击式的检查方式其实是较为粗放的监管方式，既不能彰显监管工作的持久性，也难以保持食品安全监管质量，使食品安全监管处于被动应付的局面。因此，年年有专项整治，年年都有新问题出现。

（二）监管模式过于依赖抽样检测

目前的食品安全监管工作属于事后监督方式，即通过监督抽查，按照标准进行检验，检验不合格后进行处罚。这种方式主要用于验证企业是否按现有标准进行生产，生产的产品是否符合要求，属于事后监督。现在的食品安全危害问题一般要等到事发之后，监管部门才能知晓并采取应对措施，非常被动。目前，从中央到地方一年的抽样检测费用为五六十亿元，河北4000多万元，而产出很少。即使非常重视抽样检测，河北食品抽检每次仍有不合格产品。

[①] 《河北省农村食品市场"四打击四规范"取得成效》，http://www.hebfda.gov.cn/CL0225/52287.html。

（三）食源性疾病依然高发，漏报率很高，微生物造成的食源性疾病被严重低估

食源性疾病是高发疾病，吃了被微生物或化学品（前者如细菌、病毒等，后者如农药、有毒植物等）污染的食品就可能得。"从农田到餐桌"的任何一个阶段都可能发生食品污染。从河北的情况看，由微生物污染引起的食源性疾病每年都有发生，它的危害性往往被低估。2015年上半年，发生食品安全事件523件。其中，有三起集体用餐食品中毒事件值得关注，两起为学校集体食堂，一起为农村婚宴。目前河北餐饮服务企业76231家，其中集体食堂12373家，虽然有各种针对集体食堂的专项行动，但问题依然每年都出现。据全国统计数据，食源性疾病事件往往发生在餐饮服务单位，包括饭店、食堂等，占到食源性疾病发病总数的55.4%，但往往被大家忽视。按照国家2012年一项抽样检测数据显示，每年有2亿多人次罹患食源性疾病，平均每6.5人中就有1人次。但中国卫生部门每年收到的食源性疾病发病报告，实际只有2万~3万人发病。按这个标准估算，河北每年应有近千万人次被食源性疾病侵扰，但进入政府统计的很少，人们并不把"吃坏肚子"与食品安全问题相连。食源性疾病在发达国家的漏报率都在95%以上，河北漏报率会更高，应加强食品安全风险监控。

（四）食品安全风险交流依然存在薄弱环节

风险交流是各利益相关方就食品安全的风险所涉及的因素和风险认知相互交换信息理解的过程。河北存在四个方面的问题。一是注重应急风险交流，忽视平时风险交流。二是食品生产经营者参与风险交流不充分。三是食品安全风险交流不充分易造成公众恐慌，诱发其他社会问题，影响消费者对食物消费的信心，进一步影响对政府的信任度，造成社会不稳定。四是新媒体对食品安全负面信息极化推导，影响政府公信力。

（五）农村食品安全现状依然不容乐观

河北是农业大省，农村食品安全状况不容乐观。一是农村食品行业整体水平偏低，二是生产经营者和消费者法律意识相对淡薄，三是食品生产经营违法违规，四是一些长期性、顽固性问题屡禁不止、屡打不绝，五是一些新业态的出现也给农村食品安全带来新的潜在隐患。

（六）农药、化肥使用超标影响食品安全

河北是农药、化肥消费大省，近年来全省平均每年的农用化肥施用量为307.47万吨左右，每亩耕地平均施肥折纯为每亩33.32公斤，虽低于全国平均数，却是发达国家每亩施肥的2.22倍。相关部门调查，河北化肥利用率仅为35%，农药利用率不足30%，远远低于发达国家农药、化肥利用率60%以上的水平。未利用的化肥增加了土壤中硝酸盐的含量，改变土壤结构，造成土壤酸化、板结，有机质减少和地力下降，进而影响农产品质量。农药、化肥的大量及不合理使用，造成河北省农业土壤生态环境不佳，最终危及农产品质量安全和百姓健康。食品安全由此受到威胁。

三 完善河北食品安全监管的对策建议

（一）更新监管理念，细化监管过程，实行全产业链管理

建立覆盖从田间到餐桌全过程的监管制度，逐步完善食品从生产领域到流通领域的监管"无缝对接"。

1. 更新政府监管理念，细化监管过程

政府各个部门要加强协调与合作，保证监管链条中的通畅对接。如农业部门要保障食品的源头——粮食安全，需要细化一系列强制性标准、措施，保障农业生产领域的安全，抓食品生产环节，以控制源头。加强农业污染治理工作，营造良好的生态环境，从种子、农药、饲料、化肥、环境等基础抓

起。如严格控制化肥及农药使用量，积极落实国家化肥、农药使用零增长政策，仿学欧盟，规定化肥农药不能再直接施入土壤，要通过包衣技术把化肥农药包在种子的周围再施入，大大减少化肥农药的施用量。利用河北产业转型时机，大力开发无公害农产品、绿色食品、有机食品，从源头上抓好食品安全。安全的农产品进入市场后，食品安全监管部门需要许多细致的强制标准和操作规程及严格的监管，如对食品加工以专项整治为突破口，从小摊点、小加工、小食品、小市场等方面入手，取缔无卫生许可、无营业执照、无生产许可的"三无"生产加工，完善食品及相关产品市场准入制度。控制食品流通环节。严把市场准入关，对大生产企业建立健全食品质量购销查验登记制度、重点食品进货索证索票制度、特殊经销关系备案制度和不合格食品市场退出制度，加大食品检验检测力度。监测食品消费环节，强化对机关团体、厂矿工地、院校食堂和餐饮业、城乡便民店，特别是小餐馆、个体门店的检查和监督，推行网格化管理，明确职责，确保不发生食品安全事故。监管部门之间，应互为促进，各负其责，才能做到全产业链的无缝监管。

2. 更新监管方式，变地域控制为整个产业链的控制

政府目前监管方式是地域控制，问题出现在什么地方，就对这个地域严加处置。而随着食品生产越来越集中，产区和销区分化，生产、加工、运输等产业链条拉长、环节增多而且细化，需要从过去的地域控制为主转向对整个产业链的控制。

3. 大力推进企业诚信制度建设，保障全产业链安全

应当进一步完善食品企业量化分级管理制度，完善联动奖惩机制，在培育企业诚信文化上下功夫。同时，政府应对食品生产、流通和餐饮企业两手抓，一方面要对食品经营企业实行严格的资格审查，建立市场准入和退出机制；另一方面，对那些具有社会责任感、技术过硬、规模较大的企业进行有力扶持，确保食品供给的安全水平，并对其模式和经验进行推广，对小、散、乱的食品企业予以坚决取缔，以净化食品行业环境，重建食品行业公信力。

（二）加快推进食品电子监管追溯体系建设，健全食品安全彩码追溯系统

按照《食品安全法》的要求，国家将建立食品安全全程追溯制度、从农田到餐桌的全程追溯制度，部门间建立食品安全全程追溯机制，企业要建立食品安全追溯体系，通过制度、机制和体系保证食品安全可控制、可追溯。河北应加快推进"智能食药监"、农产品质量安全监测预警和质量追溯平台建设，加快推进食品电子监管追溯体系建设。值得强调的是，应完善多维彩码追溯系统。由中国市场食品安全工作委员会领导的中食安食品科技服务有限公司自主研发的"食品安全多维彩码追溯系统"经过内部测试运行，2014年已正式上线，未来2～3年时间，此系统将34个大类国内外食品（约100800个品种）的多维彩码追溯系统全部上线运行。建议河北积极推行并使用这套系统，完善河北的"药安食美"平台，加大河北食品安全监管力度，使河北的大多数食品可追溯。

（三）加大食源性疾病监控力度，从源头控制由微生物造成的食源性疾病

一是完善食源性疾病上报制度。完善食源性疾病监测网络，设置食源性疾病监测点。开展与食源性疾病有关的致病因素的主动监测。二是加强餐饮消费环节食品安全监管，确保监管对象不使用不洁原料，严格卫生操作规范，食物煮熟烧透。三是从源头防止微生物造成的食源性疾病。对公众进行科普。每一个家庭和个人都应该掌握预防食源性疾病的技巧，只需采取"洗手"、"做熟"、"冷藏食品"等简单措施，就可以起到立竿见影的效果。

（四）加强食品安全风险交流，推进食品安全社会共治

一是从注重应急风险交流向注重平时风险交流转变，为城乡居民提供常态化的食品安全宣传咨询服务。二是进一步完善河北省"药安食美"平台功能，努力构建社会共治格局。激励公众参与食品安全监督，向公众提供食

品安全知识，提升公众应对食品安全技术水平。三是激励食品生产经营者积极参与风险交流。四是密切关注新媒体特别是 QQ 公众群、微信等的动向，防止有害信息的传播。加大对新媒体的安全管理力度。

（五）严格执行国家法律，加大食品安全违法惩治力度

2015 年 10 月 1 日起实施的国家《食品安全法》，对罚款额度由原来的最高可处货值金额 10 倍的罚款修改为最高可处货值金额 30 倍的罚款，引入行政拘留，规定行业终身禁入。新《食品安全法》从原先的行为罚、财产罚到现在人身自由罚，将严重食品违法行为的处罚提升了一个档次，并规定因食品安全犯罪被判处有期徒刑以上刑罚的，终身不得从事食品生产经营管理工作。河北应当严格执行国家的法律法规，加大食品安全违法惩治力度。严格执行市场退出机制，实施严重违法企业负责人"终身禁入"制度，惩戒失信行为。

（六）加大农村食品安全风险监管力度

一是加大宣传力度，切实提高群众的食品安全意识和自我保护能力，增强经营者守法经营意识，有效预防和减少食品安全事故的发生。二是开展必要的食品安全专项整治行动。三是促进社会共治，打牢农村食品安全监管基础。

B.18

河北省反贫困问题研究

车同侠　张　丽*

摘　要：　河北省近些年在扶贫方面加大力度，在完善各项扶贫机制
　　　　　的基础上，又出台了一些新政策，还在精准扶贫方面探索
　　　　　了几种新模式。但河北省贫困人口规模依然较大，存在一
　　　　　系列亟待解决的问题，如经济下行带来的扶贫压力、扶贫
　　　　　资金短缺、各项机制政策尚不完善等。笔者提出河北省要
　　　　　通过借京津冀发展契机，加大国家层面和京津对河北省的
　　　　　对口帮扶力度；要完善金融扶贫机制、要落实搬迁补助
　　　　　等，实现2020年摆脱贫困的目标。

关键词：　精准扶贫　资金投入　保障机制

近几年，河北省在扶贫开发方面取得了一些成效，尤其在精准扶贫方面探索出几种新模式。但河北省贫困人口规模依然较大，面临着经济下行压力、扶贫资金短缺、各项机制和政策尚不完善等问题。因此，河北省要借京津冀协同发展契机，通过以产业转型升级促脱贫、增加国家层面对贫困县的投入并吸引社会资本参与、落实搬迁补助和土地指标、完善金融扶贫机制、完善项目报账制度、实行动态信息管理等一系列举措来摆脱贫困，实现2020年摆脱贫困的目标。

---

* 车同侠，河北省社会科学院社会发展研究所副研究员，研究方向为扶贫、劳动就业；张丽，河北省社会科学院社会发展研究所助理研究员，研究方向为社会保障。

一　河北省贫困现状及扶贫的主要做法

（一）河北省贫困的客观情况

1. 贫困地区范围与人口规模仍然较大

根据河北省扶贫办提供的统计资料显示，按照国家新一轮贫困人口建档立卡的标准，截至 2015 年 9 月，河北省尚有 62 个国家级、省级贫困县（其中列入国家燕山—太行山集中连片特困地区的县有 22 个，片区外国定重点县 23 个、省定重点县 17 个），占全省县（市、区）总数的 36%；河北省有建档立卡贫困村 7366 个，占全省村庄总数的 14.6%；河北省贫困人口近 485.5 万，贫困人口占全省乡村人口总数的近 8.8%。这些贫困人口主要集中在燕山—太行山片区、黑龙港流域和环首都地区，这些地区生存基础薄弱，整体发展水平滞后，全省 62 个贫困县中有 58 个属于限制开发区域，发展难、增收难，涉及基本生活的各个领域都存在不同程度的困难，因自然灾害和疾病重返贫困的问题尤为突出，是河北省反贫困工作中最难攻克的阵地，是如期完成 2020 年全面脱贫同步实现小康目标的一大短板。

2. 贫困人口规模逐年以百万人口递减

据河北省政府新闻发布会发布数据显示，2011～2014 年，河北省平均每年减少贫困人口 100 万左右，累计减少 395 万人。贫困地区农民人均纯收入增幅高于全省平均水平。截至 2014 年底，河北省有 10 个扶贫重点县脱贫出列，100 万农村贫困人口实现稳定脱贫。

（二）河北省扶贫的主要做法

1. 完善各项机制为扶贫提供坚强支撑

一是强化政府组织领导机制。县委、县政府成立产业化扶贫项目建设领导小组。二是深化并升级精准扶贫政策机制。如科学制定产业化扶贫政策，用好国家扶贫试点项目资金和财政扶贫资金；积极协调产业化扶贫项目贷款；打造精准扶贫升级版"互联网＋扶贫"，设立专项行动引导资金。三是完善涉农资金整合机制。充分发挥扶贫资金引导、撬动作用，整合涉农资金，用于贫困地区配套设施建设。四是建立以贫困户为核心的利益联络机制。既走产业化扶贫之路，又切实让贫困农户参与扶贫开发并享有开发成果，最大限度地激发贫困户主动脱贫的内生动力。五是建立对口帮扶机制。实施驻村扶贫工作队制度，确保每个贫困村都有驻村工作队，每个贫困户都有帮扶责任人。六是健全机关干部扶贫联系点制度。实行省级领导包贫困县、厅级领导包贫困乡（镇）、县级领导包贫困村、一般干部包贫困户，不脱贫不脱钩。

2. 出台新政策为扶贫提供有力保障

2015年，河北省出台一系列政策助力扶贫工作推进。一是推进项目助力扶贫政策。河北省发改委、省扶贫办联合下发《关于进一步做好燕山—太行山连片特困地区跨行政区重大基础设施项目建设工作的通知》，全力推进燕太片区重大基础设施项目建设，以项目助力扶贫工作推进。二是强化乡镇扶贫政策。河北省扶贫开发领导小组下发《关于进一步强化乡镇扶贫工作责任的意见》，加强乡镇扶贫工作站建设，填补长期以来扶贫工作在县、村之间的断档。三是出台金融扶贫政策。河北省扶贫开发领导小组印发了《河北省金融扶贫富民工程实施方案（试行）》。随后中国人民银行石家庄中心支行与河北省政府相关部门联合出台《关于做好河北省扶贫开发金融服务工作的实施意见》，加大金融资源向贫困地区的倾斜力度。四是重点扶持革命老区脱贫政策。河北省政府办公厅出台《关于支持贫困革命老区加快发展的意见》，提出到2017年，确保贫困革命老区农民人均纯收入在2013年基础上实现翻番，太行—燕山片区外40个贫困革命老区县全部脱贫出列。五是大力推广"互联网＋扶贫"政策。河北省扶贫开发领导小组印发《河北省"互联网＋扶贫"行动实施方案》，河北省通过促进互联网服务企业与扶贫领域深度融合，逐步提高扶贫工作在线化、数据化水平，打造全省"互联网＋扶贫"的精准扶贫升级版。

3. 探索新模式为扶贫提供精准走向

通过对河北省部分贫困地区的调查以及从河北省扶贫办、长城网获取的相关资料，总结出河北省 7 种特色扶贫模式，分别为移民搬迁扶贫、金融扶贫、智力扶贫、新能源扶贫、"互联网＋扶贫"、旅游扶贫、社会扶贫。

移民搬迁扶贫模式。秦皇岛市完成了青龙县大森店村、金宝沟、鲁杖子三个村 316 户、1157 人的易地扶贫搬迁工程。楼房投资资金整合了扶贫两期项目 500 万元，村委会给村内 65 岁以上老人每人分一套 30 平方米的房子，缴纳 2000 元押金免费居住，采用太阳能取暖，水电路设施齐全。

金融扶贫模式。阜平县最大限度地为扶贫开发提供金融信息渠道和网络。阜平县于 2015 年 1 月建成覆盖全县各乡镇、村的金融服务网络，实现县乡村三级金融服务网络全覆盖。实行农业保险和扶贫贷款担保全覆盖，为推进扶贫贷款担保工作注册成立资本 1.3 亿元的惠农担保公司，建立"村推荐、乡初审、县惠农担保公司和银行联合审查"的工作流程。阜平还与石家庄股权交易所签订战略合作协议，引导有新型融资需求的中小企业到资本市场融资，并且引进新型金融机构，加大对企业的支持力度，村镇银行、商业性融资担保公司、扶贫开发股权投资基金正在建立完善。中国邮政储蓄银行易县支行进行差别化授信和还款方式的调整，通过对各行业的广泛调查，根据行业需求向上级行申请差别化授信，对贷款额度和还款方式等方面进行调整，2014 年贫困村受益客户达到 105 户、受益资金 1041 万元。2015年，中国邮政储蓄银行易县支行加大对家庭农场专业大户的贷款资金投放力度，并将小微企业授信额度由 1000 万元提高到 3000 万元，这种差异化管理和服务的金融扶贫模式值得学习。

智力扶贫模式。扶贫先扶智，贫困人口接受职业教育后就业是贫困户脱贫的重要途径之一。阜平县通过职业教育模式帮助贫困人口逐渐脱贫。阜平职教中心创建的"9＋2"职业教育协作区，开创燕山—太行山贫困片区职业教育集团化发展模式。对口智力扶贫是重要途径之二。2012 年底，国家将涞源县确定为中国航天科技集团对口扶贫帮扶县，在总结长期帮扶贫困地区经验的基础上，中国航天科技集团提出扶贫更要扶智，集中技术和人才的优势，向农民特别是青少年学生传播先进科学文化知识，使他们长久受益。① 智力扶贫，增加贫困地区自我造血机能，为全省扶贫事业提供强大的智力支持和人才保证。

新能源扶贫模式。保定地区大力发展光伏扶贫。利用山区荒山、荒坡和不能耕种的未利用地，规划建设太行山光伏产业带，引进三峡集团、中电投集团等电力巨头，大力推广曲阳"上山、下地、进场（厂）、入户"四位一体发展模式，到2015年底，能使1万多贫困户年均增收近2万元，实现群众增收和节能减排"双赢"。曲阳、平泉、平山、巨鹿和赤城已列入"全国光伏扶贫试点县"，其中赤城县实施光为绿色新能源有限公司投资150MW太阳能光伏发电项目，每户5KW，让贫困群众在建设分布式光伏发电项目中参股分红，实现就业增收。

"互联网＋扶贫"模式。河北省开展"互联网＋扶贫"试点县2～3个，培训人数达到10万，培育10个"互联网＋扶贫"示范龙头企业。保定市"互联网＋扶贫"发展比较突出，截至2014年底，9个贫困县共开设网店1717个，从业人员6100多人，销售额6750万元，所销售产品涉及1810户贫困户。

旅游扶贫模式。贫困山区旅游资源丰富，利用地理自然优势，依托景区发展旅游产业是精准扶贫项目的重要内容之一。保定市依托68家规模景区的资源和生态优势，发展1800家以上的生态游景点。其中涞水县投资7.5亿元，加快野三坡景区转型升级，带动3万人脱贫。野三坡景区的松树口、苟各庄、刘家河、上庄、下庄等村成立专业合作社，带动发展农家游。截至2014年底，涞水县旅游扶贫农民人均收入2万元以上，有力推动了贫困地区人口脱贫致富。

社会扶贫模式。河北建设集团在原有扶贫模式的基础上，探索产业扶贫新模式，在阜平实施现代农业扶贫开发项目，集中力量解决扶贫特色农业规模小、布局散等问题，把扶贫项目推向一个新阶段，对加快老区脱贫致富具

---

① 《航天科技集团用航天技术帮扶河北涞源脱贫致富》，中国航天科技集团公司网站，2014年3月26日。

有重要的战略意义。先后开展对涞源、博野、阜平等县的扶贫工作，并设立 5000 万元的公益资金，保障该集团每年在公益事业方面的投入不少于 300 万元，从制度上保证公司对公益事业的投入。[①]

二　河北省扶贫工作中面临的主要问题

（一）经济下行压力给扶贫工作带来新挑战

2015 年，河北省整体经济发展出现下行压力。受市场需求不足、化解过剩产能力度加大，以及保障抗战胜利 70 周年纪念活动期间首都空气质量停产限产 13662 家企业等因素叠加影响，即期工业运行受到较大影响，河北省很多企业经营陷入资金与经营无法衔接、实体经济陷入融资难、无力偿还借贷资金的困境，尤其是以钢铁、煤炭等传统行业为主的地区，处于小城市、县乡镇的小企业停产、破产现象比较严重，造成一大批工人周期性失业，很多人不得不借债或变卖家产还债，贫困者或贫困家庭可能随之产生。还有一部分人或家庭原本贫困，靠打工赚取微薄收入，由于企业倒闭，重返贫困行列。实地调查数据显示，以传统资源为主的贫困县中，70% 具有劳动能力的贫困者靠打工实现增收，占农民人均纯收入的 50% 以上，由于整体经济下行，2015 年比 2014 年打工人数少了 70% 左右，很多贫困村里的年轻人无工可打，暂时失去收入来源。经济下行导致贫困人数的反复增减对河北省实现 2020 年消除贫困的目标是一个极大的挑战。

（二）扶贫项目资金缺口大且融资难

扶贫资金投入有限是制约扶贫工作顺利进行的重要因素之一。河北省在扶贫财政资金的安排上虽然逐步向农业、农村、农民倾斜，但是与农业产业

[①]　《河北 10 种新模式精准扶贫　2020 年消除绝对贫困》，长城网，2015 年 10 月 22 日。

扶贫开发的现实需求相比，还存在较大差距，特别是在农业产业化建设、基础设施建设和农业生产条件改善上投入有限，资金缺口依然较大。扶贫项目融资难是扶贫工作面临的现实问题。河北省各地区脱贫仅仅靠中央和省级财政资金投入是远远不够的，财政贴息资金迟迟不能到位也是导致扶贫项目融资难的原因之一。财政贴息资金本是金融扶贫、银政合作的桥梁，虽然各级财政扶贫资金管理办法中都明确可以用于小额贷款贴息，但由于操作规程不科学，贴息资金迟迟不能到位，影响银行发放扶贫资金的积极性，这又导致扶贫难融资。

（三）搬迁成本高与土地指标少是移民搬迁扶贫亟待解决的两大问题

搬迁成本高是阻碍移民搬迁实施的因素之一。根据省扶贫办给贫困村一个贫困人口补助 6000 元的标准，四口之家 2.4 万元，加上每人平整原有宅基地整理费的补助 2000 元，一个家庭共 8000 元，所以补助到贫困户家庭的共 3.2 万元，而真正搬迁往往需要 10 万元左右，新建小区面积大的一套房需要 14 万元左右。搬迁成本高会造成搬富不搬穷的现象，贫困程度高的人口得不到真正的帮助。根据在青龙县的调查，当地贫困人口搬迁补助标准只占总工程的 20% 左右。土地指标解决不到位是阻碍移民搬迁实施的另一因素，20 户以上的集中搬迁需要申请土地指标，办理搬迁手续、进行搬迁环评和招标工作，这给贫困县易地搬迁工作增加了不少环节，也增加了成本，影响移民搬迁进度。

（四）抵押担保政策不完善阻碍金融扶贫顺利进行

一是农业资产无法抵押。商业银行支行在支持新型农业经营主体业务发展问题上，上级行给予的优惠政策少。农业资产无法抵押，农业龙头企业、合作社建立起来的基础设施在金融机构无法抵押，在农村即使持有房产证、土地证，在支行比如农行支行仍不能办理抵押登记（土地集体所有），制约金融扶贫的开展。二是担保额度太小。农业担保额度从 1000 元到 10 万元不等，不能解决现代农业发展和持续发展对投资资金的需要。三是农业保险制度滞后于现代农业的发展。农业生产风险较大、收益较低，容易受到灾害影响。大部分贫困县的农业保险仅仅限于小麦、玉米、生猪等少数几个险种，对设施蔬菜、食用菌、林果、其他养殖品种覆盖不到，在一定程度上影响群众生产的积极性和贫困地区农业、农村经济的长远发展。在农业作为弱质产业、贫困农户作为弱势群体、市场过剩和市场风险大的现实情况下，农业保险不完善不利于农业产业的健康、持续发展，也不利于保护合作社和贫困人口的利益，直接影响脱贫质量。

（五）扶贫项目申报和资金管理程序与实际需求相悖

河北省扶贫项目资金报账制度不合理，造成扶贫资金的滞留，严重影响了扶贫攻坚的速度和力度。一是因为贫困地区进行项目的申请和运营，要得到项目资金扶持，需要项目完成以后才能报销。二是一些项目没有办法开发票、税票，10万元以下的项目采取政府招标造成资金的浪费，而后还要连续几年的审查和电话回访，一些当事人经常记不清而被误解，影响基层部门扶贫工作积极性。按照省里要求，扶贫资金10万元以上项目还要走政府招标采购程序，招标时间较长，并且给贫困地区造成一定的经济负担。扶贫项目资金实行报账制管理，但一些大的项目由于受贫困村集体经济薄弱无法先期垫付，预拨资金很困难。一些扶贫项目受配套资金管理的制约，进度极为缓慢。

（六）贫困户识别机制和信息管理有待完善与整合

当前精准扶贫工作的一个原则是坚持贫困人口规模控制，自上而下层层分配指标。调查发现，由于贫困户的指标由上级按既定原则分配下来，由于区域之间贫困状况有差异，各区域贫困户的贫困程度不平衡，选为贫困户的可能并不一定绝对贫困，真正贫困的也许没有进入贫困系统，比如在条件较好的村的贫困户可能比条件差的村的非贫困户还富裕，这就导致另一种不公平。此外，按目前的贫困户识别设计要求，一个贫困户需要登记的信息太多，并非所有信息都有用，如何实现信息在各个扶贫部门与其他相关部门之间的共享，发挥出最大作用，需认真研究解决。

三 河北省摆脱贫困问题的现实路径选择

（一）借京津冀协同发展契机，以产业转型升级促脱贫

2015 年京津冀协同发展战略的出台对河北省贫困地区的稳定脱贫既提出挑战，又提供前所未有的机遇。河北省在环首都贫困带扶贫规划的制定上要与京津冀协同发展规划相对接，主动争取中央部委、央企和京津方面对河北省的支持。将京津市场需求转变为河北省的产业优势，大力发展产业扶贫，重视产业的转型升级，按照绿色、低碳、环保和可持续发展的要求，进行产业结构优化升级，避免走高耗能、高污染、低效益的老路。依照各贫困地区自身特点和优势，优先将国家大型项目、重点工程、新兴产业等向贫困地区安排，重点扶持跟扶贫有关的现代农业园区的龙头企业。努力建设一批新的产业引擎，在新兴产业领域选择几个关联度高、拉动力强、有竞争优势的产业，充分利用"互联网＋"技术，进行重点培育和发展，形成规模化、高水平的产业基地，通过新的经济增长点来实现贫困地区的人口就业、增收与自主脱贫。

（二）增加国家层面对贫困县的投入，吸引社会资本参与

在财政投入上，建议中央财政逐年增加对国家级贫困县及片区县的扶贫专项资金投入；建议国家、省、市对贫困县实施的专项资金项目，取消县级配套；建议国家发改委对国家级贫困县或片区县农业产业化扶贫龙头企业加工用电执行"农业生产用电"价格；针对基层农业产业化龙头企业的特殊情况，在执行贷款贴息标准、操作程序上应放宽政策，简化程序，做到应贴尽贴。从扶贫资金融资方面看，要积极引入社会资本，对接各大银行以及北京大的创业基金投资公司等金融机构。对于各大银行要落实贴息资金政策。

对于其他金融机构，尤其是创业投资基金，他们很多愿意扶持中小型科技产业，扶持贫困户，扶持龙头企业创业做大。河北省要利用京津冀协同发展这个平台，主动出击，吸引更多社会资本投入，以资金带动产业发展，以资金打造龙头企业，以资金帮扶更多贫困地区脱贫。

（三）落实搬迁补助和土地指标，推动移民搬迁顺利进行

从补助资金角度看，河北省要增加贫困地区移民搬迁补助金额，加大对扶贫搬迁过程中各项费用的支持力度。从土地指标落实角度看，由县统一建立贫困村移民搬迁规划并与省级国土部门对接，由省级国土部门统一从规划中解决易地移民搬迁土地指标问题。对于撤并村庄，省级部门统一研究建立迁移到县城的措施办法，可以学习贵州宝贵经验，由省里制定移民搬迁土地指标，统一配套基础设施和公共服务，在条件具备的情况下再按照标准进行移民搬迁。

（四）完善金融扶贫机制，构建风险分担与补偿机制

金融扶贫机制顺利实施必须构建金融机构扶贫的风险分担机制和补偿机制。从银行抵押贷款方面看，建议中国人民银行统一协调，采取一行一策，制定支持贫困地区新型农业经营主体信贷业务的实施细则，给基层行适当放权，简化程序，对抵押物的选择，应因地制宜、因行制宜，以达到降低和减少风险为目的。从保险范围看，特批贫困地区的食用菌产业为农业保险内容，而不是商业保险内容。从贴息额度上，要增加高于5%的贴息及提高大于5万元封顶的贴息额度。增加国家在农业保险中的支付比例，把由贫困县县级负担30%的保险基金纳入省财政统筹，向国家积极争取设施农业保险纳入政策性保险。从风险机制看，在所有扶贫县都建立扶贫风险补偿基金，从扶贫款项里拿出一部分作为风险补偿基金，扶贫资金资本化的股份合作企业可以得到风险补偿。

（五）完善项目报账制度，促进扶贫项目的实施

对扶贫项目申报，给予一定的特殊政策，不再纳入政府采购序列，或者

政府招标采购的门槛提高到 30 万元左右，对超过 20 万元或 40 万元以上的项目进一步明确可以向贫困村预拨 50%～80% 的资金比例。建议放宽项目基础设施配套资金管理，给予一个合理区间，有助于扶贫效率。对各县产业项目与基础设施配套比例进行弹性管理，不严格受 25% 的项目基础设施比例限制，山区县区别于平原县，各县内部平原村区别于山区村，根据贫困村的实际情况，因地制宜地确定产业项目资金与基础设施配套资金的比重。建议领导班子采取项目申报竞争倒排机制，可以激励项目资金集中投入使用，提高资金使用效率，解决项目滞后和项目资金滞留的问题。建议简化报销手续和放款报销凭据，取消过了一年后的资金使用情况电话回访，减少行政管理过密过细出现阻碍项目完成进度和资金拨付进度的情况，推进扶贫项目加快落地。

（六）实行动态信息管理，优化贫困人口识别制度

一是加强对贫困人口的识别建卡和动态管理，完善贫困人口进退机制，保证脱贫者及时退出、绝对贫困者能够得到真正的帮扶。坚决杜绝"隐富装贫"的现象发生。建立精准的贫困人口监测评估机制，加强对扶贫项目资金的监测和评估，确保扶贫项目推进。深入了解贫困人口的特点和致贫的原因，提高数据采集、处理、分析水平，为扶贫开发工作提供科学决策依据，使扶贫帮困真正扶到关键处、帮到点子上，确保扶贫取得实效。二是建立优化贫困人口识别制度。对贫困人口的精准识别，可严格按照贫困线标准，自下而上，由每个村村民自主申报，村民公开投票，上报县级复核后确认。同时，为防止各环节虚报、瞒报贫困人口，应该由省市级扶贫办加强对上报材料进行认真审核认定，建议设定浮动贫困指标，根据各地贫困人口实际情况不同，在既定贫困指标基础上增加或减少。

B.19
缩小京津冀公共服务差距研究

——基于河北视角

李　茂*

摘　要： 基于各类资源要素追随公共福利流动的基本经济规律，目前河北落后的公共服务水平已经成为制约京津冀协同发展的主要瓶颈。本文在调研的基础上，概述河北公共服务落后京津的主要表现，分析其历史和现实原因，并较为系统地梳理近两年来三地公共服务领域协同探索的典型成绩与现实问题，最后有针对性地提出对策建议。

关键词： 京津冀协同　公共服务　差距

京津冀协同发展作为重大国家战略，要求消除制约京津冀区域经济社会和生态环境协调可持续发展的体制机制障碍，实现区域内经济社会及生态环境一体化协同发展。但由于历史和现实的原因，目前京津冀三地公共资源配置严重不均衡，河北与京津的公共服务差距非常明显，极大地阻碍着三地各领域互补与合作，非常不利于河北承接北京外迁的非首都功能，严重限制着京津冀协同发展的深入推进。因此，必须通过国家的统筹协调，尽快构建起缩小三地公共服务差距的政策体系，进而稳步化解三地协同发展的深层次矛盾。

---

* 李茂，河北省社会科学院社会发展所副研究员，研究方向为社会政策、社会保障。

一 京津冀公共服务发展差距的主要表现及原因分析

（一）主要差距

1. 教育领域差距的主要表现

义务教育阶段生均预算内经费水平，河北还不到京津的1/4；平均受教育年限，河北比京津落后2~3年；另外，2014年河北的高考本科录取率为48.58%，远低于北京的66.6%、天津的68%；而"985"、"211"院校大多集中在京津，河北境内没有一所教育部直属高校，唯一的一所"211"院校还在天津。

2. 科技发展领域差距的主要表现

从科技研发投入看，2014年，河北用于研究与发展（R&D）经费支出320亿元，而同期北京的R&D经费支出为1286.6亿元、天津为471.7亿元，差距悬殊；从专利方面看，截至2014年底，河北省专利拥有量仅为9066件，同期北京为160095件、天津为83600件；另外，国家级重点实验室、两院院士、工程技术中心等方面，河北省都寥若晨星，而北京拥有1/3的国家级重点实验室、1/2的两院院士和1/5的高新技术企业，天津也拥有国家级实验室57个、两院院士37名、工程技术中心36个。无论从哪个方面看，河北的科技发展状况都令人担忧。

3. 文化环境领域差距的主要表现

总体而言，京津文化环境领域的各项指标也远远高出河北省。例如，北京人均拥有公共图书馆图书藏量为0.94册，天津为0.99册，河北为0.24册；北京人均到公共图书馆次数为0.42人次，天津为0.45人次，河北为0.14人次；北京人均接受文化馆（站）服务次数为0.47人次，天津为0.24人次，河北仅为0.14人次。

4. 医疗卫生领域差距的主要表现

依据2014年数据，河北的平均预期寿命比京津低4~5岁；孕产妇死亡率，河北比京津高 1 倍以上；每百万人口拥有三级医院数和每千人口拥有医疗机构床位数，北京分别是河北的 3.6 倍和 3.7 倍；每千人口执业（助理）医师数和注册护士数，北京分别是河北的 1.8 倍和 2.7 倍。个人卫生支出占卫生总费用比例，河北远远高出京津，河北为 42.2%、北京为 22.6%、天津为 36.4%。因为优质的医疗资源大量集中在北京，诱导众多河北籍患者到北京就医。

5. 社会保险领域差距的主要表现

2014 年，北京新农合人均筹资水平已达 1000 元以上，天津、河北仅相当于其 30%～40% 的水平。北京的城市和农村低保标准已经达到 650 元/（人·月）和 560 元/（人·月），分别是河北的 2.4 倍和 3.4 倍。北京的平均养老金水平已经达到 3050 元，分别是天津和河北的 1.5 倍和 1.3 倍。社会保障卡普及率，河北仅为京津的 50%。城镇职工医疗保险方面，河北与京津也存在很大差距。从统筹层次看，目前京津两市已实现全市统筹，在各自的统筹区域内做到了即时结算，而河北省正在由县级统筹为主向设区市统筹过渡。从报销比率看，京津职工医保最高可报销到 95%，河北省则仅有 85%。

6. 扶持养老服务发展方面差距的主要表现

北京市对接收生活能够自理和不能自理老年人的补贴标准为 300 元/（人·月）和 500 元/（人·月）；此外，每月还给 80 岁以上老年人发放 100 元养老服务券（卡），用于餐桌和社区家政等。天津市出台新政策，对居家养老护理补贴与现行居家养老服务补贴合并使用。合并使用后，符合轻度、中度和重度照料等级的老年人，每人 150 元/月、200 元/月和 400 元/月。河北省目前省级对社会办养老机构奖补的标准仅为建设补贴 1500 元，运营补贴仅为 50 元/（人·月），同时也没有建立对困难和高龄老人居家养老护理补贴的制度。

（二）三地公共服务发展差距的原因分析

1. 经济发展水平落后是造成公共服务差距的根本因素

（1）河北省的经济增长效益在三省市中最低。2009～2014 年，京津冀三省市全部财政收入年均增长率分别为 14.87%、21.62% 和 12.72%，河北省增速最低，分别比北京和天津低2.15个和8.9个百分点。近年来，河北省全部财政收入占地区生产总值比重持续徘徊在11%～13%，北京则超过30%，天津超过20%。2014年，河北省全部财政收入占地区生产总值比重12.51%，分别比北京和天津低21.29个和11.53个百分点。

（2）河北省的人均财力严重落后于京津。2009～2014年，北京和天津人均GDP逐步迈入10万元大关，而河北省仍未跨过4万元门槛，2014年，河北省人均地区生产总值39846元，仅为京津的40.19%和38.44%。北京和天津人均全部财政收入分别跨入3万元和2万元大关，而河北省人均全部财政收入仍不足5000元，分别只有京津的1/6和1/5。北京和天津人均财政支出均超过2万元，河北省人均财政支出刚刚跨过6000元方阵，2014年全省人均财政支出分别只有京津的29.96%和33.04%。

（3）河北与京津存在城乡居民收入"鸿沟"。2009～2014年，京津冀三省市城乡居民收入增速相差不大，均在10%左右，河北省农村居民人均纯收入增速还高于京津。但由于河北与京津两市城乡居民收入长期以来差距不断累积，形成现在的收入"鸿沟"。2014年，河北省城镇居民人均可支配收入分别相当于京津的54.99%、76.62%，农村居民人均纯收入分别相当于京津的50.36%、59.86%。从城乡收入关系比较来看，河北省城乡居民收入比明显高于京津两市，反映河北省城乡发展差距比京津更为明显。

2. 现有的行政管理体制令三地发展差距持续扩大

（1）行政等级差异导致国家对京津冀三省市行政偏好及功能定位不同，并由此固化了河北与京津的经济社会差距。北京市行政条件优越，集聚了一批央企总部、知名院校、三甲医院等大量优质公共服务资源，通过财政补贴使电、气、交通等公共服务产品价格均低于周边地区。天津市近年来致力于打造北方的经济中心，国家基本上是要项目给项目，要政策给政策，滨海新区被批准为国家级综合改革试验区，天津自贸区也正式挂牌运行。而河北多年来基本扮演着一个服务京津的角色，为京津涵水源、阻沙源，较少得到国家在资金、项目、政策方面的重点支持。

（2）国家对河北的支持不到位。在过去国家的扶持发展战略中，未能给河北明确的定位和有效支持，如沿海开放、西部大开发、中部崛起、振兴东北工业基地等一系列发展战略河北都未被纳入，而给予北京、天津的诸多政策红利，河北也没有享受到。

（3）河北的政府效率也远低于京津。就管理层级而言，京津作为直辖市，决策层级少，决策效率更高，同时作为国际化大都市，在投入方面也会取得更高的效益。而河北省作为一个省级行政单位，决策层级比京津要多一层，加之地域广阔，地域类型多样，所辖县级单位众多，政策执行成本和监督成本明显高于京津，行政管理任务较为繁重。

3. 三地公共服务统筹发展面临现实阻碍

（1）三地公共服务政策不衔接。由于三省市的制度体系以及相关政策存在较大落差，要素流动不畅，教育培训、医疗等非首都核心功能疏解存在制度和政策障碍。如医疗保险方面，目前三地存在定点医疗机构无法互认，绝大部分地市不能在区域外实现院端实时结算，统筹水平不一，使用的药品目录和报销比例不一样等问题。在养老保险方面，河北省内尚未完全实现省内统筹，京、津两市也只在市内统筹，河北与京津之间、河北省内各地市之间的信息系统和标准不一，转移过程中难以顺畅对接。在人才制度方面，三地人力资源市场不统一，就业信息不互通，职业技能培训供需不匹配，人才政策相互分割。

（2）三地公共资源配置管理统筹难。在政策制定方面，虽然三地都制订出台各自区域内的基本公共服务行动计划，但是对本领域三地相互统筹、协调、合作等缺乏研究基础，提出的原则性建议较多而实操性措施较少，制订的行动方案也多为意向性，深入程度不够。在规划发展方面，三地的经济社会发展缺乏整体谋划、全盘考虑，规划对接不充分，天津与河北在承接首都社会事业和公共服务转移的功能定位上有些同质化倾向，错位发展不够。在工作对接方面，京津冀社会事业和公共服务的一体化内涵尚不明确，措施还不配套，合力也未形成，一些对策思路主要只是机构和领导的既有意向，仍然缺乏前瞻性的通盘考虑，工作上各自为政、竞争大于合作的情况仍然存在。

二 河北推进京津冀基本公共服务协同发展的
现实探索与主要问题

（一）三地公共服务协同发展中的有益探索

1. 建立起较为完备的公共服务协同推进组织网络

京津冀三地普遍建立起涵盖省（直辖市）、市、县三级的协同发展领导和办事机构，河北各地普遍由所辖区域的主要领导负责，当地党委和政府在各方面都给予大力支持，并将公共服务领域的协同发展作为一项重要工作积极推动。正是因为有了相对完备的组织网络和大力推动，河北各地与京津在基本公共服务领域的协作范围才不断拓展，层次不断深入。

2. 医疗卫生领域的协作创新不断

医疗卫生领域的协同主要体现在医疗机构之间的合作，创新探索出几种较为典型的合作模式：一是共建共管模式，如北京朝阳医院与燕达集团共建河北燕达医院；二是集团化管理模式，如省儿童医院加入北京儿童医院集团的合作模式；三是优势专科引进模式，如河北燕达医院引入北京天坛医院脑科中心，成立河北燕达天坛脑科中心；四是建设分院或实施托管模式，如保定传染病医院与北京佑安医院合作，现已挂佑安医院保定分院的牌子，保定儿童医院与北京儿童医院达成托管协议；五是一体化管理模式，如三地血液应急联动保障机制，均属于此类。

3. 教育领域的协同逐渐深入

在高等教育方面，自京津冀协同发展至今，河北省已有 6 所高校成为省部共建院校，新增 5 所；全省高校还不断加强与京津高校、科研院所、企业的科研合作和协同创新中心建设，截至 2014 年底，在河北高校认定的光伏技术、国学传承与发展等 18 个协同创新中心中，吸纳京津两地高校 18 所、科研院所 26 个。在职业教育方面，河北环京津的一些中职学校与驻京津企业开展校企合作，毕业生直接进入企业就业，成为企业技能型人才高效稳定的培养基地。还建立了三地职业教育协同发展联席会议制度，主要研究三地加快现代职业教育协同发展的重大政策、措施。在高中、初中教育方面，探索出设立分校、构建友好学校关系、集团化管理等合作模式，北京高校也在尝试增加河北的招生名额。

4. 人力资源和社保领域的协同实绩突出

在促进就业方面，河北通过搭建劳务合作平台、共建家政劳务基地、建立劳务协作机制、打造特色劳务品牌等手段，有效扩大河北对京津的人力资源输出份额，目前全省外出务工人员到北京就业的约为 100 万人，到天津就业的 60 多万人。在人才合作开发方面，三地签署《京津冀人才开发一体化合作协议书》和《京津冀区域人才合作框架协议书》，还联合发表《京津冀人才一体化发展宣言》，明确 6 个方面的合作内容，在推进实质性人才合作上迈出更大步伐。通过加强博士后两站和人才家园建设，为京津高层次人才来冀创新创业提供全方位服务；通过举办"京津冀人才交流大会"、"环首都绿色经济圈招才引智大会"等人才交流引进活动，健全激励机制等措施，吸引京津冀区域高层次人才合理流动。在社会保障政策衔接方面，河北起草《京津冀职工养老保险工作协商机制》，已与人社部及京津人社部门达成初步一致意见，明确指导思想、主要任务、工作模式。

5. 在养老服务领域着力打造环京津养老带

为缓解北京、天津市养老压力，河北省民政厅加快推动发展环京津养老产业集群和高端、中低端养老服务业，协调指导张家口、秦皇岛、廊坊、保定等市、县（市）民政部门积极与京津对接洽谈。目前，环京津养老基地项目发展态势良好，各项工作有序推进。比较有代表性且开工在建的项目有万庄中国人寿养老生态健康城项目、香河县爱晚国家养老示范基地项目、"幸福长者"京南国际温泉养老基地项目、鲁能生态化养老社区项目等。

（二）河北在推动三地基本公共服务协同发展中的主要问题

1. 重视不足，研究不够

在京津冀协同发展领导小组的领导下，2013 年以来，河北着力在功能定位、规划编制以及"交通、生态环保、产业"三个重大领域实施突破，取得阶段性成果。但对于公共服务领域的协同问题尚未着力，重视不足，关注较少，研究不够。三地在基本公共服务各种重点领域的协同发展路径、非首都功能承接布局等方面尚未形成完整清晰的思路。

2. 层次偏低，仍待深入

由于各地公共服务的协同尚处于自发和探索阶段，多是从个体参与者经济收益出发，专门从政府公共服务职能宏观视角考虑得较少，所以三地公共服务协同的层次明显偏低。例如医疗卫生服务领域的协作中，低端传统层面的合作约占85%，而共建共管、专科建设等深层次合作占15%。再如三地人力资源和社保领域的合作，尚未建立互联互通、对接共享的信息化平台，无法为劳动用工、人才流动、社保关系转移、异地就医等提供技术支撑，制约人社工作的协同发展。

3. 鲜有政策破冰，改革创新乏力

综合目前京津冀公共服务各重点领域协同发展的探索情况，三地省（市）政府和公共服务各个重点领域主管部委面对政策不衔接这一协同发展的关键性阻碍，大多采取回避的态度，到今天为止，尚未见到一个部门基于京津冀协同发展的视角进行重大的公共服务政策衔接创新，这与《京津冀协同发展规划纲要》中"改革引领、创新驱动"的基本原则相去甚远。不仅如此，现在京津冀一些政策执行的行政分割和差异性，还给三地公共服务协同发展出了新的难题。例如，机关事业单位养老保险制度存在差异的问题。目前，河北省已经全面开展机关事业单位养老保险工作，北京、天津却没有开展，机关事业单位人员转移存在养老关系衔接不上、个人账户转移不了的问题，影响人员流动。

三 缩小京津冀公共服务差距的对策建议

（一）提升河北省公共服务配置能力和水平

建议成立由国家统筹管理的调节基金，由中央财政和京津冀三地财政按照上年决算收入的一定比例共同出资，主要用于三地的重大项目建设、运营经费保障和政府购买服务等，并集中投向薄弱地区、薄弱环节以及在京功能疏解重点领域和重点扶持人群。同时要引导三地政府积极协调，鼓励京津采用定向援助、对口支援和对口帮扶等多种形式，支持河北落后地区发展基本公共服务，并形成长效机制。

（二）完善公共服务资源配置的统筹管理

1. 探索建立公共服务资源统筹配置机制

统筹规划京津冀区域内社会事业和公共服务资源，以服务半径、服务人口为基本依据，打破城乡界限，统筹空间布局，研究制定实施京津冀统一的设施配置、建设及服务提供标准。

2. 建立京津冀优质公共资源共建共享机制

严格控制京津城区内公立医院、学校、文化体育场馆的建设规模，鼓励和引导京津城区优质资源向城区外扩展。新增公共服务资源纳入区域一体化规划中统筹安排，并重点向三地基础薄弱地区倾斜。

3. 创新公共服务融资和供给机制

在实践证明有效的领域积极推行跨区域政府购买、特许经营、合同委托、服务外包等方式，逐步提高社会资本提供公共服务的比重。

（三）构建人才资源共享机制

1. 构建开放有序的人力资源市场

一是建立京津冀互联互通的人力资源信息平台，为劳动者和用人单位提供免费的就业信息和政策咨询服务，结合三地协同发展特别是产业对接需求，大力开发就业岗位并及时发布适宜的就业岗位信息，引导劳动力有序流动。二是破除影响人才在区域内合理流动的行政区划限制、户籍身份障碍、社会保险差异以及其他制度性分割，促进三地共同开发和高效使用人力资源。三是发展人力资源服务业、拓展跨省市外包、信息化服务等新型业态，加快发展互补性强、合作潜力大的业务。

2. 出台三地统一的人力资源政策

一是推进政府购买人力资源服务，对符合条件的职业技能培训提供三地统筹的财政补贴支持，鼓励京津冀区域范围内的企业与职业院校、技工学校、培训机构深度合作。二是共享人才支持政策，拓展中关村创新示范区、天津滨海新区、曹妃甸改革试验区的人才政策惠及范围，对区域内创业人才机遇普惠化，有统筹的财税、落户、子女就学等优惠政策。三是推进人才评价和职业资质标准互认，在专业技术职称和职业技能等级，创业型人才、高技能人才、高层次人才认定等方面建立统一标准和互认机制，建立京津冀人才库。

3. 建立相互衔接的社会保险机制

一是加快做实河北社会养老保险省级统筹，实现河北省内各地市之间社会养老保险的顺畅转移接续。二是提高区域内社会保险统筹层次，建立京津冀三地统筹、城乡一体的社会养老保险机制，逐步缩小社会保险待遇差距，率先在全国实现社会养老保险城乡间、省市间的无缝衔接。三是推进社会保险信息化建设，实施"一卡通"全覆盖工程，促进即时结算。

（四）构建三地教育一体化统筹机制

1. 加大教育资源配置的统筹力度

首先，促请教育部牵头尽快编制《京津冀教育协同发展规划》，统筹三地教育协同发展，给予河北优先支持。其次，河北要加快编制《河北省推进京津冀教育协同发展规划》，对教育协同发展的自身定位、发展路径、资源配置、承接布局、制度创新等问题进行统筹安排，积极承接京津教育功能疏解，重点瞄准职业教育、高等教育的本科环节等做好与京津的对接协作。

2. 争取国家政策支持

三地要争取国家支持，共同设立京津冀公共服务发展基金，主要用于提升河北省包括教育、医疗等在内的公共服务能力水平；争取国家转移支付、各类教育专项资金向河北省倾斜，集中投入河北各层次教育的薄弱环节，特别是提升河北高校办学水平；鼓励京津采用定向援助、对口支援和对口帮扶等多种形式，支持河北落后地区教育事业发展。

3. 推进三地统一高考招生制度

采取逐步推进的方式，促请教育部牵头建立京津冀跨省招生计划协商机制，逐年增加京津两市本科招生计划对河北的投放数量；促请教育部以增量形式安排一定数量的本科协作计划，专门用于包括部属院校在内的京津两市高校面向河北招生，增加河北考生进入京津优质高等院校的机会；推动建立统一的高考招生制度，让河北考生真正享受到京津冀协同发展的红利，并在一定程度上遏制人才外流趋势。

4. 大力发展职教合作

建议着力解决好河北中职学校学生在京津学籍注册等体制政策问题；积极推广"校企校"、"校企"合作模式，全面强化河北职业教育与京津职业院校、相关企业的深度合作，不断扩大合作规模，推动京津冀职业教育融合发展。在曹妃甸区、渤海新区、正定新区等河北承接京津先进制造业和重化工业的重要产业聚集区，与产业发展同步，强化与京津优质职业教育资源的合作、疏解承接工作，为产业提升提供人力、技术支撑。

（五）推动三地医疗卫生资源深入整合

1. 加大首都医疗资源的外迁统筹协调力度

应由国家卫计委牵头尽快编制《京津冀医疗卫生协同发展规划》，统筹京津冀医疗卫生协同发展，并对河北给予优先考虑。因为，北京的优质医疗资源大多隶属于国家卫计委、中国医学科学院、北京大学等中直部门和单位。所以必须由国家卫计委会同相关部委、医学院所和京津冀三地政府建立医疗卫生联动协作机制，对北京医疗功能疏解和三地医疗卫生资源配置中的重大议题和难点问题进行共同研究和统一协调，尽快达成共识和疏解承接意见。

2. 打造优质医疗卫生承接地

在积极引导在京中央部门管理医院通过到京外开办分院、与社会资本合作办医、开展专科协作等多种方式向京外地区疏解的同时，还必须结合河北的产业承接转移和城镇化建设现状，将河北白洋淀科技城、曹妃甸区、正定新区等京津产业转移聚集区和非首都核心功能集中承载地，作为首都优质医疗资源重点承接和吸附平台进行着力打造，作为加强与京津优质医疗卫生资源对接协作的实验区和提高承载区公共服务水平的样板。

3. 推动区域联动和三地协同发展

一是推动建立三地医疗卫生联动协作机制，加快建立京津冀区域内双向转诊和检查结果互认制度、公共卫生领域合作机制等，实现区域联动，共同提升、促进京津冀医疗卫生一体化发展。二是推进建立京津冀区域医疗卫生信息平台，实现医疗卫生业务应用互通、共享、协同，加快建设区域远程会诊系统、预约诊疗系统等，减少居民到异地盲目就医和等待时间。三是完善分级诊疗和医师多点执业政策，合理引导就医流向。四是统筹衔接三省市医保制度与政策，并在承接非首都核心功能转移的重点区域，选取若干符合条件的医疗机构纳入北京市医保定点目录，实现异地即时结算。

（六）有序推进各类试点示范

1. 积极总结各重点领域协同发展的先进经验

发动教育、医疗卫生、社会保障、文化体育、旅游等相关重点领域积极总结京津冀协同发展中的先进经验和做法，鼓励各部门在所管领域大胆探索，勇于创新，对效果明显的典型模式、经验、探索等进行推广，为京津冀基本公共服务均等化顺利推进积累经验，提供示范。

2. 大胆开展各重点领域协同的试点示范

建议河北在原先划定的 60 个承接京津产业重点开发区之外，重点针对北京外迁的公共部门，在临近北京 150 公里范围内，选择拥有充裕承载能力以及鲜明特色与优势的区域，谋划若干个非首都功能核心承载地作为协同发展试验区。重点在教育协同、医疗卫生协同、旅游协同、社保协同等方面，积极开展试点示范，大胆探索，勇于实践，力求在制度创新中取得重大突破，探索形成适合京津冀基本公共服务各重点领域一体化的具体路径。

3. 支持基层创新实践

按照推进改革不抢跑、不拖沓的原则要求，充分尊重基层首创精神，进一步调动基层干部群众改革创新的积极性、主动性，为全省更富成效地推进京津冀基本公共服务一体化积累生动具体、切实可行的实践经验。充分发挥全省各类综合配套改革试点的示范带动作用，鼓励各地从实际出发，立足特色优势，注重制度创新，在京津冀协同发展中积极先行先试。

案 例 篇

Reports of Case Studies

B.20

做大体育产业"新亮点"
打造体育产业"新引擎"

——石家庄永昌足球俱乐部足球产业创意发展思路

宋东升*

摘　要：　足球产业是体育产业的代表。近两年来，国家层面先后出台
　　　　　专门支持体育产业、足球产业的政策文件，我国体育产业、
　　　　　足球产业迎来大发展的政策机遇。在国家大力发展体育产
　　　　　业、足球产业的大环境下，石家庄永昌足球俱乐部在中超赛
　　　　　场的异军突起将对石家庄乃至河北省的体育产业发展产生重
　　　　　大的推动作用，正在成为河北省体育产业发展的"新亮点"

---

* 宋东升，河北省社会科学院经济研究所副研究员，主要研究方向为产业经济、区域经济，曾
主持或参与十多项产业集群、文化产业发展方面的课题，是"河北省文化产业形势分析与预
测"创意策划篇的主要撰写人之一。

和"新引擎"。本文分析了足球产业化经营的国际经验及国内足球产业发展现状，确立石家庄永昌足球俱乐部自立发展、跨界营销、产城互动的足球产业创意发展思路。

关键词： 体育产业 足球俱乐部 足球产业 创意发展

一 前言

2014 年，国务院出台《关于加快发展体育产业促进体育消费的若干意见》（以下简称《意见》），提出到 2025 年基本建立起布局合理、功能完善和门类齐全的体育产业体系，体育产业规模超过 5 万亿元，成为带动其他产业和整个经济社会发展的重要产业。此外，《意见》还提出要以普及性广、关注度高、市场空间大的足球、篮球、排球三大集体项目为切入点，并将足球中长期发展及足球场地建设规划列入工作重点，为我国体育产业、足球产业发展提供了重大机遇。2015 年，国务院又出台了《中国足球改革发展总体方案》，提出改革足球管理体制、到 2025 年建成 5 万所足球特色学校、打造百年俱乐部、把足球场地建设纳入城镇化和新农村建设总体规划等重大举措，我国足球产业终于迎来大发展的政策机遇。

EBG 永昌集团是从河北省成长起来的民营企业集团，也是一家涉及地产、贸易、金融、工程、农业、医药、体育等多元业务领域的跨国公司，注册资本 3.2 亿元，年销售收入 50 亿元，有 15 年的发展历史。石家庄永昌足球俱乐部是一家由 EBG 永昌集团投资和运营的职业足球俱乐部。石家庄永昌足球俱乐部的前身是 2011 年成立于厦门的福建骏豪足球俱乐部；2012 年，EBG 永昌集团收购其 70% 的股份并将其更名为石家庄永昌骏豪足球俱乐部；2014 年，EBG 永昌集团收购其剩余的 30% 股份并将其更名为石家庄永昌足球俱乐部。石家庄永昌足球俱乐部虽然只是一家成立时间很短的年轻俱乐部，但凭借精心经营、科学管理和拼搏精神，2014 年 11 月 1 日进入

2015 年中国足球超级联赛，成为河北省首支中超球队，结束我国足球顶级职业联赛 20 年来没有河北球队的历史，从此不仅河北足球历史翻开新的一页，而且河北职业体育运动进入了一个新的发展阶段。

石家庄永昌足球俱乐部志存高远，设定五年之内达到中超顶尖水平并进军亚冠赛场的目标，希望以此推动河北足球水平以至足球产业的发展，既有发展足球产业的商业追求，又有建设河北顶级球队的事业情怀。以此为动力，作为中超升班马的石家庄永昌足球队在 2015 年赛季出色而稳定的表现超出所有人的预期，赢得了广泛的赞许，成为本赛季最大的黑马。石家庄永昌足球队在 2015 年中超联赛 23 轮后排名仅次于志在争冠的由恒大、上港等四支强队组成的第一阵营，同时还保持了连续 16 场不败和一年内主场不败的骄人战绩，并且在 2015 年中超联赛只剩两轮的情况下仍在排位上紧随第一阵营。

在国家大力发展体育产业和足球产业的大环境下，石家庄永昌足球俱乐部在燕赵大地的"横空出世"将对石家庄乃至河北省的体育产业发展产生重大的推动作用，正在成为河北省体育产业发展的"新亮点"和"新引擎"。

二 足球产业化经营的国际经验及
国内足球产业发展现状

（一）足球产业化经营的国际经验

1. 足球产业的内涵与外延

足球是世界第一运动。足球产业是最大的体育产业项目，并在全球所有产业中排在第 17 位，是体育产业中最有活力、最有人气的一个产业，也是全球范围内体育单体项目产业化经营最成功的领域。

足球产业是围绕足球运动进行的经济活动，也是以足球为中心衍生的相关行业的综合体，涵盖足球比赛的商业化运作、球队的投入产出、足球无形资产开发、足球用品生产等相关领域。足球产业的核心产品是足球比赛，足球比赛尤其是顶级职业足球联赛是足球产业运营与发展的支撑。足球产业的运营主体包括职业足球俱乐部、专业赛事运营公司、赛事转播机构、博彩机构等，其中职业足球俱乐部是足球产业的核心。

职业足球俱乐部是创造足球竞赛观赏价值的生产经营主体，也是足球产业的市场主体。在职业足球俱乐部的运营系统中，职业球员是俱乐部的核心资产，竞赛水平是俱乐部的根本保障，无形资产是俱乐部的商业资源。职业足球俱乐部的无形资产包括门票销售、俱乐部冠名权、俱乐部标志物使用权、电视转播权、球星广告开发权等。对无形资产的开发利用是职业足球俱乐部的主要经营内容，也是足球产业发展的主要内涵。

2. 足球产业发展的国际经验

欧洲的职业足球联赛是全球范围内最成功的，拥有先进的市场运作模式和管理运营机制，在足球产业化运营方面有比较成熟的经验。

（1）合理的收入模式

职业足球俱乐部的收入一般包括门票销售收入、电视转播收入、广告赞助收入（球员运动服广告、场地广告等）、球员转会收入、联赛奖金收入及其他相关商业开发收入等。欧洲职业足球俱乐部经百年发展形成营收均衡的收入模式，保证足球产业的良性运营与发展。

在欧洲职业足球俱乐部的收入结构中，门票收入、电视转播权收入等主要收入所占的比例相对均衡，其中作为直接经营收入的门票收入能占到俱乐部收入的 30% 以上，电视转播权收入更是占到 30% 甚至 40% 以上，其余则来自广告赞助、以俱乐部标志物品（球队队服、纪念品、录像带等）为对象的衍生品商务开发等，一些运营较好的俱乐部衍生品商务开发收入能占到总收入的 30% 以上。而在我国职业足球俱乐部的收入结构中，作为直接经营收入的门票收入、电视转播权收入等所占比例过低，没有形成能支撑俱乐部营收均衡、良性发展的合理的收入模式。目前，中超俱乐部的经营收入主要来自广告赞助，占到了 80% 以上，门票收入、电视转播权收入只各占总收入的 10% 左右，与欧洲职业足球俱乐部差距较大，尤其是受体制制约的电视转播权一直未能市场化运营。

（2）坚实的人才基础

欧洲职业足球俱乐部高度重视足球后备人才的培养，将青少年足球人才作为足球产业可持续发展的基础保障，由此建立健全而成熟的青训体系，一些国家还不断增加青训投入。而我国由于长期以来未做好青少年足球人才的培养工作，足球后备人才严重匮乏，中超俱乐部也未建立起成熟的青训体系。

（3）全面的品牌推广

欧洲职业足球俱乐部一般都建立了全面的品牌推广体系，尤其是在商业比赛的市场开发方面形成成熟的运营方式，比如，在欧洲职业足球联赛的夏季休赛期，欧洲足球豪门俱乐部球队一般会去亚洲、美洲等地举行商业比赛以进行市场开发和品牌推广，由此带动电视转播权及俱乐部衍生品的开发。此外，欧洲职业足球俱乐部还会举办公益慈善比赛，以进一步提升俱乐部在公众中的形象。中超俱乐部大多只重视联赛成绩，尚未建立全面的俱乐部品牌建设与推广体系。

（4）科学的运营管理

欧洲职业足球俱乐部不仅建立现代企业制度，而且在长期发展的过程中还形成以足球专业管理人才为基础的科学的运营管理制度，由此形成支撑足球产业良性运营的制度设计。由于我国缺乏足球专业经营管理人才，中超俱乐部未能建立起以足球专业管理人才为依托的科学的运营管理制度。

（5）明确的扶持政策

准公共品是介于纯公共品和纯私人品之间的有外部效应的产品，一般由政府和私人合作提供。职业足球运动的准公共品属性主要体现在对经济社会发展的广泛而深刻的影响。欧洲足球强国都有针对职业足球准公共品属性的产业扶持政策，尤其是广泛实施了补助场馆建设、减免俱乐部债务等，比如，从 1990 年开始，英国政府与俱乐部共同出资对顶级联赛俱乐部的场馆进行维修,英国的足球信托基金也通过税收补助、政府担保等方式降低职业足球俱乐部的运营成本。

(二)国内足球产业发展现状

1. 发展成效

(1)国内足球产业价值大幅提升

2011 年的反腐扫黑运动改善了国内足球产业发展的制度环境。也是在这一年,中国足协与万达集团签署万达集团三年内至少出资 5 亿元支持中国足球振兴的战略合作协议。恒大集团凭借巨额投入和科学的运营管理,将广州恒大足球俱乐部迅速打造成中超联赛最有影响力的俱乐部。由此引起中超其他俱乐部的效仿跟进,国外大牌球星和世界名帅纷纷来中超淘金,中超联赛的精彩性与激烈程度骤然提升,重新吸引了球迷与媒体的关注,沉睡的国内球市从此日渐火爆,广州恒大获 2013 赛季亚冠联赛冠军更是全面激活了国内足球市场。

随着对国内足球市场的多年开发,尤其是中超联赛球市的日渐火爆,国内足球产业的产业价值也大幅提升。1994 年,国内甲 A 联赛总产值不过 5000 万元。到 2013 年,中超联赛总产值已达 17.8 亿元。在扣除物价涨幅因素的前提下,2013 年国内足球产业的总产值也是 1994 年的 17 倍,年复合增长率达到 20.9%。此外,通过广州恒大足球俱乐部近年来的增值也可一窥国内足球产业价值的大幅提升:恒大集团 2010 年花 1 亿元买下广州足球俱乐部的全部股权,仅 4 年后球队价值便骤升至这一收购价格的 20 倍,作为迄今最成功、最有影响力的中超俱乐部,广州恒大俱乐部不仅是中超收入最高的俱乐部,且排名居亚洲各俱乐部之首,俱乐部的品牌价值甚至超过了欧洲一些老牌俱乐部。

(2)社会资本加速介入足球产业

随着国内足球发展重新步入正轨和国内足球产业价值的提升,国内社会资本开始加速进入布局足球产业。在国内,2014 年,阿里巴巴投资 12 亿元入股广州恒大俱乐部,球队更名为广州恒大淘宝足球俱乐部。在国外,也出现了收购足球强国优势足球资源以发展国内足球产业的布局：2014 年，山东鲁能以 250 万欧元收购巴西体育足球俱乐部，建立中国足球第一个海外青训基地；2015 年，万达集团出资 4500 万欧元收购西甲马德里竞技俱乐部20% 的股份，双方还在马德里共同新建青训中心，借助马德里竞技俱乐部的青训体系培养中国青少年球员；同年，北京合力万盛国际体育发展有限公司以 800 万欧元控股荷甲劲旅海牙队。

2. 制约因素

近年来，国内足球产业虽然有了长足发展，但与足球强国相比尚处于初级发展阶段，其中足球竞技水平和发展理念的差距成为重要的制约因素。

（1）联赛整体竞技水平较低

联赛竞技水平决定了市场关注度及相应的产业开发与运营。欧洲职业足球联赛的竞技水平和观赏性居世界之首，因而造就了一个庞大的足球产业。近年来，虽然中超联赛通过引进高水平外援大大提升了联赛的竞技水平，但整个中超联赛的竞技水平及观赏性与国际五大联赛相比尚有较大差距，联赛的国际影响力不强、市场关注度不高，客观上制约了国内足球产业的开发与运营。

（2）缺乏产业化的经营理念

足球强国一般都是将足球作为产业来发展，职业足球俱乐部是独立的企业和市场主体，遵循自主经营、自负盈亏、自立发展的产业化运营模式。国内对足球产业化经营缺乏充分的认识，投资足球的企业一般未把职业足球俱乐部当作独立的产业来运营，而是把投资足球作为企业广告费用的特殊投入方式，因为足球作为广告载体的传播效应和投入产出比大大高于传统广告载体。企业旨在通过投资职业足球俱乐部推动自身非足球业务的发展，既通过对足球的投入换取企业其他业务尤其是主营业务的产出。在这一背景下，国内职业足球俱乐部一般不是自负盈亏的独立的企业与市场主体，也缺乏对足球俱乐部资源开发与经营的内在动力，大多数俱乐部没有独立的生存发展能力，难以凭借自主经营来实现营收平衡，要不断依赖投资企业的"输血"才能生存。因此，目前国内足球产业总体上还处于一个基于足球"注意力经济"的营销载体阶段，一直作为投资企业的一种持续性的特殊形式的营销活动。

三 石家庄永昌足球俱乐部足球产业创意发展思路

（一）自立发展：将足球作为一个独立的产业来运营

1. 遵循企业化、科学化的运营理念

企业化运营理念就是把足球俱乐部定位于一个自主经营、自负盈亏、自主发展的市场主体，将足球作为营销载体的同时也作为一个独立的产业来进行公司化运营，使足球既是一种特殊的广告载体又成为一门单独的生意，最终将足球发展为一个有自我"造血"机能、可持续发展的体育产业。科学化的运营理念就是遵循职业俱乐部的一般运营与发展规律，充分借鉴国内外先进俱乐部成熟的运营经验，科学谋划俱乐部的经营与发展，比如设定"百年俱乐部"发展愿景、依靠职业化的足球管理人才、讲究投入产出效果、量入为出、控制投资风险、全面开发俱乐部的资源价值、注重俱乐部文化建设和团队意识等。

2. 建立多元的足球后备人才体系

（1）建立有效的青训体系

将青少年后备人才培养作为俱乐部可持续发展的基础工程，建立俱乐部自己的青训系统。在俱乐部青训体系建设中，要加强与国外知名俱乐部的战略合作，以提升青训水平，为俱乐部培养高水平的足球后备人才。

（2）整合社会足球人才资源

①校园足球人才资源。永昌冲超会推动校园足球运动的开展。永昌俱乐部与教育部门要相互配合，针对校园足球运动发展进行总体设计，包括永昌俱乐部提供专业性指导、举办各个年龄段的校园足球联赛、有条件的学校建立"后备人才培训基地"等，通过体教融合推动校园足球运动的全面开展。在校园足球联赛和基地建设中发掘青少年足球后备人才，为俱乐部青训体系

和梯队建设提供支撑。

②业余球队人才资源。职业足球联赛的发展也带动了社会上业余足球联赛，北京、广东、西安等地的民间足球运动呈现良好的发展势头。永昌冲超以来，石家庄的业余足球赛越来越多，市民草根球队发展很快，成为足球后备人才的另一个来源。此外，还可在社区建立大众足球健身俱乐部并予以专业性指导，形成全民参与足球运动的局面，由此形成更为广泛的足球后备人才来源。

3. 全面开发资源，构建足球产业链

（1）重点开发俱乐部常规资源的收入潜力

随着永昌俱乐部在中超赛场上的优异表现，俱乐部的赛事价值明显提升，门票销售、电视转播、广告赞助这三大职业足球收入都有望出现不同程度的增长，其中电视转播权收入受益于下一步体制改革可能会有明显的增长。要借鉴国内外经验，全面开发俱乐部常规资源的收入潜力，形成能支撑足球俱乐部自身良性运营与发展的合理的收入模式。为此，首先要深入挖掘门票销售、电视转播、广告赞助三大常规收入的增长潜力；其次要在此基础上进一步开发利用俱乐部的无形资产，比如队服、球迷服、文具、纪念品、明星卡等各类俱乐部标志品的开发。

（2）创意延伸打造俱乐部足球产业链条

①发展以足球学校为主体的足球教育产业。与国外知名俱乐部合作兴办足球学校，聘请国外足球专业人士任教，引进国外优秀青训团队进行专业指导，选派有潜质的优秀学员到国外俱乐部进行学习交流，并将足球专业技能培养与文化教育结合起来，专业化、规模化、市场化地培养青少年足球后备人才。此外，还可通过举办足球培训班、速成班、健身班等方式开展多种形式的足球培训。

②打造足球主题文化产业园或足球主题公园。足球主题公园起源于国外，是集竞技性、娱乐性和互动性于一体的足球观赏、娱乐、体验主题园，也是很有吸引力和影响力的足球产业项目，不仅许多世界知名足球俱乐部曾用足球主题公园形式推广其品牌，一些国际企业也曾使用足球主题公园宣传

其产品。目前，国内有些城市已开始建设和运营大型足球主题公园，如成都足球公园、重庆天地 11 号足球公园、深圳足球主题公园、沈阳长白岛足球主题公园等。河北省《关于加快发展体育产业促进体育消费的实施意见》中明确提出支持体育产业园区发展，河北省足球主题文化产业园、足球主题公园的发展将享有一个有利的政策环境。永昌足球俱乐部可充分依托河北省良好的足球文化消费氛围和目前发展势头强劲的职业足球发展现状，顺应足球产业的发展趋势和当地政府的体育产业政策导向，在石家庄正定新区打造足球主题文化产业园区，涵盖足球训练基地、多功能体育场馆、足球主题公园、足球学校、运动康复中心、足球名人堂、球迷之家等，是集体育、文化、休闲、娱乐、健身、康复等于一体的足球文化产业聚集区，也是足球地产的特定表现形态，其中的足球主题公园可充分借鉴国内外同类公园的建设与运营经验，遵循公园化设计、功能化布局、游戏化氛围、国际化水准、市场化运营的建设与运营理念，成为河北省足球产业、体育产业发展的亮点项目。

（二）跨界营销：足球作为其他产业开发的营销载体

在将足球作为一个独立的产业来运营之外，还可将足球作为其他产业开发的营销载体。

1. 足球的跨界营销效应

足球的关注度最高，具有巨大的广告效应，投入产出比远胜于一般媒体传播，而且通过这种方式传播企业品牌与形象更容易被公众接受。国内房地产企业尤其重视足球的跨界营销效应，一些房地产企业通过投资经营职业足球俱乐部实现企业品牌形象和企业价值的大幅提升。

在足球的跨界营销方面，恒大堪称国内企业的成功典范。恒大地产通过恒大足球俱乐部的品牌影响力迅速拓展了全国市场，从开始的一家立足于二三线城市的区域性地产公司发展成为一家全国性地产公司，公司销售额从2009 年的 300 多亿元飙升到 2013 年、2014 年的上千亿元，2010 年以来连续4 年成为最有价值的房地产企业品牌，恒大地产对职业足球的投入在地产业务领域得到巨大的回报。在足球助力地产业务的基础上，恒大集团又借助足球跨界营销之势拓展到文化、快消品等业务领域，成立了下设影视、院线、发行、经纪、动漫、音乐、歌舞七大板块的恒大文化产业集团，打造了由恒大冰泉、恒大粮油、恒大乳业构成的快消业务板块，通过多元化发展形成涵盖地产、文化、体育、快消品的产业链条。

2. 永昌的跨界营销策略

石家庄永昌足球俱乐部成功冲超后，足球对永昌房地产品牌形象的市场影响力已开始显现。借助足球的巨大传播效应，永昌地产在本地的品牌形象骤然提升，几乎一跃成为石家庄最知名的房地产公司。随着永昌在中超赛场的精彩表现，永昌的市场影响力已超出石家庄以至河北省的范围，永昌地产在全国的开发项目将会因此明显受益。目前，永昌地产的项目开发已开始了全国性的布局，如石家庄的"水云间"、"花溪香庭"，保定的"水榭花城"，张家口的"尚峰国际"，西宁市的"枫林绿洲"和天津的"温德梅尔"等，其中一些项目由于永昌的足球效应开始受到当地市场越来越多的关注。永昌的足球跨界营销就是要借助足球传播效应推动非足球业务的发展，同时运用创意思维形成有效的足球营销方式。

（1）借助足球传播效应推动非足球业务发展

中超舞台辐射全国受众，因而可成为企业走向全国市场的传播平台。永昌应借助足球营销效应加快在全国市场的地产业务布局，强力推进区域性地产品牌提升为全国性地产品牌，区域性地产企业转变为全国性地产企业。

在地域上加快地产业务全国性布局的同时，永昌还应借助足球营销效应在产业领域上进一步拓展或加快推进其他业务，依靠足球的关注度加快多元化产业布局，尤其要选择市场潜力大的新兴产业重点推进，比如可从足球产业顺势拓展到其他文化体育产业领域，打造完整的文化体育产业链条，用新产业带来新增长。

（2）运用创意思维形成有效的足球营销方式

体育营销是以体育活动为载体推广产品、品牌或企业的特定市场营销活动。要最大限度地形成体育营销效应，关键是要使特定体育项目所体现的体育文化精神契合产品、品牌或企业等营销对象的形象与诉求。

要形成最佳的足球营销方式，首先要使球队的足球文化与企业文化契合，通过球队的文化精神特质巧妙展现企业精神与企业魅力，对外传播企业独特的个性与形象，从而形成最佳的足球营销效应，比如永昌在赛场上展现的永不放弃的拼搏精神、团队意识和低调务实的风格也自然彰显了企业的独特气质。此外，还要综合运用各种创意性的足球营销方式，为此要进行专门的足球营销策划，包括俱乐部特色主题海报、队歌、宣传话题与热点等，以引发外界广泛而持续的关注。

（三）产城互动：足球产业与经济社会相互借力发展

1.足球产业对经济社会的推动

足球产业具有明显的外溢效应，可以直接带动所在城市的旅游、住宿、餐饮、娱乐等服务业的发展。此外，足球也是一项充满正能量的体育文化，在推动物质文明进步之外还能传递公平、拼搏、运动、活力、合作等健康向上的精神文化，进而影响一个城市的生活方式。一个成功的足球俱乐部通常会成为一张"城市名片"，所在城市会借助足球的特殊影响力扩大知名度和关注度。

足球产业也需要良好的发展环境与氛围。燕赵大地有深厚的足球文化底蕴。早在20世纪五六十年代，河北足球队就曾获首届全运会足球比赛金牌，并多次代表中国足球赴海外参赛；20世纪七八十年代，河北足球队也曾在第四届全运会和甲级联赛上屡获佳绩。2013年，石家庄永昌足球队尚在中甲联赛时，石家庄就成为当年中甲赛场最火爆的球市之一，引发包括中国足协在内的广泛关注与赞许，彰显石家庄市及整个燕赵大地良好的足球发展氛围。在2015年的中超赛场上，石家庄的球市更为火爆，永昌主场裕彤体育中心的上座率一直位于中超联赛的前列。在燕赵大地的足球文化氛围下，石家庄永昌足球队的出色表现将对石家庄乃至河北省的经济社会发展产生积极而深远的影响。

2. 经济社会对足球产业的反哺

考虑到足球产业的准公共品性质，当地政府有责任对足球产业发展提供一定的产业扶持政策，将足球产业作为政府与企业合力发展的一种特定的准公共品。《中国足球改革发展总体方案》要求政府对职业足球俱乐部发展予以更直接的参与和推动，其中加大政府投入力度、鼓励政府以足球场馆等资源投资入股是一项重要内容。目前，全国范围内足球场馆设施严重不足。《方案》还要求增建足球场馆，并对社会资本投入足球场馆建设给予土地、税收、金融等方面的优惠政策。

足球产业对整个经济社会发展的推动效应也得到石家庄和河北省政府的肯定。石家庄永昌足球队冲超成功后，河北省政府专门发来贺信，并希望石家庄永昌以此为新的起点为河北足球发展做出更大贡献。在国家扶持足球发展的大环境和省、市地方政府的高度重视下，石家庄永昌足球俱乐部作为石家庄和河北省的体育名片有望获取多方面的政策扶持，比如政府可采取 PPP 模式大力推动足球场馆及附属商业设施建设，出台土地、税收等方面的优惠政策等，未来通过对足球产业发展的全方位扶持，将石家庄打造成在国内外有影响力的"足球城市"。

B.21

社会主义核心价值观
落地生根的实践路径

——关于"青县现象"的调查与思考

摘　要： 河北省青县自2001年以来连续15年坚持不懈推进公民道德
建设，先后涌现出众多道德模范，形成好人集聚且道德效应
持续发酵的"青县现象"，使"道德青县·爱心之城"享誉
全国，成为社会主义核心价值观落地生根的生动实践和成功
范例。本文通过梳理青县公民道德建设历程，总结其主要做
法和成功经验，提出进一步抓实"官德"、"商德"、"公德"
建设的工作思路，对于推进社会主义核心价值观落地生根具
有重要的借鉴和启示意义。

在全面建成小康社会关键时期和改革发展的攻坚时期，党的十八大提出
积极培育和践行社会主义核心价值观的战略任务。完成这一战略任务，不仅
需要理论的引领，更需要实践的推动。15年来，河北省青县坚持不懈推进
公民道德建设，先后涌现出众多道德模范，形成好人集聚且道德效应持续发

---

* 杨春娟，河北省社会科学院副研究员，主要从事思想政治教育、"三农"问题及乡村治理研
究。

醇的"青县现象"。这不仅打造了道德建设的示范高地，使"道德青县·爱心之城"享誉全国，也成为社会主义核心价值观在河北落地生根的生动实践和成功范例。"青县现象"是培育和践行社会主义核心价值观的具体体现，其实践探索和成功经验对推动社会主义核心价值观落地生根无疑具有重要的借鉴和启示意义。

一 青县社会主义核心价值观落地生根的实践探索

青县北依京津，东临渤海，隶属于河北省沧州市，辖6镇4乡1个国有农场345个行政村14个居委会，总面积968平方公里，总人口41万。青县社会主义核心价值观落地生根的实践探索离不开其多年来坚持不懈推进公民道德建设。自2001年青县实施公民道德建设以来，15年内涌现出3000多名道德典型，青县"好人多"引起世人关注，并因道德建设工作成果显著而成为全国学习的典范。回顾15年来青县公民道德建设的历程，大致可分为三个阶段。

第一阶段：谋划起步阶段（2001～2003年）。

2001年中央颁布《公民道德建设实施纲要》后，青县县委、县政府调整工作重心，提出"坚持以公民道德建设为核心，加强精神文明建设"的工作方针，狠抓社会公德、职业道德、家庭美德和个人品德建设；总结提炼出"孝敬、友善、诚实、勤俭"的青县人道德标准，广泛宣传；出台《关于进一步加强公民道德建设的实施意见》、《"城镇面貌大变样、市民素质大提高"活动实施方案》等指导性文件，明确目标，落实责任；同时积极组建群众组织，成立县道德促进会、各级道德评议会和青年敬老协会，动员群众参与精神文明建设。2001年11月至2003年，青县在全县范围内组织开展农村道德评议活动和"孝敬模范"、"教子模范"、"文明之家"评选表彰活动。从2001年起，青县电视台开设《德化人生》栏目，将新闻触角延伸到平民群众和草根英雄，每周播出一个道德典型，到目前已累计播出道德典型800多个，在全县营造浓厚的道德舆论氛围，并成为推动青县道德建设的有力载体。

第二阶段：持续发展阶段（2004～2010年）。

2004年，青县进一步深化道德建设，打造"诚信青县"品牌。县文明委组织公务员开展诚信教育，制定《机关道德行为规范》；在企业商家开展"诚信一条街"、"诚信市场"、"十大诚信企业"创建评选活动，营造诚信光荣、失信可耻的经营氛围；在学校开展"道德教育第一课"、"读书教育月"、"道德常识进课堂"等系列活动，对学生进行文明礼仪、道德常识教育，提升青少年思想道德水平。2007年启动"志愿者在行动"活动，坚持"月月有主题、周周有活动、年年有创新"，实现志愿服务常态化；先后开展维护交通、义务植树、扶贫帮困、金秋助学、无偿献血、向灾区送温暖等系列大型公益活动。2008年后随着网络的普及，以网络为纽带的志愿者组织蓬勃发展，先后涌现出20多个志愿服务组织。志愿队伍和志愿者成为发展社会公益事业、弘扬团结友善美德、促进社会和谐的生力军。

从2008年开始，青县在全县范围内大力培树道德典型，广泛开展"身边好人"征集评选活动和"感动青县——道德模范人物"评选表彰活动；成功举办六届"感动青县——道德模范评选颁奖盛典"，隆重表彰130名道德模范，并将其名字铭刻在"道德楷模荣誉墙"上。"感动青县"成为家喻户晓、弘扬正气的知名品牌。在中国文明网主办的"我评议、我推荐身边好人"活动中，仅2008年，青县就有10人荣登"中国好人榜"，获奖者数量居全国第一，"道德青县"初具形象。

第三阶段：深化完善阶段（2011～2015年）。

2011年5月，青县组织实施"道德青县"、"感动青县"、"诚信青县"、"志愿青县"、"文明青县"、"爱心青县"六项重点道德实践活动，深入推进公民道德建设。同年8月，新华社记者对青县道德建设情况进行采访报道后，刘云山、刘延东等中央领导先后做出重要批示，在全社会引起强烈反响。中宣部和河北省委宣传部多次组织召开现场交流会，"积小善、成大爱——青县思想道德建设经验报告会"在全省巡回举办。2012年8月，青县思想道德建设先进经验报告会成功走进人民大会堂，"道德青县·爱心之城"的品牌开始享誉全国。之后，青县县委提出《关于进一步加强思想道德建设的意见》，健全完善"一个体系、三项机制"（道德建设组织体系、道德建设宣传教育机制、道德实践活动全民参与机制和道德模范评选表彰关爱机制），全面实施"道德森林"工程，开展月评好人、季评好人等活动，建设青县公民道德建设展馆和四个社会主义核心价值观涵育基地，使青县道德建设走向更高的层次。

2013 年，为全面实施"道德森林"工程，青县在全国率先开展农民志愿者队伍建设，开展村庄环境治理、农技服务、治安巡逻等活动；组织开展《市民文明守则》、《市民文明公约》进万家和"文明交通"、"文明餐桌"、"文明健身"、"文明经营"、"文明上网"等"文明行为引导"系列活动。2014 年，为深化"道德青县"建设和全面提升市民文明素质，青县在全县范围内组织开展系列先进典型选树活动和"爱青县、树正气、促发展"系列群众文化活动，并深入开展"官德、商德、公德"教育，努力营造重德尚德、积极践德的浓厚氛围，努力推动青县思想道德建设再上新台阶。

二 青县社会主义核心价值观落地生根的主要做法

15 年来，青县坚持把思想道德建设作为培育和践行社会主义核心价值观的一项重要工作来抓，持之以恒地进行着探索和实践。

（一）健全组织网络，积极培育社会主义核心价值观

培育和践行社会主义核心价值观单纯靠自上而下、空洞说教的方法难以见效，只有建立起横向到边、纵向到底的群众性组织网络，实现群众自我教育、自我管理、自我约束，才能起到事半功倍的效果。因此，青县建立了"三会"组织：一是在县乡两级建立由"一把手"牵头的道德促进会，负责谋划部署道德文化建设及核心价值观培育等工作；二是在村街、社区、机关、学校、企业等基层单位，组织离退休老党员、老干部、德高望重的乡村草根领袖成立"老年道德评议会"，吸收先进青年、志愿者、网民成立"青

年敬老协会"，负责核心价值观宣传普及、"青县好人"挖掘选树等主题实践活动的组织开展。全县共成立县级道德促进会 1 个、镇（局）级道德促进会 103 个、老年道德评议会 440 个、青县敬老协会 320 个。同时，积极扶持各类社会志愿者组织，形成以"三会"组织和志愿者队伍为主体，党委统一领导、部门具体负责、群众组织实施、百姓广泛参与的工作格局。依靠这些群众组织，开展形式多样的宣传教育和主题实践活动，大力弘扬中华传统美德，积极培育社会主义核心价值观，促进市民文明素质和社会文明程度的不断提高。

（二）建强宣传阵地，积极推广社会主义核心价值观

青县将阵地建设作为宣传、培育、践行社会主义核心价值观的基础性工作来抓，全力打造"九个一"（一台、一馆、一厅、一网、一街、一榜、一墙、一堂、一基地）宣教平台。

一台就是在青县电视台开办《德化人生》栏目，每周讲述一个"青县人自己的道德故事"，用群众身边的人、身边的事宣传和推广核心价值观，弘扬社会正能量；2014 年后增设《践行核心价值观、汇聚发展正能量——最美青县人》等专栏，在社会主义核心价值观落小落细上下功夫。

一馆就是投资 1000 多万元在全国率先建设"公民道德建设展馆"，全景式、立体化展现青县十几年来在社会主义核心价值观建设方面取得的成果及做法；开馆至今已接待全国各地参观考察团 1000 余批次、近 20 万人，展馆被评定为省级爱国主义教育基地和社会主义核心价值观涵育基地。

一厅就是在乡镇、科局建设核心价值观展厅，集中展示本地、本单位涌现出的好人典型和先进事迹。

一网就是在"人民网·青县之窗"、"长城网·青县新闻网"和"道德青县·爱心之城"官方微博、微信等网络媒体开设"践行核心价值观、汇聚发展正能量"系列专栏，讲述"百姓故事"，报道典型事迹。

一街就是在农村、社区建设核心价值观一条街，绘制公益广告，宣传道德常识，弘扬良风美俗。

一榜就是在农村、社区、企业、学校设立功德榜和功德录，记录德行善举、好人好事，评选宣传模范事迹，激励人们学好人、做好事。

一墙就是在南海公园设立"道德楷模荣誉墙"，将每届"感动青县"道德模范的名字镌刻在"道德楷模荣誉墙"上，通过刻碑立传的形式，让这些闪光的名字代代相传。

一堂就是在文明单位和中小学开设道德讲堂活动，通过"身边人讲身边事，身边人讲自己事，身边事教身边人"的形式，颂扬凡人善举，倡导修身律己，引发道德自觉。

一基地就是围绕"三个倡导"，在盘古广场、南海公园、文化体育场和新华体育场等人口密集的休闲场所，着力打造社会主义核心价值观涵育基地，在城区主要街道、重要节点和高速两侧设置大型宣传展牌，在公交站台、灯杆路旗设置核心价值观宣传语，在公共场所电子屏滚动播放宣传口号和践行提示。通过全方位、立体式的宣传，让核心价值观传到全县每个角落。

与此同时，青县不断完善各类道德规范和文明公约，充分利用各种宣传教育阵地，广泛开展"文明公约进万家"、"讲文明树新风公益广告宣传"、"文明行为宣传引导"等系列活动。2015年组织开展了"官德、商德、公德"教育征文、演讲比赛和"四个万家"（进万家门、知万家情、解万家忧、办万家事）系列活动，让核心价值观牢牢植根在广大干部职工、企业商家和城乡群众心中。

（三）培树先进典型，积极引领社会主义核心价值观

一是组织开展系列好人典型选树活动。在村街，依据村庄特点，通过海选、道德评议会评选等形式，评选身边好人，部分村在民主议政日中加入道德模范评选的内容，促进"好人评选"活动的开展。2014年以来，青县以"官德、商德、公德"教育为主要抓手，在全县范围内开展先进典型选树活动。在官德教育方面，组织开展"百姓喜爱的好官"评选活动，涌现出韩雪、刘浩清、张树忠、刘君等一批先进干部典型；在商德教育方面，开展

"创诚信企业、做道德员工"为主题的道德实践活动，涌现出小洋人、信誉楼等一大批诚信经营、奉献社会的企业典范；在公德教育方面，组织开展"践行核心价值观，争做文明青县人"、"道德青县·善美家庭"好家风征集评选、"幸福父母"大型孝心评选等系列道德实践活动，对涌现出的先进典型在全社会进行大力宣传。

二是组织开展"中国梦·赶考行"身边好人故事巡讲活动。在县电视台开办"中国梦·赶考行"专栏，讲述青县模范集体和先进个人的鲜活事迹；在微博、网站发布青县好人的感人事迹。同时，将"中国梦·赶考行"百姓故事汇大型群众宣讲活动与全县开展的"道德讲堂"、"形势政策宣讲"等活动相结合，积极组织各级各类道德模范、身边好人，走进村街、社区、机关、企业、学校开展巡讲活动，全县累计开展好人巡讲300余场（次），营造学习先进典型、争做道德模范的浓厚氛围。

三是举办"感动青县"道德模范颁奖盛典。将每年的12月30日设为青县的"道德模范日"，通过县乡村层层评选，评出年度"感动青县"道德模范，隆重举办"感动青县"道德模范授奖仪式和先进事迹展播会，对"感动青县"道德模范和提名奖每人奖励1万元和5000元，让全县广大干部群众学有榜样、行有楷模、赶有目标。目前，已举办六届"感动青县"道德模范评选表彰活动，表彰各类道德模范130余人，发放奖励资金近100万元，全县形成知荣辱、讲正气、促和谐并积极践行核心价值观的良好风尚。

四是倡导全社会关爱帮扶道德模范。成立由近百个单位和个人组成的"好人后援会"，设立"道德建设公益金"，接受社会爱心人士、爱心企业捐赠，用于资助贫困和遇到困难的道德模范。县委县政府、各级各部门和企业商家纷纷出台《关于对贫困道德模范关爱帮扶的办法》，实现好人帮扶工作的制度化、规范化、常态化。2012年开办"爱心超市"，接受社会爱心捐助，全县困难群众可凭爱心卡到爱心超市免费领取生活物品，几年来累计接收社会各界捐款捐物总价值达140万元，社会反响良好。"做好人不吃亏"已成为青县人的共识。

五是加强道德模范自我约束。为加强道德模范的自我约束，切实发挥好示范引领作用，青县专门成立"道德模范自律协会"，规范道德模范的言行，让道德模范更好地提升自己，影响他人。

（四）创新文化活动，积极倡导社会主义核心价值观

为大力倡导社会主义核心价值观，进一步提升宣传教育的吸引力和感染力，青县依托县乡村各级文化组织和阵地，坚持把核心价值观的宣传教育融入群众文化活动，用百姓喜闻乐见的形式教育民众、德化社会。一是坚持"文化惠民、文化育民"的宗旨，在县文化馆和乡镇文化站常年设立"百姓大舞台"，年累计演出近百场次。二是坚持在重大节庆日举办群众性系列文化活动，着力打造"青县梦想秀"、"戏曲票友大赛"等品牌文化活动，年均举办30余场次。三是采取"政府埋单"的形式，深入开展送图书、送笔会、送春联、送文艺、送电影等系列"送文化下乡"活动，深受百姓欢迎。

2014年以来，青县按照"大众化、小规模、易操作、全覆盖"的原则，组织开展"爱青县、树正气、促发展"系列群众文化活动，先后举办"百姓风采"、"百姓大舞台"、"多彩周末"等文艺会演，讴歌好人好事，弘扬文明新风，使社会主义核心价值观家喻户晓。同时组织开展"道德广场舞"创编推广展演系列活动，共征集核心价值观歌曲142首，筛选出《咱们邻居是一家》、《努力践行核心价值观》等12首优秀歌曲，创编健身舞、健身操等18套"道德广场舞"，在全县范围推广并成功举办"道德广场舞"展演大赛，掀起"唱响核心价值观、共跳道德广场舞"的热潮。2015年青县两度举办"道德广场舞大赛"，近3000名广场舞爱好者参加，再次掀起"唱道德歌曲、跳道德广场舞"的热潮。青县还举办"牵手京津冀、欢乐进万家"文化惠民系列文艺演出、道德歌曲大家唱、青县梦想秀、原创道德歌曲演唱会等文化活动150余场次，参与群众近6万人次，充分发挥文化寓教于乐的作用。

（五）开展志愿服务，积极践行社会主义核心价值观

青县坚持把开展志愿服务活动作为吸引群众参与道德建设和践行核心价

值观的有效载体，不断壮大志愿者队伍，丰富志愿服务活动。2007 年启动"志愿者在行动"活动以来，青县先后组织各类公益活动 1100 余次，参与人数达 10 万人次。2012 年青县又组织成立农民志愿者服务队，开展村庄净化、扶贫助残等志愿服务 800 多次，形成邻里友善、互助和谐的村风民风。2014 年青县再次启动党员志愿者全覆盖活动，在党员干部中全面开展"一对一"结对帮扶贫困户贫困生、背街小巷大清扫等活动，全县 15000 多名有志愿服务能力的党员全部参与进来。与此同时，全县各级各类网络志愿者组织也在不断发展壮大，为百岁老人送电视、给孤寡老人送暖冬煤等形式多样的志愿服务活动蓬勃开展。目前，全县已形成党员志愿者、机关志愿者、农民志愿者和网络志愿者四大志愿者体系，各类志愿者组织 400 余个，志愿者 10 万多人，广大干部群众都能够在志愿服务活动中积极践行核心价值观。

三 青县社会主义核心价值观落地生根取得的成效

青县坚持不懈地推进公民道德建设，大力弘扬真善美，积极倡导良风美俗，倾力打造"道德青县·爱心之城"，使社会主义核心价值观在基层落地生根，成效显著。

（一）"三德"建设收效良好

一是社会公德意识逐步提高。青县从规范人们言行入手，在全县组织开展"老少共劝不诚信行为"、"劝阻不文明行为"、"文明行为引导"等系列活动，引导广大市民从自我做起，从身边小事做起，践行社会公德，倡导文明行为，提升自身素质。特别是志愿服务活动的广泛开展，激发了公德自觉，使各种社会力量自觉参与社会公益事业，形成争做崇德向善好公民的良好社会风气。目前"快乐阳光爱心协会"有成员 1000 多人，20 多个爱心商家和爱心企业加入该协会，受助者也加入公益的队伍中来，开展孤寡老人和贫困学生的救助活动，他们用实际行动教育了干部群众，人们的公德意识大幅提高。如今，做公益、献爱心已内化为广大民众的一种自觉行为。

二是敬业奉献意识明显增强。为引导广大职工爱岗敬业、诚信经营、文明服务，青县制定了《职业道德行为准则》，并对企业经营管理者开展"商德"教育，教育广大企业商家诚信为本、守法经营、追求卓越、回报社会；同时组织开展"文明窗口"、"诚信企业"、"百城万店无假货"等文明创建活动和"十大诚信企业"、"十大信誉商家"等评选活动，涌现众多敬业奉献的道德模范，他们的先进事迹感染和影响着身边更多的人，青县各行各业爱岗敬业、诚心经营、文明服务的良好氛围已悄然形成。

三是孝老敬亲的家庭美德进一步发扬。在青县，尊老爱幼、孝老敬亲的道德模范比比皆是。有36年赡养了17个"爹"的好人尹升，有带着病母谈生意的大孝子张强，有"超期服役"16年为300多名孤寡老人养老送终的"大孝闺女"周汝珍，有带着养母上大学的付华，有长期赡养30多位老人的企业家卜凡龙……《德化人生》电视专栏对这些模范的先进事迹进行了系列报道，广大群众从这些典型身上受到教育，尊老敬老的意识大大增强，孝老敬亲、尊老爱幼已蔚然成风。

（二）铸就道德青县、好人森林

15年来，青县通过建组织、抓教育、搞活动、树典型，坚持不懈地推进公民道德建设，先后涌现出3000多个道德典型，其中受到国家和省市表彰的达190多人，29人荣登"中国好人榜"（居全国县级上榜人数之首）、1人获全国道德模范提名奖、7人被评为河北省道德模范、2人获省道德模范提名奖（位列全省前茅）。好人越推越多，越选越多，不断涌现的道德模范，使"好人扎堆"成为"青县现象"，"道德青县"成为品牌。"青县好人多"现象也引起各大媒体关注，《人民日报》、《光明日报》、《经济日报》和中央电视台等中央媒体对青县道德典型和经验做法进行了多次报道。青县公民道德建设的先进事迹在社会各界引起热烈反响，2012年4月，河北省公务员录用省、市、县、乡四级联考就把青县思想道德建设经验作为整个申论科目的考试主题；同年8月，青县思想道德建设先进经验报告会在人民大会堂隆重举行，"道德青县·爱心之城"的品牌开始享誉全国。"好人多"

现象，不仅让青县收获了好人的"森林"，也为青县赢得极高的声誉和口碑，成就全国道德建设的示范高地。

（三）助推经济社会发展

通过多年坚持不懈的公民道德建设，青县形成了道德模范层出不穷、道德氛围日益浓厚、文明素质全面提升的良好局面，为全县经济社会发展注入生机和活力，道德品牌的"软实力"带来经济发展的"硬效益"。经过十多年的快速发展，青县由多年前"财政小县，民生大县"的穷县，转变为经济实力不断提升、2014 年全县实现财政收入 12.4 亿元的经济强县；与此同时，全县社会事业全面进步，社会秩序保持和谐稳定，信访量连年下降，刑事治安案件发生率逐年降低，计生、教育、民政事业均获国家荣誉。近年来，青县引进、新上了 40 多个超亿元的大项目，总投资近 150 亿元，投资方之所以落户青县，正是看重"道德青县"这个品牌。

四 青县社会主义核心价值观落地生根的经验启示

青县公民道德建设是培育和践行社会主义核心价值观的生动实践，为社会主义核心价值观落地生根提供宝贵经验与启示。

社会主义核心价值观落地生根要善于发动群众。培育和践行社会主义核心价值观的主体是群众，没有群众的积极参与，社会主义核心价值观落地生根就无从谈起。青县之所以涌现众多道德模范，就在于其始终坚持"主体为民、参与靠民、宣传为民"，广泛发动群众自觉参与道德模范评选。在青县，仅"三会"组织和各类志愿者组织就直接吸纳数万名群众参与。依托"三会"等组织，实行县乡村层层评比选拔、隆重表彰激励的道德模范海选模式，更是激发广大群众的参与热情，使他们在评选模范中学习模范、争做模范，从而使社会主义核心价值观建设变得生动具体，充满活力。

社会主义核心价值观落地生根要真抓实干，持之以恒。推进社会主义核心价值观落地生根，引领社会风气，改善发展环境，需要一个长期的过程，必须真抓实干，持之以恒。青县之所以成为全国道德建设的示范高地，就在于其十几年来始终抓住道德建设不动摇、不改变。青县电视台《德化人生》栏目开办15年来始终立足"青县人自己的道德故事"，使道德建设越来越走进群众心里，并成为全国新闻界的知名品牌。青县15年来持之以恒地抓道德建设，并在实践中不断拓展和深化，不仅在全县形成崇德向善的良好社会风尚，也使青县赢得"道德青县·爱心之城"的美誉。

社会主义核心价值观落地生根需要创新载体，搭建平台。吸引群众自觉参与社会主义核心价值观建设，离不开一定的载体和平台。在这方面，青县除了借助于群众性道德组织和《德化人生》栏目等载体外，还不断创新活动载体，搭建实践平台，在农村、机关、企业、学校、社会组织开展丰富多彩的群众性道德实践活动，实现主体全覆盖、行业全覆盖。特别是"道德广场舞"的推广及展演大赛，更是激起广大群众的参与热情，强化社会主义核心价值观的吸引力和凝聚力。

社会主义核心价值观落地生根需要典型示范，让好人有好报。培育和践行社会主义核心价值观需要典型引领、示范带动，以榜样的力量引领社会风尚。青县在公民道德建设中，始终高度重视道德模范的培养和宣传工作，连续15年开展"孝老敬亲"、"敬业奉献"、"见义勇为"、"诚实守信"等道德模范评选活动，对评选出的道德模范大张旗鼓地表彰奖励，并对贫困道德模范进行帮扶救助，让好人有好报。通过典型的示范引领传递道德的力量，影响和感染干部群众学做好人，争做好事，崇尚道德，奉献爱心。

五　青县社会主义核心价值观落地生根面临的问题及推进思路

尽管青县社会主义核心价值观建设取得了显著成效，但仍面临一些问题和不足，主要体现在以下几个方面。

一是城乡宣教阵地建设还不够均衡。由于部分基层村街经济基础相对薄弱，村集体底子薄，在建设公益广告宣传栏、绘制道德文化墙等方面有些力不从心，导致推进速度慢，展板、宣传栏内容不能常换常新，有的甚至应付了事，影响了整体创建水平。

二是基层组织的自觉性和积极性还有待提高。虽然在县乡村层层建立"三会"组织，但个别组织的作用还没有充分发挥，也不经常开展活动，不能经常坚持"好人评选"、"两模"评选等活动，工作缺乏积极主动性，制度化、常态化机制还未形成。

三是典型的示范引领作用发挥还不够。在好人典型的挖掘培树方面，青县可以说是走在了全省乃至全国的前列，但在大张旗鼓地宣传推广群众身边的好人事迹、把好人典型的力量转化为广大干部群众投身"道德青县"建设的内在动力方面，投入的精力还不够。

四是志愿服务的特色亮点还不够突出。青县虽已初步形成党员志愿者、机关志愿者、农民志愿者和网络志愿者四大志愿者体系，志愿服务活动也在不断扩面升级并取得良好成效，但总体来说，志愿服务活动缺乏影响力和持久力，还没有形成独特的亮点和特色。

针对以上问题，青县下一步将在继续推进公民道德建设的基础上，实现建设的延伸与拓展，大力创新工作思路，丰富活动载体，抓实以下工作。

进一步抓实"官德"建设，引导公务员积极践行核心价值观，着力打造务实阳光的政务环境。把"官德"教育作为重要内容，强化各级各类学习培训"育德"；深化"履职尽责做表率"，评选"百姓喜爱的好官"、党员志愿服务等主题活动"修德"；深入开展正风肃纪专项行动和整顿干部不作为行为活动"律德"；把"官德"纳入领导班子、领导干部考核范畴，完善考核评价体系"考德"。

进一步抓实"商德"建设，引导企业商家积极践行核心价值观，着力打造公平诚信的市场环境。组织开展"商德"教育演讲比赛和"守法经营、从我做起"教育活动"树德"；深入开展"创诚信企业、做道德员工"主题实践活动，引导企业员工"养德"；联合职能部门进一步建立和完善"企业诚信善行档案"，约束企业守法经营、回报社会"录德"；组织开展"诚信企业"、"五个商家"评选活动，表彰先进典型，传播诚信故事、善行义举"扬德"。

进一步抓实"公德"建设，引导广大群众积极践行核心价值观，着力打造崇德向善的人文环境。积极争取社会力量扶持基层道德宣教阵地建设，全面推行村街"九个一"、机关单位"五个一"建设，深化社会主义核心价值观涵育基地建设，大力宣传"明德"。办好《德化人生》、《最美青县人》等栏目，举办"青县好人"事迹巡讲，广泛开设"道德大讲堂""讲德"；组织开展"好人评选"、"人人讲道德、人人做好事"主题活动，探索志愿服务星级认定制度，创新开展志愿服务示范点、示范街创建活动，全力打造青县地方特色的志愿服务新亮点，扩大志愿服务覆盖面，引领全社会"践德"；组织举办道德广场舞展演、道德文艺精品创作征集会演等活动，用老百姓喜闻乐见的形式"颂德"；组织举办第七届"感动青县"道德模范评选表彰活动，进一步壮大"好人后援会"，完善困难道德模范关爱帮扶机制，在全社会大力"倡德"。通过持续不断的建设，将公民道德建设不断推向前进，使"青县现象"成为社会主义核心价值观培育践行的日益亮丽的河北品牌。

社会科学文献出版社

❖ 皮书起源 ❖

"皮书"起源于十七、十八世纪的英国，主要指官方或社会组织正式发表的重要文件或报告，多以"白皮书"命名。在中国，"皮书"这一概念被社会广泛接受，并被成功运作、发展成为一种全新的出版形态，则源于中国社会科学院社会科学文献出版社。

❖ 皮书定义 ❖

皮书是对中国与世界发展状况和热点问题进行年度监测，以专业的角度、专家的视野和实证研究方法，针对某一领域或区域现状与发展态势展开分析和预测，具备原创性、实证性、专业性、连续性、前沿性、时效性等特点的公开出版物，由一系列权威研究报告组成。

❖ 皮书作者 ❖

皮书系列的作者以中国社会科学院、著名高校、地方社会科学院的研究人员为主，多为国内一流研究机构的权威专家学者，他们的看法和观点代表了学界对中国与世界的现实和未来最高水平的解读与分析。

❖ 皮书荣誉 ❖

皮书系列已成为社会科学文献出版社的著名图书品牌和中国社会科学院的知名学术品牌。2011 年，皮书系列正式列入"十二五"国家重点出版规划项目；2012~2015 年，重点皮书列入中国社会科学院承担的国家哲学社会科学创新工程项目；2016 年，46 种院外皮书使用"中国社会科学院创新工程学术出版项目"标识。

中国皮书网

www.pishu.cn

发布皮书研创资讯，传播皮书精彩内容
引领皮书出版潮流，打造皮书服务平台

栏目设置：

- □ 资讯：皮书动态、皮书观点、皮书数据、
  皮书报道、皮书发布、电子期刊
- □ 标准：皮书评价、皮书研究、皮书规范
- □ 服务：最新皮书、皮书书目、重点推荐、在线购书
- □ 链接：皮书数据库、皮书博客、皮书微博、在线书城
- □ 搜索：资讯、图书、研究动态、皮书专家、研创团队

中国皮书网依托皮书系列"权威、前沿、原创"的优质内容资源，通过文字、图片、音频、视频等多种元素，在皮书研创者、使用者之间搭建了一个成果展示、资源共享的互动平台。

自 2005 年 12 月正式上线以来，中国皮书网的 IP 访问量、PV 浏览量与日俱增，受到海内外研究者、公务人员、商务人士以及专业读者的广泛关注。

2008 年、2011 年中国皮书网均在全国新闻出版业网站荣誉评选中获得"最具商业价值网站"称号；2012 年，获得"出版业网站百强"称号。

2014 年，中国皮书网与皮书数据库实现资源共享，端口合一，将提供更丰富的内容，更全面的服务。

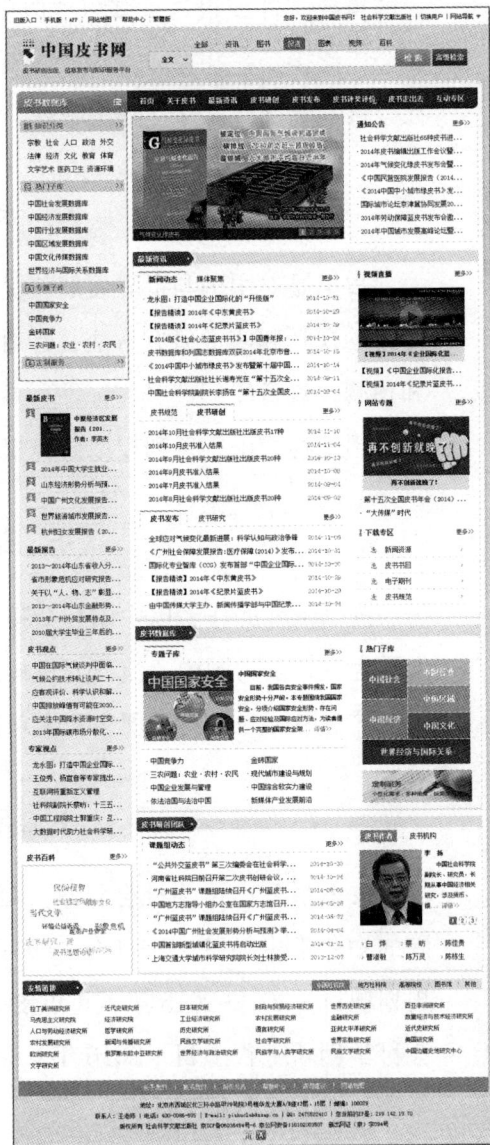

法 律 声 明